iCustomで変幻自在のメタトレーダー

アイカスタム

EAを「コピペ」で作る方法
copy paste

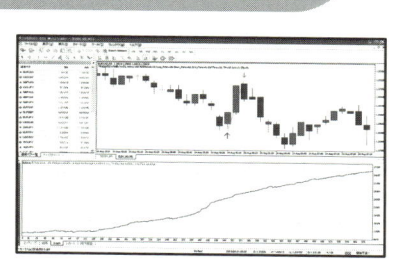

ウエストビレッジインベストメント株式会社
島崎トーソン【著】 西村貴郁【監修】

JN300172

Pan Rolling

はじめに

　私は、パソコンに関してはほんの数年前まで「超」がつくほどのド素人でした。
　そんな私も今では、自分で作りたい自動売買システムを何不自由なく自在にプログラミングできるようになって、毎日 FX の自動売買を楽しんでいます。

　プログラムは一見とても難しそうです。規則性も分からずにただプログラムコードを眺めていると、難解なアルファベットの羅列にしか見えません。以前の私がそうだったように、多くの人がまずこのプログラムコードに出鼻をくじかれるのではないでしょうか。
　またプログラムを勉強しようと思っても、入門書と言われるものでさえ、実際に読んでみるとこれがなかなかハードルが高いのです。またしてもここで戦意を喪失します。
　そもそもプログラムの本では著者が理系であったり、バリバリのプログラマーであることがほとんどで「自分とは根本的に育ちが違う」と感じてしまうことがたくさんありました。それがまた一層心理的なハードルを高くしていたのではないかと思っています。

　私は理系でもありませんし、プログラマーでもありません。もっと言えば、大の数学嫌いかつ、パソコン音痴です。
　本書の最大の特徴は、そんな人間が中心となってメタトレーダーのプログラムの超入門書を書いたところと言ってもいいでしょう。
　プログラムの「プ」の字も知らなかった私だからこそ、初心者がプログラムをマスターする最短の方法をお伝えできると思ったのです。
　しかし、本書は難しいプログラムの理論をやさしく解説する本では

ありません。自分の自動売買システムが簡単かつ最短で作れるようになる実践的な本なのです。

　多くの人は自動売買システムを作るのは難しいことだと思っています。昔の私もそうでした。
　しかし、今になって思えば、それは完全な誤解だったといえます。それどころか、自分でシステムをひとつでも作れるとオモシロくてオモシロくてしょうがなくなってきます。
　オモシロくなればこっちのものです。プログラム能力もどんどん上がっていき、いつのまにか自分の自動売買システムを自由自在に作成できるようになっている事実に気づくでしょう。

えっ、信じられないですって？

　今はそうだと思います。私は実際に回り道もたくさんしました。本書は、そんな試行錯誤の体験談からスタートさせたいと思います。

「旅行がしたい」。この夢がスタートラインだった

　私はもともとプログラムはおろか、投資にさえまったく縁のない人間でした。

　そんな私が投資を始めるきっかけになったのは、大学生のときに３年間休学をして海外を放浪したことです。以来、楽しくて楽しくて旅人になるためにはどうすればいいかと真剣に考えるようになったのです。

　バイクやヒッチハイクでアジアやオーストラリア、ニュージーランドを回り、運が良いときには現地の人の家に泊めてもらったり、そうでないときには野宿中にヤンキーに囲まれたりと、実にエキサイティングな毎日でした。良いことも悪いことも、すべて得難い経験でした。

　やがて帰国しましたが、どうも日本の生活ではアドレナリンが足りず、やはり旅をしながら生きていきたいと強く思い始めたのです。

旅をしながらご飯を食べていく方法を考える

　短期間の旅行であれば、平日は真面目に働き、土日は海外に出るというのもいいかもしれません。しかし私は長期的にずっと旅をして生きていきたいと考えています。しかし、そんな生活はサラリーマンではできそうもありません。

　そこで旅をしながらご飯を食べていける方法を考えました。

　真っ先に思いついたのがテキ屋です。これなら行く先々の国で、場所を選ばず、あまり初期投資もかからず旅をしながらご飯が食べていけるのではないかと思ったのです。

　試しに日本でやってみようと思い、仲間を集めて高尾山（東京で一番手軽に行ける山）に行っておでん屋さんを始めました。

　なぜ「高尾山」で、なぜ「おでん」なのか、今となっては自分でも首をかしげたくなります。おそらく、高尾山は観光客が多く、山を登っ

たあとはお腹が空くし、寒い冬にはおでんが売れるのではないか、そんな思考回路だったのではないでしょうか。

　まずスーパーでおでんの具材をいっぱい買って、鍋とコンロとガスボンベを持って高尾山の頂上付近のベンチでおでんを作り営業を開始しました。「おでん」と布に書いて作った手製の大きいノボリも掲げました。

　トラブルはすぐにやってきました。高尾山の頂上には数軒の飲食店があり、そのうちのひとつが不運にもおでん屋さんだったのです。営業開始してすぐ、そのライバル店のオジサンが「君たち、免許はもっているのか！」と興奮ぎみに言ってきました。わけも分からず運転免許証を見せたのですが、どうやらその免許ではなく、飲食店を営業するための調理師免許や保健所の許可のことをいっているようです。

　思いつきではじめた私がそんなものを持っているわけもありません。結局、同業他社の圧力（？）によって、あっけなく閉店に追い込まれたのでした。

　おでん屋はすっぱりと諦め、次にもっと手軽で資本のかからないマッサージ屋さんを始めました。これなら本当に身ひとつでどこでも営業可能です。

　また同じ仲間で神田川のほとりにゴザを敷いて「クイックマッサージ10分100円」という手製の看板をダンボールで作って、営業を開始しました。

　「おっ、ちょっと揉んでくれぃ」と、早速一人目のお客さんが現れました。

　お客のおじさんは、揉まれながら聞かれてもいない自分の生い立ちとここまでの苦労話を延々と語り始め、20分ほどひととおり話して満足したのか、本来200円のお代のところを1000円も払ってくれました。

　すぐに次のお客さんも現れ、奥さんからのひどい仕打ちについて語

り始めました。

　その後もお客さんが続いて現れましたが、どうも体にコリがあって困っているというよりは、自分の境遇や生活への不満など、日常のなかで抑圧された自分の感情を解放する場として利用する人が多いようでした。理由はどうであれ、多くの人が10分100円と看板を掲げているのにもかかわらず、それ以上の代金を払ってくれたのです。

　このビジネスはなかなかいいぞと思ったのもつかの間、警察官がやってきて「こんなところでマッサージ屋をやるんじゃないっ！」という至極真っ当かつシンプルな行政命令が出され、この商売もまた終了となるのでした。

　日本でさえこの調子ですから、世界で旅をしながらテキ屋をやるとなると、マフィアであったり、警察官であったりがみかじめ料を取りにきたり、妨害してくるのは目に見えています。再び振り出しに戻り、旅をしながらご飯を食べていくため、別の方法を見つけなくてはなりませんでした。

投資との出合い

　そのころの株式市場は、2003年に日経平均がバブル後最安値を付けたあと上昇基調に転換していきました。さらに2005年郵政選挙での自民党圧勝後はその勢いを加速していきました。

　そうしたミニバブルの様子は、それまで株式とはあまり縁のなかった私の耳にも入ってきました。本屋さんでも「大学生がデイトレードで3億円！」とか「高卒フリーター、株で2億円！」などと、華やかなタイトルの書籍が華々しく並べられており、私もそのタイトルにひかれて購入したひとりでした。

　その本にはデイトレードでいとも簡単に毎日100万円、200万円と稼いでいく大学生の姿と、その手法が書かれていました。

「これなら俺でもできる！　さっさと1～2億円稼いで旅に出よう！」

さっそく次の日から、クロネコヤマトの荷物の仕分けでコツコツ貯めた50万円を元手にデイトレードを始めました。

結果からいいますと、5日間で資金を7万円まで減らし、完全に打ちひしがれてしまいました（その後3日寝込む）。

買ったら下がる、売ったら上がるの連続で、東京証券取引所の投資家がみんなで寄ってたかって自分をワナにはめているのではないかとさえ思いました。

「高値圏で買って、底値圏で売る」の毎日。これはこれである意味天才的だったのではないでしょうか。こうしてあっという間に市場から退場させられました。

あとから考えるとそれも当たりまえでした。私はブレイクアウト戦略をとっていたのですが、優柔不断がたたってブレイクしてもすぐ買えず、ようやく買ったときには天井という有様でした。その後、下落しても堪えがたきを堪えて忍びがたきを忍ぶのですが、さらにもっと下落していって、とうとう我慢も限界を超え、損切りをしたら結局そこが底だった……というパターンです。

何度も「もうやめようか」と思いました。しかしやはりこのままでは終われず、リベンジすべくそこから投資の勉強を始めたのでした。

それからは近所の大型ブックセンターに1週間ほぼ毎日通い、朝から晩まで片っ端から投資の本、特にすぐ儲けたかったのでデイトレードに関する本を読みあさりました。

学生だったのでお金はありませんが時間だけはあったので、買わずにすべて立ち読みをしました。幸い今どきハタキで叩きにくる本屋のオヤジもおらず、投資コーナーの棚に置いてあるデイトレードの本はほぼすべて制覇しました。

そこで分かったことは、「損切りが大事」ということでした。

いろいろな本を読み、すべてに共通して書かれていたのが「損切りができなければたった一度の大きな負けトレードで回復不能な致命傷を負って破産する」ということでした。したがって少しでも損が出たら早め早めに損切りするのがよいというわけです。

　たしかに今までの自分は、評価損が出ても損失を確定したくないため、株価が下がると手に汗握りながらモニターを見つめ、ただただ株価が戻ってくるのを願っていただけでした。

　「もう儲けようなんて贅沢なことは言いません。ただ買ったときの株価に戻ってください！」と、両手を合わせながら天に祈る毎日で、なんのためのトレードなのかさっぱり分からなくなっていました。

　あらゆる本で損切りが礼賛されており、過激なものになると「1円でも損したら損切れ」と書かれていたので「そうか、損切りが大事なのか」と頭に叩き込まれました。そして「損切り命」になってトレードを始めました。

　しかし買値を一度も下回らずにグングン上昇していくことなど、そうそうあるものではありません。

　「買う→ちょっと下がる→損切り、買う→ちょっと下がる→損切り」を短時間で繰り返す小忙しいトレードになりました。「貧乏ヒマなし」とはまさにこのことです。

　損切りがいかに大事かは読書を通じて分かっていたので、初めの数回は損切りができる自分が爽快で、誇らしくもありました。しかしこう何回も損切りが続くとちょっと焦り始めます。

　10回トレードして、結局10回とも損切りをして死にました。

　たしかに損切りをしなければ、本にも書いてあったとおり「一回のトレードで致命傷を負って死に至る」のでしょう。しかし私は損切りをしすぎて無数のすり傷を負って死にました。けっして損切りだけで勝てるわけではないことを身をもって知りました。

　まさに損切り貧乏です。いよいよスッテンテンになりました。しか

し悔しゅうて悔しゅうて、やっぱりここで諦めることはどうしてもできなかったのです。

　まずはリベンジの資金を貯めるべく、翌日から日雇い単発の仕事を始めました。パソコン箱詰め、引越し、牛のえさ工場と毎日いろんな現場に派遣された結果、1カ月半で20万円を貯金。その後、早速パソコンの前に座り、再び楽天のマーケットスピードを立ち上げたのでした。

　もうブレイクアウト手法はやめました。得てして高値掴みになるからです。株の必勝法は、「安く買って、高く売る」です。これしかありません。「安く買って、高く売る」です。今度は安く買うことに注力しました。

　「ヤスクカッテ、タカクウル……、ヤスクカッテ、タカクウル……」とツブヤキながら、いろいろな銘柄のチャートを見て回り、一気に大きく下がっている株を買い、反発したところで売る逆張り戦法にしました。

　もう損切りにも嫌気が差したので、やめました。損切りなんてクソくらえです。

　すると、これが功を奏したのです。買ったあとさらに下げて肝を冷やすことが多いのですが、やはりその後大きく反発してくるのです。私の資金は1週間で倍近くになりました。マーケットの魔術師ここに現るです。

　それからはどんどん安いもの安いものと追い求めていきました。

　「数日前には980円だった株が、今は760円！？　安い！」。主婦顔負けにバーゲンセール品を買っていき、順調に資金を増やしていきました。

　しかし運命の転機は意外にも早くやってきてしまいました。

　いつものように急落していった株を全力で買ったところ、なぜかその後一度も反発することなく、奈落の底に落ちていったのです。

失意と絶望のなかでマウスを投げつけ、パソコンの電源をプチっと切りました。気をまぎらわそうとテレビをつけたところ、タイミングよく、その企業が暴力団と不適切な関係にあったというニュースが流れ、社長以下幹部たちが謝罪会見で深々と頭を下げていました。愕然として、食べていたアンパンが床に転がっていました。
　ともあれ「貧乏ヒマなし」に続き「安物買いの銭失い」と、お金で苦労するときの日本のことわざをことごとくトレードで実感してしまい、私はまた1週間寝込むのでした。

システムトレードに目覚める

　私は再び本屋に駆け込み、どうやったらトレードで勝てるのか、腰を据えて本気で研究し始めました。
　そこでついにシステムトレードという投資法に出会ったのです。
　システムトレードとは、あらかじめ決めておいた売買ルールに基づいて淡々とトレードをしていく手法です。システムトレードでは過去データを使ってその売買ルールの有効性を検証してから、実際の資金で投資をするというのです。
　今までの私の投資法は、直感であったり、本やインターネットで有効とされているものであったりと、そこには何ら客観的な証拠はありませんでした。
　一方、システムトレードの本を読むと「確率」や「統計」といった言葉が出てきて、科学に基づいた投資法のような感じで勝てそうな気がします。しかもパソコンを使ったシステムトレードであれば、自動売買もできるらしいのです。これなら、旅行をしながらでも投資で儲けてご飯が食べられます。私が求めていたのは、まさにシステムトレードだったのです。

プログラムができない私。エクセルもできない私

　システムトレードをするには、まず売買ルールを決めなくてはなりません。

　しかも何でもよいわけではなく、勝てる売買ルールでなければ意味がありません。そのためには過去のデータを使って、いわゆる検証作業を行う必要があります。

　本によると検証作業は、一般的にはプログラムを組んだり、エクセルを使用するようです。しかし私はパソコン関係に非常に疎く、プログラムはおろか、エクセルでさえほとんど使ったことがありませんでした。

　プログラムは「できる」とも思えませんでしたので、エクセルのほうがプログラムよりはまだ簡単だろうと考えて、エクセルでの検証に挑戦することにしました。

　幸い、エクセルでの検証作業のやり方を解説した本を見つけました。読みながら見よう見まねの手探りで検証をしていきました。

　試行錯誤を繰り返しながらも、2カ月もすると何とか自分のやりたい検証ができるようになってきました。エクセルは昔から世界中で多くの人が使用しているソフトですから、何度もバージョンアップして万人に分かりやすく使いやすくなっています。だから私にもできたのだと思います。

　エクセルで検証し始めてから3カ月目、「これは」と思う売買ルールを見つけました。それはMACDを自分なりにカスタマイズしてドル円を取引する手法です。検証してみると、なんと1990年から2009年までの約20年にわたって累積の損益が右肩上がりなのです！

１万通貨を取引したときの累積損益曲線

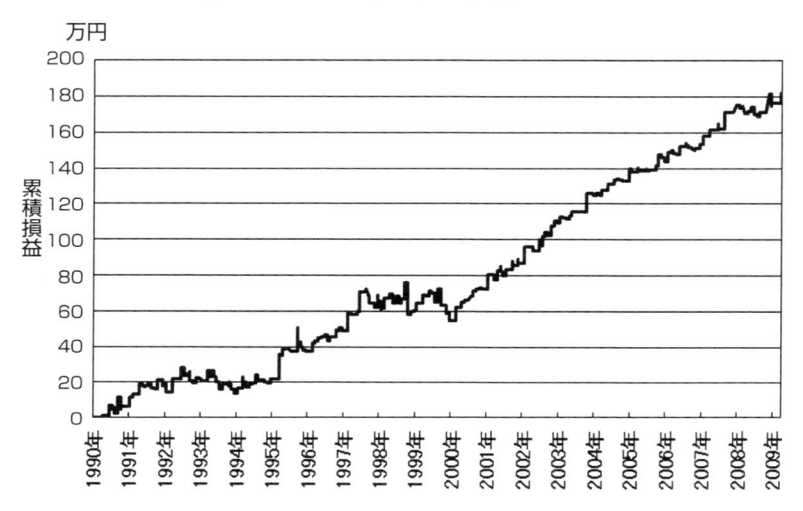

　これには興奮しました。なにせこの売買ルールは約20年にわたって機能しているので、信頼性は抜群だと（当時は）思いました。
　この手法でトレードを行えば、旅をしながらご飯も食べられるのではないかと思い、すぐにでも旅支度をしようかと思ったくらいでした。

エクセルができても自動売買の道は開かれない

　しかし、またしてもすぐに問題が出てきました。私がこれはと思った売買ルールは日足を使ったもので、エントリーの時間は日足の始値、すなわち日本時間朝7時と決まっていたため、必ず朝7時に売買ルールに合致しているかどうかを確認して、合致していればエントリーの作業をしなければなりません。世界を旅しながらきちんと毎日この作業をする必要があります。
　海外では、いつでもどこでもインターネットにアクセスできる環境があるとはかぎりません。時差もありますから、日本時間朝7時に対

応する現地時間はその国々で変わってきます。

　今まで旅してきた体験上、そういう状況でトレードをするのは到底無理でした。それを解決するには、やはり自動売買プログラムを作るしかなく、結局、プログラムという大きな壁が立ちはだかってきました。

　こうして逃げていたプログラムと向き合うことを決心した、まさにそのタイミングでメタトレーダーと出会ったのです。

自動売買ソフト、メタトレーダーと出合う

　ちょうどプログラムと向き合おうと決心したそのとき、FXを自動売買できるソフトの存在があることを知りました。それがメタトレーダーでした。

　いろいろ調べてみたら、なんとメタトレーダーは無料でダウンロードでき、しかもデモ口座で試しに使ってみることもできるというのです。どんなものかと軽い気持ちで自分のパソコンにインストールしてみました。メタトレーダーと出合い、すぐにプログラムとはいかなるものかと、内蔵されている移動平均のプログラムを見てしまいました。

　早すぎました。本当に早すぎました。

　人生で初めて見たプログラムは、それこそ南米かどこかの古代遺跡の壁に刻み込まれている、見たこともない未知の言語のようでした。

　これから私はこの未知の言語を解読するだけでなく、自由自在に操って自動売買をしようとしているのかと思っただけで、気が遠くなる感覚を覚えました。

　これだけは言えます。けっして初めにプログラムを見てはいけません。くじけてしまいます。次からは、私の経験を踏まえ正しくメタトレーダーと出合い、嫌いにならない方法をご紹介したいと思います。

本書の構成について

　本書は、メタトレーダー4を使って、「誰にでも簡単に、無理なくEA（自動売買システム）を作成してもらう」ことを狙いにしています。大きく3部構成になっています。

■第1部　準備編（第1章）
　メタトレーダーの基本的な見方を中心に、EAを作成する前に知っておいていただきたい話を展開しています。

■第2部　EA作成編
　EAを作るには、条件文とエントリー文、エグジット文の3つを書かなくてはなりません。
　このうち、エントリー文とエグジット文には「定型文」と呼ばれる決まった形があります。それをコピーして貼り付けるだけで完成します（定型文はダウンロードできます）。
　エントリー文とエグジット文については、極論すれば、コピペだけ知っていれば構いません。しかし、「エントリー文に何が書かれているか」「エグジット文に何が書かれているか」を知っていたほうがプログラム全体を理解できることも事実です。
　そこで、本書では、"目"で見てわかるように図をふんだんに使い、ページを割いて解説しています。
　本書で特筆すべきは、条件文の書き方です。例えば、「RSIが30以下で買い、70以上で売り」という条件を書きたいとします。ゼロからこの条件を書こうと思ったら、何十行にわたるプログラム文が必要になります。なかには挫折する人も出てくるでしょう。

そこで、本書では「iCustom関数」というものを使います。これは、原則、どんなインディケータにも変身できる魔法の関数です。iCustom関数を使えば、何十行にわたるプログラム文も数行に短縮できるのです（詳しくは本書にて）。

■第3部　まとめ編
　EAができたあとにすべきことを紹介しています。さらには、読者の皆様へのプレゼントとなる「早起きは5ピップの得システム」というおまけシステムについての解説も紹介しています。

　今までは、EAを自分で作成すると言っても敷居が高過ぎて、最初の一歩がなかなか踏み出せなかった、あるいは踏み出してもその先に進めなかった人が多かったのではないかと思います。
　「できなかったこと」は悪いことではありません。なぜなら、EAの作成を、ゼロから、ひとりでやろうと思っても難しいからです。
　「EA作りをもっと簡単に」というコンセプトでできたのが本書です。その実現のために、本書の読者の皆様には、本書の中で使っている定型文（エントリー&エグジット）と、iCustom関数を使った条件文のひな形をダウンロードしていただけるようにしました（本書巻末の袋とじ参照）。それをメタエディター（プログラム文を書く場所）にコピペして、必要な部分（インディケータ名やパラメーターなど）だけ自分の好きなものに変えていただければ、それほどの労力を割かずにEAが作れます。ぜひ、試してみてください。

特典のダウンロードについて

　特典のダウンロードは以下の手順でお願いいたします。

① http://www.panrolling.com/books/gr/gr100.html にアクセスしてください。もしくは検索サイトで「変幻自在　メタトレーダー」と入力してください。

②「本書をお求めの方へ」というコーナーに行ってください。

③そのコーナーにナンバーを入力する欄がありますので、本書巻末の袋とじの中に記載されているナンバーを入力してください。

④ナンバーを入力すると「電子メールアドレス登録」の画面になります。メールアドレスなどの必要事項を記入した後、「登録」ボタンを押してください。

⑤登録されたメールアドレス宛にファイルダウンロード用のアドレスを送ります。

⑥アドレスをクリックして、「mt4」という名の Zip 形式フォルダを入手してください。そのファイルを解凍すると「インディケータ」と「自動売買プログラム」という2つのフォルダが入っています（詳細は 68 ページ参照）。

メタトレーダー4のダウンロード方法（本書では FXCM からダウンロードしたメタトレーダーを使用しています）など、基本的な話も http://www.panrolling.com/books/gr/gr100.html に載せています

序章

- はじめに ―――――――――――――――――――――― 002
- 「旅行がしたい」。この夢がスタートラインだった ――――――― 004
- 旅をしながらご飯を食べていく方法を考える ――――――――― 004
- 投資との出合い ――――――――――――――――――― 006
- システムトレードに目覚める ――――――――――――――― 010
- プログラムができない私。エクセルもできない私 ――――――― 011
- エクセルができても自動売買の道は開かれない ――――――― 012
- 自動売買ソフト、メタトレーダーと出合う ―――――――――― 013
- 本書の構成について ――――――――――――――――― 014
- 特典のダウンロードについて ――――――――――――――― 016

第1部　準備編

第1章　メタトレーダーに慣れよう

1　メタトレーダーと仲良くなる方法　概要編 ――――――――― 022
2　メタトレーダーと仲良くなる方法①　気配値表示編 ――――― 028
3　メタトレーダーと仲良くなる方法②　チャート編 ―――――― 030
4　最長のデータを最速で入手する方法 ――――――――――― 041
5　見たい日時のチャートをすぐに見る方法 ―――――――――― 050
6　メタトレーダーと仲良くなる方法③　ナビゲーター編 ――――― 054
7　メタトレーダーと仲良くなる方法④　ターミナル編 ――――― 061
8　メタトレーダーと仲良くなる方法⑤　データ・ウインドウ編 ――― 063
9　メタトレーダーと仲良くなる方法⑥　テスター編 ―――――― 064
10　便利ツールをメタトレーダーに入れて操作に慣れよう ――――― 066

第2部 EA作成編

第2章　プログラムを始めてみよう

1　EAまでの道のり ——————————————————— 080

2　EAが作成できると、あなたの可能性が広がる ——————— 084

3　プログラムの基礎力を短時間で身につける ————————— 090

4　プログラムを書く前の事前準備 ——————————————— 092

5　初めてのプログラム ————————————————————— 098

6　記述したプログラムはどう動くか —————————————— 108

7　プログラムの文法　基礎編 ————————————————— 112

8　Print関数　実践編 ————————————————————— 134

第3章　EA（自動売買プログラム）作成に必要な3要素を知ろう！

1　EAの作成に必要な要素は3つ ——————————————— 142

2　EA（自動売買プログラムの）の全体図 ———————————— 144

第4章　「エントリー」と「エグジット」の定型パターンを知ろう！

1　エントリーとエグジットの準備　その1　〜定型パターンがあることを知ろう〜　148

2　エントリーとエグジットの準備　その2　〜if文の使い方を知ろう〜 ——— 158

3	エントリー文を記述していこう〜OrderSend関数について〜	173
4	エグジット文を記述していこう〜OrderClose関数について〜	220
5	定型パターンの最後の仕上げ	251

第5章　iCustom関数で何ができるのか？

1	iCustom関数とは	264

第6章　iCustom関数の使い方

1	iCustom関数の使い方	272

第7章　iCustom関数　実践編

1	iCustom関数でインディケータを自動売買システムにしてみよう **ボリンジャーバンド編**	318
2	iCustom関数でインディケータを自動売買システムにしてみよう **移動平均線編**	329
3	iCustom関数でインディケータを自動売買システムにしてみよう **平均足編**	347
4	iCustom関数でインディケータを自動売買システムにしてみよう **一目均衡表　雲編**	359
5	iCustom関数でインディケータを自動売買システムにしてみよう **一目均衡表　遅行スパン編**	371
6	外部から入手したインディケータに変身する方法	383

第3部 まとめ編

第8章 EAが完成したら

1　EAが完成したらすべきこと ―― 392

第9章 EAが完成したあなたへのプレゼント

1　おまけシステム ―― 412

2　メタトレーダーで便利ツールを使いこなそう①
　マネーマネジメント編 ―― 440

3　メタトレーダーで便利ツールを使いこなそう②
　約定メール編 ―― 444

4　メタトレーダーで便利ツールを使いこなそう③
　NYボックス編 ―― 455

特別付録 その1　～複数条件のEA作成について～

iCustom関数でインディケータを自動売買システムにしてみよう
複数条件の記述方法について ―― 460

iCustom関数でインディケータを自動売買システムにしてみよう
ボリンジャーバンドとRSI編 ―― 462

iCustom関数でインディケータを自動売買システムにしてみよう
移動平均とRSI編 ―― 487

特別付録 その2

よくあるコンパイルエラー ―― 499

おさらい＆補足 ―― 507
おわりに ―― 511

第1部
準備編

第1章

メタトレーダーに慣れよう

1 メタトレーダーと仲良くなる方法　概要編

　それでは、いよいよメタトレーダーという「あなたの相棒」を理解するためのお話を紹介していきます。

メタトレーダーからの自己紹介

　まずはメタトレーダーの顔（インターフェイス）を覚えましょう。初対面はとっつきにくい印象ですが、よく知るとナイスガイです。まずはそれぞれの機能の概要をご紹介します。

①気配値表示
②チャート
③ナビゲーター
④ターミナル

①「気配値表示」ウィンドウ

　各通貨ペアのリアルタイムのBid（売値）とAsk（買値）が表示されます。

②「チャート」ウィンドウ

　為替レートの動きをチャートで表示します。

③「ナビゲーター」ウィンドウ

　アカウント情報、EA（自動売買プログラム）、インディケータなどにアクセスできます。ここからどのEA（自動売買プログラム）やインディケータを使用して取引するかを選択できます。

④「ターミナル」ウィンドウ

　現在保有中のポジションや口座履歴を表示します。

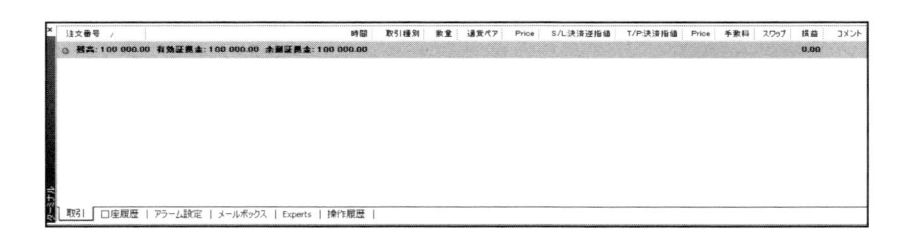

初期状態では表示されていないウィンドウについて（メタトレーダーの新たな一面）

⑤「データ・ウィンドウ」

チャート上でカーソルを合わせたローソク足の日時、4本値、インディケータの値などが表示されます。

データ・ウィンドウは「表示」→「データ・ウィンドウ」の順で開きます。

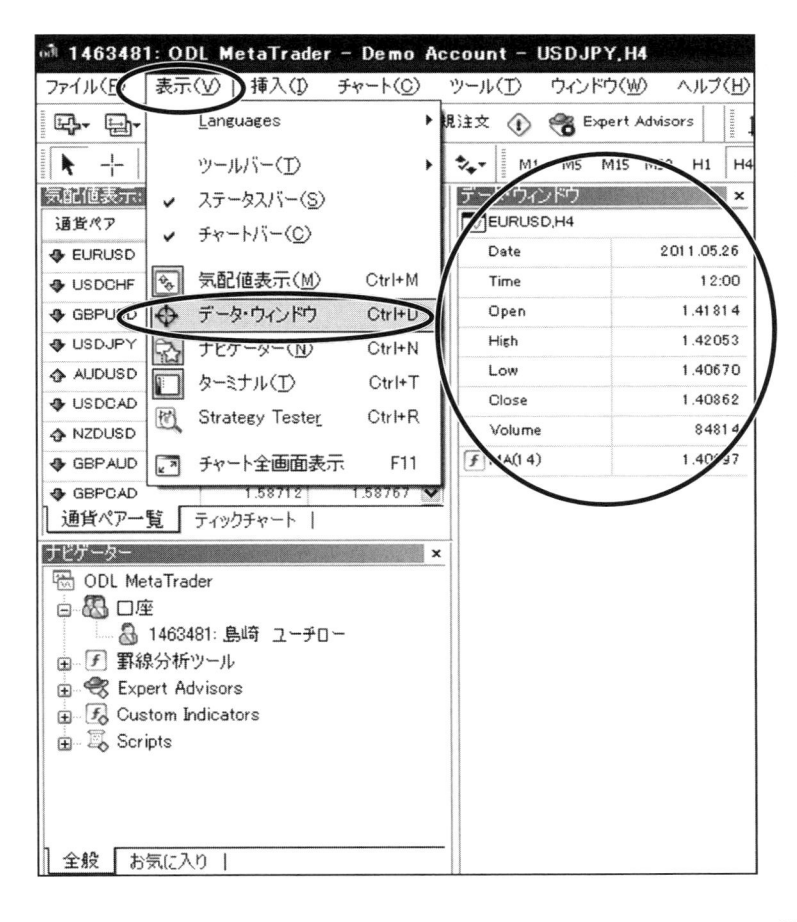

⑥「テスター」ウィンドウ

EA（自動売買プログラム）のバックテストができます。テスターウィンドウは、「表示」→「Strategy Tester」の順番で開きます。

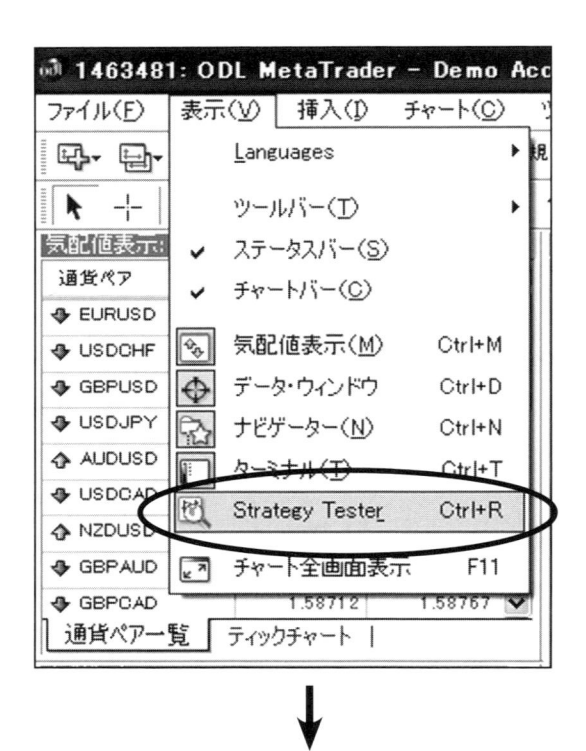

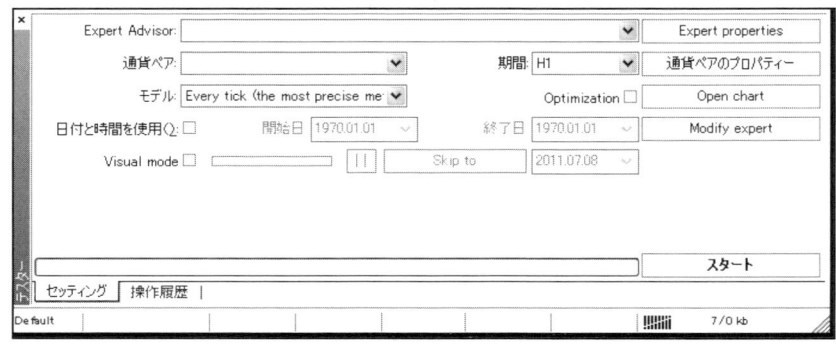

メタトレーダーのすべて（必ず読んでください）

　上記①～⑥の機能は本書で使用する機能のすべてとなります。①～⑥の機能のうち、③、④、⑥はプログラム関連の機能となります。

　③はプログラムを管理しているところです。プログラムを作成すると、この③に表示されます。

　プログラム関連の機能の詳細は、プログラムと一緒にご紹介しますので、この章ではそれ以外の①、②、⑤を中心にご紹介していきます。

　③、④、⑥は簡潔に触れ、第1章の中で詳細にご紹介していきます。

　第1章からプログラムが始まりますが、本書で「ナビゲーターにある○○○というプログラムをダブルクリックしてください」とあったとき、どこにナビゲーターがあるかを知っておいていただきたいため、あらかじめ本章で紹介します。それでは各機能をもう少し詳細にお話ししていきましょう。

2　メタトレーダーと仲良くなる方法①　気配値表示編

　まずは、全通貨ペアを表示させる方法を紹介します。

　気配置ウィンドウには各通貨ペアのリアルタイムの Bid（売値）と Ask（買値）が表示されます。初期設定ではすべての取扱通貨ペアが表示されているわけではありません。また気配値表示で表示している通貨ペアしかチャートに表示できません。ですから、はじめに全通貨ペアを表示させておきましょう。

「気配値表示」上で右クリック⇒「全通貨ペアを表示」

ワンポイント！

通貨ペアに表示されている名前は業者によって異なります。

「ドル円」⇒左図の例では USDJPY と表示されていますが、ある業者では USDJPYFFX と表示されます。

プログラムに通貨ペア名を記述する場合は、気配値表示ウィンドウに表示されている通貨ペア名と同じように記述する必要があります。プログラム中に通貨ペア名を記述するときは思い出してください。

※参考：通貨ペア名をクリックすると……

通貨ペア名をクリックすると発注画面が出ます。下図は USDJPY の発注画面です。

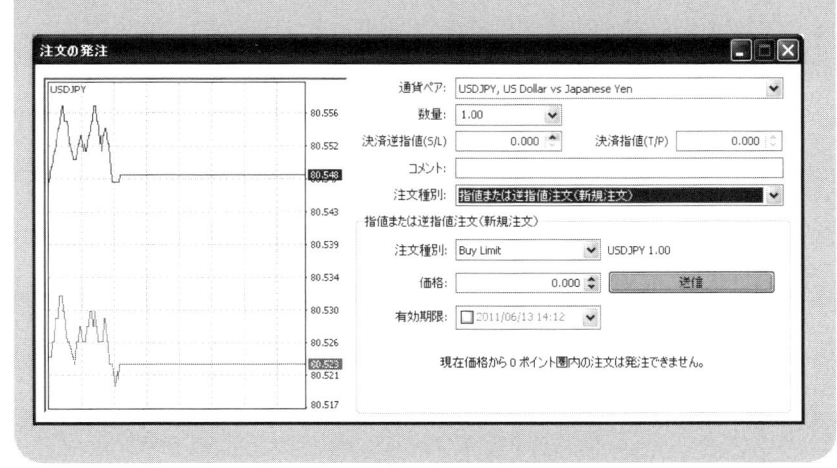

3　メタトレーダーと仲良くなる方法②　チャート編

　ここからは、以下の7つの方法を紹介していきます。

1）チャートを最大表示する方法
2）チャートを新規作成する方法
3）チャートの時間軸を変更する方法
4）チャートの種類を変更する方法
5）チャートのカスタマイズ（色などを変更する方法）について
6）カスタマイズしたチャートを保存する方法
7）定型チャートの呼び出し

1）　チャートを最大表示する方法
　メタトレーダーを初めて起動したときはチャートが4分割の状態になっています。特定のチャートを最大化する場合は最大化ボタンをクリックします。

チャートが最大化されました。他のチャートに切り替えるときはタブで選択します。

2）チャートを新規作成する方法

自分の好きな通貨ペアのチャートウィンドウを開いてみましょう。メニューバーの「ファイル」から「新規チャート」を選択します。

お好きな通貨ペアを選択します。ちなみに私の好きな通貨ペアは「EURCAD」です。

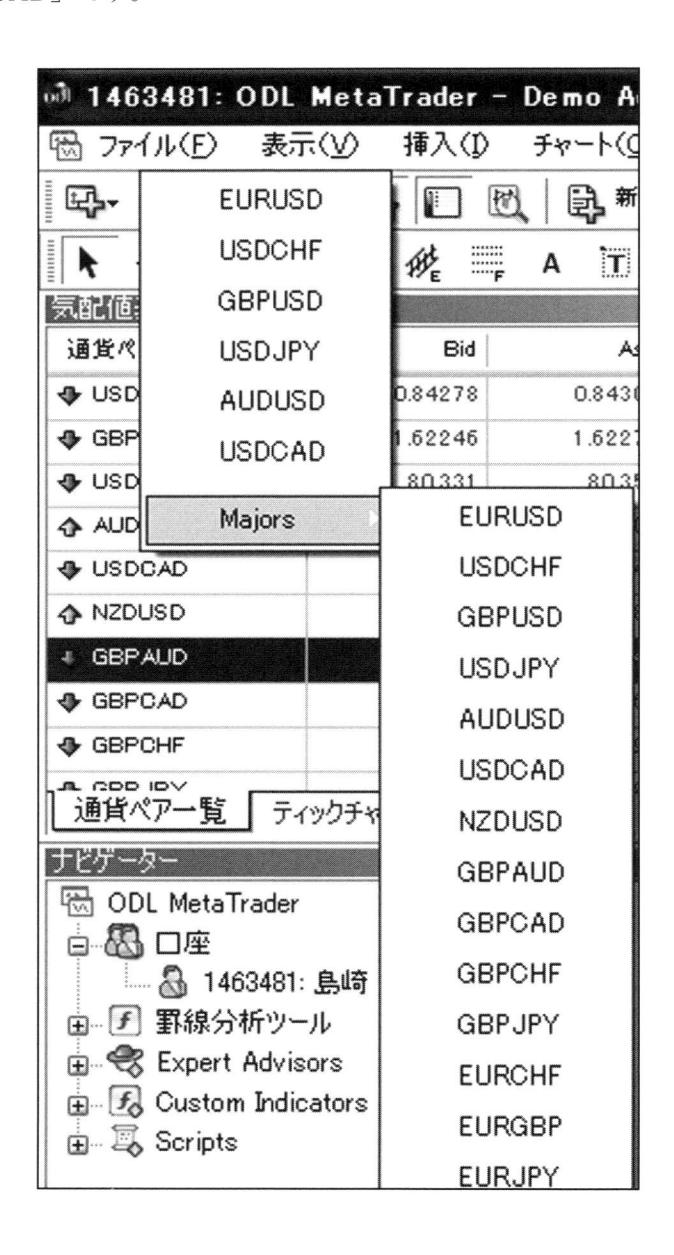

3）チャートの時間軸（タイムフレーム）を変更する方法

ツールバーからタイムフレームが変更可能です。ちなみに私の好きなタイムフレームは「5分足」です。

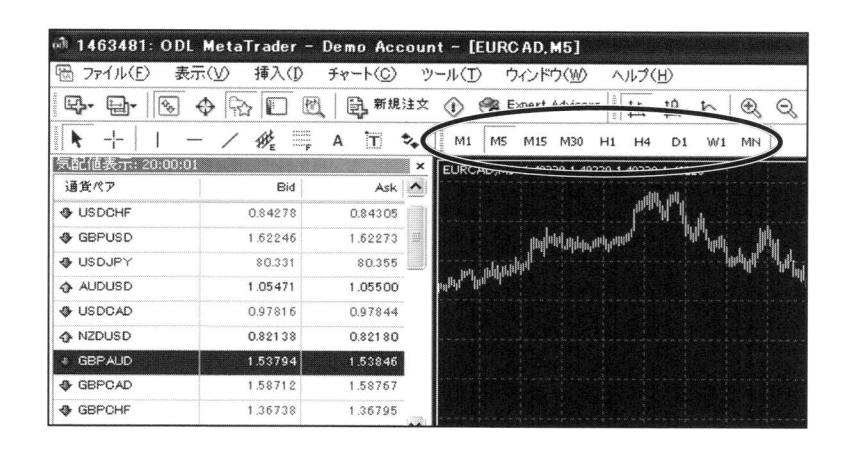

M1	→	1分足
M5	→	5分足
M15	→	15分足
M30	→	30分足
H1	→	1時間足
H4	→	4時間足
D1	→	日足
W1	→	週足
MN	→	月足

4）チャートの種類を変更する方法

ツールバーからチャートの種類が変更可能です。

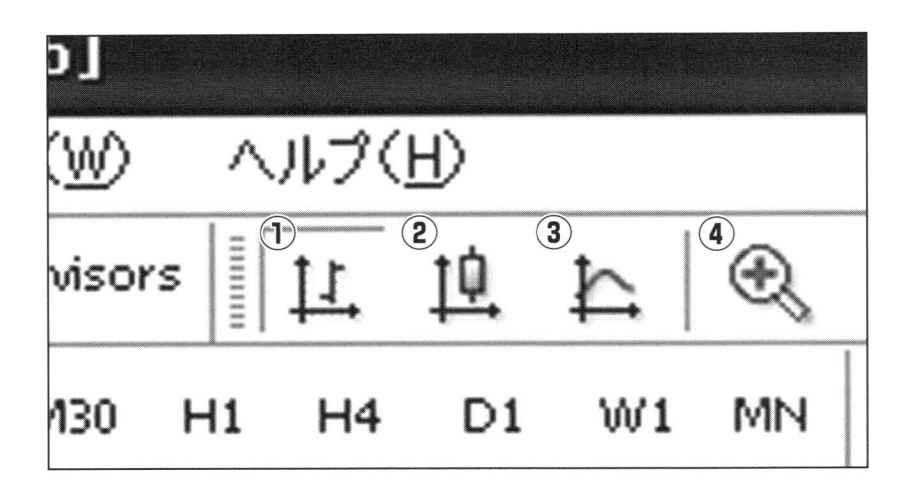

①バーチャート

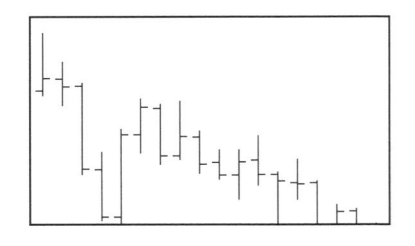

バーチャートの縦線の一番上を「高値」、一番下を「安値」、縦線の左側の突起を「始値」、右側の突起を「終値」としています。

日本ではあまり馴染みがないチャートですが、欧米では広く使われています。

②ローソク足（ロウソク足）チャート

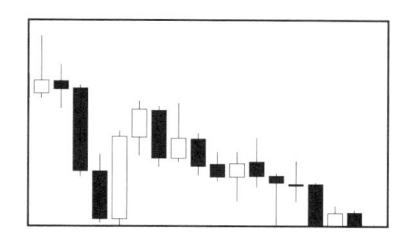

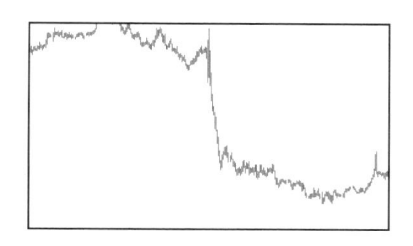

「ローソク足チャート」を選択しても、チャートスケールが大きいと右の図のようにローソク足に見えません。そのときは虫眼鏡（④）の＋をクリックしてください。拡大（ズーム）することができます。

③ラインチャート

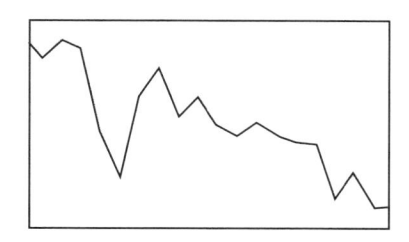

　終値を折れ線グラフで表したものです。
　ローソク足やバーチャートが4本値を表しているのと比べると情報量は劣りますが、シンプルで見やすいスタイルです。

5) チャートのカスタマイズ（色などを変更する方法）について

　チャートの背景やバーの色を自分好みに変更するときは、「チャート」⇒「プロパティー」をクリックします。

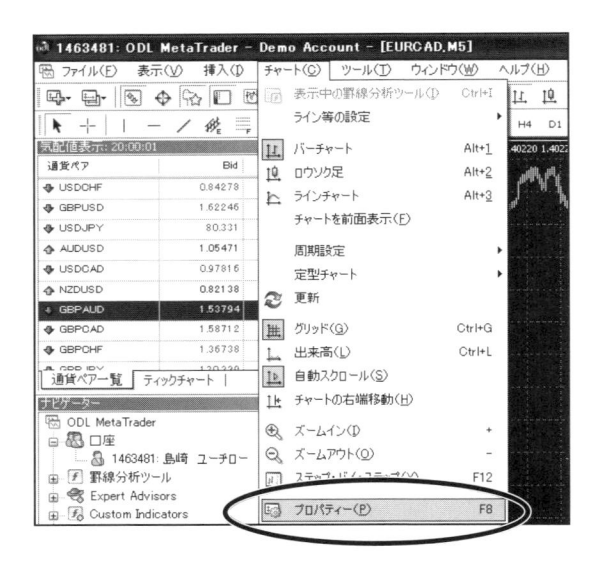

　プロパティー画面が表示されます。「色の設定」タブからチャートの基本配色をカスタマイズすることができます。

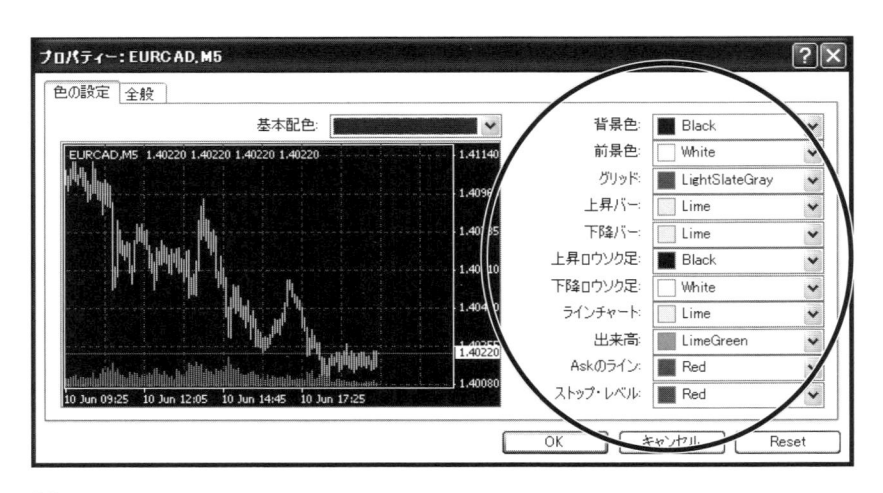

本書のチャート画像は背景を白とし、陽線も白、陰線は黒とします。

陽線…上昇線（ローソク足の始値よりも終値が高い）

陰線…下落線（ローソク足の始値よりも終値が安い）

「全般」タブからも設定ができます。

全般タブの中から、知っていると便利な機能をご紹介します。

チャートの右端移動

> **チャート右端にスペースを空けます**

チャートの自動スクロール

> **常にチャートの最新のバーがチャート右側にくるように自動でスクロールします**

なお、ツールバーからも設定が可能です。

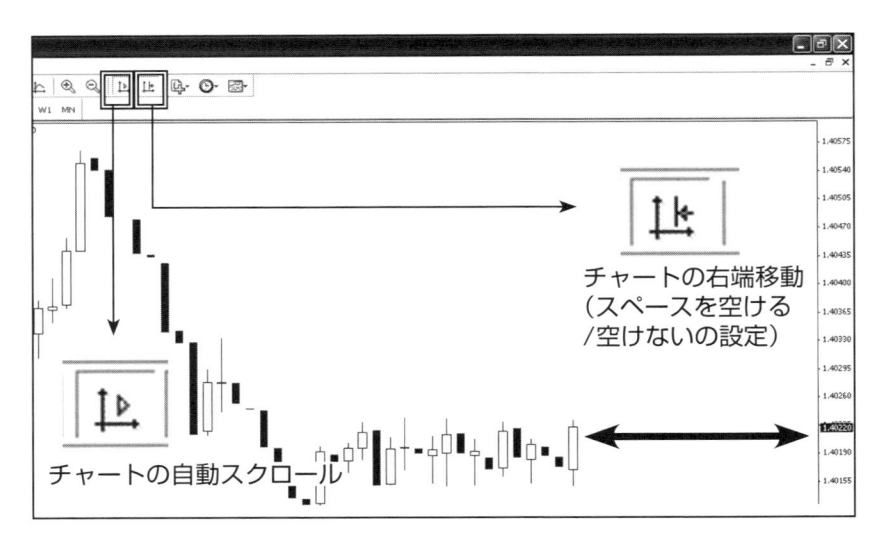

チャートの右端移動
（スペースを空ける
／空けないの設定）

チャートの自動スクロール

　チャートを過去にさかのぼって見たいときには「チャートの自動スクロール」をオフにしましょう。オンのままだと最新のバーまで押し戻されてしまいます。

6）カスタマイズしたチャートを保存する方法

カスタマイズしたチャートを定型として保存しておくと、その他のチャートにも反映させたい場合、毎回同じ設定にする手間が省けます。

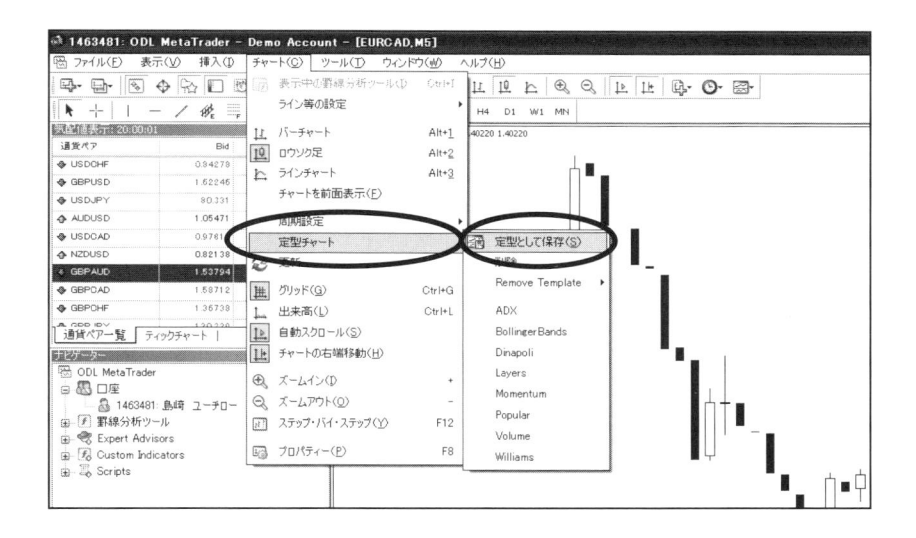

名前を付けて保存します。

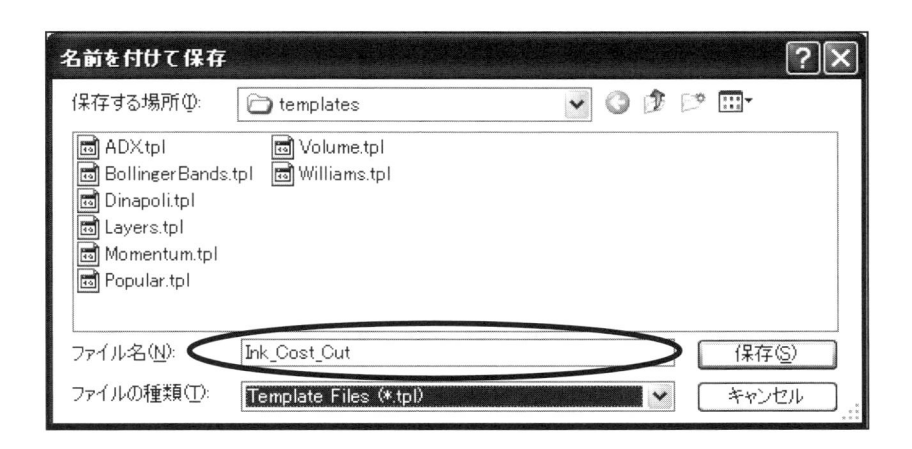

7）定型チャートの呼び出し

　その他のチャートも定型チャートを適用することで同じ設定になります。

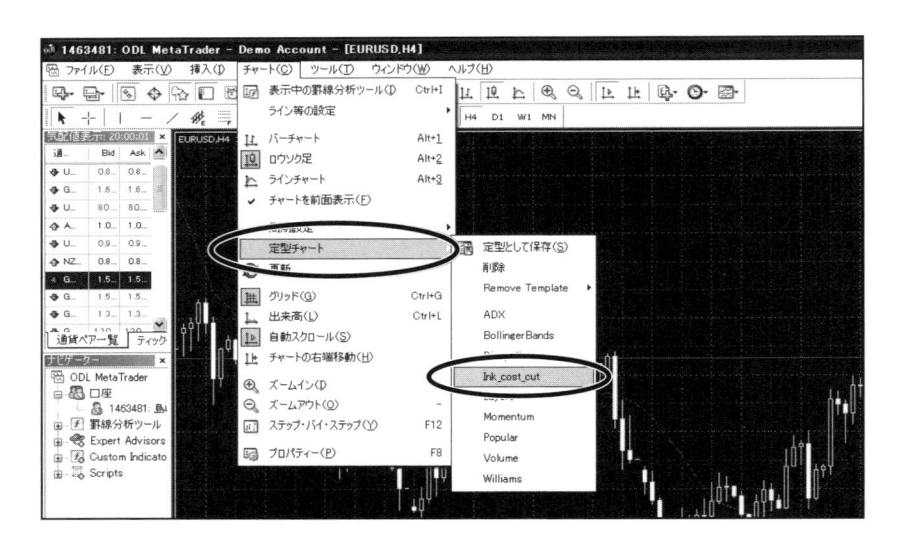

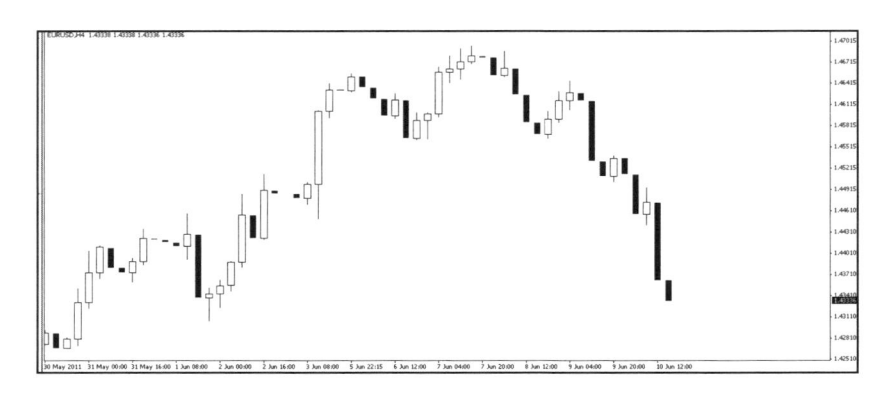

4　最長のデータを最速で入手する方法

　せっかく自動売買プログラムを作っても、ヒストリカルデータ（過去データ）がなければバックテストができません。バックテストができないとプログラムの良し悪しが分からず、プログラムの良し悪しが分からなければ怖くて自動売買もできません。要するに、システムトレードにはヒストリカルデータが不可欠と言えるのです。

　ところが、メタトレーダーはインストールした段階では、わずかな期間しかヒストリカルデータが入っていません。

　したがって、さらに長い期間のヒストリカルデータが欲しい場合は、手動でチャートを左スクロールして過去にさかのぼっていくことで、サーバーからヒストリカルデータを取得する必要があります。

　しかし、この左スクロールの作業は普通にやっていたらとても時間がかかります。そこで、最速でヒストリカルデータを入手できる裏技を紹介したいと思います。

システムトレード＝ヒストリカルデータ命

↓

ヒストリカルデータのダウンロード＝骨が折れる作業

↓

最速でできる方法、あります！

1) ヒストリー・センターに行きます

「ツール」⇒「History Center」です。

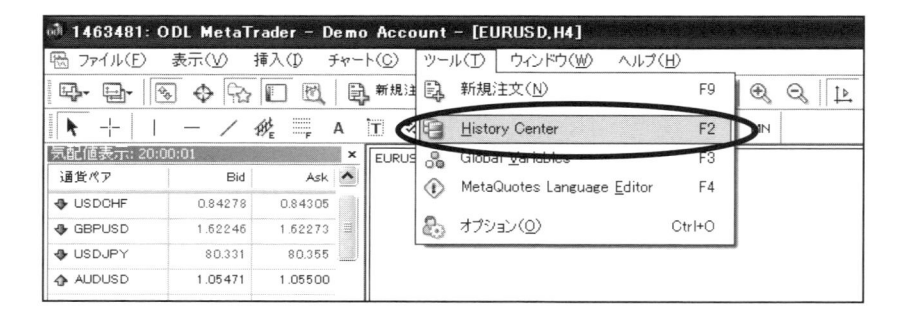

2) ヒストリー・センターに着きました

ここにヒストリカルデータが保存されています。

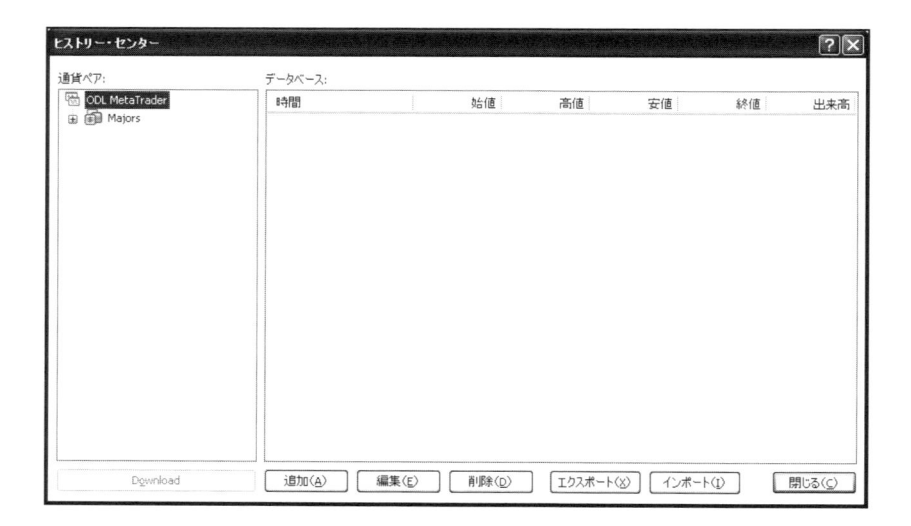

3）ヒストリカルデータをダウンロードします

「Majors」⇒「ダウンロードしたい通貨ペア（画像では AUDJPY）」をダブルクリック⇒「ダウンロードしたいタイムフレーム（画像では5 Minutes）」をダブルクリック。

「ダウンロードしたいタイムフレーム（画像では5 Minutes）」が灰色から色づいたらダウンロードできています。

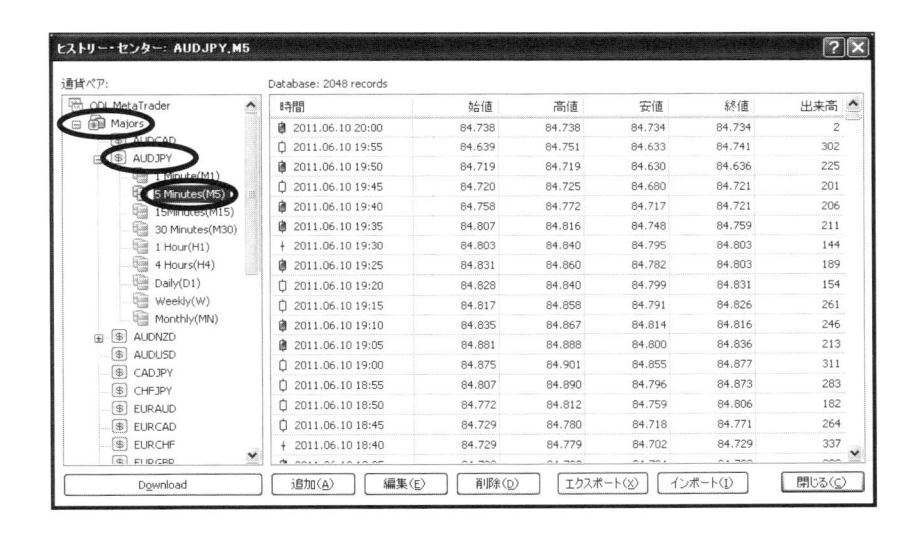

※「Majors」は業者によって名称が異なることがあります。

◆コラム：ヒストリカルデータの入手方法はひとつではない

　タイムフレームをダブルクリックすることでヒストリカルデータがダウンロードできましたが、期間は5分足で数日分とごく短期間になります（タイムフレームによって異なる）。

　実はサーバーにはもっと長期間のデータがあります（業者によって異なりますが5分足であれば数カ月分程度）。

　一度にすべてを入手できればいいのですが、それらを得るためには「手動でチャートを左にスクロールして過去にさかのぼっていき、ヒストリカルデータを取り込む」という地味で時間のかかる作業をしなくてはなりません。

　普通は、そうしないと長期間のヒストリカルデータをダウンロードできないのです。

　次ページからサーバーにあるすべてのヒストリカルデータを最速でダウンロードする方法をご紹介します。

4-1) ヒストリカルデータの編集 ①

スクロールバーを一番下まで持っていき、一番下のデータを選択して「編集」ボタンをクリックします。

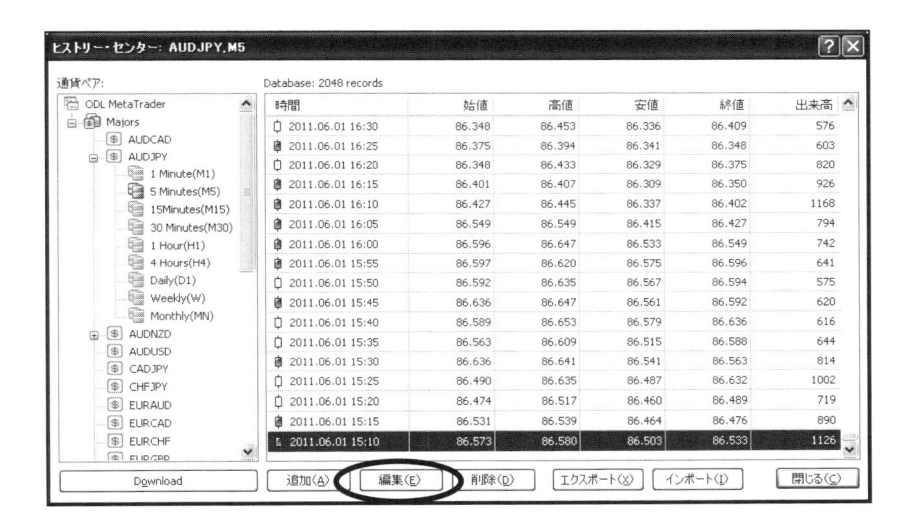

日付の「年」をかなり古いものに変更してしまいます。画像では本来 2011 年のデータを 2000 年と変更しました。変更したら「OK」をクリックします。

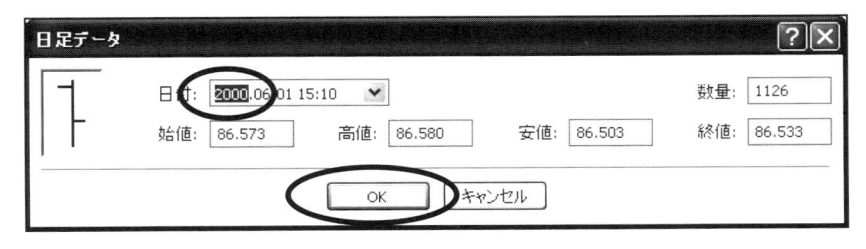

※例えば 1192 年などあまりに古い年を入力すると、自動的に現在の年に戻されてしまいます。1192 年というと鎌倉幕府が開かれたころで、システムトレードも存在しません。さすがにメタトレーダーもおかしいと思うのでしょう。

4-2) ヒストリカルデータの編集 ②

一番下のデータの年が変更されていることを確認して、「閉じる」をクリックします。

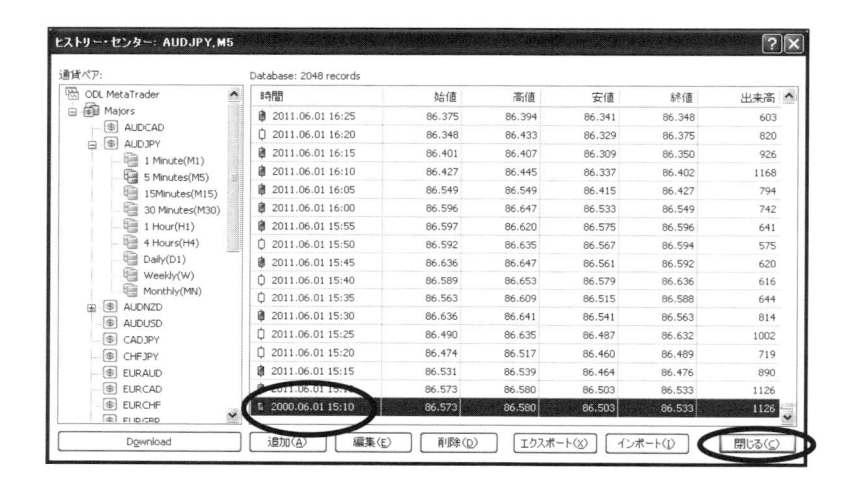

5) チャートを更新する

年を変更した通貨ペア・タイムフレーム（例ではAUDJPYの5分足）のチャートを表示し、「チャート」⇒「更新」をクリックします。

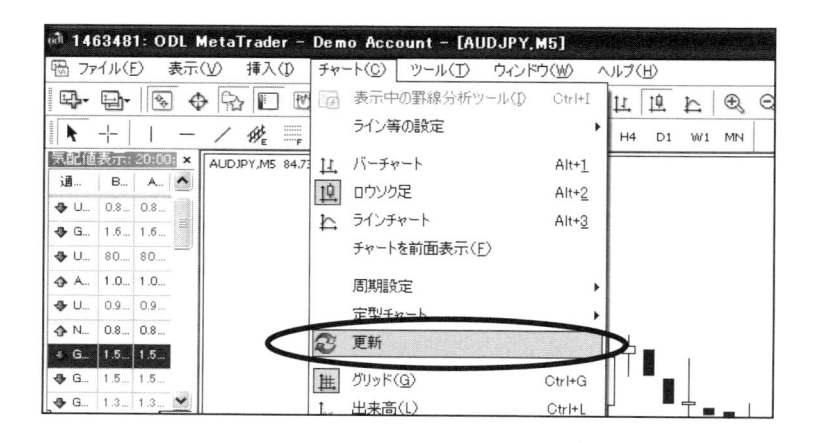

6）ダウンロードの確認

再度ヒストリカルセンターに行き、先ほどよりも長期のデータがダウンロードされていることを確認します。できていない場合は、再度「チャート」⇒「更新」を行ってください。

7）年を変更したデータの削除

一番下にある「年」を変更したデータを選択して、「削除」をクリックします。

これで完了です。ほかの通貨ペアやタイムフレームも、同様の手順で長期のヒストリカルデータをダウンロードできます。

◆コラム：ヒストリカルデータのダウンロード方法①

　メタトレーダーはチャートを「更新」したときにヒストリカルデータの漏れや欠損を埋めようとする特性があります。
　今回はその特性を利用して、データの一部を古い日付に変更してしまい本来あったデータとの空白期間をデータの漏れと思わせて、サーバーからダウンロードさせます。

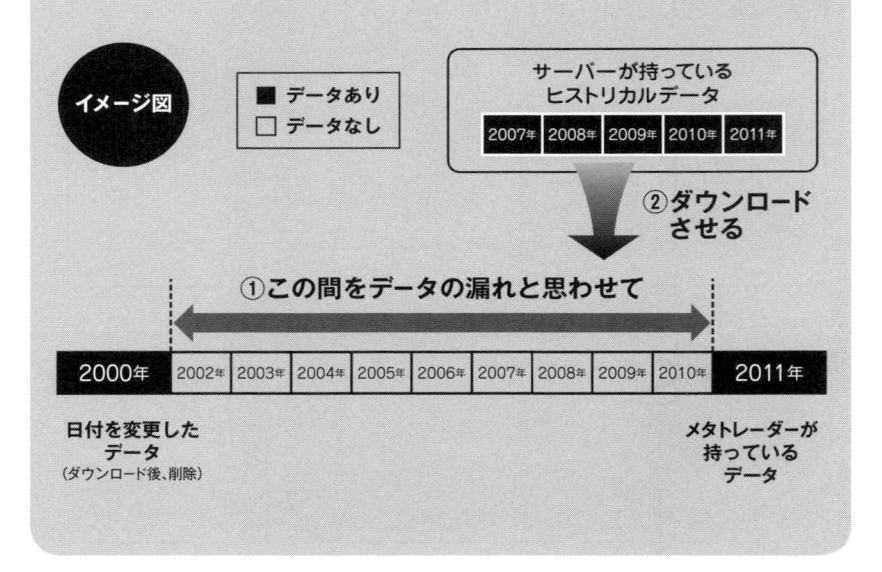

イメージ図

■ データあり
□ データなし

サーバーが持っているヒストリカルデータ
| 2007年 | 2008年 | 2009年 | 2010年 | 2011年 |

②ダウンロードさせる

①この間をデータの漏れと思わせて

| 2000年 | 2002年 | 2003年 | 2004年 | 2005年 | 2006年 | 2007年 | 2008年 | 2009年 | 2010年 | 2011年 |

日付を変更したデータ
（ダウンロード後、削除）

メタトレーダーが持っているデータ

◆コラム：ヒストリカルデータのダウンロード方法②

　ヒストリー・センター左下の「Download」ボタンをクリックすれば、さらに長期間のヒストリカルデータを取得することも可能です。しかしこのデータはお使いのブローカーのデータではなくメタトレーダーを開発したメタクオーツ社が提供するものです。FXは一物一価ではないため、お使いのブローカーとは異なる価格データになるので注意が必要です。
　特に、スキャルピングなどわずかなレートの動きを狙うシステムをバックテストする場合にはヒストリカルデータの違いが結果に大きく影響することもあるため気をつけてください。

5　見たい日時のチャートをすぐに見る方法

　「この日のこの時間」のチャートが簡単にすぐに見たい。そういう場合の裏技を紹介します。

１）チャート上にウィンドウを表示
　チャート上でキーボードの「Enter」キーを押すとチャート左下（丸囲み部分）に小さいウィンドウが表示されます。

2）日時の入力

　ピンポイントでチャートを表示したい日時を入力して再度「Enter」を押します。

例）2011 年 4 月 12 日　15 時 10 分　⇒　2011.04.12　15:10

- ●年月日と時間の間はスペースを空ける
- ● 2011.04.12 と時間を省略することもできる。
  その場合 2011.04.12　00：00 に飛ぶ

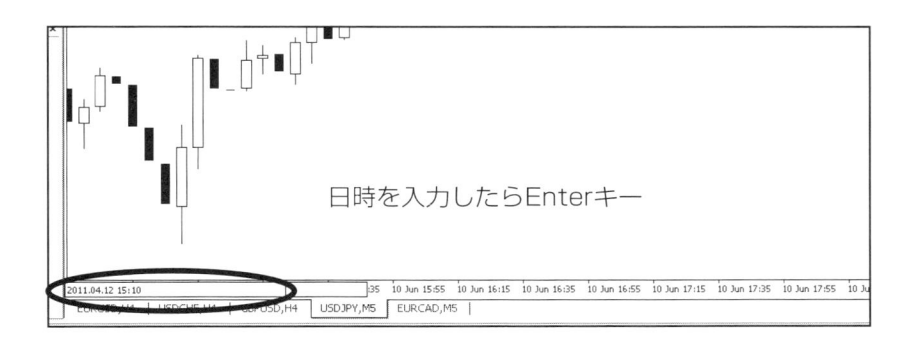

日時を入力したらEnterキー

3）指定日時へのジャンプ

2011年4月12日
15時10分のローソク足

ココ

4）その他の便利な使い方

その他、知っておくと便利な方法も紹介しておきます。

◎チャートのタイムフレームを変更

まずはチャート上で「Enter」キーを押すと、チャート左下（丸囲み部分）に小さいウィンドウが表示されます。さらに、**「変更したいタイムフレーム（1時間足に変更したければH1）＋ Enter」**でタイムフレームが簡単に変わります。

タイムフレーム＋Enter

5分足のチャート上でEnterを押して入力

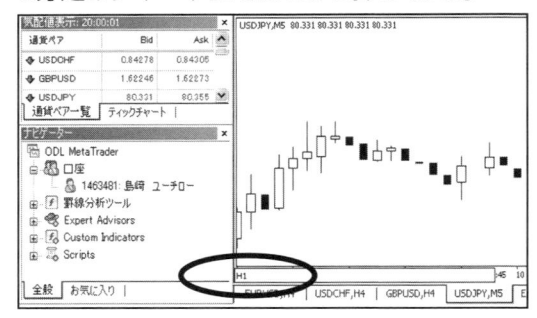

1時間足のチャートに変更

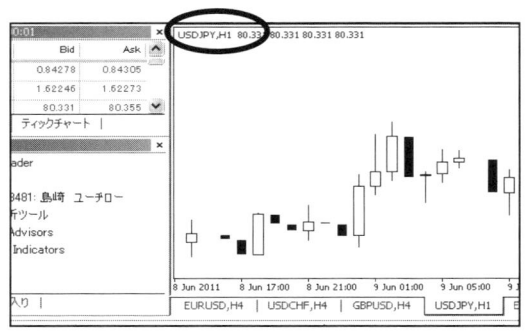

◎チャートの通貨ペアとタイムフレームを変更

　チャート上で「Enter」キーを押し、チャート左下に小さいウィンドウを出します。さらに、「希望の通貨ペア名とタイムフレーム＋Enter」で通貨ペアとタイムフレームが簡単に変わります

通貨ペア名とタイムフレーム＋Enter

AUDJPY　5分足のチャート

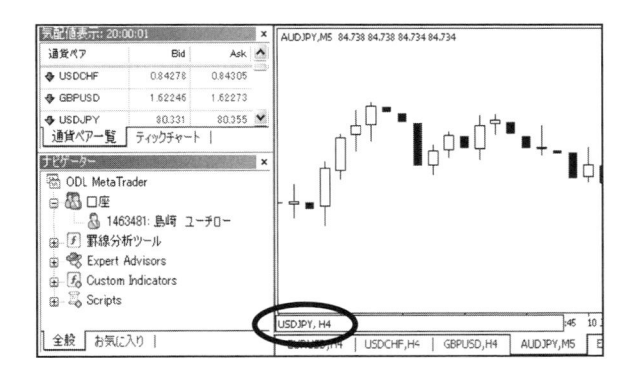

USDJPY　4時間足に変更

6　メタトレーダーと仲良くなる方法③　ナビゲーター編

　ナビゲーターは倉庫のようなものです。そこには自動売買プログラム（Expert Advisors, 通常は EA と省略して呼ぶことが多い。EA についての説明は後述）と、インディケータプログラムがしまわれています。

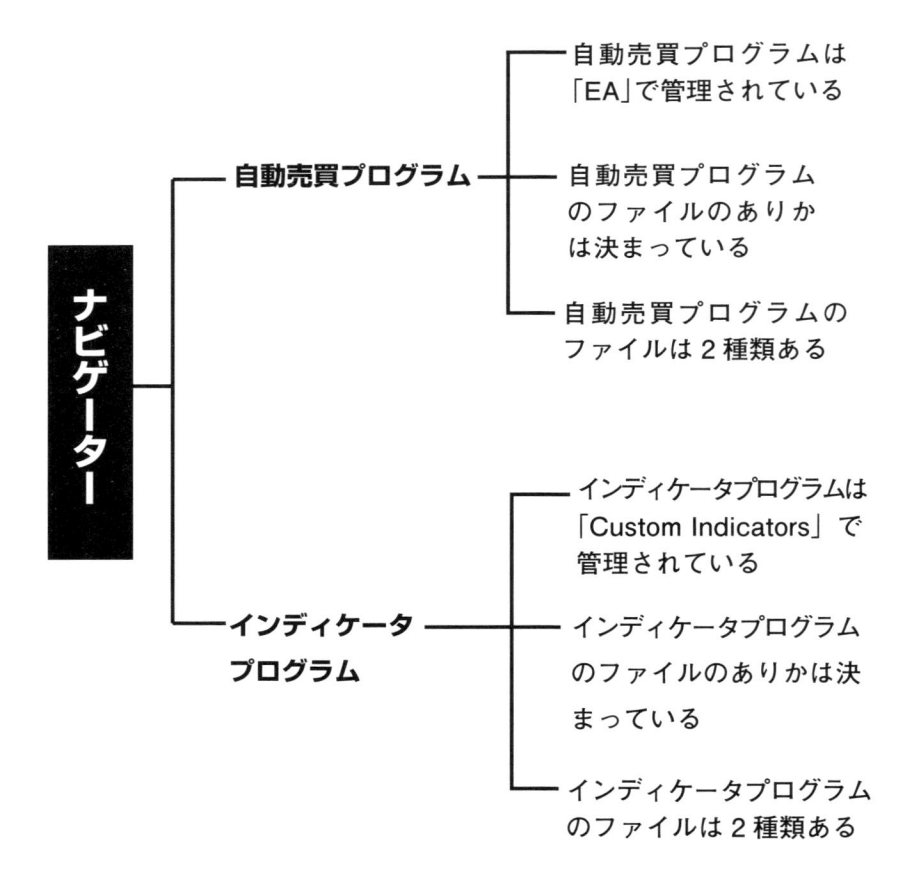

```
ナビゲーター
├── 自動売買プログラム
│   ├── 自動売買プログラムは「EA」で管理されている
│   ├── 自動売買プログラムのファイルのありかは決まっている
│   └── 自動売買プログラムのファイルは2種類ある
└── インディケータプログラム
    ├── インディケータプログラムは「Custom Indicators」で管理されている
    ├── インディケータプログラムのファイルのありかは決まっている
    └── インディケータプログラムのファイルは2種類ある
```

　それでは、次ページからひとつずつ紹介していきましょう。

自動売買プログラム編

1）自動売買プログラムは「Expert Advisors」で管理されている

それでは実際に確認してみましょう。「ナビゲーター」ウィンドウの「Expert Advisors」の左にある「+」をクリックします。

ここに自動売買プログラムの一覧が表示されます。すでに「MACD Sample」と「Moving Average」という2つの自動売買プログラムのサンプルが用意されています。

なお本書では「ナビゲーター」の「Expert Advisors」のことを「EAの倉庫」と呼びます。

2）自動売買プログラムのファイルのありかは決まっている

では「EA の倉庫」に表示されている自動売買プログラムのファイルそのものはどこにあるのでしょうか？ 実は、場所が決まっています。

自動売買プログラムの保存場所

マイコンピュータ→ C ドライブ→ Program Files
→ MetaTrader 4 → experts

※ WindowsVista をお使いの方は、メタトレーダーの保存場所が異なりますので自動売買プログラムの保存場所も変わってきます。マイコンピュータ→ C ドライブ→ Users →｛ユーザー名｝→ Program Files → MetaTrader 4 → experts

実際にそのフォルダをのぞいてみましょう。先ほど見た自動売買プログラムの2つのサンプルと同名のファイルがあるのが確認できます。「MACD Sample」と「Moving Average」です。つまりここにあるファイルが「ナビゲーター」の「Expert Advisors」に表示されるのです。

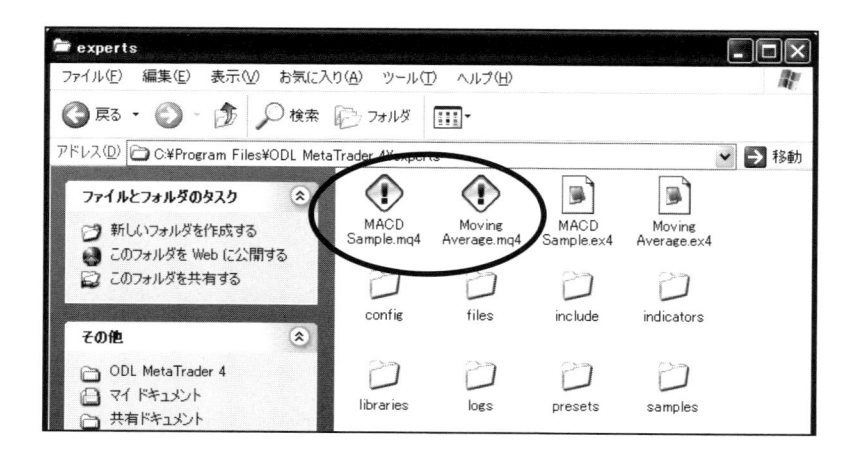

3）自動売買プログラムのファイルは2種類ある

先ほど自動売買プログラムの居場所を確認してもらいました。そのとき同名で拡張子が異なる2種類のファイルがあるのに気づかれたでしょうか。

私たちがプログラムを記述しているのはmq4ファイルです。しかし、コンピューターはこのmq4ファイルの内容を理解できません。なぜなら、コンピューターは0と1の機械語しか理解できないからです。コンピューターでも理解できるようにmq4ファイルを機械語に翻訳したものがex4ファイルです。ex4ファイルがあってはじめて「ナビゲーター」に表示されます。

またex4ファイルではプログラムソースが見られませんので、自分の作成した自慢のプログラムを他人に使ってほしいけれどプログラムソースは見られたくない、というときなどにex4ファイルを渡せば、中身を見られずに使用してもらうことができます。

インディケータプログラム編

　ここまでナビゲーターと自動売買プログラムの関係を3つ知っていただきました。インディケータプログラムについても同様の考え方です。

1）インディケータプログラムは「Custom Indicators」で管理されている

　「ナビゲーター」の「Custom Indicators」の左にある「+」をクリックしてみましょう。インディケータプログラムはここに格納されています。あらかじめ20種類以上用意されています。

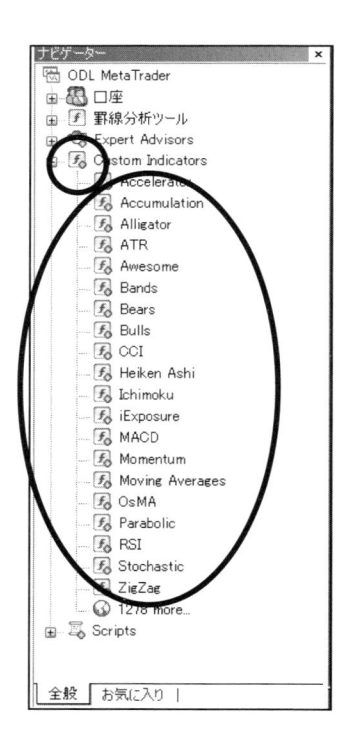

　なお本書では「ナビゲーター」の「Custom Indicators」のことを「インディケータの倉庫」と呼びます。

2) インディケータプログラムのファイルのありかは決まっている

「インディケータの倉庫」に表示されているインディケータプログラムのファイルのありかも決まっています。

インディケータプログラムの保存場所

マイコンピュータ→ C ドライブ→ Program Files
→ MetaTrader 4 → experts → indicators

※ WindowsVista をお使いの方は、メタトレーダーの保存場所が異なりますのでインディケータプログラムの保存場所も変わってきます。マイコンピュータ → C ドライブ→ Users → ｛ユーザー名｝→ Program Files → MetaTrader 4 → indicators

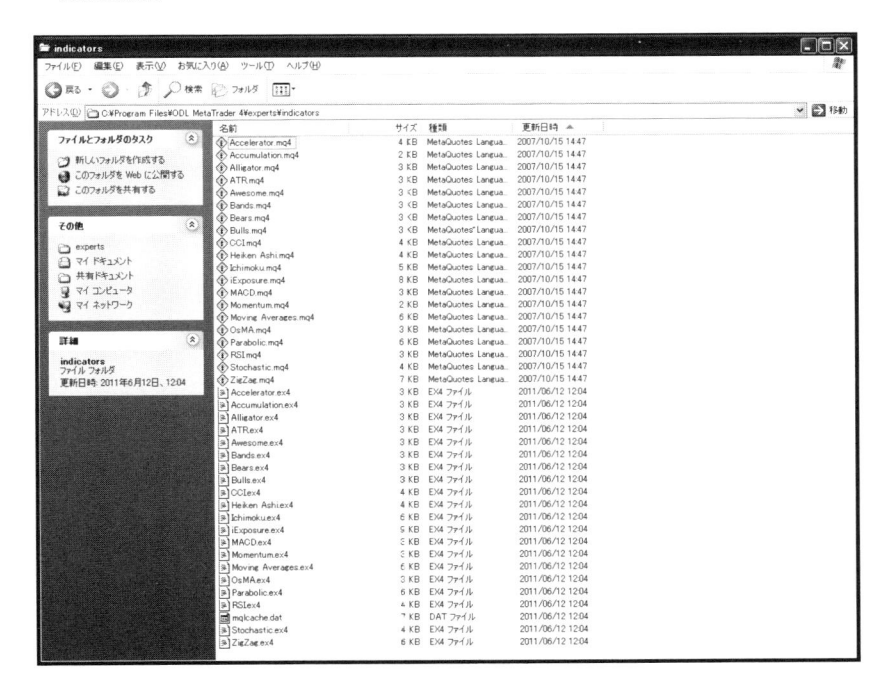

3）インディケータプログラムのファイルは２種類ある

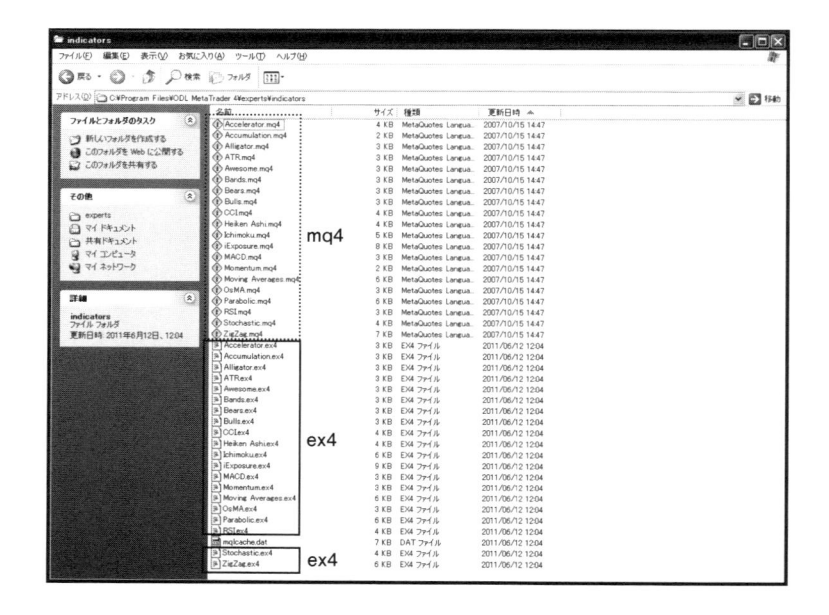

上の画像を見ていただくと分かるように、インディケータプログラムにも「mq4」ファイルと「ex4」の２種類があります。

> ◆コラム：へそくりの話？
>
> 　インディケータプログラムはずいぶん深い階層に保存されていますね。私の友人は、この深い階層をあることに活用しています。なんとシステムトレードで貯めたへそくりの明細を記したエクセルファイルを「indicators」フォルダに隠しているそうです。絶対に奥さんに見つからない場所を考えた末の結果です。インディケータの倉庫に表示されるのはex4ファイルだけなので、「へそくり明細」などと表示される心配もありません。

7 メタトレーダーと仲良くなる方法④ ターミナル編

プログラムに関連するところを確認しましょう。

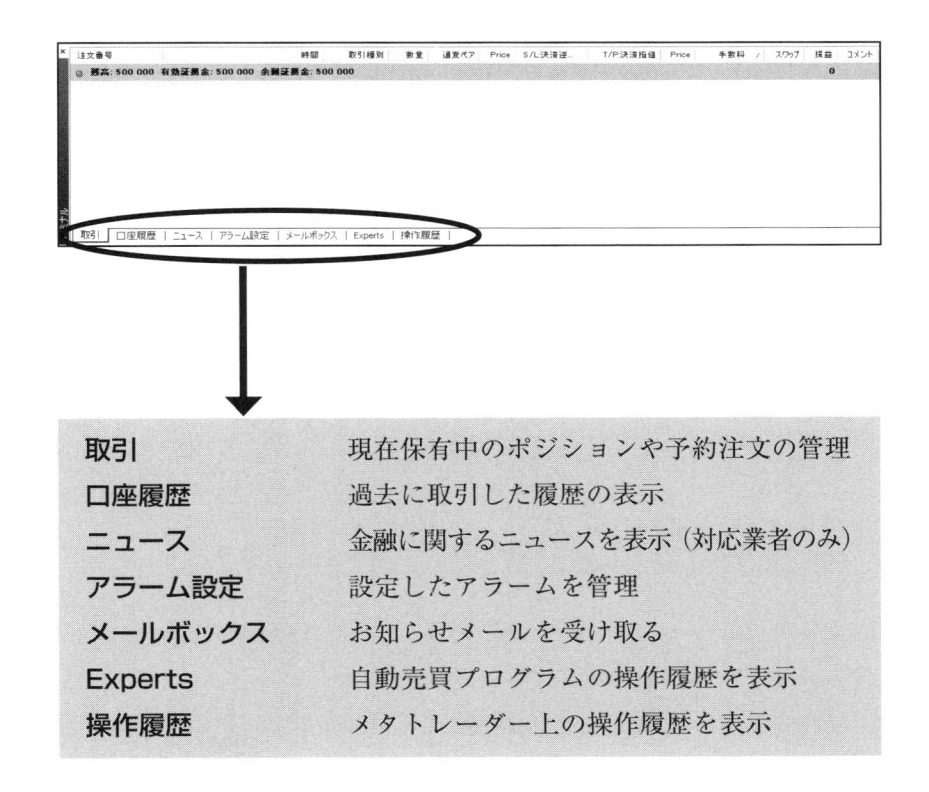

取引	現在保有中のポジションや予約注文の管理
口座履歴	過去に取引した履歴の表示
ニュース	金融に関するニュースを表示（対応業者のみ）
アラーム設定	設定したアラームを管理
メールボックス	お知らせメールを受け取る
Experts	自動売買プログラムの操作履歴を表示
操作履歴	メタトレーダー上の操作履歴を表示

◆コラム：ターミナルについて

「取引」には現在保有しているポジションの情報や発注済みの指値、逆指値注文の情報が表示されます。また口座残高も「取引」に表示されます。

「口座履歴」では過去に取引したトレードを確認することができます。「口座履歴」上で右クリックして「詳細レポートの保存」をクリックしてみてください。自分のトレードのパフォーマンスや資産曲線を確認することができます。

プログラムを学習するときによく使うのは「Experts」です。ここにプログラムの動作結果などが表示されるため、本書でも今後よく登場します。

「メールボックス」にはあまりお知らせがくることはないのですが、強制ロスカットにかかってしまったときだけは「Stop Out」と「Margin Call」といういまいましい件名のメールが同時に2通も届けられており、いやな思い出が末長く残ることになります（業者によって対応は異なる）。

8 メタトレーダーと仲良くなる方法⑤　データ・ウィンドウ編

　マーケットの価格やインディケータの値を知る方法を紹介します。

　カーソルをローソク足に合わせると4本値やインディケータの値が表示されます。画像ではチャートにRSIを表示しているため、インディケータの値はRSIの値を表示しています。

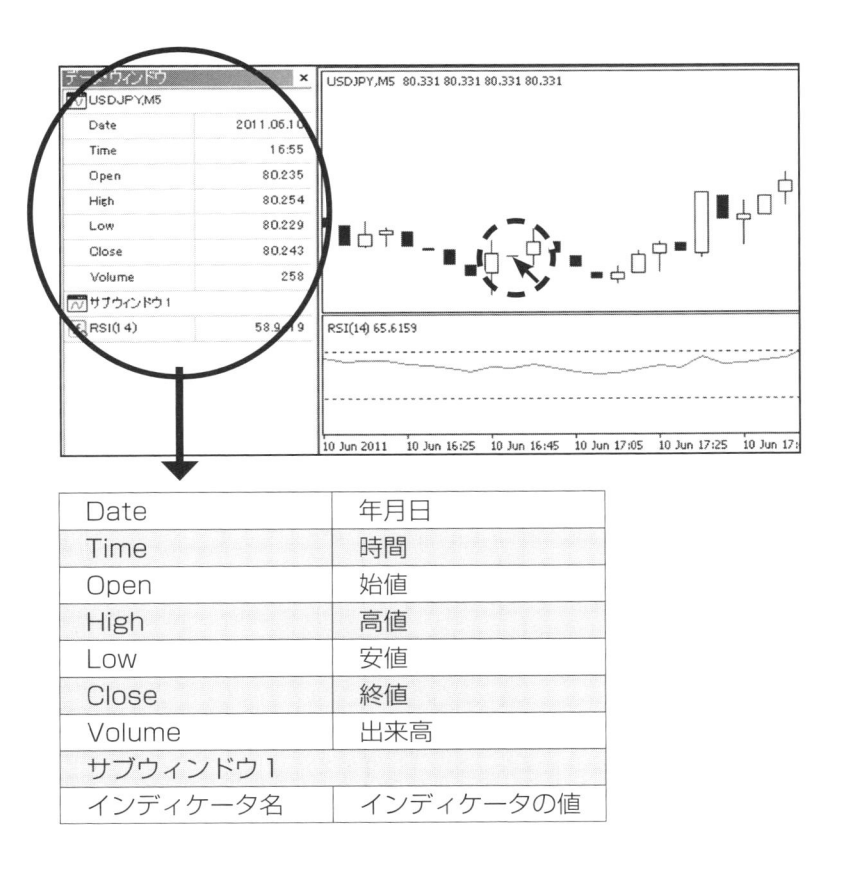

Date	年月日
Time	時間
Open	始値
High	高値
Low	安値
Close	終値
Volume	出来高
サブウィンドウ1	
インディケータ名	インディケータの値

9 メタトレーダーと仲良くなる方法⑥ テスター編

バックテストの方法を紹介します。

「テスター」では自動売買プログラムのバックテストを行えます。ここでは概要をご紹介します。

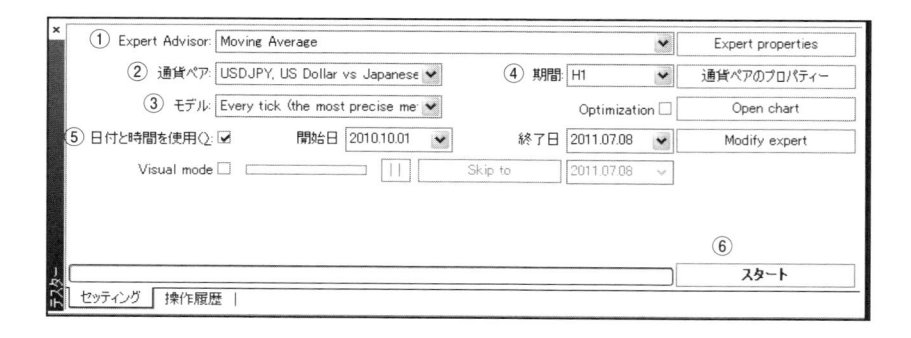

```
① Expert Advisor: Moving Average                    Expert properties
② 通貨ペア: USDJPY, US Dollar vs Japanese   ④ 期間: H1    通貨ペアのプロパティー
③ モデル: Every tick (the most precise me     Optimization □   Open chart
⑤ 日付と時間を使用: ☑   開始日 2010.10.01   終了日 2011.07.08   Modify expert
   Visual mode □                Skip to      2011.07.08
                                                        ⑥
                                                      スタート
セッティング | 操作履歴 |
```

①自動売買プログラムを選択
②通貨ペアを選択
③バックテストモデルを選択
④タイムフレームを選択
⑤バックテスト期間を選択
⑥「スタート」でバックテスト開始

バックテスト前はテスターのタブに「セッティング」と「操作履歴」のみしか表示されていませんが、バックテストを行うと5つのタブが表示されます（次ページ参照）。

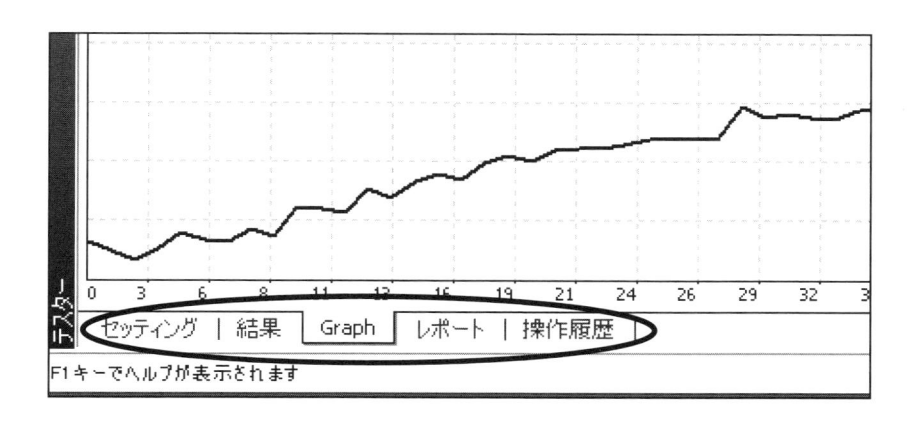

セッティング	バックテストの設定をする
結果	バックテストのトレード履歴を表示
Graph	バックテストの結果をグラフで表示
レポート	バックテストのパフォーマンスを表示
操作履歴	自動売買プログラムが行った操作の履歴を表示

10 便利ツールをメタトレーダーに入れて操作に慣れよう

スプレッドを目で確かめてみよう

　私が自分で作っていつも使っている「Spread」インディケータを導入して、インディケータの設定方法を体で覚えましょう。

※「Spread」インディケータとは？
　現在のスプレッドをチャートに描画することで、スプレッドを時系列に可視化できるインディケータです。スプレッドについては業者が公表している値の大小だけに注目してしまいがちですが、実は時間帯によっても一定の傾向が見られる場合があります。スプレッドが大きくなる時間帯を把握しておけば、その間はトレードしないという選択肢も考えられます。5分足チャートであれば5分に一度描画していきます。

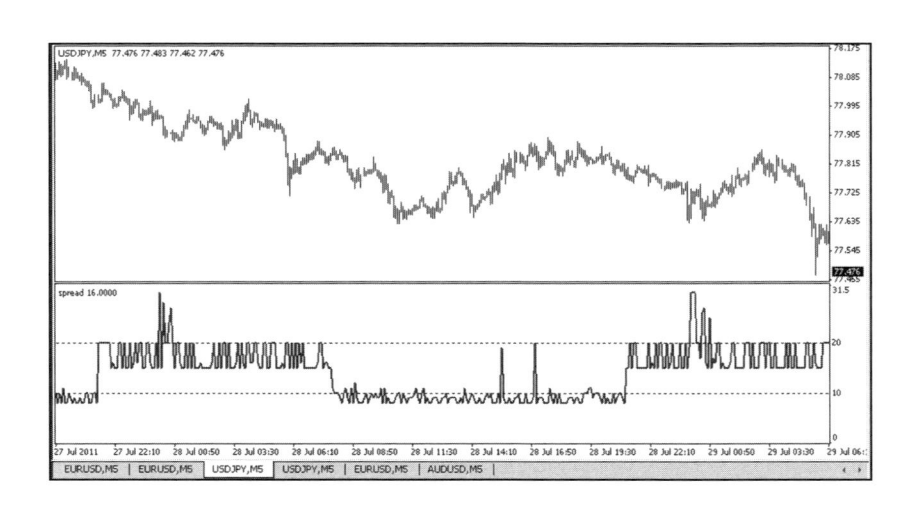

1）インディケータのダウンロード

　16ページでも紹介しましたが、もう一度、お話ししておきます。

①以下にアクセスしてください。もしくは検索サイトで「変幻自在メタトレーダー」と入力してください。

http://www.panrolling.com/books/gr/gr100.html

②「本書をお求めの方へ」というコーナーに行ってください。

③そのコーナーにナンバーを入力する欄がありますので、本書巻末の袋とじの中に記載されているナンバーを入力してください。

④ナンバーを入力すると「電子メールアドレス登録」の画面になります。メールアドレスなどの必要事項を記入した後、「登録」ボタンを押してください。

⑤登録されたメールアドレス宛にファイルダウンロード用のアドレスを送ります。

⑥アドレスをクリックして、「mt4」という名のZip形式フォルダを入手してください。そのファイルを解凍すると「インディケータ」と「自動売買プログラム」という２つのフォルダが入っています（詳細は次ページ参照）。

「自動売買プログラム」フォルダ

①定型文.mq4
エントリーとエグジットの定型文

②一目均衡表システム.mq4など、本書で紹介のEA
定型文を使って作成したサンプルシステム

③「早起きは5ピップの得」システム.mq4
iCustom関数を使って作成したおまけシステム

「インディケータ」フォルダ

「Spread」インディケータを含む4つの便利なインディケータが入っています。

① Spread.mq4
スプレッドをチャート上に描画

② Leverage.mq4
指定したレバレッジでの取引ロット数を表示

③ SendMail.mq4
約定したら指定したメールアドレスへ通知メールを送信

④ NY_Box.mq4
NYボックス（NY市場直前の高値と安値）をチャート上に表示

2-1）自動売買プログラムの配置場所

「自動売買プログラム」フォルダの中身を下記の場所に保存（貼り付け）します。保存する順番は次の通りです。

マイコンピュータ→ C ドライブ→ Program Files → MetaTrader4 → experts のフォルダの中に配置（貼り付ける）

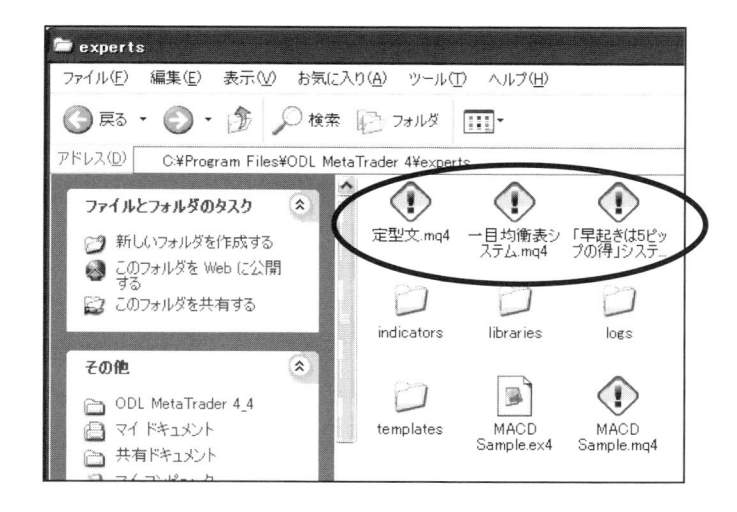

※フォルダごと貼り付けてもメタトレーダーは認識しないので注意してください。必ずフォルダの中身を貼り付けてください。
※「MetaTrader4」フォルダはお使いの業者によって「ODL MetaTrader4」などのように名称が異なることがあります。
※ Windows Vista は保存場所が異なります。
※上の画像では、ダウンロードできる EA の代表として「一目均衡表システム」を載せています。

69

２－２）インディケータの配置場所

「インディケータ」フォルダの中身を下記の場所に保存（貼り付け）します。保存する順番は次の通りです。

マイコンピュータ→ C ドライブ→ Program Files → MetaTrader4
→ experts → indicators

※フォルダごと貼り付けてもメタトレーダーは認識しないので注意してください。必ずフォルダの中身を貼り付けてください。
※「MetaTrader4」フォルダはお使いの業者によって「ODL MetaTrader4」などのように名称が異なることがあります。
※ Windows Vista は保存場所が異なります。

3）メタトレーダーの再起動

　先ほど配置したインディケータを読み込ませるために、メタトレーダーを再起動します。「ファイル」から「プログラムの終了」をクリックします。

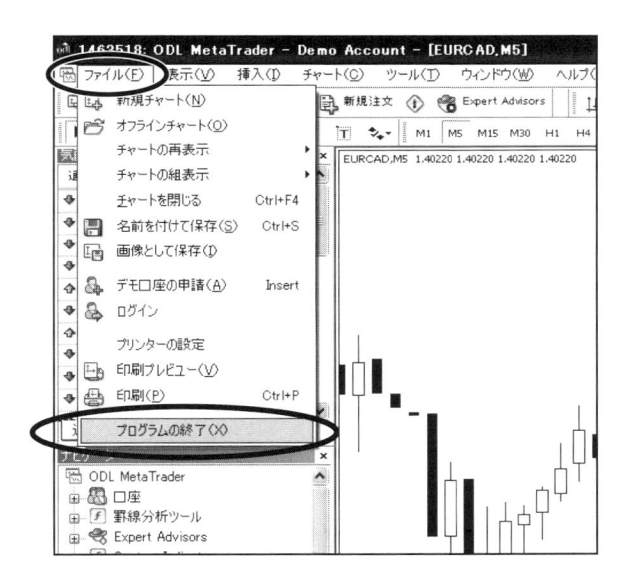

　メタトレーダーのショートカットをダブルクリックします。

◆コラム：なぜ再起動？

　mq4 ファイルを所定の場所に保存したあと、メタトレーダーを再起動すると、自動的に mq4 ファイルから ex4 ファイルを生成します。ex4 ファイルが生成されると「ナビゲーター」に表示されます。「初めから ex4 ファイルをダウンロードすればよいのでは？」と思われるかもしれませんが、その理由は ex4 ファイルではプログラムの中身が見えないことにあります。

　また ex4 ファイルから mq4 ファイルへは変換できないのです。

4 - 1) 自動売買プログラムの導入完了の確認

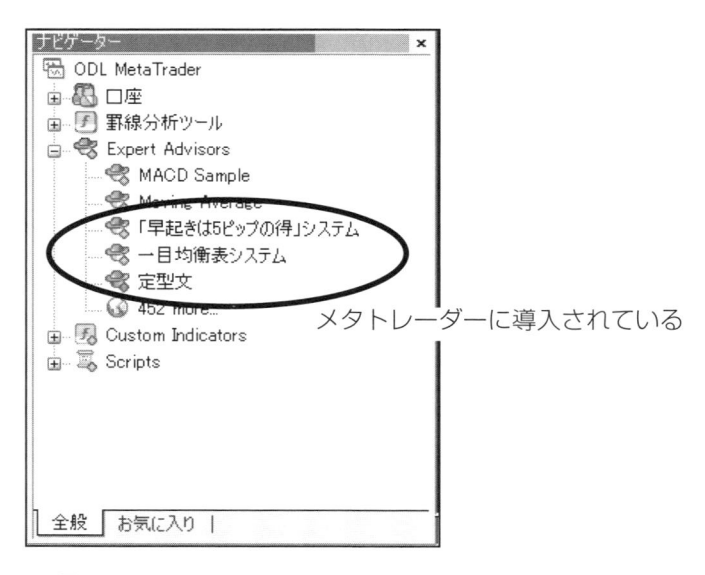

メタトレーダーに導入されている

※「定型文」のみ　　マークに色がついていませんが、問題はありません。

4－2）インディケータの確認

再起動を行ったら「ナビゲーター」の「Custom Indicators」に先ほどのインディケータが導入されているのを確認します。

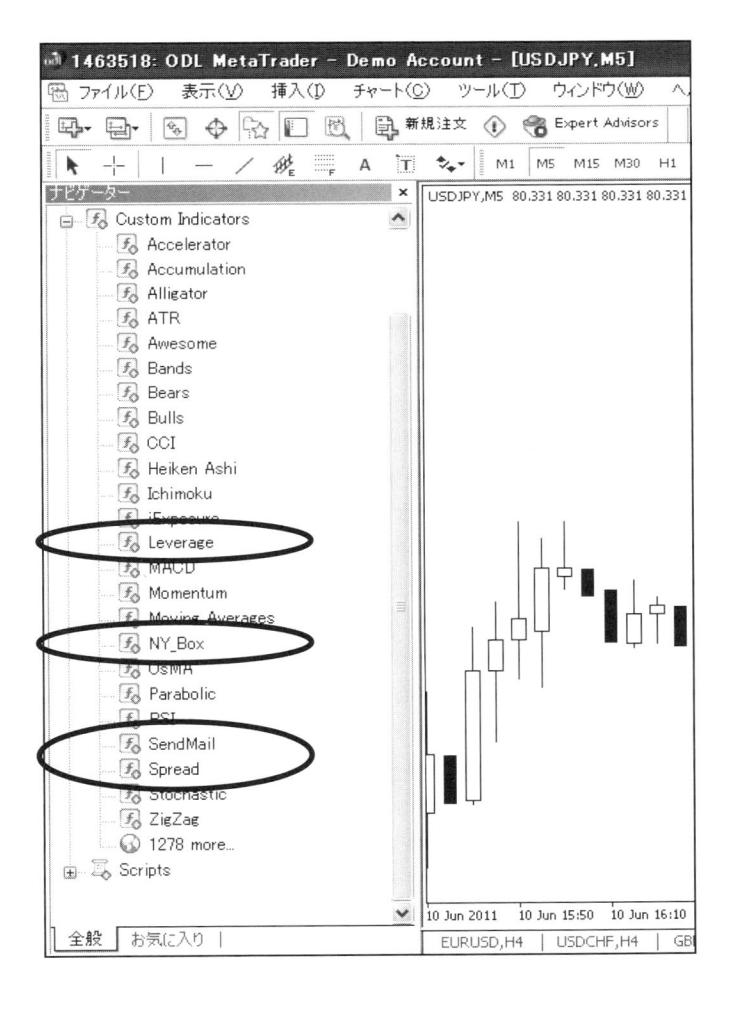

5）インディケータをチャートに適用

スプレッドを測りたい通貨ペアのお好きなタイムフレームのチャートを開きます。タイムフレームはスプレッドを計測する頻度となります（USDJPYの5分足であればUSDJPYのスプレッドを5分ごとに描画）。

「Spread」インディケータをダブルクリックします。

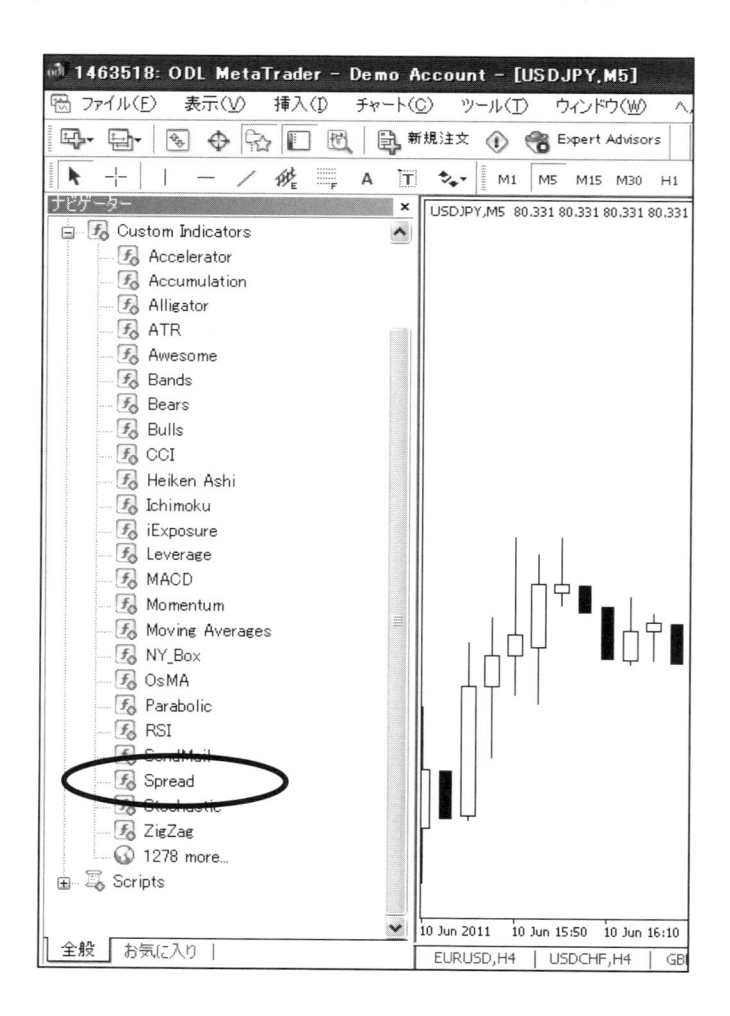

6）ポップアップ画面の表示

　ポップアップ画面が出てきます。「レベル表示」タブで「追加」をクリックすることで補助ラインをひくことができます。画像の例では 10、30、50 にラインをひきます。補助ラインについては次の画像を参照してください。

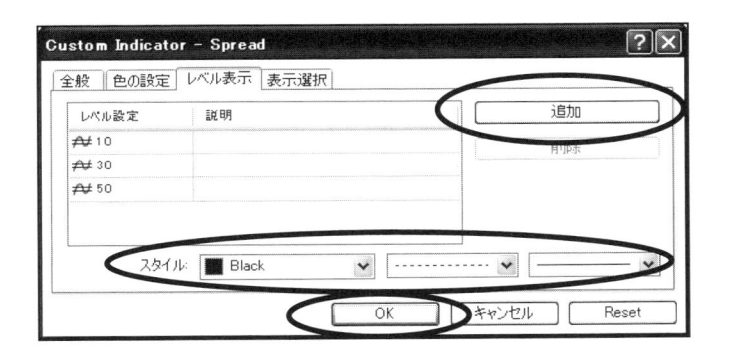

7）インディケータ適用完了

　チャートの下のウィンドウに「Spread」インディケータが導入されました。補助ラインしか表示されませんが、ミスプリントではありません。メタトレーダーは過去のスプレッドの情報を保持していませんので、あくまでインディケータ適用以後のリアルタイムのスプレッドを描画していきます。

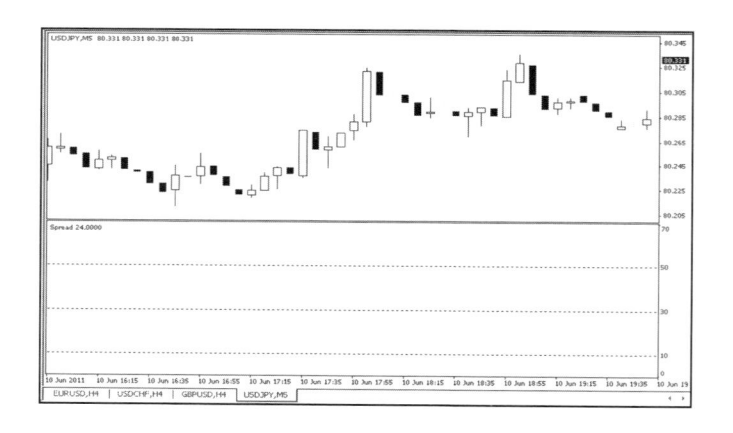

　８時間経過後です。

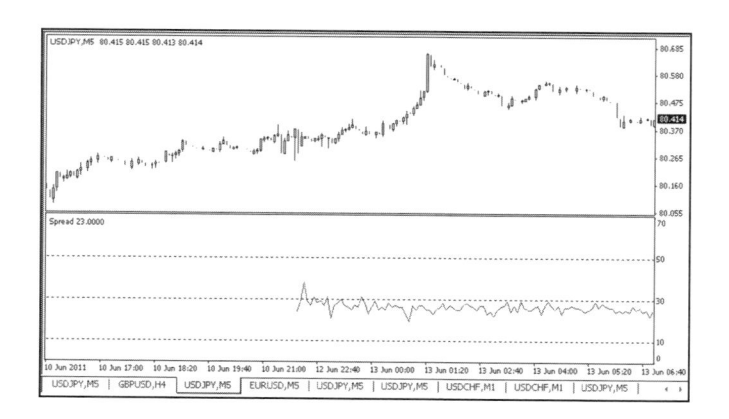

スプレッドはポイント単位で表示されます。ポイントとは為替レートの最小単位です。

　1 ポイントの値は業者によって異なります。

　例えばドル円で 90.56 のように下 2 桁表示業者であれば 1 ポイント =0.01 円になりますが、90.563 のように下 3 桁表示業者であれば 1 ポイント =0.001 円になります。

　円が絡まない通貨、例えばユーロドルで 1.4500 のように下 4 桁表示業者であれば 1 ポイント =0.0001 になりますが、1.45003 のように下 5 桁表示業者であれば 1 ポイント =0.00001 になります。

　したがってドル円でスプレッドが 12 と表示された場合は 12 ポイント、すなわち下 2 桁表示の業者であれば、0.12 円（12 銭）となり、下 3 桁表示の業者であれば、0.012 円（1.2 銭）となります。

　メタトレーダーではポイント単位で表示したり設定したりすることが多いので、ぜひ頭に入れておいてください。

第2部
EA作成編

第2章

プログラムを始めてみよう

1 EA までの道のり

　序章でお察しいただけたように、EA作成までには私も試行錯誤を繰り返しました。そのお話をまずはさせていただこうと思います。

プログラムアレルギー発症

　前述のとおりメタトレーダーをダウンロードしたあと、サンプルプログラムのなかで一番シンプルで簡単だろうと思われる「移動平均」の自動売買のプログラムを見てみました。

「ナビゲーター」⇒「Moving Average」⇒「修正」

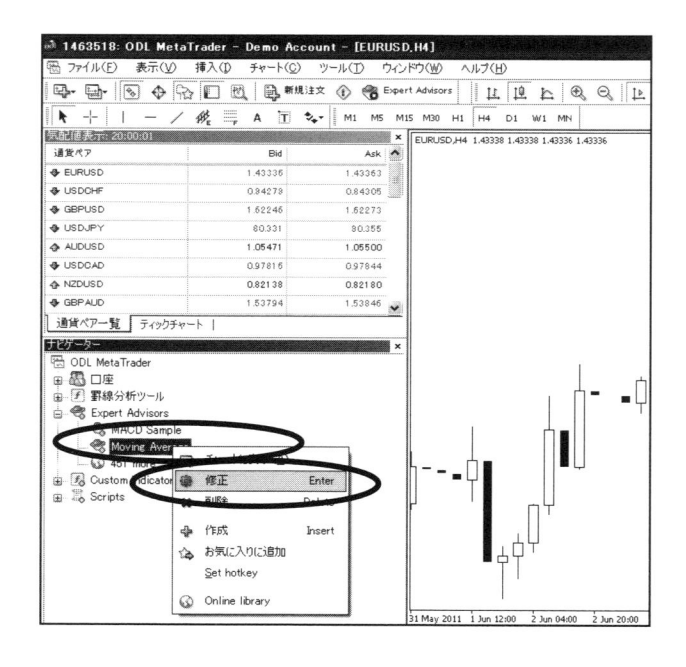

移動平均の自動売買のプログラム

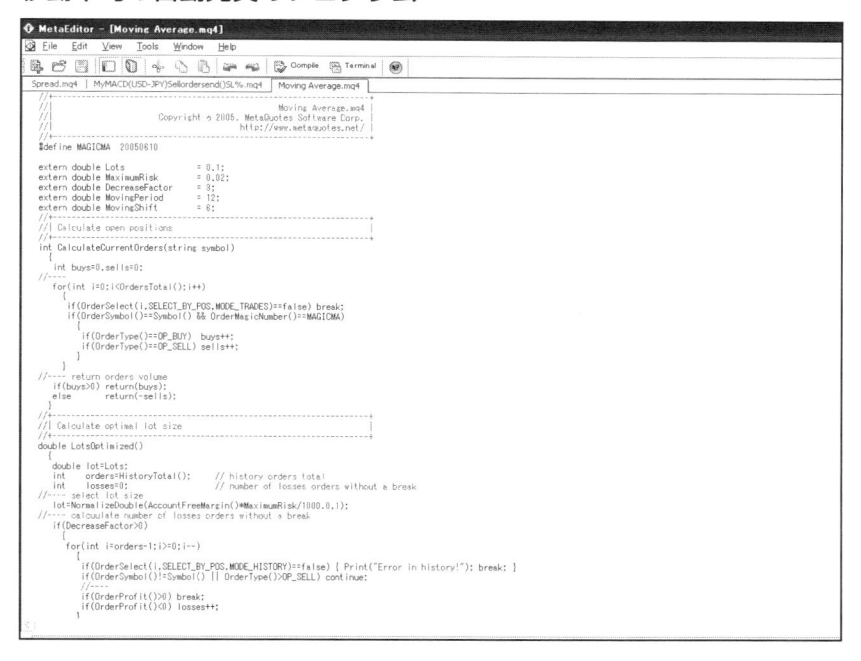

　見た瞬間、思わず「うっ」という、声にならない音を発してしまいました。しばらくは古代の未知の言語を前にした気分でしたが、よく見ると無味乾燥のおもしろくもなんともない英語の羅列であることを認識しました。

　どちらにせよ自分にできるとは思いませんでしたし、やりたくもありませんでした。この英語の羅列はもう二度と見たくなかったのです。適性ゼロです。すぐにメタトレーダーを閉じました。私は2007年発症した花粉アレルギー（花粉症）に続いて、2008年はプログラムアレルギーまで発症してしまったかと思いました……。

　それからプログラムは諦め、数ヵ月メタトレーダーを立ち上げることはありませんでした。

手動エントリーは長続きしない

　結局、自動売買は諦め、毎日朝7時に起きて自分でトレードすることにしました。しかし早起きが苦手なことに加え、当時、学生だった私は毎日11時ぐらいに起きていましたから朝7時に起きるのは大変で、決死の覚悟で布団から這い出てこなければなりませんでした。

　しかもこの売買ルールは年に5〜6回しかトレードしないものだったので、毎日早起きしても1年のうち360日程度は「エントリーなし」という何とも早起きする甲斐のないルールでした。結局、そんな努力が長続きするわけもなく3日目で少し寝坊し、4日目でだいぶ寝坊し、5日目で起きる気がさらさらなくなりました。

　その後、解決方法として、再び自動売買プログラムに行きつくのです。

バカバカしくなるほど簡単なプログラムから始める

　もう一度メタトレーダーを起動し、あまり気が進まないながらも、まずは本当に簡単なことからプログラムを始めてみようと思いました。

　例えばプログラムで「1+1」を計算させて、その答えをメタトレーダーに表示させたりしました。とても単純なことなのですが、まったくプログラムができない私には「1+1」の答えである「2」がメタトレーダーに表示できただけでも、飛び上がりたくなるほどうれしかったのです。

　人間は単純なもので、面白ければもっとやりたくなります。ひとつできたらもう一歩先のことを、ひとつできたらもう一歩先のことをとやっているうちに、だんだんとプログラム能力が身につき、数ヵ月もするといつのまにか稚拙なプログラムながらも自分の売買ルールを作ることができていたのです。そしてプログラムはけっして難しいことではないと気づいたのです。

大きな山を越えれば、あとは平坦続きの EA 作成

ひとつプログラムを作成できるとプログラムの全体像を把握することができます。

点と点で理解していたことが線でつながるため、プログラムの解説書に書いてあったことも「あ〜、そういうことだったのか」と合点がいくようになります。

さらに私のなかで大きな発見だったことがあります。それは、「プログラムというものは、やっていくうちにどんどん難しくなっていくものだと思っていたことが実は間違いだった」ということです。実は、経験値を高めていくほど、以前作成したプログラムを使いまわせる共通の部分が多くなったり、以前と同じような概念で作成できたりするので、格段に早く、簡単にできてしまうのです。

つまりプログラムをひとつ作ることが最初の大きな山になりますが、その山さえ越えてしまえばあとは平坦続きと言っても過言ではありませんでした。

プログラムとスポーツの共通性

プログラムを習得するのはスポーツを習得するのと似ているかもしれません。一度も泳いだことのない人が、「クロールの泳ぎ方」という本を100回読んでもおそらくクロールができるようにならないのと同じように、一度もプログラムをしたことのない人が解説書を100回読んでもプログラムができるようにはならないでしょう。

実際にプログラムを書いてみて、その動きを自分の目で確かめて実感すること。これこそが上達のコツだと思います。大事なことは「Try and Error」です。

2　EAが作成できると、あなたの可能性が広がる

　それではいよいよEAについてお話しします。まずは「EAとは何なのか？　何ができるのか」をご紹介します。

EAとは一体何なのか？

　EAとはExpertAdvisor（エキスパート・アドバイザー）の略。メタトレーダーで完全自動売買を行うシステムのことを指します。
　C言語をベースとして投資に特化して開発されたMQL4といわれる独自の言語でプログラミングします。
　ExpertAdvisorを直訳すると、「熟練した助言者」といったところでしょうか。
　優秀な投資の助言者にアドバイスをもらってトレードするというイメージから生まれたネーミングだと思われますが、自分が作成した自動売買システムが「熟練した助言者」というのはちょっとしっくりこないような感じもあります。このあたりのネーミングのセンスは、メタトレーダーを生み出したロシア人ならではかもしれません。
　EAでは下記のことができます。

●自動売買ができる
●仮想トレード（バックテスト）の売買履歴が表示できる
●パラメーターの最適な値を導きだす(最適化)

　EAで何ができるかをイメージしていただくために、仮想トレード（バックテスト）の売買履歴が表示できることを例に紹介したいと思います。

EA を作成できるとどういうメリットがあるのか

EA が作成できることのメリットはまず、仮想トレード（バックテスト）ができるようになることです。自分の売買ルールが本当に「勝てる」戦略なのか一目瞭然になります。

下記は私が初めて作成した EA のバックテストの結果です。エクセルで検証して 20 年間右肩上がりだったあのシステムです。検証期間は FXCM で日足のヒストリカルデータが取得できる 2001 年からです。

パフォーマンスレポート（バックテスト結果）

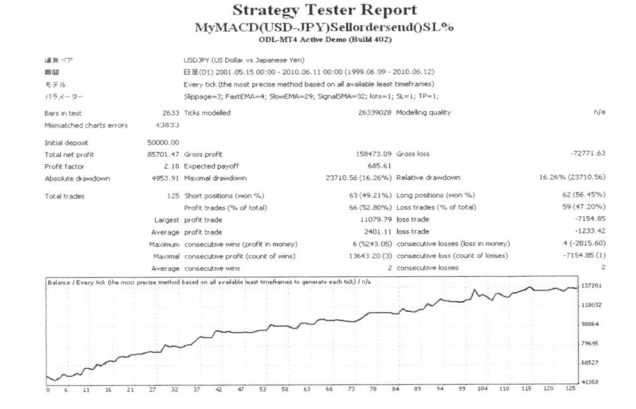

エクセルでの検証では正直、自分の計算間違いではないかと疑心暗鬼でしたが、メタトレーダーのバックテストでも同様の結果が出たのでひどく感激した記憶があります（しかしこのシステム、シグナル発生回数が少なすぎて一度も使っていません……）。

上記のシステムは非常にシンプルであったためエクセルでも検証ができましたが、売買ルールが複雑になるとエクセルではなかなか難しいのも事実です。

EA が作成できれば、複雑な売買ルールであっても自由自在にシス

テムを作成でき、バックテストができるようになります。

　また自動売買ができることも大きなメリットのひとつです。あなたに代わってEAが常にマーケットを監視し、プログラミングされた売買ルールに沿って自動でかつ淡々とエントリーおよびエグジットを繰り返していきます。

自動売買のイメージ図（売りでの勝ち取引）

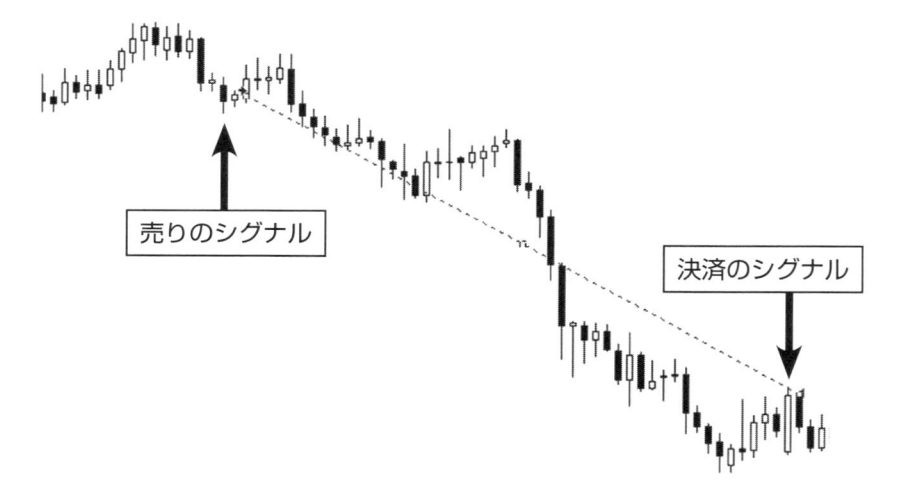

（チャート図：売りのシグナル／決済のシグナル）

　EAをセットして自動売買のスイッチをオンにしてしまえば、あとは基本的に放っておくことさえできます。

　本書では約定したときにメールを送る便利ツールもご紹介します（444ページ参照）。トレードのチャンスをうかがうために目を血走らせながら、四六時中パソコンの前にはりついている必要は軽減されるでしょう。相棒であるメタトレーダーが粛々と頑張ってくれている間、検証や売買ルールなどを考える時間にあてることもできます。

　それだけではありません。右図は毎週水曜日のある特定の時間で売買したバックテストの結果です。

EAが作成できますと、過去の結果からマーケットの傾向などを分析することができます。

１取引ごとの損益

#	時間	取…	注…	数量	Price	S/L決…	T/P決…	損益	Balance
1	2010.11.10 …	sell	1	1.00	1.37935				
2	2010.11.10 …	close	1	1.00	1.37982			-47.00	9953.00
3	2010.11.17 …	sell	2	1.00	1.35137				
4	2010.11.17 …	close	2	1.00	1.35080			57.00	10010.00
5	2010.11.24 …	sell	3	1.00	1.33192				
6	2010.11.24 …	close	3	1.00	1.33205			-13.00	9997.00
7	2010.12.01 …	sell	4	1.00	1.30518				
8	2010.12.01 …	close	4	1.00	1.30679			-161.00	9836.00
9	2010.12.08 …	sell	5	1.00	1.31991				
10	2010.12.08 …	close	5	1.00	1.32048			-57.00	9779.00
11	2010.12.15 …	sell	6	1.00	1.33125				
12	2010.12.15 …	close	6	1.00	1.33191			-66.00	9713.00
13	2010.12.22 …	sell	7	1.00	1.31275				
14	2010.12.22 …	close	7	1.00	1.31354			-79.00	9634.00
15	2010.12.29 …	sell	8	1.00	1.31377				
16	2010.12.29 …	close	8	1.00	1.31399			-22.00	9612.00
17	2011.01.05 …	sell	9	1.00	1.32720				
18	2011.01.05 …	close	9	1.00	1.32709			11.00	9623.00
19	2011.01.12 …	sell	10	1.00	1.30278				

損益の合計グラフ

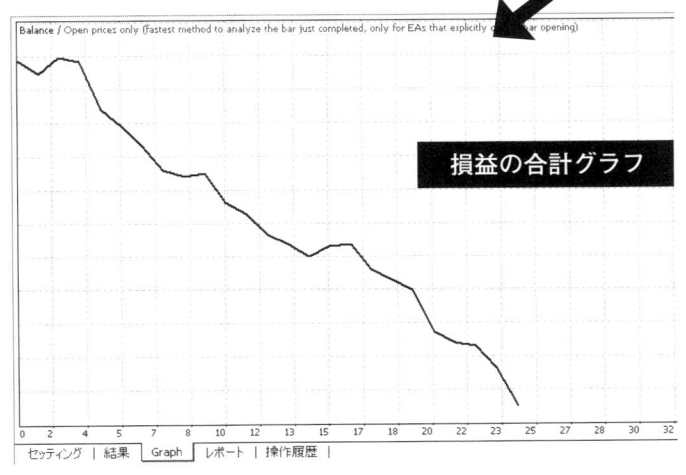

どういうときに買って、どういうときに売るのかを定めた明確な売買ルールをプログラミングすることによってEAは完成します。

　先ほどの例は毎週水曜日のある特定の時間にだけ売買していますが、ほかの曜日の傾向を知りたい場合にも使うことができて便利です。

　しかも、ひとつのEAを作ることができれば、さまざまな通貨ペアに使用することができるため、その傾向などを検証できます。

　取引する前に過去の傾向としてはどうだったのかなど、明確に定義した売買ルールをプログラミングするだけでなく、日ごろ疑問に思っていることもすぐに試せるようになるわけです。

今はプログラムを作れる私ですが、昔はド素人でした

これは本当です。インターネットでいろいろなサイトを見るためにパソコンを買ったものの、検索でよく使っていた Yahoo! のことでさえ冗談でなく「ヤホー」だと思っていた時期があるほどの IT 音痴です。キーボードにもほとんど触れることはなく、マウスでクリックするのが専門でした。

それぐらいのレベルでしたので、プログラムなんてオタクといわれるくらいのパソコン通がするものだと思っていました。

しかし、そんなことは決してありません。むしろ、私は素人であるがゆえにプログラムのすべてを理解しようとしなかったことが功を奏したとも思っています。

いまだ旅人ではない私ですが、EA を作成できるようになったことで旅人になれる可能性は広がりました。旅人になるための絶対条件である投資面においても、自分でプログラムが作れるようになったことで、昔のように本に書いてあることをそのまま実践するのではなく、その前に客観的に検証できるようになりました。

次ページからは、いよいよ、パソコンオンチ代表の私だからこそ伝えられる「EA の簡単な作り方」を紹介していきたいと思います。

3　プログラムの基礎力を短時間で身につける

最初に私が学んだことはPrint関数だった

　プログラムの習得は、書籍などで理論武装してから実際に記述するという過程を踏むことが多く、これは非常に重要なことです。しかし、理論が難しすぎると武装する前に挫折してしまうのも事実です。

　本書では理論武装をしすぎないようにしています。プログラムを実際に書きながら、結果として理論も分かって記述ができるようになることに主眼を置きました。「習うより慣れよ」の精神で、まずは簡単でかつ重要な基礎から実際にプログラムをしていただき、そうした小さな「できた、できた」を積み重ねていくことでいつの間にか自分独自の自動売買ストラテジーを構築できる力を身につけてほしいと思います。慣れてきたらもう一度学び、理論武装をしていきましょう。

　私が初めてメタトレーダーでプログラム化したものは非常に簡単なものでしたが、偶然にも非常に重要な基礎でした。それはPrint関数と呼ばれるものです。

> Print("こんにちは！");

とたった一行プログラムするだけで、メタトレーダーに「こんにちは！」と表示されるのです。メタトレーダーは「こんにちは！」と表示するだけで、しゃべってはくれませんが、これがメタトレーダーと会話できた第一歩でした。

　メタトレーダーの第一印象はとかく無機質で付き合いにくいという印象でしたが、「Print関数」で遊んでいると不思議なもので急にお友

達のように思えてきます。

　私はそれまでまったくプログラムをやったことがなかったので、自分でプログラムしたものが表示されるというだけでうれしくて楽しくて仕方がなかったのです。

　またこれをきっかけに「私でもプログラムをやっていけるのではないか」とおぼろげながらですが小さな希望を見いだせたのです。大げさながらこのときの感動は「これは一人の人間にとっては小さな一歩だが、人類にとっては巨大な飛躍である」というアームストロング船長ふうの言葉が脳裏を駆け巡ったほどです。

　Print関数はただ「自分の言葉が表示されて面白い」というだけではありません。Printは、プログラムが計算した値が正しいのかどうか、その値をメタトレーダー上に表示させて確かめることができ、とてもよく使われます。Printが使いこなせれば、プログラムの上達も一気に早くなります。

　Print関数を学ぶことはプログラムをしていくうえで土台となる部分であり、建物で言えば基礎を築くことです。

　それでは早速メタトレーダーと会話してみましょう！

4 プログラムを書く前の事前準備

ここでは、メタエディターや日本語の設定をご紹介します。

メタエディターを起動する

まずはプログラムを始めるための事前準備です。「メタエディター」を起動します。

メタエディターとはメタトレーダーでプログラムを記述するためのソフトです。メールでいえば、本文を書くような場所です。では実際に記述する場所をご紹介します。

①「ツール」―「MetaQuotes Language Editor」をクリックして「メタエディター」を起動します。

②メタエディターが起動しました。

③「File」—「New」をクリックします。これはワードやエクセルでいう「新規作成」です。新しいプログラムを新規で作成します。

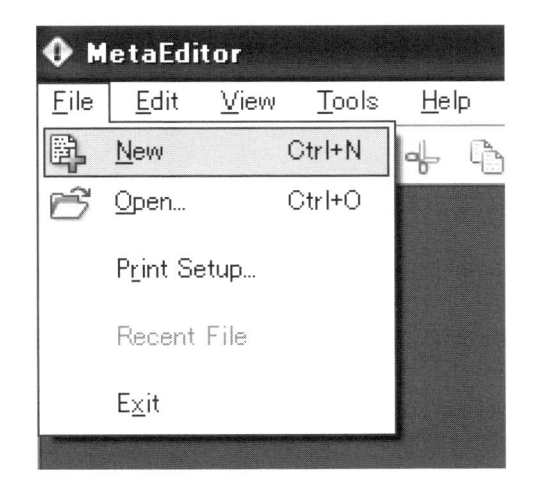

④ポップアップ画面が表示されるので、作成するプログラムの種類を指定します。「Expert Advisor」を選択して「次へ」をクリックします。

⑤「Name」にこれから作成するプログラムの名前を付けます。ここでは「Print」としました。名前を付けたら「完了」をクリックします。

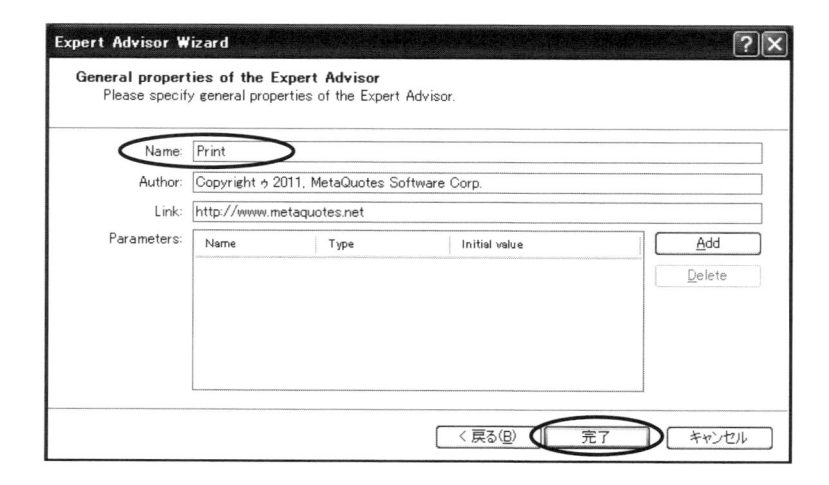

⑥新規のプログラムファイルが用意できました。ここにプログラムを記述していきます。

```
//+------------------------------------------------------------------+
//|                                                       Print.mq4 |
//|                        Copyright © 2011, MetaQuotes Software Corp. |
//|                                         http://www.metaquotes.net |
//+------------------------------------------------------------------+
#property copyright "Copyright © 2011, MetaQuotes Software Corp."
#property link      "http://www.metaquotes.net"

//+------------------------------------------------------------------+
//| expert initialization function                                   |
//+------------------------------------------------------------------+
int init()
  {
//----
   
//----
   return(0);
  }
//+------------------------------------------------------------------+
//| expert deinitialization function                                 |
//+------------------------------------------------------------------+
int deinit()
  {
//----
   
//----
   return(0);
  }
//+------------------------------------------------------------------+
//| expert start function                                            |
//+------------------------------------------------------------------+
int start()
  {
//----
```

　ワードやエクセルの「新規作成」は白紙の状態から始まりますが、メタエディターでは初めから少しだけすでに記述があります。初めてこれを見ると、これだけで「何だか難しそうだな」と感じてしまうかもしれませんが、心配することはありません。

日本語が入力できるように設定すると便利

　メタトレーダーのメニューは日本語化されていますが、メタエディターのメニューは英語のままで日本語化されていません。そのため、初期状態のままプログラム中に日本語を書くと文字化けを起こしてしまいます。日本語を入力できるように設定しておきましょう。この設定はすべてのプログラムに反映されます。

①「Tool」-「Options」をクリックします

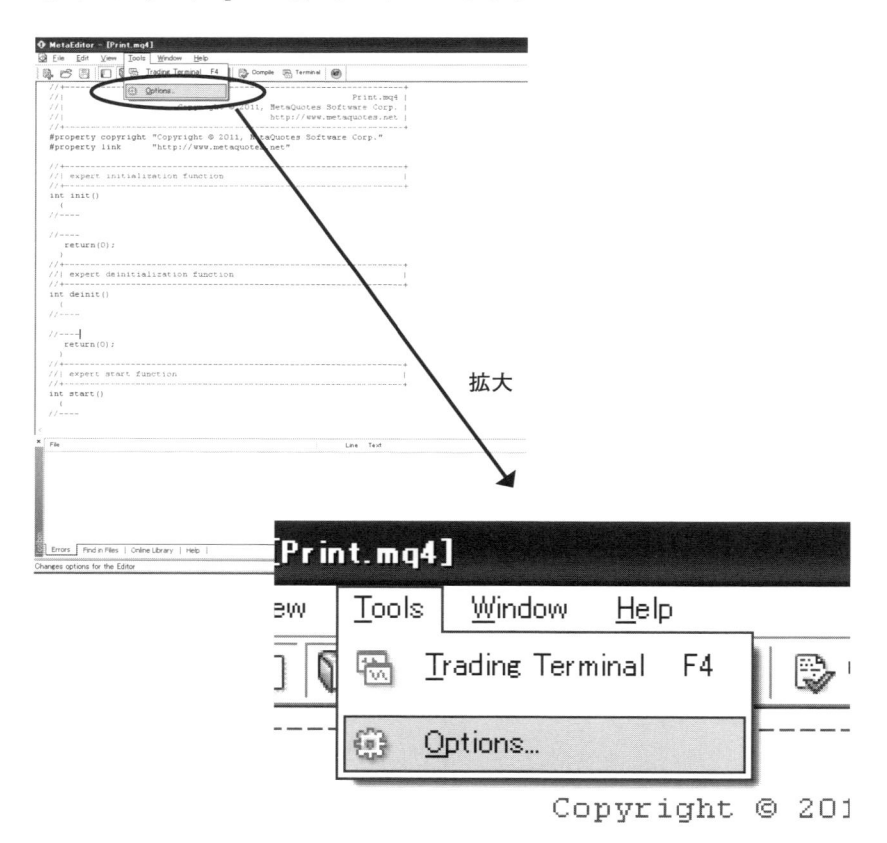

拡大

②「Options」の画面が表示されますので、「Font」タブからフォントを指定します。

　日本語に対応しているフォントは「Script」で「日本語」を選択できるものです（Terminalなど）。「Script」で「日本語」を選択できるものであれば何でもかまいません。

　フォントの種類と文字サイズはお好みで変更してください。設定が終わりましたら「OK」をクリックします。

　またフォント名の頭に「@」が付いている日本語フォントは縦書きになります。

　プログラムは横書きにしていくので、基本的に「@」が付いていないものを指定したほうがよいでしょう。

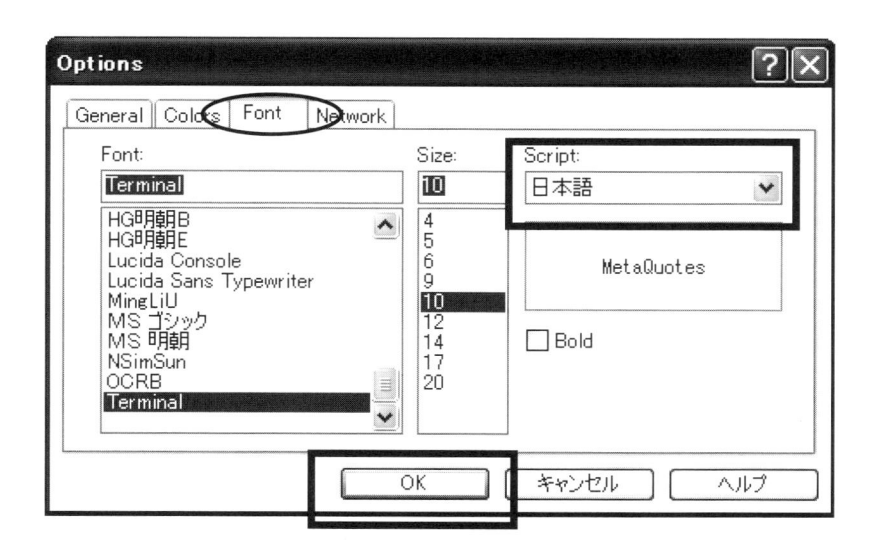

5 初めてのプログラム

　ここからは、プログラムをどこに記述するか、記述したら何をしなくてはならないかを Print 関数を例にご紹介します。

まずは Print でメタトレーダーに好きな言葉を表示する

　Print 関数を使って実際にプログラムを書いてみることが、ここでの目標です。

目標 1
Print 関数を使ってプログラムを体験する

　まずは自信をつけるために自分に暗示をかけるプログラムを書いてみましょう。

> Print(" プログラムなんて簡単だ ");

　さて、これをエディターのどこに書けばいいのでしょうか。プログラムを記述する場所は決まっています（次ページ参照）。
　プログラムは半角英数で入力します。「prin」と途中まで記述すると、ケータイでメールを打つときと同じように単語の候補が自動的に表示されます。「Print」を選択し、ダブルクリックします（次ページ参照）。
　「Print」と記述されていると思います。

99

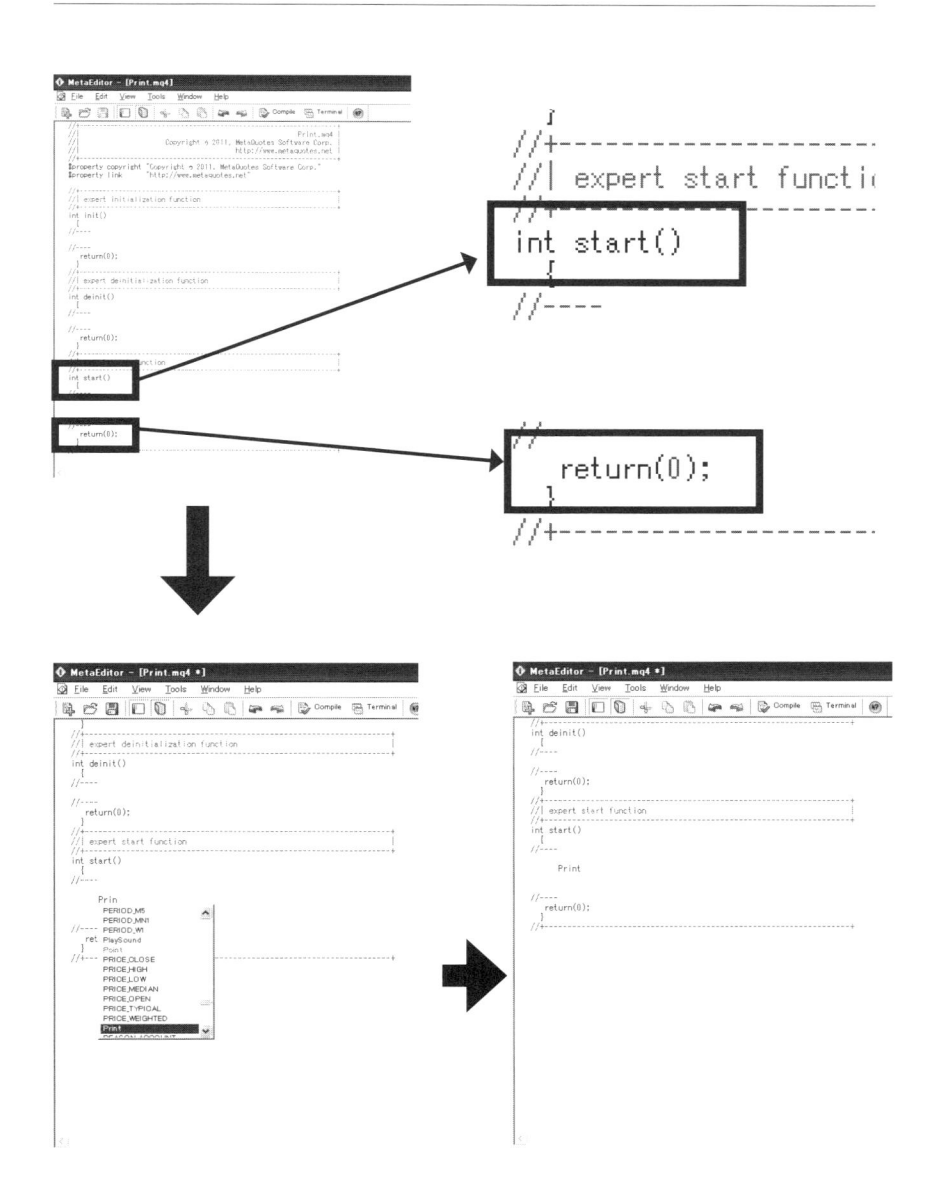

続けて「("」を記述します。

```
//+------------------------------------------------
//| expert start function
//+------------------------------------------------
int start()
  {
//----
     Print("

//----
   return(0);
  }
//+------------------------------------------------
```

次に全角にして「プログラムなんて簡単だ」と記述します。

```
//+------------------------------------------------
//| expert start function
//+------------------------------------------------
int start()
  {
//----
     Print("プログラムなんて簡単だ

//----
   return(0);
  }
//+------------------------------------------------
```

忙しいですが、その後再び半角にして「");」を記述します。文の最後にセミコロン「;」を忘れないでください。セミコロンは日本語の「まる」と同じ意味です。プログラムの終了も「;」で終わります。

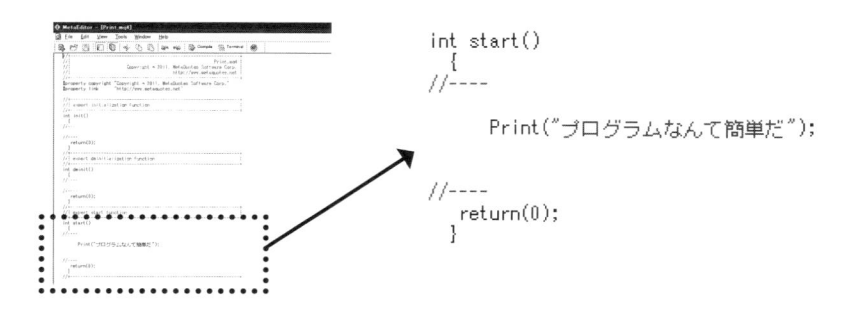

```
int start()
  {
//----
     Print("プログラムなんて簡単だ");

//----
   return(0);
  }
```

半角丸カッコ「( )」やダブルコーテーション「" "」などの意味は後ほど「プログラム文法 基礎編」で紹介します。ここではプログラムをどこに記述するか、記述したら何をしなくてはならないかをご理解いただきたいと思います。

　さて、プログラムを記述したら「Compile」ボタンをクリックします。Compileとは「コンパイル」と読みます。人が書いたプログラムをコンピュータが読み込んで実行できる形式に変換する作業です。

　もともとコンピューターは0と1しか理解してくれないため、人間の書いた英文のプログラムは理解できません。そこでプログラムをコンピューターにも理解できるように0と1に変換することをコンパイルといいます。メタエディターでは「Compile」ボタンをクリックすることによってこの変換作業ができます。0 error(s),0 warnings(s) と表示されればコンパイル成功です。

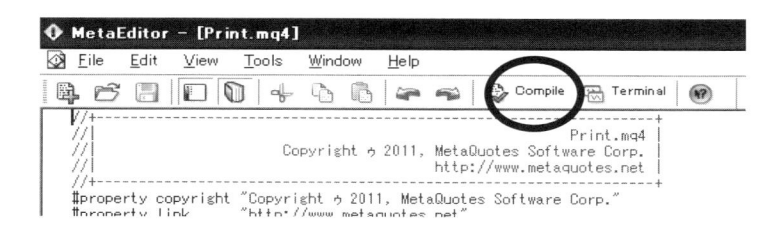

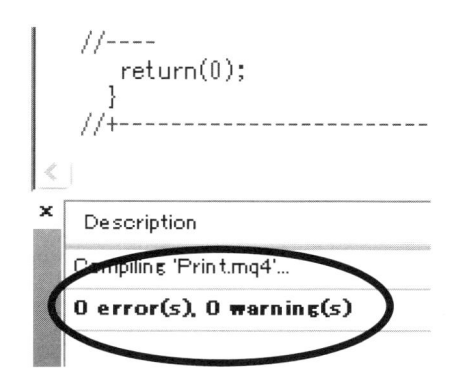

◆コラム：コンパイルエラーについて

　プログラムに文法的な誤りがあるとコンパイル時にエラーがあることを教えてくれます。

　下の画像は Print 文の最後にセミコロンを忘れたときのエラーの例です。セミコロン、つまりプログラムはここで終わりますという日本語でいうところの「。」でした。

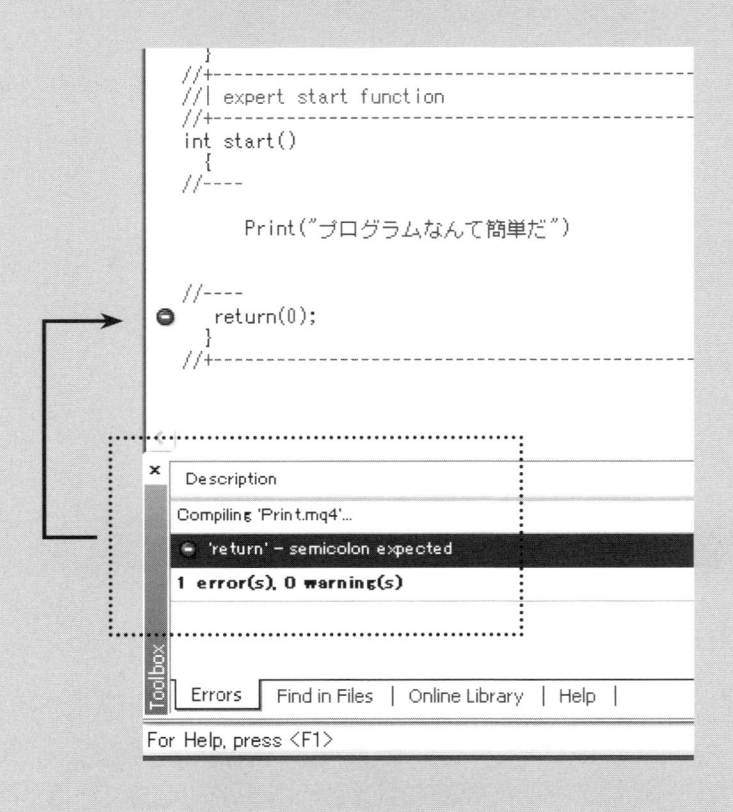

```
    }
//+------------------------------
//| expert start function
//+------------------------------
int start()
  {
//----

      Print("プログラムなんて簡単だ")

//----
●   return(0);
  }
//+------------------------------
```

```
× Description
  Compiling 'Print.mq4'...
● 'return' - semicolon expected
  1 error(s), 0 warning(s)
```

Errors | Find in Files | Online Library | Help |

For Help, press <F1>

エラーの文章をダブルクリックするとどこがエラー箇所なのか●で指し示してくれます。
　しかし、精度はあまり高くないので、その次の行にエラーがあることも多いです。
　左ページ図の例でもセミコロンを忘れた場所に●があるのではなく、return(0);の前にありますね。
　499ページに「よくあるコンパイルエラー」とその対処法をまとめていますのでご覧ください。

　なおコンパイルエラーはあくまでプログラムの文法的なエラーです。

Print(" 私は世界一カッコイイ ") ;

と記述して内容的には間違っていても、文法的に間違っていなければエラーは出ません。

さて、コンパイルが成功したプログラムはメタトレーダー上では「ナビゲーター」の「Expert Advisors」に表示されます。プログラムを動作させるにはインディケータと同様に、プログラムをチャートに適用させる必要があります。Print をダブルクリックします。

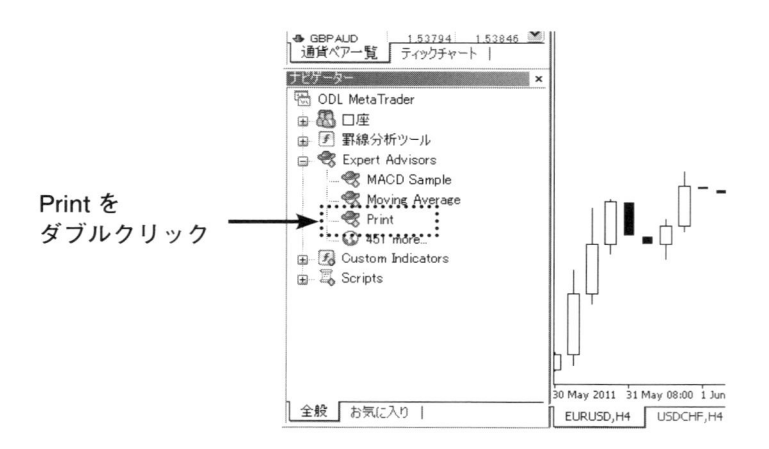

Print を
ダブルクリック

　ポップアップ画面が表示されます。ここでは「Allow live trading」にチェックが入っていることを確認し、入っていなければチェックを入れて「OK」をクリックします。その他のチェックについてはどちらでもかまいません。各チェックの意味は後述しますので、ここでは気にしなくて結構です。

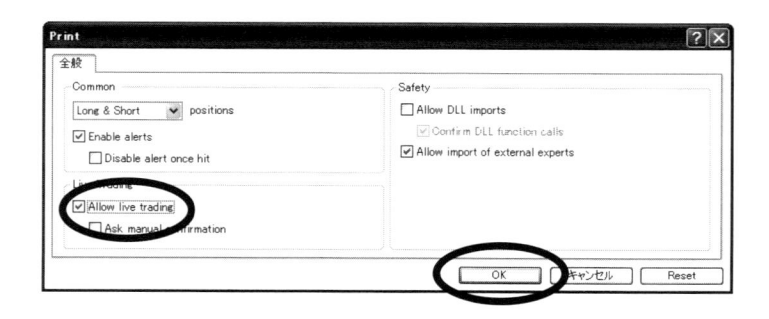

ツールバーにある「Expert Advisors」がオンになっていることを確認してください。

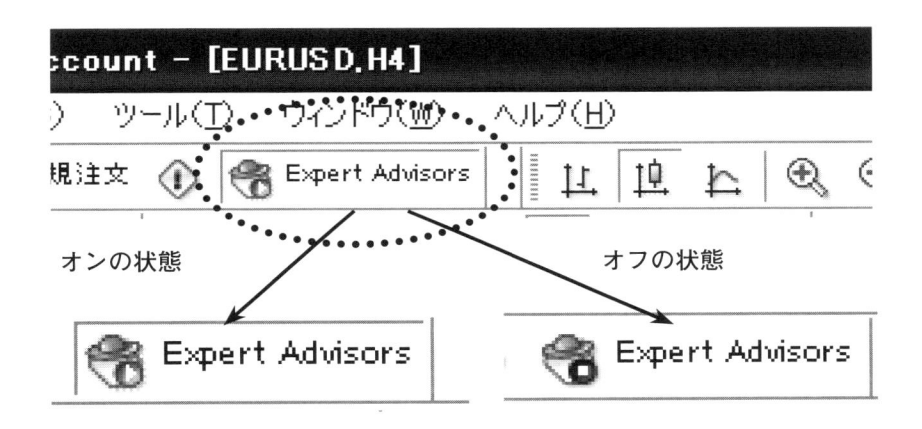

オンの状態　　　　　　　　　　　**オフの状態**

　プログラムをチャートに適用しますとチャート右上にマークが表示されます。このマークの表示によってプログラムが現在どういう状況か確認できます。プログラムが動いていると、ニッコリマークになります。
　ポップアップ画面の「Allow live trading」にチェックを入れ忘れてしまうとダンマリマークになります。今回はトレードを行うわけではないので問題ありませんが、いずれはトレードも行いますので、せっかくですからニッコリマークにしておきましょう。

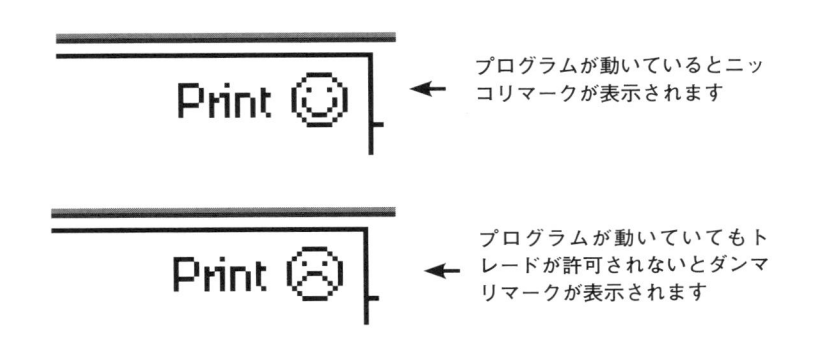

← プログラムが動いているとニッコリマークが表示されます

← プログラムが動いていてもトレードが許可されないとダンマリマークが表示されます

105

ニッコリマークにするには、チャート上で右クリック→「Expert Advisors」→「Properties」をクリックします。

ポップアップ画面が表示されます。「Allow live trading」にチェックが入っていることを確認します。入っていなければチェックを入れたうえで「OK」をクリックします。

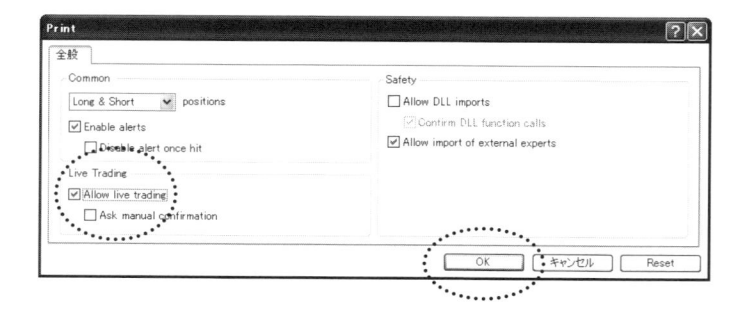

なお、もしニッコリマークでもなく、ダンマリマークでもなく、×マークになっているときは、ツールバーにある「Expert Advisors」がオンになっていることを確認してください。

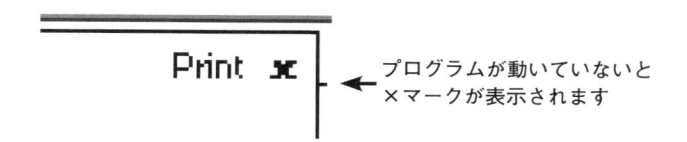

← プログラムが動いていないと×マークが表示されます

これで準備が整いました。それでは「ターミナル」の「Experts」を見てください。ここに先ほどプログラム化した言葉が表示されていると思います！　初めてプログラムをした喜びを噛み締めながら、「プログラムなんて簡単だ」と心から信じられるまで眺めてください。

◆コラム：土日は「Print」できません

　土曜日、日曜日はPrintのプログラムをチャートに適用しても、メタトレーダーに「プログラムなんて簡単だ」の文字は表示されません。なぜなら、プログラムはFXの市場が開いているときしか動作しないからです（※土曜日の早朝はFX市場はやっていますので、動作します）。

　もっと具体的に言いましょう。価格が動かないとプログラムは動作しません（このことは次で詳しくお話しします）。

　平日お勤めの方にはお忙しいなかで大変恐縮ですが、お仕事前やお仕事後などにPrintのプログラムを試してみてください。

6 記述したプログラムはどう動くか

　記述したプログラムは「いつ」「どのように」動くのかを解説します。実際に発注するプログラムをご紹介しますので、必ずデモ口座で行ってください。

プログラムは価格が動くごとに動作する

　前ページの Print 関数で出力された文章を見ていて、不思議なことに気づきましたでしょうか？ 「プログラムなんて簡単だ」の文章は１回のみではなく次々と出てきて、その頻度は等間隔ではないですね。

　実はこれは価格が動くたびに文章が表示されているのです。つまり**価格が動くたびにプログラムが動いている**ということになります。

　では次は実際に発注をして、価格が動くたびにプログラムも動いていることを、チャート上で確認してみましょう。

目標2
プログラムは価格が動くごとに動作することを理解する

　下記は OrderSend 関数といって、発注を行うプログラムです。この関数の理論武装はここでは必要ありません（後述）。EA に下記のプログラムを記述して同様にチャートに適用してみましょう。

```
OrderSend(Symbol(),OP_SELL,1,Bid,10,0,0,"",0,0, Blue);
```

ここまでの復習です。

①「File」→「New」から Expert Advisor を新規に作り、好きな名前を付けます。
②左記のプログラムを記述します。記述する場所が正しいか確認します。
③記述しましたら、コンパイルです。
④コンパイルに成功すると「EA の倉庫」に表示されます。
⑤該当のプログラムをダブルクリックしてチャートに適用します。
⑥ポップアップ画面が表示されたら「Allow live trading」にチェック。
⑦ツールバーの「Expert Advisors」がオンになっていることを確認。
⑧チャート右上のマークがニッコリしていれば OK です。

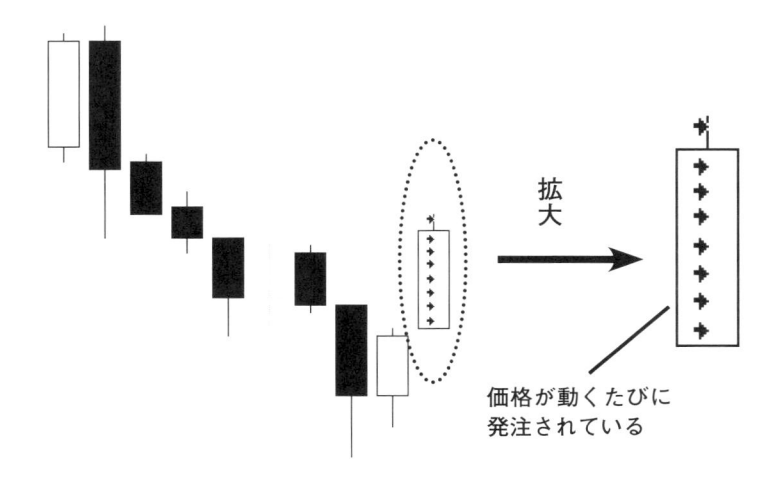

拡大

価格が動くたびに
発注されている

　約定するとチャート上に矢印が表示され、価格が動くたびに矢印が増えているのが確認できるはずです。つまり価格が動くたびにプログラムが動いているということです。

◆コラム：私が体験した悪夢

　何の制限もしなければ価格が動くたびに発注を行うということは、非常に怖いことです。

　例えば前日下落線（陰線）であれば買いエントリーを行うプログラムを作ったとします。一度約定したら次から発注を行わないように制限しないと今日1日ずっと条件を満たし続けているので、1日中、発注し続けてしまいます。私はまさにその失敗をしてしまいました。

　プログラムを始めたばかりのころは連続発注しないように用心深くプログラムし、さらにデモ口座でテストにテストを重ねてから、実際にお金を入れて運用をしていました。

　しかし、しばらくして自動売買に慣れてくると緊張感や怖さがなくなり、プログラムを作ってすぐに実口座で運用してしまうようになりました。

　そんなある日、自分で作った新しいEAにうっかり連続発注の制限をするプログラムを記述し忘れてしまったのです。まさに価格が動くたびに発注してしまう状態です。証拠金不足になるまで100万円の口座残高で30万通貨を数十回発注しました。レバレッジ400倍で目一杯ポジションを持っていたので、わずかでも不利な方向に動くとあっという間に強制ロスカットが発動されます。

　自動売買ですから、常に口座を監視しているわけではありません。そのときもそんな恐ろしいことが起こっているなどとは知るよしもなく、のん気に寝ていました。起床していつものように口座を確認したら残高がほぼゼロ同然になってお

り、悪い夢でも見ているのではないかと思ったほどです。

　私と同じ過ちを犯さないためにも「プログラムは価格が動くたびに動く」ことを必ず頭に入れておいてください。

◆コラム：新しいデモ口座を作ったほうがよいとき

次のようなケースでは新しいデモ口座を開設しましょう。

●デモ口座の期限が過ぎたとき
●証拠金不足に陥って新規発注ができなくなったとき

「ファイル」→「デモ口座の申請」をクリックしますと、初めてデモ口座を作成したときと同じ手順でデモ口座を開設できます。2度目からは前回入力した名前や住所がそのまま保存されていますのでスピーディにデモ口座を開設することができます。

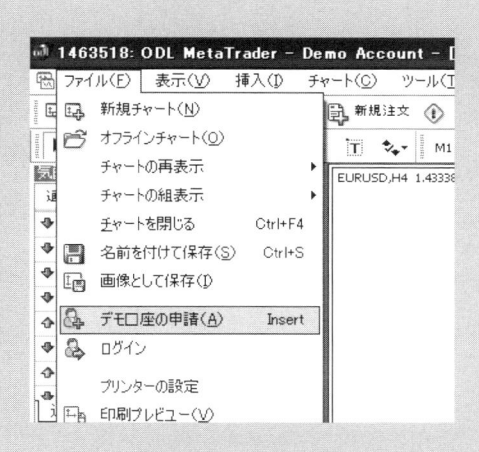

7 プログラムの文法　基礎編

プログラムの基本的な文法をご紹介します。

記号などにも重要な意味がある

日本語でも英語でも言語には文法があります。文の終わりにはマル「。」を、文の区切りには点「、」を、基本的な文は主語から始まり、述語で終わるなど、いろいろありますよね。

プログラムも言語のひとつですから、文法＝決まりごと（ルール）があります。ここでは、その決まりごとをご紹介します。

まずは重要なものを 20 項目ほどご紹介します。そのうち 10 項目くらいはエクセルを使用している方であれば、おなじみのものばかりです。**最終的には 30 項目程度出てきますが**、文法と聞いて身構えないで読んでみてください。

記号にも重要な意味があります。これから下記の記号などを解説していきます。まずは名前を覚えてあげてください。

記号	名前	意味
//	スラッシュスラッシュ	プログラムを無効にする
;	セミコロン	実行文の終了
( )	丸カッコ	グループ化
" "	ダブルコーテーション	文字列を入力
,	コンマ	項目を区切る
{ }	波カッコ	複数の実行文をまとめる

プログラミングの決まりごと

　さて、ここでプログラミングの決まりごとをご紹介しますが、今すぐにすべてを覚える必要はありません。この後にも繰り返し出てきますので、まずは一読してください。

ルール1　// はプログラムを無効にする

　無効にしたい部分がある場合、下記の例のように「//」と記述すると、「Experts」には「プログラムなんて簡単だ」が表示されなくなります。また無効になった部分はグレー色になります。プログラムの一部を一時的に無効にしたいときに便利です。やってみてください。

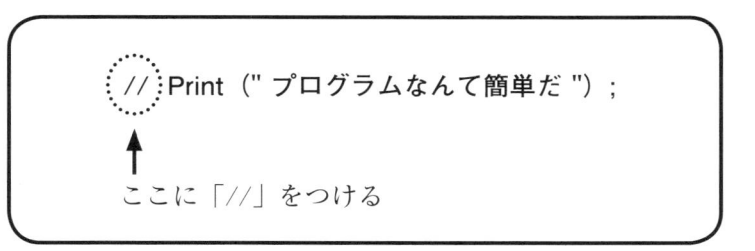

```
//Print(" プログラムなんて簡単だ ");
```
↑
ここに「//」をつける

　ちなみに、下記のように記述した場合は発注のプログラムだけ無効になります。

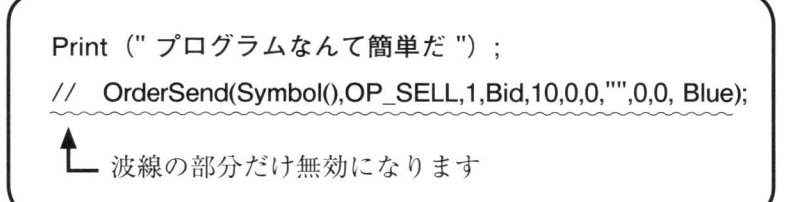

```
Print(" プログラムなんて簡単だ ");
//  OrderSend(Symbol(),OP_SELL,1,Bid,10,0,0,"",0,0, Blue);
```
↑ 波線の部分だけ無効になります

このようにプログラムを無効にすることをコメントアウトと言います。
　また、プログラムを整理するために何を記述したかを明確に残しておきたいときに使用することができます。1カ月後にプログラムを見ても、すぐにどこに何を記述したかを把握できるように使用したりします。具体的には以下のようなときです。

```
// 発注のプログラムで重要
OrderSend(Symbol(),OP_SELL,1,Bid,10,0,0,"",0,0, Blue);
```
波線の部分だけ無効になります

　このようにプログラムの注意書きなどで使用することをコメントなどと言います。
　「//」を言葉で説明しますと、プログラムの中に「//」がある場合、それ以降は行末までコメントアウトないしはコメントと認識され、プログラムの実行には関係がありません。文の途中にある場合はそれ以降、行末までコメントアウトないしはコメント行となります。
　またコメント行ではプログラムの実行とは関係ないため全角も使用できます。複数行まとめてコメントアウトないしはコメントとしたい場合は「/*」と「*/」で囲みます。

```
/*
Print（"プログラムなんて簡単だ"）；
OrderSend(Symbol(),OP_SELL,1,Bid,10,0,0,"",0,0, Blue);
*/
```

もう少しだけ、具体例を挙げたいと思います。ここでご紹介しているのは「//」ですので、プログラムの内容は気にしないでください。

　コメントを使ってプログラムの説明をすることで記述忘れをなくしたり、プログラムの確認にも利用できます。

```
// 値の代入
a=1;
b=2;

// 代入した値の和
c=a+b;
```

　またプログラムを変更するときや削除する場合にも、元のプログラムをコメントアウトとして残しておくことで変更箇所がはっきりしますし、あとで元に戻したくなったときにもすぐ元に戻せます。

```
// c=a+b;
c=a-b;
```

メタエディターで新規作成したときに一番上に表示されていたものも、実はコメントでした。下記のプログラムですが、行頭に「//」がありました。これはすべてコメントとなります。プログラムの実行には関係ありませんので、すべて消去したとしても問題ありません。ここではプログラム名と著作権とリンク先を表しています。

```
//+------------------------------------------------+
//|                                       print.mq4 |
//| Copyright ウ 2011, MetaQuotes Software Corp.|
//|                         http://www.metaquotes.net |
//+------------------------------------------------+
```

ルール2　実行文の終わりには必ずセミコロン「;」

　プログラムでは1文が終わったらセミコロン「;」を付けます。日本語で1文が終わったら「。」を付けるのと一緒です。

　日本語でいうところの文章はプログラム用語では実行文、ステートメントなどと言います。**実行文の終わりは「；」を忘れずに**です。

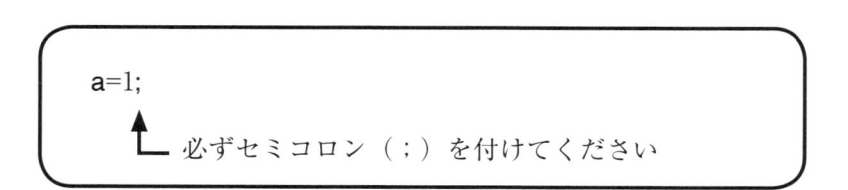

```
a=1;
   ↑ 必ずセミコロン（；）を付けてください
```

またプログラムというと秩序立てて整然と記述していかなくてはいけない印象がありますが、実はとても自由です。

最後に「;」を付けるというルールさえ忘れなければ、プログラムの実行文はどこから始まっても、複数行にまたがってもかまいません。一行で記述してもかまいません。下図で言うならば、「A」「B」どちらも間違いではありません。

```
a=1 ;
c=2+3+4 ;
g=5 ;
```
A

```
a=1 ;   c=2+3+4 ;   g=5 ;
```
B

ルール3　( ) でグループ化

半角丸カッコ「( )」は、計算式やすでに少し出てきましたPrint関数などの関数を使うときに使用します。例えば、aとbを加算した後にcを乗じたい場合に「( )」を使います。

```
( a+b ) × c
```

a + b × cではbにcを乗じた値にaを加算することになります。

ちなみに、Print という関数は「( )」の中に指定したものをメタトレーダー上に表示するというものです。そのため、Print と書いただけでは、相棒であるメタトレーダーは何を表示すればいいのか分からないので、「( )」の中に表示すべきものを指定する必要があります。

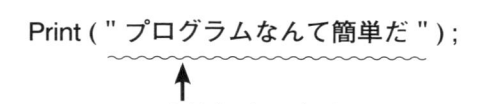

```
Print ( " プログラムなんて簡単だ " ) ;
         ～～～～～～～～～～～～～
              ↑
         波線部分が表示させたいもの
```

ルール4　" "の中にあるものは文字として認識する

　プログラムの中で文字を使いたいときが出てきます。その場合はダブルコーテーション「 " " 」を使います。プログラム中で文字を使うケースはほとんどありませんので、本書でご紹介する iCustom 関数を使うときに思い出していただければ結構です。

ルール5　, は項目を区切るもの

　コンマ「 , 」は、( ) とペアで使うことが多いです。Print 関数を例にご紹介します。2種類の文章をメタトレーダーに表示する場合、次のように記述します。コンマ の場所に注目してください。

```
Print ( " プログラムなんて簡単だ " , " なぜなら天才だから " ) ;
```

「，」は項目を区切るものです。そして、繰り返しにはなってしまいますが、「( )」とペアで使うことが多いです。「( )」はグループ化するものですから、「( )」の中にはいろいろな項目が入ります。そのとき、「，」で区切ります。見落とさずに注意して確認してもらえればと思います。ここまでの話の中で出てきたものにもありましたね。

　ここではコンマが主役ですので、それ以外は気になっても無視してください。OrderSend 関数と「( )」の中の項目のご紹介は後ほど出てきます。

> OrderSend(Symbol(),OP_SELL,1,Bid,10,0,0,"" ,0,0, Blue) ;

　発注するための重要なプログラムですから、( ) の中には項目がたくさんあります。その項目を区切っているのがコンマなのです。

ルール6　複数の実行文をまとめるときは { }

　複数の実行文を同時に処理させたいときには「{ }」を使います。

```
{
    実行文 1;
    実行文 2;
    実行文 3;
}
```

　音楽を聴きながら（実行文1)、歌を歌い（実行文2)、料理をする（実行文3)。

前ページの例のように、すべてを同時にやりたい場合、「{ }」で囲みます。「{ }」で同時に処理したい有効範囲を決めることができます。

```
{
 a=1;
 b=2;
 c = a+b;
}
```

こちらも「{ }」の位置は自由ですので、

```
{   a=1; b=2; c = a+b;   }
```

と書いても構いません。「{ }」については実際の具体例を見ながらもっとプログラム的にご紹介しますので、ご安心ください。

ルール7　プログラムは半角英数で記述

プログラムは半角の英数で記述します。

Print　　　⇒　半角の英数字なので OK!
Ｐｒｉｎｔ　⇒　英数字ですが全角なので NG ！
ﾌﾟﾘﾝﾄ　　　⇒　半角ですが日本語なので NG ！

　半角英数字以外で記述するとコンパイルエラーとなります。スペースを空けるときも半角でスペースとする必要がありますので気をつけてください。全角でスペースを空けますとコンパイルエラーとなります。非常に細かいところですが、半角で2回スペースを空けた場合はエラーにはなりません。
　ただし「" " (ダブルコーテーション)」で囲まれた文字に関しては、固有名詞や文章（文字列）として認識されます。全角で記述してもよい例外になります。また 「// 」でコメントアウトないしはコメントした場合も全角で記述してよい例外になります。全角での例外は以下のときと押さえておくとよいかと思います。

```
「" "」と「//」と「/*」「*/」
```

　Print 関数の話のときにも " プログラムなんて簡単だ " とダブルコーテーションで囲んでいたことを思い出してください。そうすることで「プログラムなんて簡単だ」をひとまとまりの文章としてメタトレーダーに表示させていたのです。全角で記述してよい例外でした。

ルール8　大文字と小文字を区別します

例えば「A」と「a」は同じアルファベットの大文字と小文字ですが、プログラム上ではそれぞれ違う文字と認識されます。ですので、大文字＆小文字を間違えないように記述する必要があります。

ルール9　四則演算

「四則演算」についてはルール 11 で具体例を挙げて説明します。

記　号	名　前	意　味
＋	足し算	(A ＋ B)であれば、AとBを足し算
－	引き算	(A －B)であれば、AからBを引き算
＊	掛け算	(A ＊ B)であれば、AとBを掛け算
／	割り算	(A ／ B)であれば、AをBで割り算

ルール10　等号＆不等号

等号と不等号については、ルール 11 で具体例を挙げます。

記　号	名　前	意　味
＝	イコール	「A＝B」は「AにBを代入」という意味
＝＝	イコール・イコール	「A＝＝B」は「AとBは等しい」という意味
！＝	ノット・イコール	「A！＝B」は「AとBは等しくない」という意味
＜	レス・ザン	「A＜B」は「AはBよりも小さい」という意味

<=	レス・ザン・オア・イコール	「A<=B」は「AはB以下」という意味
>	グレイター・ザン	「A>B」なら「AはBよりも大きい」という意味
>=	グレイター・ザン・オア・イコール	「A>=B」なら「AはB以上」という意味

ルール11　計算方法

算数では「1 + 2 = 3 」という計算式で右辺に計算結果がありますが、プログラムでは

$$3 = 1 + 2;$$

という計算式で左辺に計算結果があり、逆になります。つまり、右辺で計算した値を左辺に代入するという計算式になります。

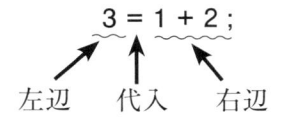

$$3 = 1 + 2;$$
　　左辺　代入　右辺

次に左辺の計算結果は3ですが、これはプログラムが計算した結果ではありませんので、プログラムに正しく計算してもらう必要があります。右辺には計算したい演算条件を記述し、左辺はプログラムに正しく計算してもらいます。

| ? | = | 1 + 2 ; |

「?」を「x」と名前を付けて正しく計算してもらうことにしましょう。

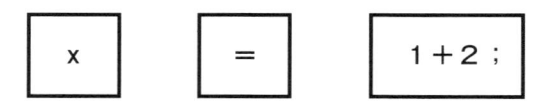

$$\boxed{\text{x}} \quad \boxed{=} \quad \boxed{1+2\ ;}$$

次にxに入る数値が整数であるか、小数点も含む数値であるかを指示してあげます。整数の場合はint型となり、小数点を含む場合はdouble型となります（ルール12で詳しく解説）。

今回はxに入る値は整数ですので、xには整数が入ることを指示します。記述方法は、

```
int x ;
```

「int 半角スペース x」となります。これを変数の設定、変数を宣言するなどといいます。

まとめて記述すると下記のようになります。これでプログラムが指示どおりに正しく計算してくれます。

```
int x ;
x = 1+2;
```

ルール１２　変数の設定

　変数にはいろいろな種類があります。整数（例えば、24など）を入れるint型、小数点を含む数字（例えば、85.24など）を入れるdouble型、文字列（例えば、USDJPYなど）を入れるstring型などがあります。

　変数は色々なものを入れることができる箱です。箱には用途があるように箱に何を入れるかを宣言しなくてはいけません。ちょっと回りくどい表現ですが、箱に服を入れるのか、水を入れるのかでそれに適した箱が違うからです。

●箱（変数）に整数を入れる場合
　箱の名前の前に「int」を付けることで整数を入れられる箱ができます。

```
int x ;
```

　「int 半角スペース x」と記述します。箱の種類はint型、すなわち、整数なら何でも入れられる箱の完成です。箱の名前はxとしましたが、箱には好きな名前が付けられます。a～z、A～Z、0～9、とアンダーラインの組み合わせで好きな名前を付けてください。

　また、xには最初から数値を入れておくことができます。これを初期値と呼びます。具体例は以下のとおりです。

```
int x = 0 ;
```

●箱（変数）に小数を含む数字を入れる場合

　箱の名前の前に「double」を付けることで小数点を含む数字を入れられる箱ができます。整数もカバーできます（例：24.0）。整数か、少数か、どちらの変数を用意したらよいのか迷ったときには「double」を選ぶとよいでしょう。

```
double y ;
```

　「double 半角スペース y」と記述します。箱の種類は double 型、すなわち、小数点を含む数字なら何でも入れられる箱の完成です。箱の名前は y としましたが、箱には自分の好きな名前が付けられます。a 〜 z、A 〜 Z、0 〜 9、とアンダーラインの組み合わせで好きな名前を付けてください。

　また、y には最初から数値を入れておくことができます。これを初期値と呼びます。具体例は以下のとおりです。

```
double y = 0.0 ;
```

●箱（変数）に文字列を入れる場合

　箱の名前の前に「string」を付けることで文字列を入れられる箱ができます。

```
  string z ;
```

「string 半角スペース z」と記述します。箱の種類は string 型、すなわち、文字列なら何でも入れられる箱の完成です。箱の名前は z としましたが、箱には自分の好きな名前が付けられます。a ～ z、A ～ Z、0 ～ 9、とアンダーラインの組み合わせで好きな名前を付けてください。

また、z には最初から数値を入れておくことができます。具体例は以下のとおりです。

---

string z = "メタトレーダー 4";
　　　　　　　　↑
文字列は " "（ダブルコーテーション）で囲みます

◆コラム：変数について

初めのころの私もそうでしたが、「変数」についてどうもしっくりこないと思います。

箱の種類は大別すると数字と文字の2つです。数字の箱には2種類あり、整数を入れる箱の int、小数点を含む数字を入れる箱の double です。迷ったら double です。文字は1種類で、文字を入れる箱の string です。

変数は実際に使ってみるとすぐに理解できますので、いまは「箱を用意するのはいろいろな値を入れておいて、あとで使うため」とだけ理解してもらえれば十分です。ここで完全に理解する必要はないので心配しないでください。

最後にもうひとつ、変数を設定するときは、下記を見ていただくと分かるようにメタエディターの一番上に記述します。

```
MetaEditor - [Print.mq4]
 File   Edit   View   Tools   Window   Help

int X = 0;      ← ここに記述する

//+------------------------------------------------
//| expert initialization function
//+------------------------------------------------
int init()
  {
//----

//----
   return(0);
  }
//+------------------------------------------------
//| expert deinitialization function
//+------------------------------------------------
int deinit()
  {
//----

//----
   return(0);
  }
//+------------------------------------------------
//| expert start function
//+------------------------------------------------
int start()
  {
//----

   X = 1+2;

   Print( X );

//----
   return(0);
  }
//+------------------------------------------------
```

◆◆理解度チェック◆◆

では新規のメタエディターに変数を実際に代入してみて、それをPrintしてみましょう。初めから完璧にできる必要はありません。よく分からなければ解答を見ながらやってみましょう。

問題1
4＋3を計算して変数に代入し、Print関数でその変数の値を表示させて正しく計算されているか確認してみましょう。

問題2
0.5+0.6を計算して変数に代入し、Print関数でその変数の値を表示させて正しく計算されているか確認してみましょう。

問題3
"メタトレーダー"＋" 4"を計算して変数に代入し、Print関数でその変数の値を表示させて正しく計算されているか確認してみましょう。

問題 1 の解答

```
int X ;
//+------------------------------------------------------------------
//| expert initialization function
//+------------------------------------------------------------------
int init()
   {
//----
   
//----
   return(0);
   }
//+------------------------------------------------------------------
//| expert deinitialization function
//+------------------------------------------------------------------
int deinit()
   {
//----
   
//----
   return(0);
   }
//+------------------------------------------------------------------
//| expert start function
//+------------------------------------------------------------------
int start()
   {
//----

   X = 4 + 3 ;
   Print( X );

//----
   return(0);
   }
```

Print の結果　計算結果の 7 が表示されます。

```
⚠ 2011.06.13 13:06:39    Print USDJPY,M5: 7
⚠ 2011.06.13 13:06:38    Print USDJPY,M5: 7
⚠ 2011.06.13 13:06:35    Print USDJPY,M5: 7
⚠ 2011.06.13 13:06:35    Print USDJPY,M5: 7
```

問題 2 の解答

```
double X ;
//+------------------------------------------------------------------
//| expert initialization function
//+------------------------------------------------------------------
int init()
   {
//----

//----
   return(0);
   }
//+------------------------------------------------------------------
//| expert deinitialization function
//+------------------------------------------------------------------
int deinit()
   {
//----

//----
   return(0);
   }
//+------------------------------------------------------------------
//| expert start function
//+------------------------------------------------------------------
int start()
   {
//----

    X = 0.5 + 0.6 ;
    Print( X );

//----
   return(0);
   }
```

Print の結果　計算結果の 1.1 が表示されます。

⚠ 2011.06.13 13:08:51	Print USDJPY,M5: 1.1	
⚠ 2011.06.13 13:08:50	Print USDJPY,M5: 1.1	
⚠ 2011.06.13 13:08:48	Print USDJPY,M5: 1.1	
⚠ 2011.06.13 13:08:47	Print USDJPY,M5: 1.1	

問題3の解答

```
string X ;
//+------------------------------------------------------------------
//| expert initialization function
//+------------------------------------------------------------------
int init()
   {
//----

//----
   return(0);
   }
//+------------------------------------------------------------------
//| expert deinitialization function
//+------------------------------------------------------------------
int deinit()
   {
//----

//----
   return(0);
   }
//+------------------------------------------------------------------
//| expert start function
//+------------------------------------------------------------------
int start()
   {
//----

   X = "メタトレーダー" + "4" ;
   Print( X );

//----
   return(0);
   }
```

Print の結果　計算結果のメタトレーダー4が表示されます。

```
⚠ 2011.05.13 13:11:00   Print USDJPY,M5: メタトレーダー4
⚠ 2011.05.13 13:10:59   Print USDJPY,M5: メタトレーダー4
⚠ 2011.05.13 13:10:58   Print USDJPY,M5: メタトレーダー4
⚠ 2011.05.13 13:10:57   Print USDJPY,M5: メタトレーダー4
```

◆コラム：プログラムは上から下に処理される

　プログラムは並列的に処理されるのではなく、上から下に順々に処理されていきます。

　下図の例ではまず「x=4+3;」が計算され、次に Print(x); が動作します。

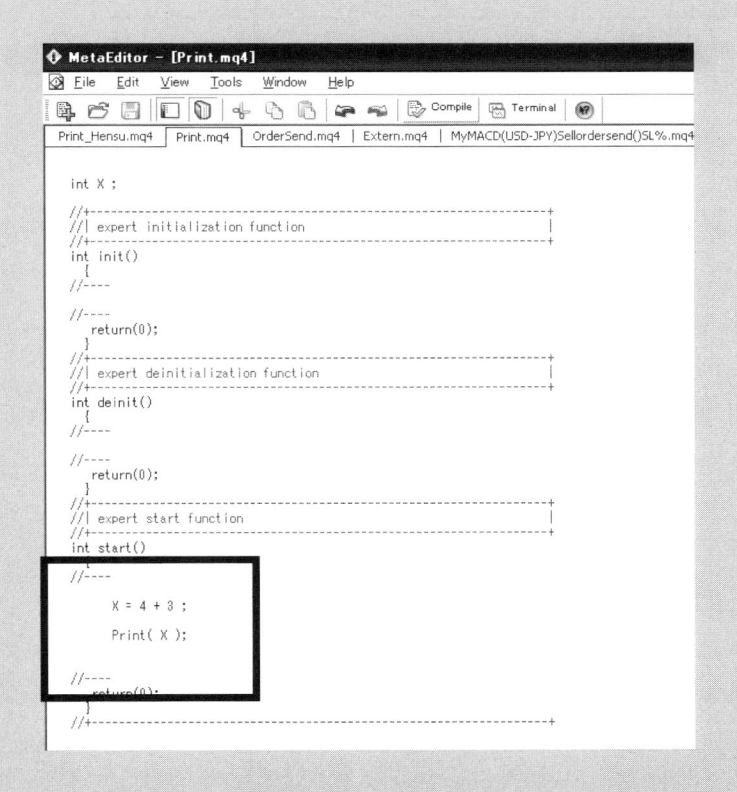

8 Print 関数　実践編

スプレッドを表示してみよう

ここからは Print 関数の実践編です。Print 関数はプログラムの動作を目で確認できる唯一の方法です。

まずは Print 関数を使ってスプレッドを表示してみましょう。

先ほどはインディケータでスプレッドの推移をライン化して表現しましたが、私もプログラムを始めたばかりのころはインディケータを作成することができなかったので代わりに Print を使って現在のスプレッドを表示していました。

スプレッドを知りたい場合は MarketInfo 関数を使います。それでは、新規のエディターに以下のプログラムを記述しましょう。記述後はコンパイルを忘れずにです。

記述したプログラムをお好きなチャートに適用してください。

```
int start()
 {
  Print( MarketInfo( Symbol( ),MODE_SPREAD ) ) ;
  return(0);
 }
```

※新規エディターの作成手順の確認は 93 〜 95 ページ参照
※プログラムの記述場所の確認は 98 〜 99 ページ参照
※チャートへの適用の確認は 104 〜 106 ページ参照

Print結果が表示されていますか？

「ターミナル」→「Experts」にPrint結果が表示されるというお話をさせていただいたと思います。

表示されている数値がスプレッドとなります。データが入ってくるたびにスプレッドが表示されていますね。

スプレッドの表示単位はポイント単位でした。しつこいようですがJPYを含む通貨ペアで下2桁表示業者であれば1ポイントは0.01、下3桁表示業者で0.001になりましたね。

JPYを含まない通貨ペアで下4桁表示業者であれば1ポイントは0.0001、下5桁表示業者で0.00001になりましたね。

MarketInfo 関数の使い方

先ほど、134 ページで以下のような見慣れない関数が出てきたと思います。

> Print(MarketInfo(Symbol( ),MODE_SPREAD));

これは MarketInfo 関数と言い、その名のとおり、市場（Market）のさまざまな情報（Info インフォメーションの略）を取得するための関数です。

MarketInfo 関数のカッコ「()」の中で、具体的にどの通貨ペアの、何の情報を取得したいのか指定します。

> MarketInfo (通貨ペア名 , 取得したいマーケット情報) ;

1）通貨ペア名について

マーケット情報を取得したい通貨ペアを指定します。通貨ペアの指定の仕方には大きく2つあります。

①直接通貨ペア名を指定する方法
"USDJPY"………ドル円
"EURUSD"………ユーロドル

下記のように、通貨ペアを"USDJPY"にすれば、ドル円のマーケット情報が取得されます。ただし、通貨ペア名は、USDJPYFFXなどのように業者によって異なることがありますので、その業者の通貨ペア名に準じます。

> MarketInfo ("USDJPY" , 取得したいマーケット情報) ;

　このように記述した場合、ユーロドルのチャートに適用しても、ドル円の情報を取得します。適用するチャートは何であれ、ドル円の情報を取得する記述方法です。どのチャートに適用しても頑なにドル円の情報を表示しますので気をつけてください。
　では、なぜこのように記述するのかについても少しご紹介します。そのメリットは、例えばユーロドルのチャートを見ながらドル円の情報も知りたい場合などに役立つのです。

②チャートの通貨ペアを指定する方法
Symbol( )………プログラムを適用したチャートの通貨ペア

　「Symbol( )」と記述するとドル円チャートにプログラムを適用すればドル円のマーケット情報を取得し、ユーロドルチャートにプログラムを適用すればユーロドルのマーケット情報を取得します。こちらのほうが汎用性が高く、よく使用されます。

> MarketInfo (Symbol( ) , 取得したいマーケット情報) ;

2）取得したいマーケット情報について

取得したい情報の種類を指定します。主なマーケット情報の一覧は以下になります。

マーケット情報種類	説　明
MODE_LOW	当日の安値
MODE_HIGH	当日の高値
MODE_POINT	通貨ペアの1ポイントあたりの通貨単位 例 ドル円下3桁表示の業者⇒0.001 / ドル円下2桁表示の業者⇒0.01
MODE_DIGITS	通貨ペアの有効桁数 例 ドル円下3桁表示の業者⇒3 / ドル円下2桁表示の業者⇒2
MODE_SPREAD	通貨ペアのスプレッド（ポイント単位）
MODE_LOTSIZE	1ロットのサイズ(通貨数)
MODE_SWAPLONG	買いポジションのスワップ金利(口座通貨)
MODE_SWAPSHORT	売りポジションのスワップ金利(口座通貨)
MODE_MINLOT	最小ロット数
MODE_LOTSTEP	ロットの最小変化単位
MODE_MAXLOT	最大ロット数

　MarketInfo で取得した情報をメタトレーダーに表示するために Print( ) の中に入れます。 例えば、買いポジションのスワップ金利を知りたい場合は下記のように記述します（波線部分）。変更箇所は取得する情報の MODE_SWAPLONG だけです。

```
Print ( MarketInfo ( Symbol( ),MODE_SWAPLONG ) );
```

3）口座残高を取得する

　FX の自動売買が行えるソフトは世の中にたくさんあります。その中で、メタトレーダーが優れている点は口座情報を取得できるところにあります。

　口座残高を取得するには AccountBalance 関数を使用します。Print してみましょう。

```
Print ( AccountBalance ( ) );
```

　口座残高はメタトレーダーでは「ターミナル」の「取引」画面で確認できます。

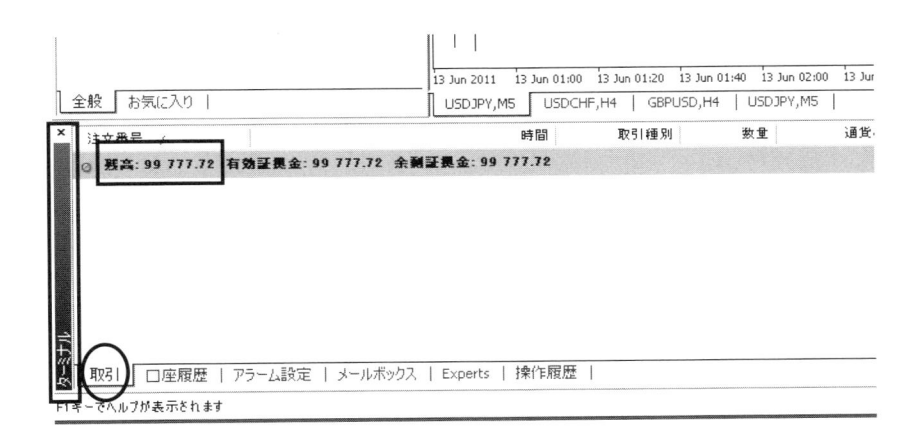

　売買ロジックも大事ですが、マネーマネジメントのほうがもっと大事とよく耳にしますよね。プログラムができれば「口座残高」の増減によって自動で取引ロット数を増減させることも可能になります。

4）Print関数で遊びながら学んだこと

Print関数はメタトレーダーに表示できるため、計算結果の内容やプログラムの動きを目で確かめることができたと思います。これが最大のポイントです。むしろ、目で確かめることができればこっちのものです。

例えば、右辺の計算条件として、単純な2+1があっても、複雑な計算条件があっても、左辺に何の数値が入っているかはPrint関数を使って、目で確認できるようになります。

```
int x ;
int start()
{
  x = 2+1;
  Print ( x ) ;
return(0);
}
```

×	時間	メッセージ
⚠	2011.06.13 14:05:11	Print USDJPY,M5: 3
⚠	2011.06.13 14:05:10	Print USDJPY,M5: 3
⚠	2011.06.13 14:05:09	Print USDJPY,M5: 3
⚠	2011.06.13 14:05:09	Print USDJPY,M5: 3

xには「3」が入っている！

皆さんはもう左辺に何が入っているかを想像する必要はありません。Print関数を使って、目で実際に見てください。

また、FXの価格が動くたびにプログラムが動くということが、お伝えしたかったもうひとつです。次は価格が動くたびにプログラムが動くと困るものもご紹介したいと思います。

第2部
EA作成編

第3章

EA(自動売買プログラム)作成に必要な3要素を知ろう!

1　EAの作成に必要な要素は3つ

　投資は、エントリー（入口）とエグジット（出口）の2時点が必要です。その入口と出口を決めるためには、入口の条件、出口の条件が必要になりますので、EAにおきましても①条件、②エントリー（入口）、③エグジット（出口）が必要となります。

1) 条件

　ひとつ目の要素である「条件」とは、どういう状況の時に取引したいかということですが、いわば売買ロジックのことです。
　例えば「今日のドル円の価格が80円になったら」という状況のときに取引したいということをプログラムで記述する必要があります。
そして条件は明確に記述する必要があるということをご紹介したいと思います。
　例えば「急激に下落したら取引したい」という条件はどうでしょうか。これは明確ではありませんね。自分にとって「急激な下落」とはどのくらいなのか、数値化しなければなりません。
　つまり「昨日（の終値）よりも1円下落したら取引したい」など急激な下落をしっかり定義しなくてはなりません。条件には「日付、時間、数値化されたもの」が入るというイメージをもっておいてください。

2) エントリー

　2つ目の要素である「エントリー」には、買いと売りの2種類があります。

```
エントリー ──┬──▶ 買い
            └──▶ 売り
```

3）エグジット

3つ目の要素である「エグジット」には、買いの決済と売りの決済の2種類があります。

```
エグジット ──┬──▶ 買い
            └──▶ 売り
```

すなわちEAに記述されているのは「どういう状況（条件）で買いまたは売り（エントリー）をし、どういう状況（条件）で買いの決済、または売りの決済（エグジット）をするか」です。

さて、ここで価格が動くごとにプログラムが動くことを思い出してください。エントリーとエグジットは価格が動くごとに発注しても問題はないでしょうか？

答えは「問題あり」でしたよね。かつての私のように大失敗してしまいます。つまり「昨日（の終値）よりも初めて1円下落したら取引したい」という制限をする必要があります。

【条件、エントリー、エグジットの作り方のイメージ】

本書での「条件」「エントリー」「エグジット」のプログラムのイメージは以下です。145ページの全体図と併せて確認してください。

```
エントリー ──┐
             ├── 定型文をダウンロードして
エグジット ──┘    コピー&ペースト

条件 ──────── iCustom関数を使って皆様が記述
```

2　EA（自動売買プログラム）の全体図

　ここでは、EA（自動売買プログラム）の枠組み（全体図）についてお話しします。

1）「エントリー」と「エグジット」は定型パターンだから簡単
　142〜143ページで説明した3要素のうち、「エントリー」と「エグジット」は単純に発注をするだけの地味なプログラムです。どんなEAを作るときにもほとんど共通したプログラムですので、本書では定型化したものを用意しました。パンローリングのサイトからダウンロードして使うことができます（16ページ参照）。定型パターンですから単純にコピーして貼り付ければ使えます。
　しかし、エントリーとエグジットの定型パターンにはプログラムを学習していくうえで大事なことがギュッと詰まっていますので、定型パターンができていく過程や成り立ちを追っていきながら、プログラムの仕方をお伝えしていきたいと思います。

2）条件は iCustom 関数で記述する
　3要素の残りの「条件」は自分独自の売買ルールをプログラムします。この「条件」の記述が「勝てる」EAを生み出す作業であり、EA作成の最も肝心なところです。エントリーとエグジットが定型パターンとなっているのに対して、条件の記述はオリジナリティを存分に発揮できるところです。
　条件の記述は iCustom という関数を使って記述します。第2部の第5章以降で解説します。

3）エントリーとエグジットと条件の関係

　以下を見てください。エントリーとエグジットの条件の関係を図にしたものです。どういう流れになっているのかを確かめておいてください。

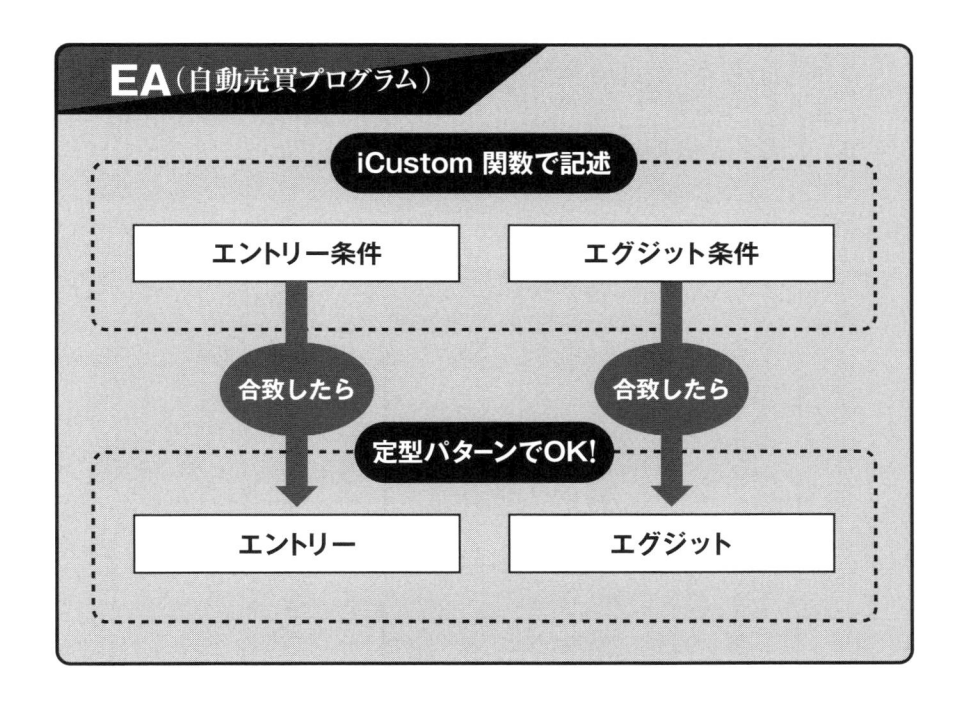

EA（自動売買プログラム）

iCustom 関数で記述

エントリー条件　　　エグジット条件

合致したら　　　　　合致したら

定型パターンでOK!

エントリー　　　　　エグジット

第2部
EA作成編

第4章

「エントリー」と「エグジット」の定型パターンを知ろう!

1 エントリーとエグジットの準備 その１
～定型パターンがあることを知ろう～

　本書では最もよく使われる注文形態であり、トレードの基本でもある成行エントリーの定型パターンをご紹介します。

　定型パターンを使えば自動売買プログラムの構築もグッと楽になります！　使い方は以下の４ステップです。

ステップ①　▲▲▲▲に買いエントリー条件を記述
ステップ②　△△△△に売りエントリー条件を記述
ステップ③　■■■■に買いポジションのエグジット条件を記述
ステップ④　□□□□に売りポジションのエグジット条件を記述

　右ページがプログラムです。これを見て、ステップ①～④がどこに書かれているのかを確認してみてください。

　なお、定型パターンはダウンロードしてすぐに使用することができます。

　さらに、150ページから155ページにかけて、プログラムを分解してひとつひとつ解説していきます。少しでも分かりやすくするために、左ページにプログラム、右ページに日本語訳（全体像をわかりやすく見るためのものです。ここで理解していただく必要はまったくありません）を付けました。参考にしてみてください。

※注意
なお、右記の定型文は理解しやすくすることを目的にしているため、パンローリングサイトからダウンロードできる定型文とはエントリーとエグジットの順番を変えております。その理由は255ページで解説いたします。

```
// マジックナンバーの定義
#define MAGIC  4649

// パラメーターの設定 //
extern double Lots = 1.0;  // 取引ロット数
extern int Slip = 10; // 許容スリッページ数
extern string Comments = ""; // コメント

// 変数の設定 //
int Ticket_L = 0; // 買い注文の結果をキャッチする変数
int Ticket_S = 0; // 売り注文の結果をキャッチする変数
int Exit_L = 0; // 買いポジションの決済注文の結果をキャッチする変数
int Exit_S = 0; // 売りポジションの決済注文の結果をキャッチする変数


int start()
 {

   // 買いエントリー                                       ①
   if(   ▲▲▲▲
      && ( Ticket_L == 0 ‖ Ticket_L == -1 )
      && ( Ticket_S == 0 ‖ Ticket_S == -1 ))
    {
      Ticket_L = OrderSend(Symbol(),OP_BUY,Lots,Ask,Slip,0,0,Comments,MAGIC,0,Red);
    }

   // 売りエントリー                                       ②
   if(   △△△△
      && ( Ticket_S == 0 ‖ Ticket_S == -1 )
      && ( Ticket_L == 0 ‖ Ticket_L == -1 ))
    {
      Ticket_S = OrderSend(Symbol(),OP_SELL,Lots,Bid,Slip,0,0,Comments,MAGIC,0,Blue);

    }


   // 買いポジションのエグジット                           ③
   if(   ■■■■
      && ( Ticket_L != 0 && Ticket_L != -1 ))
    {
      Exit_L = OrderClose(Ticket_L,Lots,Bid,Slip,Red);
      if( Exit_L ==1 ) {Ticket_L = 0;}
    }

   // 売りポジションのエグジット                           ④
   if(   □□□□
      && ( Ticket_S != 0 && Ticket_S != -1 ))
    {
      Exit_S = OrderClose(Ticket_S,Lots,Ask,Slip,Blue);
      if( Exit_S ==1 ) {Ticket_S = 0;}
    }


   return(0);
 }
```

プログラムを分解してみましょう　その1

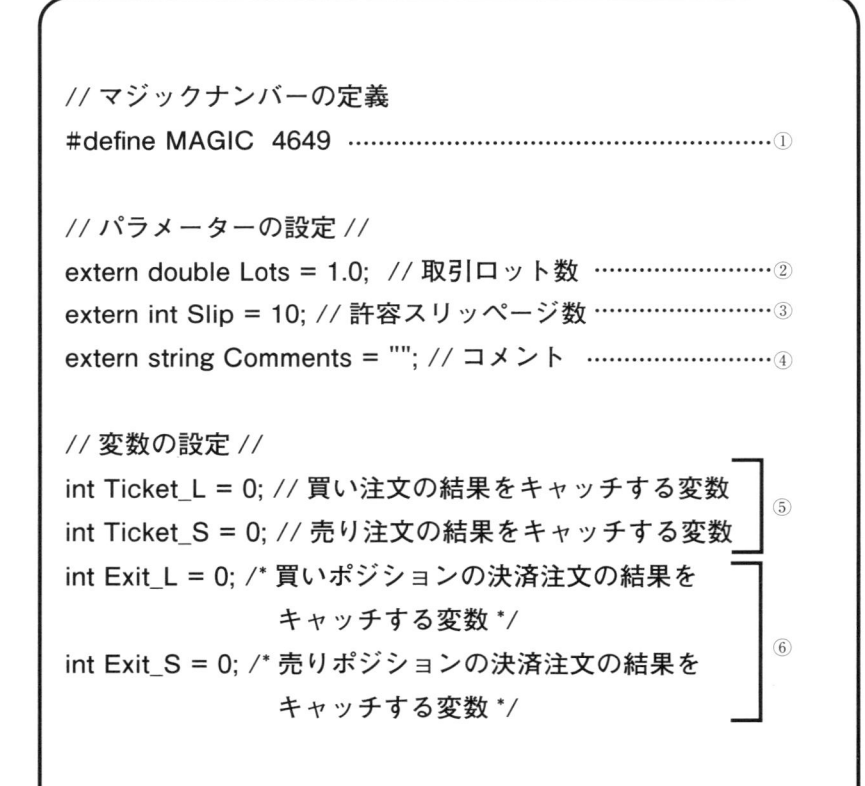

```
// マジックナンバーの定義
#define MAGIC  4649 ……………………………………………①

// パラメーターの設定 //
extern double Lots = 1.0;  // 取引ロット数 …………………②
extern int Slip = 10; // 許容スリッページ数 ………………③
extern string Comments = ""; // コメント ………………④

// 変数の設定 //
int Ticket_L = 0; // 買い注文の結果をキャッチする変数  ⎫
int Ticket_S = 0; // 売り注文の結果をキャッチする変数  ⎬ ⑤
int Exit_L = 0; /* 買いポジションの決済注文の結果を
                    キャッチする変数 */                ⎫
                                                      ⎬ ⑥
int Exit_S = 0; /* 売りポジションの決済注文の結果を
                    キャッチする変数 */
```

152 ページに続く

日本語訳&解説　その1

①システム（プログラム）に 4649 と名前を付けました（名前はお好きな名前をつけてください）。

②取引ロット数をパラメーター化します。最初は 1.0 ロットに設定します。

③許容スリッページの設定をパラメーター化します。最初は 10 ポイントに設定します。

④注文に付けるコメントの設定をパラメーター化します。最初は空欄に設定します。

⑤エントリー注文の結果がどうなったか（約定に成功したか、失敗したか）を把握するためにあるもの。最初は注文を出していないためゼロを設定します。Ticket_L では買い注文、Ticket_S では売り注文の約定結果を把握します。

⑥エグジット注文の結果（約定に成功したか失敗したか）を把握するためにあるもの。最初は注文を出していないためゼロを設定します。Exit_L では買いポジションのエグジット注文、Exit_S では売りポジションのエグジット注文の約定結果を把握します。

153 ページに続く

プログラムを分解してみましょう　その2

```
int start()
{

   // 買いエントリー
   if( ▲▲▲▲  ………………………………………… ⑦
       && ( Ticket_L == 0 || Ticket_L == -1 )  ………… ⑧
       && ( Ticket_S == 0 || Ticket_S == -1 ))  ………… ⑨
   {
⑩   Ticket_L = OrderSend(Symbol(),OP_BUY,
                Lots,Ask,Slip,0,0,Comments,MAGIC,0,Red);…⑪
   }


   // 売りエントリー
   if( △△△△  ………………………………………… ⑦
       && ( Ticket_S == 0 || Ticket_S == -1 )  ………… ⑨
       && ( Ticket_L == 0 || Ticket_L == -1 ))  ………… ⑧
   {
⑫   Ticket_S = OrderSend(Symbol(),OP_SELL,
                Lots,Bid,Slip,0,0,Comments,MAGIC,0,Blue);…⑪
   }
```

154ページに続く

日本語訳＆解説　その2

⑦「もし▲▲▲▲ならば」という意味です。▲▲▲▲には買いエントリー条件、△△△△には売りエントリー条件を記述します（注：便宜上、ここでは▲▲▲▲や△△△△にしてあります）。

⑧「&&」は、「～～で、かつ～～」という意味です。複数の条件を満たさなくてはいけないことを指します。「Ticket_L == 0」は、「まだ一度も買い注文の発注をしていない状態」という意味です。「||」は、「～～、もしくは～～」という意味です。いずれか一方の条件を満たせばよいことを指します。「Ticket_L == -1」は、「買い注文を発注したが約定に失敗した状態」という意味です。したがって、この一文全体で「買いポジションを持っていない場合」という意味になります。

⑨「⑧」と同様の考え（Ticket_S == 0 || Ticket_S == -1）で「売りポジションを持っていない」という意味になります。

⑩「Ticket_L =」とは、注文が約定に成功したか失敗したか、すなわち、注文の約定結果を把握するものです。約定した場合は「5010000」などの約定番号が、未約定の場合は「-1」が入ります。

⑪エントリー注文内容の設定です（詳しくは173ページ参照）。

⑫「Ticket_S =」とは、注文が約定に成功したか失敗したか、すなわち、注文の約定結果を把握するものです。約定した場合は「5010000」などの約定番号が、未約定の場合は「-1」が入ります。

155ページに続く

プログラムを分解してみましょう　その3

```
// 買いポジションのエグジット
if(  ■■■■  ……………………………………………………… ⑬
    && ( Ticket_L != 0 && Ticket_L != -1 ))  …………………… ⑭
{
⑮  Exit_L = OrderClose(Ticket_L,Lots,Bid,Slip,Red);  ……… ⑯
    if( Exit_L ==1 ) {Ticket_L = 0;}
}      ⑰              ⑱


// 売りポジションのエグジット
if(  □□□□  ……………………………………………………… ⑬
    && ( Ticket_S != 0 && Ticket_S != -1 ))  …………………… ⑭
{
⑮  Exit_S = OrderClose(Ticket_S,Lots,Ask,Slip,Blue);  ……… ⑯
    if( Exit_S ==1 ) {Ticket_S = 0;}
}      ⑰              ⑱


    return(0);
}
```

日本語訳＆解説　その3

⑬■■■■や□□□□にはポジションのエグジット条件が入ります。

⑭「Ticket_L != 0」は、買い注文を発注した状態（約定に成功したか失敗したかは分からない）を意味します。「&&」は「～～で、かつ～～」という意味。「Ticket_L != -1」は、買い注文が約定に失敗していない状態」という意味になります。したがって、この一文全体(Ticket_L != 0 && Ticket_L != -1)で「買いポジションを持っている」という意味になります。同様に、売りエグジットの「(Ticket_S != 0 && Ticket_S != -1)」は「売りポジションを持っている」という意味になります。

⑮「Exit_L =」や「Exit_S =」は、エグジット注文が約定に成功したか失敗したか、すなわち、注文の約定結果を把握するものです。約定した場合は「1」が、未約定の場合は「-1」が入ります。

⑯エグジット注文内容の設定です（220ページ参照）。

⑰「if(Exit_L ==1)」や「if(Exit_S ==1)」は「もしエグジット注文が約定したら」という意味です。

⑱「Ticket_L = 0;」や「Ticket_S = 0;」は「もうエグジット注文を出さない」という意味です。

プログラム全体

```
// マジックナンバーの定義
#define MAGIC  4649

// パラメーターの設定 //
extern double Lots = 1.0;  // 取引ロット数
extern int Slip = 10; // 許容スリッページ数
extern string Comments = ""; // コメント

// 変数の設定 //
int Ticket_L = 0; // 買い注文の結果をキャッチする変数
int Ticket_S = 0; // 売り注文の結果をキャッチする変数
int Exit_L = 0; // 買いポジションの決済注文の結果をキャッチする変数
int Exit_S = 0; // 売りポジションの決済注文の結果をキャッチする変数

int start()
 {

   // 買いエントリー
   if(  ▲▲▲▲  ……………………………………………………………… ①
     && ( Ticket_L == 0 ‖ Ticket_L == -1 )  …………………………… ②
     && ( Ticket_S == 0 ‖ Ticket_S == -1 ))  ………………………… ③
    {
     Ticket_L = OrderSend(Symbol(),OP_BUY,Lots,Ask,Slip,0,0,Comments,MAGIC,0,Red);
    }                                                    ………………………… ④
   // 売りエントリー
   if(  △△△△  ……………………………………………………………… ⑤
     && ( Ticket_S == 0 ‖ Ticket_S == -1 )  …………………………… ⑥
     && ( Ticket_L == 0 ‖ Ticket_L == -1 ))  ………………………… ⑦
    {
     Ticket_S = OrderSend(Symbol(),OP_SELL,Lots,Bid,Slip,0,0,Comments,MAGIC,0,Blue);
    }                                                   ………………………… ⑧


   // 買いポジションのエグジット
   if(  ■■■■  ……………………………………………………………… ⑨
     && ( Ticket_L != 0 && Ticket_L != -1 ))  ………………………… ⑩
    {
     Exit_L = OrderClose(Ticket_L,Lots,Bid,Slip,Red); ……………… ⑪
     if( Exit_L ==1 ) {Ticket_L = 0;} ………………………………………… ⑫
    }

   // 売りポジションのエグジット
   if(  □□□□  ……………………………………………………………… ⑬
     && ( Ticket_S != 0 && Ticket_S != -1 ))  ………………………… ⑭
    {
     Exit_S = OrderClose(Ticket_S,Lots,Ask,Slip,Blue); ……………… ⑮
     if( Exit_S ==1 ) {Ticket_S = 0;} ………………………………………… ⑯
    }


   return(0);
 }
```

日本語訳

中略

①もし▲▲▲▲であり
②そのときに買いポジションを持ってなく
③売りポジションも持っていないなら
④買いでエントリーしなさい

⑤もし△△△△であり
⑥そのときに売りポジションを持ってなく
⑦買いポジションも持っていないなら
⑧売りでエントリーしなさい

⑨もし■■■■になり
⑩そのときに買いポジションを持っているなら
⑪決済しなさい
⑫決済したら、再び決済注文を出さないようにしなさい

⑬もし□□□□になり
⑭そのときに売りポジションを持っているなら
⑮決済しなさい
⑯決済したら、再び決済注文を出さないようにしなさい

2 エントリーとエグジットの準備 その2
～ if 文の使い方を知ろう～

ここからは、if 文（条件文）について解説していきます。

エントリーとエグジットの話なのに、なぜ、if 文を知らないといけないのでしょうか。その理由は、エントリーもエグジットも、基本的に、ある条件を満たしたら実行されるからです。裏を返すと、条件文がなければ、エントリーもエグジットもできない、ということになります。そういう意味で、if 文とエントリー、エグジットは切っても切れない関係にあると言えるのです。

目標を3つ設定して、段階的に見ていきましょう。

目標1　if 文の構成を知ろう

if 文はプログラムの中で最も重要と言っても過言ではありません。なぜならプログラムとは「もし△△△の場合に、XXX をしなさい」という命令の集合体ですから、if 文が書ければプログラムが書けるのです。

「もし△△△の場合に、XXX をしなさい」をプログラム的に表現してみましょう。

日本語で書いた「もし△△△の場合に」の「もし」は「if」、「の場合に」は「( )」と記述しますので、下記のとおりになります。

```
if (   △△△   )
```

「XXX をしなさい」をプログラム的に表現しますと、「〜をしなさい」とは「{ }」と記述されるので、

```
{   XXX ;  }
```

となります。

まとめて記述すると、「もし△△△の場合に、XXX をしなさい」というのは、以下のようになります。

```
if  (   △△△   )
{
  XXX   ;
}
```

△△△には３要素のうちの「条件」が入ります。XXX には３要素のうちの「エントリー」、もしくは「エグジット」のいずれかが入ります。

◆◆理解度チェック◆◆

　この問題はノートとペンを使って解答する問題です。メタトレーダーのエディターで記述する問題ではありませんので、ご注意ください。

問題 1
下記の if 文を日本語で表現してみましょう。

```
if (   ●●●   )
{
   ▽▽▽   ;
}
```

問題 2
「もし■■■の場合に、◇◇◇をしなさい」を if 文を使ってノートなどに書いてみましょう。

問題 1 の解答

もし●●●の場合に、▽▽▽をしなさい。

問題 2 の解答

if (　■■■　)
 {
　　◇◇◇　;
 }

目標2　if 文の2つの定型を知ろう

if 文には「エントリー if 文」と「エグジット if 文」の2つの定型パターンがあります。

定型1：エントリー if 文の構成

```
if (　条件　)
{
  エントリー する;
}
```

⇒　「条件」を満たした場合に、「エントリー」をします。

定型2：エグジット if 文の構成

```
if (　条件　)
{
  エグジットする;
}
```

⇒　「条件」を満たした場合に、「エグジット」をします。

エントリーif文もエグジットif文も、条件を満たしたらアクションを起こすことは一緒です。違うのはエントリーif文は条件を満たしたらエントリーをし、エグジットif文は条件を満たしたらエグジットをするところです。

　では、エントリーif文を使って具体的な条件を日本語に当てはめてみます。注目してほしいのは条件文の内容ではありません。条件を満たしたら売りエントリーすることをイメージしてください。

例①：もし1本前のローソク足が上昇線（陽線）だったら、売りエントリーする

```
if （　1本前のローソク足が上昇線　）
{
  売りエントリーする；
}
```

例②：もしRSIが70以上だったら、売りエントリーする

```
if （　RSIが70以上　）
{
  売りエントリーする；
}
```

例③:もし移動平均がデッドクロスしたら、売りエントリーする

```
if （　移動平均がデッドクロス　）
{
  売りエントリーする;
}
```

次に163ページの例①「もし1本前のローソク足が上昇線(陽線)だったら、売りエントリーする」を使って実際にメタトレーダーでプログラムしてみます。

```
if (  Open[1]  <  Close[1]  )
{
  OrderSend(Symbol(), OP_SELL,
            1,Bid, 10, 0, 0," 必勝 ", 4649, 0, Blue);
}
```

▼ 日本語にすると……

```
もし1本前のローソク足が上昇線（陽線）だったら
{
  売りエントリーする。
}
```

if文の( )の中を見てみましょう。ここでは参考までに簡潔にご紹介します。「1本前のローソク足が上昇線」という条件が「Open[1] < Close[1]」というプログラムになっています。考え方としては次のようになります。

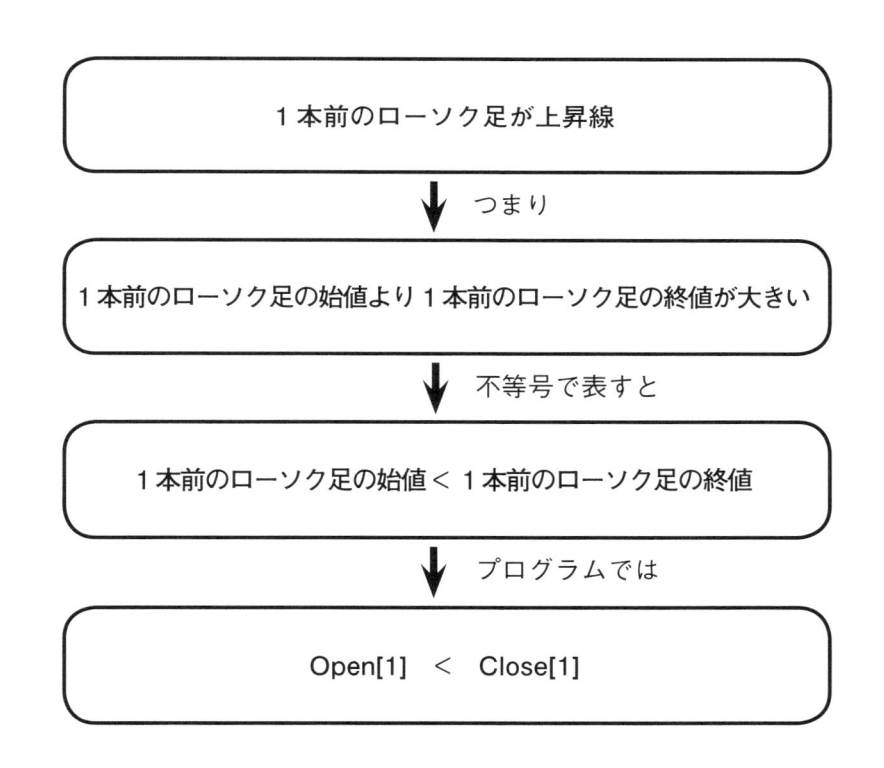

```
┌─────────────────────────────────┐
│   1本前のローソク足が上昇線      │
└─────────────────────────────────┘
              ↓ つまり
┌─────────────────────────────────────────────┐
│ 1本前のローソク足の始値より1本前のローソク足の終値が大きい │
└─────────────────────────────────────────────┘
              ↓ 不等号で表すと
┌─────────────────────────────────────────────┐
│ 1本前のローソク足の始値 < 1本前のローソク足の終値 │
└─────────────────────────────────────────────┘
              ↓ プログラムでは
┌─────────────────────────────────┐
│      Open[1]  <  Close[1]        │
└─────────────────────────────────┘
```

　Openが始値、Closeが終値を示していて、お尻の[1]が「1本前」という意味です。4本値（始値・高値・安値・終値）の記述方法については、この後でまとめていますのでここではまだ覚えなくて大丈夫です。ここでは、エントリーをイメージしてください。
　「売りエントリーする」は「OrderSend(〜〜)」と記述されています。これはOrderSend関数と呼び、エントリーを行うための関数です。こちらも後で詳しく出てきますので、ここではOrderSend関数で発

注を行っているのだと理解していただくだけで結構です。

　それでは本当に1本前のローソク足が上昇線だったら売りエントリーを行っているか、実際にプログラムをチャートに適用して確認してみましょう（あまり長い分足に適用すると待ち時間が長くなるので1分足がいいでしょう）。

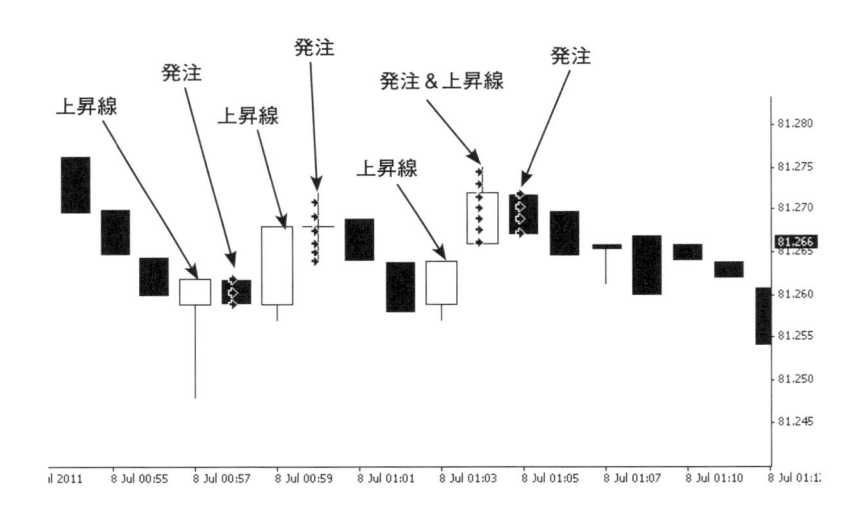

チャートの動きをプログラムで表すと……

```
if (  Open[1]  <  Close[1]  )    ← 上昇線
{
   OrderSend(Symbol(), OP_SELL,
  1,Bid, 10, 0, 0," 必勝 ", 4649, 0, Blue);  ← 発注
}
```

1本前のローソク足が上昇線だったら次のローソク足で発注を行っているのが確認できますね。

　しかし、1回だけでなく何度も発注しています。なぜでしょうか？

　Print関数のときを思い出してください。プログラムは1秒間に1回などのように一定の間隔で動くわけではなかったですよね。価格が動くたびに動いていました。

　OrderSend関数も同じでエントリー条件を満たしていれば価格が動くごとに発注を行います。つまり、価格が動くたびに条件を満たしているかどうかの判断をして、条件を満たしていれば何度でもエントリーしてしまうのです。したがって、1分足チャートに適用したのであれば、エントリー条件を満たしている限り、1分間ずっと発注を続けてしまいます。場合によっては、1分間に何十回も発注してしまうこともあり得ます。なお、この対処法については、190ページ以降で紹介します。

　もう一度、大事なことなので繰り返します。ここでしっかり覚えていただきたいことは「プログラムは価格が動くたびに動作する」ということなのです。このことだけは忘れずに肝に命じてください。

◆◆理解度チェック◆◆

　この問題はノートとペンを使って解答する問題です。メタトレーダーのエディターで記述する問題ではありませんので、ご注意ください。

問題 1
エントリー if 文の構成を記述してみましょう。

問題 2
エグジット if 文の構成を記述してみましょう。

問題 3
売りの条件文を満たした場合、売りエントリーは実行される。○×どっち？

問題 4
条件文を満たし続けているかぎり、売りエントリーも実行され続ける。○×どっち？

問題 1 の解答

if (　条件　)
 {
　　エントリー ;
 }

問題 2 の解答

if(　条件　)
 {
　　エグジット ;
 }

問題 3 の解答
◯

問題 4 の解答
◯

目標3　4本値を使って条件を書いてみよう！

メタトレーダーの4本値（始値・高値・安値・終値）は次のように表します。

　　　　　始値　：Open
　　　　　高値　：High
　　　　　安値　：Low
　　　　　終値　：Close

さらにお尻の [ ] で現在のローソク足から起算して何本前のローソク足か指定します。

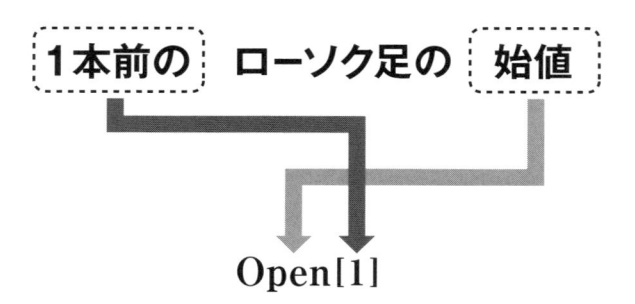

1本前の ローソク足の **始値**

Open[1]

もし3本前のローソク足の終値を表示したいのであればClose[3]、2本前のローソク足の高値を表示したいのであればHigh[2]、現在のローソク足の安値を表示したいのであればLow[0]となります。

◆コラム：1本前のローソク足について

「1本前のローソク足」とは、以下のように、プログラムを適用するチャートのタイムフレームによって変わってきます。

Open[1] と記述したプログラムを
- 日足に適用した場合⇒前日の始値を指す
- 1時間足に適用した場合⇒1時間前の始値を指す
- 5分足に適用した場合⇒5分前の始値を指す

また、Open[0] は常に「新しい（現在の）ローソク足の始値」であることを覚えておいてください。

新しいローソク足ができるとそれまで Open[0] だったローソク足の始値は Open[1] となり、Open[1] だったローソク足の始値は Open[2] となり、Open[2] だったローソク足の始値は Open[3] となります。

このように新しいローソク足ができるたびに既存のローソク足はひとつずつ [ ] の中の数字が増加していきます。

◆◆理解度チェック◆◆

問題 1
前々日の高値よりも前日の高値が大きい場合に売りエントリーをしたいとします。
①次の if 文の (　　) の中を埋めてください。
②またそのプログラムをどのタイムフレームのチャートに適用したらよいでしょうか。

```
if (              )
{
    OrderSend(Symbol(), OP_SELL, 1,Bid, 10, 0, 0," 必勝 ", 4649, 0, Blue);
}
```

問題 1 の解答

①　High[2]　＜　High[1]
②プログラムを日足に適用する。

　日足に適用しないと、High[2] や High[1] が前々日や前日の高値になりませんね。自分が記述したものがどこの値を表現しているかは非常に重要です。

3 エントリー文を記述していこう
～ OrderSend 関数について～

準備段階は終わりましたので、ここからはエントリー文の記述についてお話ししていこうと思います。

実は、ここでお話しするエントリー文の記述も、後述するエグジット文の記述も難しい話ではありません。例えば、エントリーについて極論すれば、「エントリー文の記述 = OrderSend 関数（への記述）」となります。「OrderSend 関数」についてはこれまでにも何度か目にしてきたと思います。

ここからは5つの目標を設定して、段階的に掘り下げていきます。

目標1　OrderSend 関数を知ろう！

これまでエントリーするプログラムは何も考えずに次のように記述してもらっていました。ここからはそのプログラムの使い方について書いていきたいと思います。

```
OrderSend(Symbol(), OP_SELL, 1,Bid, 10, 0, 0," 必勝 ", 4649, 0, Blue);
```

メタトレーダーでエントリーする場合にはOrderSend関数を使用します。

Print 関数は ( ) の中をメタトレーダーに表示するための関数でしたが、OrderSend 関数は ( ) の各項目の内容で発注してくれるすぐれものです。( ) は関数とセットで出てくる丸カッコです。( ) の中の各項目は11種類あり、各項目は「コンマ（,）」で区切って決められた順番どおりに記述しなくてはなりません。11種類と聞くと「多いな」と思わ

れるかもしれませんが、実は手動で発注するときであっても、どの通貨ペアを○○円で○○ロット、ロスカット値を○○円で……と意外と多くの指示を出しているものなのです（以下の手動で発注するときの画面参照）。これらの発注の指示をプログラムで行うイメージです。

■メタトレーダーの手動発注画面

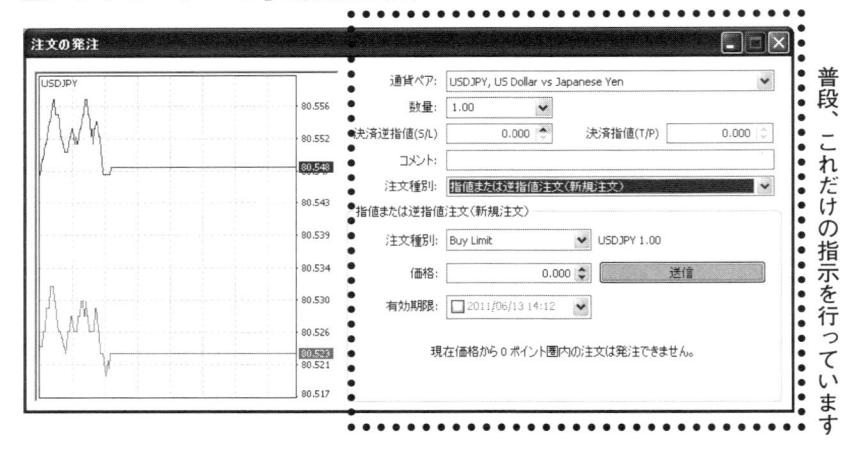

普段、これだけの指示を行っています

では、実際に OrderSend の ( ) 中の各項目を見ていきましょう。

```
OrderSend（通貨ペア名 , 注文種別 , ロット数 , 発注価格 , 許容
         スリッページ , ロスカット値 , 利益確定値 , コメン
         ト , マジックナンバー , 有効期間 , カラー）；
```

見ていただくと分かるように、項目は 11 種類あります。ここで**大事なのは順番どおりに記述しなくてはいけない**ことです。ひとつひとつ確認していきましょう。

1） 1番目は通貨ペア名を記述する

記　号	意　味
"USDJPY"	ドル/円
"GBPJPY"	ポンド/円
"NZDJPY"	ニュージーランドドル/円
"EURJPY"	ユーロ/円
"EURCHF"	ユーロ/フラン
"EURUSD"	ユーロ/ドル
Symbol()	プログラムを適用したチャート上の通貨ペア

　通貨ペア名は業者によって異なることがあります。気配値表示ウィンドウの通貨ペア名で確認してください。

　お勧めは「 Symbol() 」です。「 Symbol() 」と記述して、プログラムを USDJPY チャートに適用すれば USDJPY を取引し、EURUSD チャートに適用すれば EURUSD を取引します。ひとつのプログラムをさまざまな通貨ペアで運用する場合に、各通貨ペアごとにプログラムを書き換える必要がないので大変便利です。

　ではなぜ"USDJPY"などのように直接通貨ペア名を記述する方法があるのでしょうか？

　例えばプログラムは GBPJPY に適用しているものの、USDJPY にも発注したい場合は「通貨ペア名」の項目は Symbol() ではなくて"USDJPY"と直接通貨ペア名を記述します。Symbol() ですと GBPJPY に発注してしまいます。

　このようにプログラムを適用しているチャートの通貨ペア以外の通貨ペアでもトレードができるのが、ほかのソフトにはないメタトレーダーの良いところでもあります。

2）2番目は注文種別を記述する

記　号	意　味
OP_BUY	成行買い
OP_SELL	成行売り
OP_BUYLIMIT	指値買い
OP_SELLLIMIT	指値売り
OP_BUYSTOP	逆指値買い
OP_SELLSTOP	逆指値売り

　一般的によく使うのは成行注文の「OP_BUY」「OP_SELL」です。現在価格よりも安くなったら買い、高くなったら売るのが指値注文で、「OP_BUYLIMIT」「OP_SELLLIMIT」を使います。押し目でエントリーしたい場合などはこれを使います。現在価格よりも高くなったら買い、安くなったら売るのが逆指値注文で、「OP_BUYSTOP」「OP_SELLSTOP」を使います。ブレイクアウトしたらエントリーしたい場合などはこれです。

3）3番目はロット数を記述する

記号	意味
0.1	10,000 通貨
1	100,000 通貨
10	1,000,000 通貨
100	10,000,000 通貨

※ロット数に対応する取引通貨数は取引する業者によって異なることがありますので、実際にトレードを行う前にご確認ください。

　取引通貨数はロット数で指定することを忘れないでください。ほとんどの業者では1が10万通貨（1ロット）となります。

　以前の私のように1万通貨取引しようとして「0.1」ではなく、「10000」と入力することのないようにしてください。

◆コラム：ロット数について

　上記ではご紹介していませんが、0.01 と入力すると 1000 通貨になります。

　ただし、1000 通貨単位の取引に対応していない業者でも 0.01 と記述できますが、発注する段階で注文が通りませんので注意してください。1000 通貨単位で取引したい方はロット数に対応する取引通貨数と合わせて、最低発注ロット数もお使いの FX 業者のウエブサイトなどで調べておきましょう。

4）4番目は発注価格を記述する

記 号	意 味
Ask	成行で買うとき
Bid	成行で売るとき
101.5	指値、逆指値注文時の売買したい価格
High[1]	プログラムを日足チャートに適用すれば前日の高値で発注

　発注価格を正しく記述しないと、注文エラーとなって発注されません。ここでは注文エラーとなるよくある原因をご紹介します。

●成行注文の場合
　OP_BUY とセットに使うのが Ask、OP_SELL とセットに使うのが Bid です。
　これを逆にしてしまい OP_BUY と Bid、OP_SELL と Ask をセットにしてしまうとコンパイルはエラーにならず、いざ発注しようとする段階で注文エラーとなってしまい、トレード機会を逃してしまいます。

●指値・逆指値注文の場合
　現在価格から近すぎる価格で指値や逆指値注文を行うと注文エラーとなります。どのぐらい現在価格から離せばよいのかは FX 業者や通貨ペアよって異なります。

5）5番目は許容スリッページを記述する

記　号	意　味
1	1ポイント
10	10ポイント

　許容スリッページをポイント単位で入力します。下記のように同じ「3」でも業者によって許容スリッページが異なります。要注意です。

例）許容スリッページを「10」と設定してドル円を取引する
ドル円下2桁表示業者（90.13 など）の場合
　　　　　⇒　0.1 円までスリッページを許容
ドル円下3桁表示業者（90.132 など）の場合
　　　　　⇒　0.01 円までスリッページを許容

　なお、気配値表示ウィンドウを見ると、下2桁表示の業者か、下3桁表示の業者かを見分けることができます。

　　　ドル円　下2桁業者　　　　　　　　ドル円　下3桁業者

6) 6番目はロスカット値を記述する

記　号	意　味
0	設定しない
90.5	90.50円でロスカット
Ask-0.5	現在値(Ask)から0.5円下にロスカット
Bid+30*point	現在値(Bid)から30ポイント上にロスカット

7) 7番目は利益確定値を記述する

記　号	意　味
0	設定しない
90.5	90.50円で利益確定
Ask+0.5	現在値(Ask)から 0.5円上に利益確定
Bid-30*point	現在値(Bid)から30ポイント下に利益確定

　ロスカットと利益確定注文はエントリー注文と同時に出すことができます。「Ask-0.5」とすると発注時点の Ask から 0.5 円下にロスカットを置くことになります。

　このとき、注文エラーに注意してください。「発注価格」同様に正しく記述しないと注文エラーとなります。

　成行注文の場合、業者によっては現在価格から近すぎるロスカット値や利益確定値は注文エラーとなります。

　例えばドル円を「Ask」で買いエントリーして、利益確定値を「Ask + 0.001」としても注文エラーとなる場合があるのでスキャルピング

180

をするときは注意してください。

　指値・逆指値注文の場合も、業者によっては指値・逆指値の指定価格から近すぎるロスカット値や利益確定値は注文エラーとなります。

　また、OrderSend 関数でのロスカットと利益確定の設定に対応していないことから発注エラーとなる業者もあります。したがって、本書ではこの方法でのロスカットと利益確定はしません。ロスカットと利益確定の方法は後述します。

◆コラム：OrderSend 関数について

　ここでは OrderSend 関数が発注するにあたってどのような内容を指示しているのかだけを見ていただければ結構です。「( )」の中の項目の記述する順番を覚える必要はまったくありません。

　本書に限らず、通常エントリーのプログラムは定型文を使ったり、以前記述したプログラムからコピペしたりして使い回すことがほとんどですので、OrderSend 関数を1から記述する機会はそんなに多くはありません。記述する必要性が生じたときは、本書を見てひとつひとつ確認しながらプログラムすれば OK です。

　何を隠そう、実は私も OrderSend 関数の「( )」の中の項目の順番は覚えていません。

8）8番目はコメントを記述する

記　号	意　味
" "	コメントなし
Ａシステム	注文に「Aシステム」とコメントを付ける
必勝	注文に「必勝」とコメントを付ける

　各注文にお好きなコメントを付けることができます。複数のプログラムで運用していると現在持っているポジションがどのプログラムから発注したものか分からなくなってしまう場合があります。
　そこで、プログラムごとに異なるコメントを付けておくわけです。こうすることで、どのプログラムから発注した注文か一目瞭然になります。

■「ターミナル」の「取引」画面

注文番号	時間	取引種別	コメント
5018969	2011.06.13 05:14	buy	Aシステム
5018970	2011.06.13 05:14	sell	必勝

残高: 99 777.72　有効証拠金: 99 720.16　必要証拠金: 31.04　余剰証拠

9）9番目はマジックナンバーを記述する

マジックナンバーとはシステムの名前です。なぜ名前を付けなくてはならないかというと、複数のプログラムでトレードを行う場合、どのプログラムからの注文かを識別するためにプログラムごとに異なる名前（番号）を付けると便利だからです。

マジックナンバーは、注文を識別するという点では「コメント」と役割が似ています。では何が違うのでしょうか。「コメント」は先ほど見たようにメタトレーダー上に表示されるので、自分の目で見てどのプログラムからの注文かを識別するときに使うことが多く、マジックナンバーはプログラム上で注文を識別するときに使うことが多いです。

マジックナンバーの記述方法は2種類あります。

●直接入力する方法

```
OrderSend(Symbol(), OP_SELL, 1,Bid, 10, 0, 0," 必勝 ", 4649, 0, Blue);
```

●冒頭で宣言する方法

下のプログラムのように冒頭で「#define MAGIC 4649」と記述したうえで「マジックナンバー」の項目に「MAGIC」と記述します。

```
#define MAGIC 4649

int start()
{
OrderSend(Symbol(), OP_SELL, 1,Bid, 10, 0, 0," 必勝 ", MAGIC, 0, Blue);
return(0);
}
```

10）10番目は有効期間を記述する

記 号	意 味
0	有効期間の設定なし
StrToTime("2010.12.02.12:00")	2010年12月02日　12時00分

　注文の有効期間を設定します。指値や逆指値注文では有効期限を設定できます。指定の時間になると自動的に注文が取り消されます。
　StrToTimeとは日付をメタトレーダーにも理解できるように変換するプログラムです。覚える必要はありません。

11）11番目はカラーを記述する

記 号	意 味
Red	赤
Blue	青
CLR_NONE	矢印を表示しない

　約定したときのチャート上に表示する矢印の色を指定します。ちなみに、私の好きな色は情熱の赤です。

OrderSend関数の各項目の内容は以上です。

それでは冒頭の売りエントリーのプログラムと、ターミナルでの約定結果を見比べてみましょう。

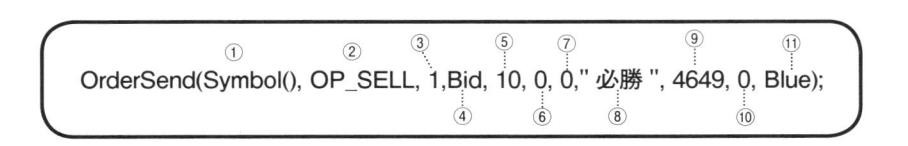

```
         ①           ②        ③    ⑤   ⑦          ⑨         ⑪
OrderSend(Symbol(), OP_SELL, 1,Bid, 10, 0, 0," 必勝 ", 4649, 0, Blue);
                                 ④      ⑥   ⑧          ⑩
```

注文番号	時間	取引種別	数量	通貨ペア
		②	③	①
5018974	2011.06.13 05:16	sell	1.00	usdjpy

残高: 99 721.40　有効証拠金: 99 694.09　必要証拠金: 12.42　余剰証拠金: 99 681.67　証拠金

Price	S/L:決済逆…	T/P:決済指値	Price	手数料
④	⑥	⑦		
80.525	0.000	0.000	80.547	0.00

維持率: 802786.66%

スワップ	損益	コメント
		⑧
0.00	-27.31	必勝
	-27.31	

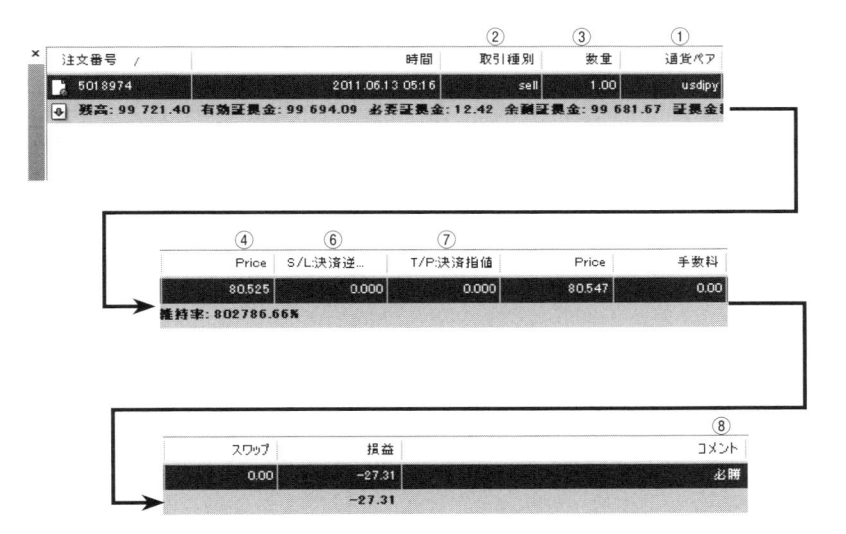

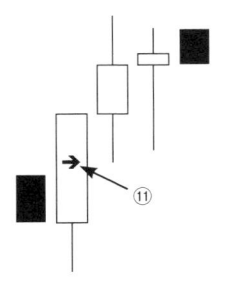

⑤→許容スリッページは10ポイント以内で発注
⑨→マジックナンバーを「4649」と定義して発注
⑩→有効期間は「なし」で発注

185

◆◆理解度チェック◆◆

問題 1
エントリーするプログラムを書いてみよう。

取引通貨：プログラムを適用している通貨ペアとする
注文種別：成行で買い
取引ロット数：20 万通貨
発注価格：成行
許容スリッページ：5 ポイント
ロスカット：なし
利益確定：なし
コメント：必勝
マジックナンバー：4649
有効期間：なし
チャート上の矢印のカラー：赤

問題 2
現在価格が 1 分足の 1 本前の高値を超えた場合に、エントリーするプログラムを書いてみよう。

取引通貨：プログラムを適用している通貨ペアとする
注文種別：成行で売り
取引ロット数：30 万通貨
発注価格：成行
許容スリッページ：10 ポイント

ロスカット：なし
利益確定：なし
コメント：なし
マジックナンバー：3986
有効期間：なし
チャート上の矢印のカラー：青

> ◆コラム：スリッページとは？
>
> 　スリッページとは、注文した価格（理論値）と実際に約定した時の価格（約定値）とのズレのことをいいます。
> 　例えば100.00円のときに買いの注文を発注しても、100.01円で約定するケースです。
> 　発注してから約定するまでに価格が動いてしまうことでスリッページは発生しますので、特に相場が大きく動いているときは注意が必要です。

問題 1 の解答

　OrderSend(Symbol(), OP_BUY,
　　　　　　　　　2 ,Ask, 5, 0, 0," 必勝 ", 4649, 0,Red);

Symbol(), →ドル円
OP_BUY, →成行で買い
2 , → 20 万通貨
Ask, →成行で買うときは ASK
5, →スリッページ 5 ポイント
0, →ロスカットなし
0, →利益確定なし
" 必勝 ", →コメント必勝
4649, →マジックナンバー 4649
0, →有効期間なし
Red →矢印は赤色

問題 2 の解答

下記のプログラムを 1 分足に適用する

if(High[1] ＜ Close[0])
{
　OrderSend(Symbol(), OP_SELL, 3, Bid, 10, 0, 0, " ", 3986, 0,Blue);
}

Close[0] とは現在のローソク足の終値のことです。つまり Close[0] とは現在価格のことを意味します。

◆問題２のプログラムをチャートに適用したときの図

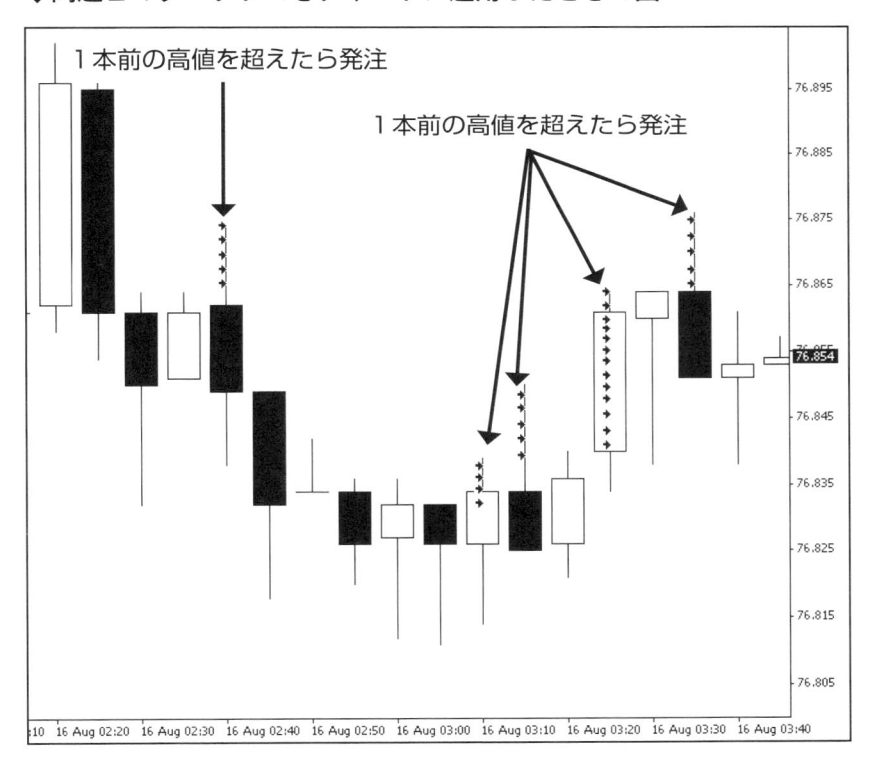

> **目標2　OrderSend関数のもうひとつの役割を知ろう！**

　OrderSend関数は「( )」の各項目の内容で注文をする役割があることは分かっていただけたでしょうか。下図でもう一度、確認しましょう。下図の①です。

　さて、OrderSend関数にはもうひとつの役割があります。それは、**「出した注文が約定に成功したかどうかを把握できる」**というものです。下図の②です。

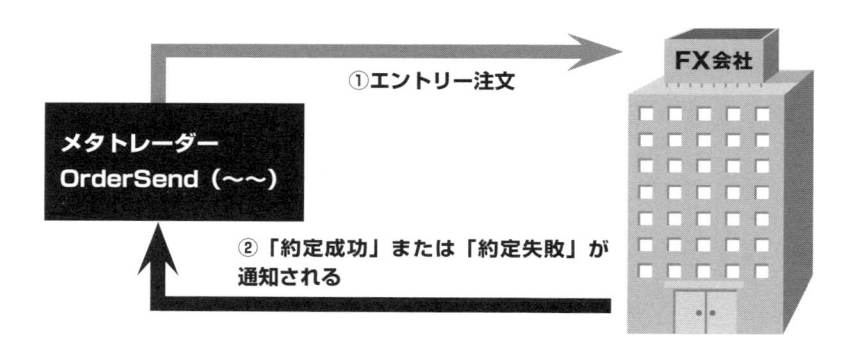

　なぜ約定したか否かを把握する必要があるのでしょうか。

　理由は2つあります。ひとつ目は約定に失敗した場合に再度発注するためです。2つ目は約定に成功した場合にもう発注しないようにするためです。

　ひとつ目については説明不要だと思います。2つ目については、これまで何度も述べてきたように、プログラムは価格が動くごとに動作し、条件を満たし続けているかぎり、連続して発注してしまうからです。そこで、OrderSend関数のもうひとつの役割を使って、「約定したら注文はしない」とプログラミングすることで、その問題を解決するのです。

では、どうやって約定したのかを認識するのでしょうか？　次ページの概念図を見ながら少しずつ解説していきます。

> ### ◆コラム：約定失敗について
>
> 　OrderSend関数は発注をする関数であることは述べてきましたが、「発注」イコール「約定」を意味するものではありません。
> 　発注をしても、諸般の事情によって約定しないことがあります。例えば、FX業者との通信状況が悪かったり、急激な相場の変動で許容スリッページをオーバーしてしまったり、複数のプログラムを運用していて同時に発注を行って注文がバッティングしてしまったりといろいろなケースがあります。「約定失敗」とは、そのような理由で発注を行ったものの約定しなかったケースのことをいいます。
> 　約定失敗となった原因によって異なりますが、もう一度発注すれば約定するケースも多々あります。

目標3　エントリー注文の約定、未約定を把握する！

まずは以下の図を見てください。

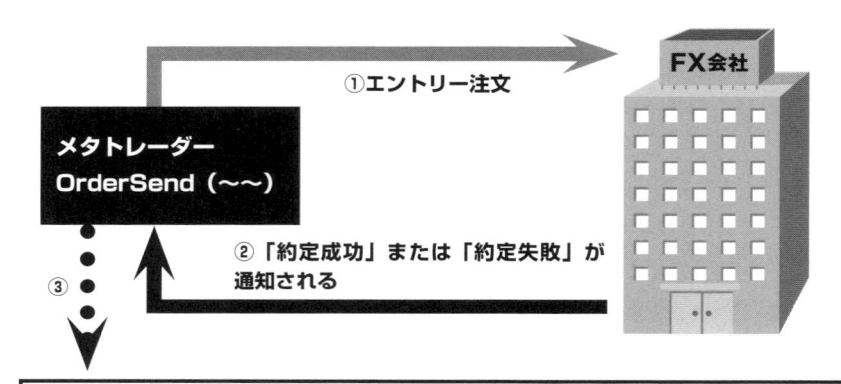

①エントリー注文

メタトレーダー
OrderSend（〜〜）

② 「約定成功」または「約定失敗」が通知される

③

FX会社

約定したら　「OrderSend( )が○になる」　→　エントリー注文はもうしない
約定しなかったら「OrderSend( )が×になる」　→　再度、エントリー注文する

「OrderSend( )が○になる」とは、約定した場合、FX業者から「約定番号」が通知されることを意味します。約定番号とは、注文が約定したときにその注文に付与される番号です。メタトレーダーの「ターミナル」の「取引」画面でも「注文番号」という名称で確認することができます。

「OrderSend( )が×になる」とは、約定しなかった場合、FX業者から「-1」と通知されることを意味します。

注文番号	時間	取
5018974	2011.06.13 05:16	
5018985	2011.06.13 05:22	

残高: 99 721.40　有効証拠金: 99 656.33　必要証拠金: 24.84

ここまでの話をフローチャートにしてみました。

◆エントリー注文のフローチャート

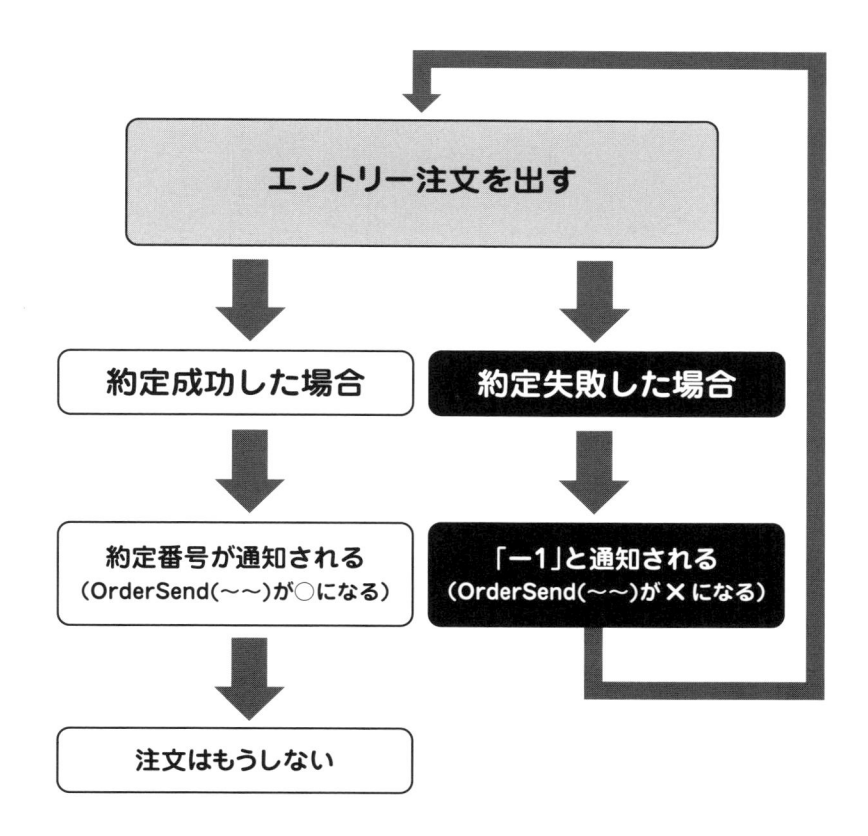

```
              ┌──────────────────────┐
              ↓                      │
      ┌───────────────┐              │
      │ エントリー注文を出す │              │
      └───────────────┘              │
         ↓           ↓               │
  ┌──────────┐  ┌──────────┐         │
  │約定成功した場合│  │約定失敗した場合│         │
  └──────────┘  └──────────┘         │
       ↓             ↓               │
 ┌──────────────┐ ┌──────────────┐   │
 │約定番号が通知される│ │「-1」と通知される │   │
 │(OrderSend(~~)が○になる)│ │(OrderSend(~~)が×になる)│──┘
 └──────────────┘ └──────────────┘
       ↓
 ┌──────────┐
 │注文はもうしない│
 └──────────┘
```

　このようにエントリー注文の約定の有無は、FX業者から通知され、約定した場合は約定番号が、未約定の場合は「-1」が通知されるのです。
　では、その約定の有無を確認できるプログラムを見ながら解説していきます。

エントリー注文の約定結果の受け取り方

まずは発注をして、その約定結果を FX 業者から受け取るプログラムを見てみましょう。

```
int Ticket_S = 0;   // 約定結果をキャッチする変数

int start()
{
    Ticket_S = OrderSend(Symbol(), OP_SELL,
                1, Bid, 10, 0, 0, " 必勝 ", 4649, 0, Blue);
    return(0);
}
```

約定結果をキャッチする変数

発注をする関数

日本語にすると……

整数を入れる「Ticket_S」という変数を用意します。最初は「0」と設定します。

メインのプログラムが始まります
 {
    売り注文を出します。約定結果は Ticket_S に入れます。

プログラムを終わります
 }

約定結果をキャッチするために変数を用意します。

```
int Ticket_S = 0;
```

約定結果は、約定に成功した場合は「5010000」などの約定番号、失敗した場合は「-1」が通知されます。どちらにせよ整数です。整数を入れる場合の変数の宣言はintでしたね。初期値は「0」としています。

ここでは「Ticket_S」という変数名にしていますが、お好きな名前を付けてかまいません。ただし、分かりやすいものがよいでしょう。ちなみに「Ticket_S」は「約定番号」を表す「Ticket Number」と、売り（Short）を表す「S」を組み合わせて作りました。

以下を見ていただくと分かるように、OrderSend関数の前に「Ticket_S=」が記述されています。まずは記号イコール「=」の復習です。右辺の値を左辺に代入するものでした。

```
Ticket_S= OrderSend(Symbol(), OP_SELL,
            1,Bid, 10, 0, 0," 必勝 ", 4649, 0, Blue);
```

このプログラムではOrderSend関数で発注をして、FX業者から通知される約定結果を「Ticket_S」に入れるようにしています。

約定に成功すれば「Ticket_S」には「約定番号」が入り、失敗すれば「-1」が入ります。

◆コラム：今は分からなくても問題なし

「Ticket_S= OrderSend 関数」を初めて見たときは「ん？」と思いました。「OrderSend 関数を左辺の変数に代入？」「注文を変数に入れる？」と、非常に違和感を感じたのです。私はOrderSend 関数のもうひとつの役割（＝約定結果を把握する）を知りませんでした。2つあるなんて思いもしなかったです。

今回に限らず、これからもプログラムを続けていくと「なぜこういう記述になるの？」「ここはどういう意味なの？」という疑問や違和感がたくさん出てきて「なぜ？」「どうして？」の連続だと思います。

かつては私もそうでした。今、プログラムができるようになって言えることは、少し考えて分からなければ、とりあえずその場は「それはそういうものなのだ」と割り切って次に進んだほうがよいということです。

そのときは分からないながらも、何回も見たりプログラムをしているうちに、気づいたら疑問が解けていたり、いつのまにか違和感がなくなったりとしっくりくるようになっていることが多いからです。

子供のときにどうして信号は赤・青・黄なのかと不思議に思っていても、毎日毎日赤で止まり、青で渡っているといずれ「それはそういうものなのだ」と何の違和感も感じなくなるのと同じようなものです。

かつての私はそれを「何で？」と考えすぎて先に進めず、かなり時間を使ってしまいました。今は分からないことがあっても心配ありません。どんどんプログラムしていきましょう。

◆◆理解度チェック◆◆

問題 1
OrderSend 関数は発注する役割しかない、○か×か？

問題 2
OrderSend 関数は発注をして約定に成功すると、どんな通知が返ってくるでしょうか？

問題 3
OrderSend 関数は発注をして約定に失敗すると、どんな通知が返ってくるでしょうか？

問題 1 の解答

×

約定に成功したか否かを把握する役割もある

問題 2 の解答

約定番号

問題 3 の解答

-1

目標4　エントリー注文を制限する

ここからはエントリー注文の制限についてお話しします。

Step 1　1回のみ発注するプログラム

次のプログラムはエントリー注文を1回のみと制限したプログラムです。どう制限しているのかを推測してみましょう。

```
int Ticket_S = 0;   // 約定結果をキャッチする変数

int start()
 {
    if( Ticket_S == 0 ) ……………①
     {
       Ticket_S = OrderSend(Symbol(), OP_SELL,
                         1,Bid, 10, 0, 0," 必勝 ", 4649, 0, Blue);  ②
     }
  return(0);
 }
```

⬇ 日本語にすると……

```
整数を入れる「Ticket_S」という変数を用意します。最初は「0」
と設定します。

メインのプログラムが始まります
 {
    もし一度も発注を行っていない場合は ……………①
     {
       売り注文を出します。約定結果は Ticket_S に入れます。……②
     }
    プログラムを終わります
  }
```

それでは解説します。

```
if( Ticket_S == 0 )
```

　エントリー if 文の「( )」内の条件は「Ticket_S == 0」となっています。イコール・イコール == は「等しい」という意味でした。つまり **Ticket_S が 0 の場合に売り注文を出しています**。

　では、Ticket_S が 0 の場合とはどういうときでしょうか。これはまだ一度も発注を行っていない状態を指します。

　Ticket_S はプログラム冒頭で「int Ticket_S = 0;」と宣言したときに最初に 0 と設定しています（初期値を 0 にすると言います）。

　発注をして約定すれば Ticket_S には約定番号が入り、約定に失敗すれば「-1」が入ります。つまり、Ticket_S に 0 が入っているということは「まだ一度も発注を行っていない状態である」ということです。

　したがって「一度も発注を行っていなければ発注をする」ということになります。逆にいえば、一度発注すればもう発注しないことになり、エントリー注文を制限することができるのです。

　このプログラムをしっかり理解するためのキーポイントは「Ticket_S」の値がプログラム中でどのように変化していくかを把握することです。右図を見て「Ticket_S」の変化に注目してみてください。なお、黒枠の中は「Ticket_S」の値を示しています。

　またプログラムは上から下に向かって処理されることも頭に入れておいてくださいね。

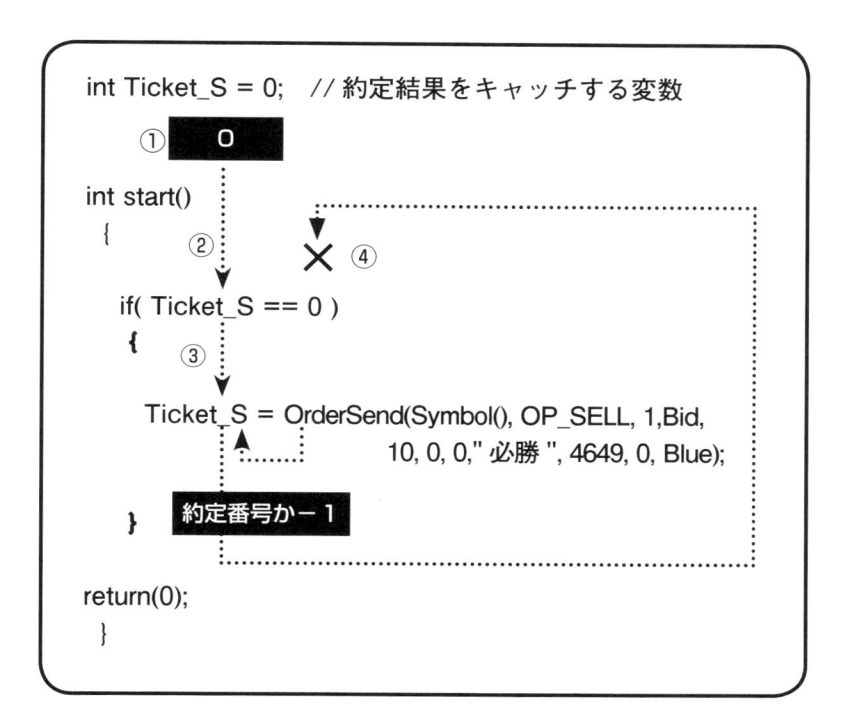

```
int Ticket_S = 0;   // 約定結果をキャッチする変数
   ①    [ 0 ]
int start()
{
       ②
       ↓
   if( Ticket_S == 0 )   × ④
   {
          ③
          ↓
       Ticket_S = OrderSend(Symbol(), OP_SELL, 1, Bid,
              ↑            10, 0, 0," 必勝 ", 4649, 0, Blue);
       [約定番号か－1]
   }
return(0);
}
```

①:「Ticket_S」の初期値は0です

②: if(Ticket_S == 0)の条件を満たすので{ }の中へと進めます。

③:発注します。「Ticket_S」は約定番号（約定成功）もしくは-1（約定失敗）になります。

④: 一度発注すると、if(Ticket_S == 0)の条件を満たさないので、{ }の中へと進めません。

⇒もうエントリー注文は出しません

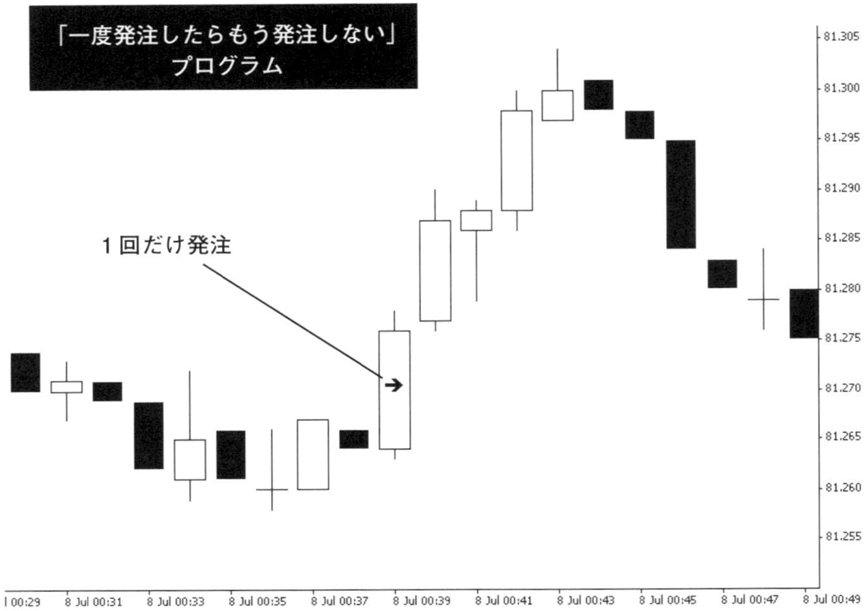
「一度発注したらもう発注しない」
プログラム
1回だけ発注
81.305
81.300
81.295
81.290
81.285
81.280
81.275
81.270
81.265
81.260
81.255
l 00:29
8 Jul 00:31
8 Jul 00:33
8 Jul 00:35
8 Jul 00:37
8 Jul 00:39
8 Jul 00:41
8 Jul 00:43
8 Jul 00:45
8 Jul 00:47
8 Jul 00:49

Step 2　約定に失敗した場合に再発注するプログラム

Step 1で、一度発注したらそれ以降はもう発注しないプログラムをご紹介しました。しかし、このプログラムだと約定に失敗してしまったときも再発注をしてくれません。

なぜなら、約定に失敗すると「Ticket_S」は「-1」となり、エントリー条件である if(Ticket_S == 0) の条件を満たさなくなるためです。

しかし、約定に失敗した場合は、その理由にもよりますが、再度発注することで約定することも多いので、この場合だけは約定するまで再発注するようにします。

Step1 のプログラムに、約定に失敗した場合のみは約定するまで再発注するように書き加えてみましょう。

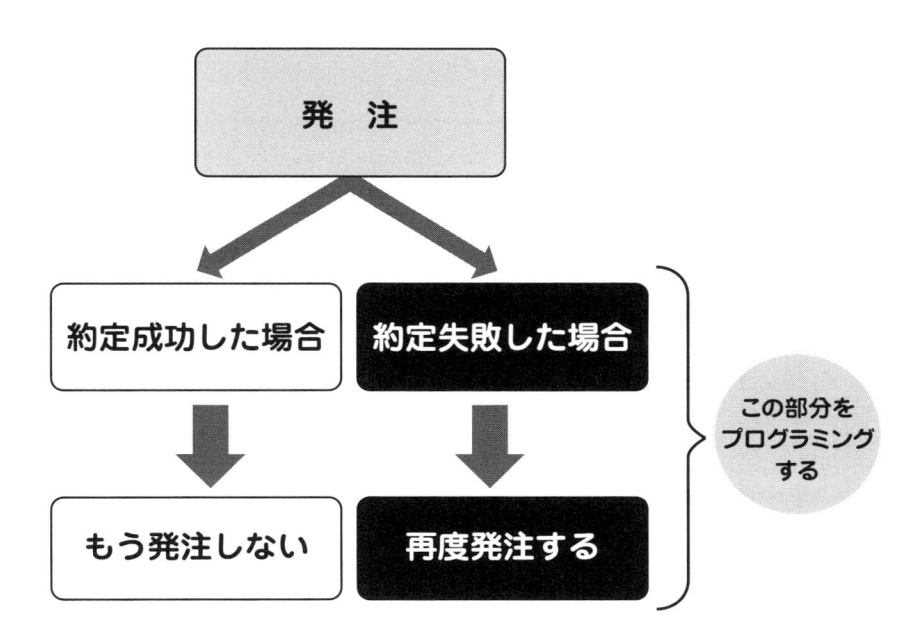

```
int Ticket_S = 0;   // 約定結果をキャッチする変数

int start()
{

   if( Ticket_S == 0 || Ticket_S == -1 )················①
   {
      Ticket_S = OrderSend(Symbol(), OP_SELL,
                  1,Bid, 10, 0, 0," 必勝 ", 4649, 0, Blue);   ②
   }

return(0);
}
```

↓ 日本語にすると……

整数を入れる「Ticket_S」という変数を用意します。最初は「0」と設定します。

メインのプログラムが始まります
 {

  もし一度も発注を行っていない、
  もしくは発注を行ったが約定に失敗した場合は   ①
   {
    売り注文を出します。約定結果はTicket_Sに入れます。……②
   }

プログラムを終わります
 }

if 文の「（　）」の中に「||」という見慣れない記号が出てきました。||は日本語でいう「もしくは」、英語でいう「or」に当たります。キーボードで「Shift」を押しながら「|」を2回打ち込めばOKです。図形で表して整理してみます。

---

if (◇◇◇ || ■■■)

日本語にすると、

「もし　◇◇◇　もしくは　■■■の場合に」

となります。それを踏まえて、

---

if(Ticket_S == 0 || Ticket_S == -1)

は、「もし Ticket_S が 0、もしくは Ticket_S が -1 の場合に」という意味になります。
　さてここで Ticket_S に入っている値と、それに対応する状況を思い出してください。

Ticket_S が 0　　⇒　一度も発注を行っていない場合
Ticket_S が -1　⇒　発注を行ったが約定に失敗した場合

したがって「もし一度も発注を行っていない、もしくは、発注を行ったが約定に失敗した、いずれか一方の条件を満たした場合」は売り注文を出すことになります。もっと簡潔にいうと「売りポジションを持っていない場合」に売り注文を出すことになります。

「if(Ticket_S == 0 || Ticket_S == -1)」は今後もよく登場します。このプログラムが出てきたら次のように解釈してください。

> if(Ticket_S == 0 || Ticket_S == -1)
> → 「もし売りポジションを持っていない場合」

「Ticket_S」の値がプログラム中でどのように変化しているかをしっかり把握してください。次ページのプログラムを見て「Ticket_S」の変化に注目してみてください。なお、黒枠の中は「Ticket_S」の値を示しています。

【黒枠の中の「Ticket_S」の意味】

| 0 | まだ発注していないという意味。 |

| 約定番号 | 約定に成功したという意味。成功すると、「Ticket_S」には約定番号が入ります。 |

| －1 | 約定に失敗したという意味。失敗すると「Ticket_S」には「－1」が入っています。 |

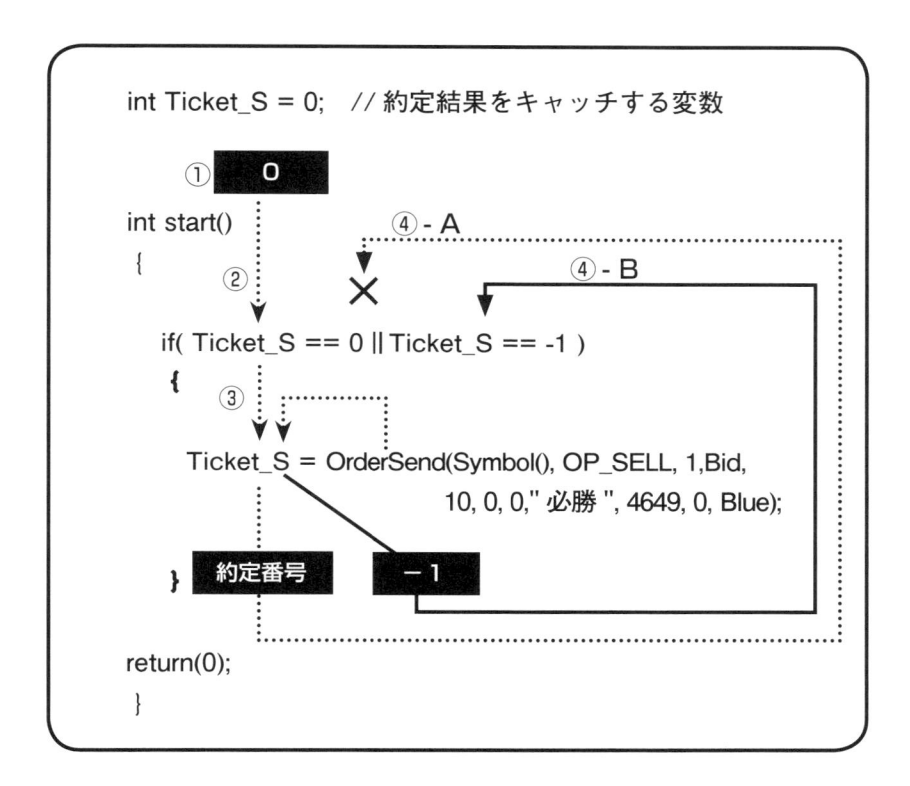

```
    int Ticket_S = 0;   // 約定結果をキャッチする変数
         ①    0
    int start()            ④ - A
    {                ×           ④ - B
         ②

      if( Ticket_S == 0 || Ticket_S == -1 )
      {   ③

         Ticket_S = OrderSend(Symbol(), OP_SELL, 1,Bid,
                              10, 0, 0," 必勝 ", 4649, 0, Blue);

      }   約定番号      － 1

    return(0);
    }
```

①：「Ticket_S」の初期値は 0 です

②：if(Ticket_S == 0) の条件を満たすので { } の中へと進めます。

③：発注をします。「Ticket_S」は約定番号（約定成功）もしくは -1（約定失敗）になります。

④－ A：約定に成功すれば if(Ticket_S == 0 || Ticket_S == -1) の条件を満たさないので { } の中へと進めません。

⇒もうエントリー注文を出しません

④－ B：約定に失敗すれば if(Ticket_S == 0 || Ticket_S == -1) の条件を満たすので { } の中へと再度進めます。

⇒再度エントリー注文を出します

◆コラム：大事な文法の話

　日本語でいう「もしくは」、英語でいう「or」は「||」でしたね。
　同じくらい重要で頻繁に使うものがあります。日本語でいう「かつ」、英語でいう「and」です。プログラムでは「&&」と書きます。「もし　◇◇◇　かつ　■■■の場合に」は次のように書きます。

```
if ( ◇◇◇ && ■■■ )
```

　「◇◇◇」と「■■■」、両方の条件を満たしている必要があります。

◆◆理解度チェック◆◆

問題1
「もし ◇◇◇、もしくは■■■の場合に」とプログラムしたい。
下記の空欄を埋めてください。

if (◇◇◇　　　　■■■)

問題2
「もし◇◇◇、かつ■■■の場合に」とプログラムしたい。
下記の空欄を埋めてください。

if (◇◇◇　　　　■■■)

問題 1 の解答

||

問題 2 の解答

&&

> ### ◆コラム：間違えやすい文法
>
> 　復習です。「＝」と「＝＝」は似ていますが違う意味でした。
> 　「＝」がひとつの場合は右辺を左辺に代入するという意味で、代入するために必要なものでした。
> 　「＝＝」のように、ふたつの場合は右辺と左辺が同じという意味で、イコールという関係を表現するものでした。
> 　&& や || も注意が必要です。& や | はひとつだけでは意味をなしません。
> 　&& は「かつ」という意味です。「A && B」でAとBの両方の条件を満たした場合というように使用するものでした。
> 　「||」は「もしくは」という意味です。「A||B」でAもしくはBのいずれか一方が条件を満たした場合というように使用するものでした。

目標5　エントリー条件を記述する場所を覚えよう

　ここまで発注を制限するプログラムを学んできました。そこにエントリー条件を組み込めば、いよいよエントリー if 文が完成します。エントリー条件とは「1本前のローソク足が上昇線」や「RSI が 70 以上」などでしたね。

　次ページのプログラムを見てください。エントリー条件は△△△△部分に記述します。エントリー条件の記述の仕方は第2部の第6章で詳しくお話ししますので、ここではエントリー条件をどこに書いたらよいのかだけを理解してほしいと思います。

RSI が 70 以上
などが条件文
（ここでは、記述する場所だけ覚える）

⬇

iCustom 関数
（第5章以降で解説）

```
iint Ticket_S = 0;   // 約定結果をキャッチする変数

int start()
 {
                        ┌─── エントリー条件を記述 ───┐
   if(    △△△△
       &&(Ticket_S == 0 || Ticket_S == -1 ) )         ]①
    {
       Ticket_S = OrderSend(Symbol(), OP_SELL,
                    1,Bid, 10, 0, 0," 必勝 ", 4649, 0, Blue);   ]②
    }
 return(0);
 }
```

↓ 日本語にすると……

整数を入れる「Ticket_S」という変数を用意します。最初は「0」と設定します。

メインのプログラムが始まります
 {

  もし△△△△で、
  かつ、売りポジションを持っていない場合、]①
   {
     売り注文を出します。約定結果は Ticket_S に入れます。……②
   }

 プログラムを終わります
 }

それでは△△△△に「1本前のローソク足が上昇線」だったらという例で条件を入れてみましょう。

```
int Ticket_S = 0;   // 約定結果をキャッチする変数

int start()
 {

  if(   Open[1]  <  Close[1]                          ┐
     &&(Ticket_S == 0 || Ticket_S == -1 ) )           ┘ ①
  {
     Ticket_S = OrderSend(Symbol(), OP_SELL,          ┐
                  1,Bid, 10, 0, 0," 必勝 ", 4649, 0, Blue);  ┘ ②
  }

return(0);
 }
```

↓ 日本語にすると……

整数を入れる「Ticket_S」という変数を用意します。最初は「0」と設定します。

メインのプログラムが始まります
 {

  もし1本前のローソク足が上昇線、   ┐
  かつ、売りポジションを持っていない場合、 ┘ ①
  {
     売り注文を出します。約定結果は Ticket_S に入れます。……②
  }

プログラムを終わります
 }

実際に1本前のローソク足が上昇線（陽線）だったときに、1回しか約定していないことをチャートで確認してみましょう。

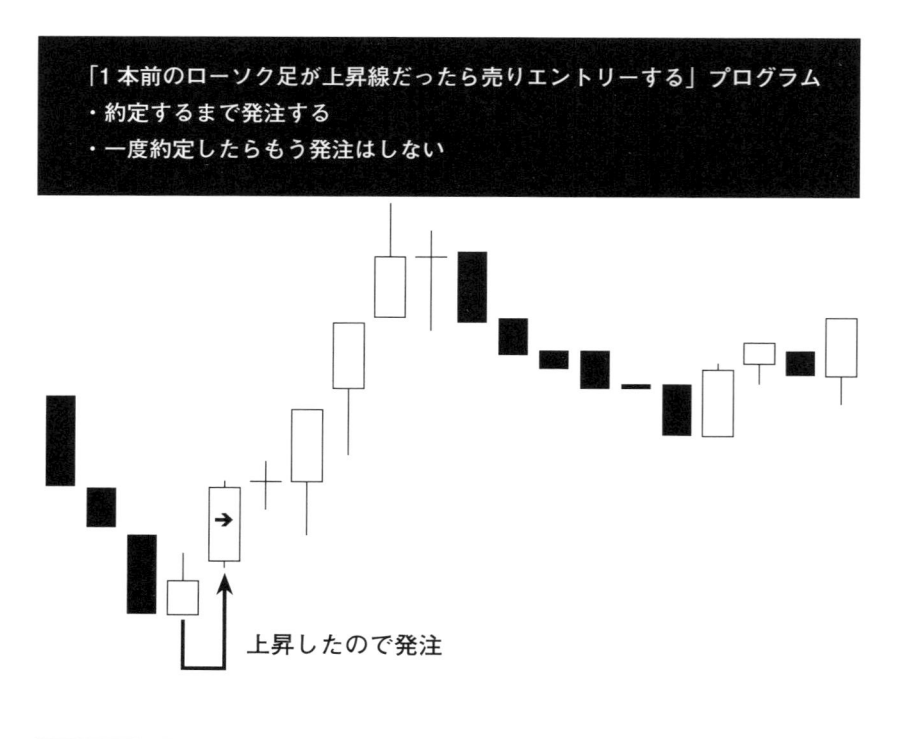

「1本前のローソク足が上昇線だったら売りエントリーする」プログラム
・約定するまで発注する
・一度約定したらもう発注はしない

上昇したので発注

◆コラム：丸カッコの話

今回のプログラムでは、

```
if(   △△△△
   &&(Ticket_S == 0 ‖ Ticket_S == -1 ) )
```

というように、なぜか if 文のカッコ ( ) のなかで (Ticket_S == 0 ‖ Ticket_S == -1) とまたカッコ ( ) で囲まれています。これが重要です。

&& と ‖ を一緒に使うときは必ず ( ) をつけましょう。
( ) を正しい場所につけないと本来の意図するプログラムと意味が変わってしまうことがあります。記号で表して確認しましょう。

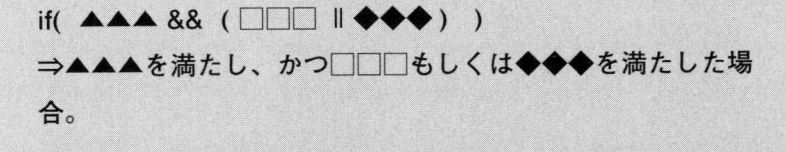

if(▲▲▲ && (□□□ ‖ ◆◆◆))
⇒▲▲▲を満たし、かつ□□□もしくは◆◆◆を満たした場合。

if((▲▲▲ && □□□) ‖ ◆◆◆)
⇒▲▲▲と□□□の両方を満たすか、もしくは◆◆◆を満たした場合。

実際に条件の部分に日本語を当てはめてみて、どのように「( )」をつけたらよいのか確認しましょう。

◎バブル時代です

if(高収入 && 高学歴 && 高身長)
{
　　結婚する
}

　昔は高収入、高学歴、高身長のすべてがそろってはじめて、男子は結婚してもらえたようです。すべて && であれば2重の( )は必要ありません。

//

◎不況になって条件をゆるくしてもらえました

if(　高収入 ∥ (高学歴 && 高身長))
{
　　結婚する
}

　高収入であればOK。もしくは、高収入ではなくても、高学歴で高身長であればOKです。

◎カッコのつけ方を変えると、求められる条件も変わります。

if((高収入 ‖ 高学歴) && 高身長)
{
　　結婚する
}

　高収入もしくは高学歴のいずれかの条件を満たし、かつ高身長であればOKです。

//

◎結婚を急いでいますが３高のどれかひとつは満たしていないとイヤという人もいます

if(高収入 ‖ 高学歴 ‖ 高身長)
{
　　結婚する
}

　高収入か、高学歴か、高身長、いずれかであればOKです。すべて「‖」であれば２重の「( )」は必要ありません。ちなみに私はこれでも条件に該当しません。現在未婚です。

◆◆理解度チェック◆◆

ノートとペンを使って記述してみてください。

問題1
「高収入」は絶対条件で、かつ「高学歴」、または「高身長」のいずれかの条件を満たしていたら結婚という文を完成させるため（　）の中を埋めてください。

```
if(              )
{
    結婚する
}
```

問題2
「高収入」「高学歴」「高身長」すべて揃っている、または、本書の著者「島崎トーソン」さんであれば結婚するという文を完成させるため（　）の中を埋めてください。

```
if(              )
{
    結婚する
}
```

問題1の解答

if(高収入 && (高学歴 ‖ 高身長))
{
　　結婚する
}

問題2の解答

if((高収入 && 高学歴 && 高身長) ‖ 島崎トーソン)
{
　　結婚する
}

4 エグジット文を記述していこう
〜 OrderClose 関数について〜

　ここからは、相棒にエグジット（決済）させる関数についてお話ししていきます。

　エントリーのときに OrderSend 関数を使ったように、エグジットする場合にも OrderClose 関数というものを使用します。OrderSend 関数と同様に ( ) の中の各項目をコンマ「,」で区切ります。

　目標を 6 つ設定して、段階的に見ていきましょう。

目標 1　OrderClose 関数を知ろう

　OrderClose 関数の項目は 5 種類あります。OrderSend 関数が 11 種類あったことと比べると少ないですね。

　それでは各項目を見てみましょう。

1） 1 番目は約定番号を記述します

　決済したいポジションの約定番号を指定します。

記　号	意　味
Ticket_S	Ticket_S に入っている約定番号のポジションを決済する

　決済したいポジションの約定番号を指定します。決済を行うにはどのポジションを決済するのかを指定する必要があります。指定の方法はエントリー時に通知される約定番号で行います。

これまで見てきたプログラムでは約定番号を「Ticket_S」に入れていましたので、ここの項目には「Ticket_S」と記述します。
　当然のことではありますが、約定番号を入れている変数名が異なる場合はその変数名を記述してください。

２）２番目はロット数を記述します

記　号	意　味
0.1	10,000 通貨
1	100,000 通貨
10	1,000,000 通貨
100	10,000,000 通貨

　決済するロットを指定します。

３）３番目は発注価格を記述します

記　号	意　味
Ask	売りポジションを決済するとき
Bid	買いポジションを決済するとき

　決済する価格を指定します。Ask と Bid を逆にしないように注意が必要なのは OrderSend 関数のときと一緒です。次ページにまとめます。

◎ OrderSend 関数

　OP_BUY とセットに使うのが「Ask」、OP_SELL とセットに使うのが「Bid」でした。

◎ OrderClose 関数

　売りポジションを決済するときは「Ask」、買いポジションを決済するときは「Bid」でした。

4) 4番目は許容スリッページを記述します

記　号	意　味
1	1ポイント
10	10ポイント

　スリッページを記述します。

5) 5番目はカラーを記述します

記　号	意　味
Red	赤
Blue	青
CLR_NONE	矢印を表示しない

　約定したときのチャート上に表示する矢印の色を指定します。

◆コラム：OrderClose 関数は成行注文のみ

　OrderSend 関数には成行注文に加え、指値や逆指値注文がありましたが、OrderClose 関数には成行注文しかありません。

　では、ロスカットや利益確定など指値や逆指値で決済をしたい場合はどうしたらよいでしょうか？　次のような方法があります。

方法1
エントリー注文発注時にロスカットと利益確定注文も同時に発注する

　OrderSend 関数では6番目と7番目の項目でロスカットと利益確定注文の設定ができましたね（ただし対応していない業者もあります）。

方法2　エグジット if 文を使用する

　エグジット if 文のエグジット条件に決済したい価格を記述します。

```
if (  含み益が 0.8 円以上  )
{
   エグジットする；
}
```

◆◆理解度チェック◆◆

ノートとペンを使って記述してみてください。

問題1

現在ドル円の買いポジションを50万通貨持っており、これを決済するために①～⑤を埋めてみよう。

なお、買いポジションの約定番号は「5010000」である。許容スリッページは10ポイント以内とし、決済が成立したときにチャート上に表示する矢印の色は赤とする。

OrderClose(① , ② , ③ , ④ , ⑤);

問題2

現在ドル円の売りポジションを10万通貨持っており、これを決済するプログラムを書いてみよう。なお売りポジションの約定番号はエントリー時に「Ticket_S」に入れてある。

許容スリッページは5ポイント以内とし、決済が成立したときにチャート上に表示する矢印の色は青とする。

問題 1 の答え

OrderClose(5010000,5,Bid,10,Red);

問題 2 の答え

OrderClose(Ticket_S,1,Ask,5,Blue);

目標2
OrderClose 関数も連続発注してしまうことを理解しよう

それでは実際に、これまで書いてきたエントリーのプログラムにエグジットのプログラムを書き加えてみましょう。

まずは OrderClose 関数で本当にポジションを決済できているかどうかを確認したいので、エグジット条件（「1本前が下落線（陰線）だった場合に」など）は記述せず、単純に売りポジションを持っていたら決済をするプログラムを書いてみます（次ページ参照）。

エントリーは前回と同じプログラムですので説明は省略します。それでは追加したエグジットのプログラム（点線枠）を見てみましょう。

「if(Ticket_S != 0 && Ticket_S != -1)」が「もし売りポジションを持っている場合」を表しています。なぜそうなるのでしょうか？

まず「 != 」という見慣れない記号が出てきましたね。この記号は122ページで紹介しましたが、もう一度、簡単に復習しましょう。

記号	名前	意味
!=	ノット・イコール	「A!=B」は「AとBは等しくない」という意味

つまり「if(Ticket_S != 0 && Ticket_S != -1)」を日本語で表現いたしますと、**「もし Ticket_S が 0 と等しくなく、かつ Ticket_S が -1 と等しくない 場合に」**となります。もっと噛み砕いて言いますと、**「もし Ticket_S が 0 ではなく -1 でもない 場合に」**となります。

それでは「Ticket_S が 0 ではなく -1 でもない場合」とは、どういう状況でしょうか？ もう一度、Ticket_S に入っている値とそれに対応する状況を思い出してみましょう。

```
int Ticket_S = 0; // エントリー注文の結果をキャッチする変数

int start()
 {
 // エントリー
 if(   △△△△
    && ( Ticket_S == 0 || Ticket_S == -1 ) )
  {
    Ticket_S = OrderSend(Symbol(), OP_SELL, 1,Bid,
                         10, 0, 0," 必勝 ", 4649, 0, Blue);
  }

 // エグジット
 if(  Ticket_S != 0 && Ticket_S != -1   )
  {
    OrderClose(Ticket_S,1,Ask,10,Blue);
  }

  return(0);
 }
```

エグジットの プログラム

↓ 点線枠の部分を日本語にすると……

※省略

もし売りポジションを持っている場合

 {

    決済注文を出します。

 }

※省略

```
① Ticket_S に「0」が入っている場合（③ーC）
＝一度も発注を行っていない
⇒ポジションを持っていない ┬─ エントリー if 文　稼動状態
                          └─ エグジット if 文　停止状態

② Ticket_S に「-1」が入っている場合（③ーB）
＝約定に失敗した
⇒ポジションを持っていない ┬─ エントリー if 文　稼動状態
                          └─ エグジット if 文　停止状態

③ Ticket_S に「0」も「-1」も入っていない場合（③ーA）
＝ 5010000 などの「約定番号」が入っている
＝約定に成功した
⇒ポジションを持っている ┬─ エントリー if 文　停止状態
                        └─ エグジット if 文　稼働状態
```

つまり「Ticket_S が 0 ではなく -1 でもない場合に」とは、③のケースで「Ticket_S」に 5010000 などの約定番号が入っているときになります。このときだけエグジット注文が発注されるわけです。

「if(Ticket_S != 0 && Ticket_S != -1)」は今後もよく登場します。このプログラムが出てきたら**「もし売りポジションを持っている場合に」**と解釈してください。次ページにおいて、「Ticket_S」の値がプログラム中でどのように変化しているかをしっかり把握してください。ポイントは、エントリーしているときだけエグジット if 文のプログラムを稼働させている、ということです。なお、黒枠の中は「Ticket_S」の値を示しています。

```
int Ticket_S = 0; // エントリー注文の結果をキャッチする変数
                   ①    0
int start()
 {
  // エントリー
  if(   △△△△
     && ( Ticket_S == 0 || Ticket_S == -1 ) )
   {
     Ticket_S = OrderSend(Symbol(), OP_SELL, 1,Bid,
                ②           10, 0, 0," 必勝 ", 4649, 0, Blue);
   }
```

③-A 約定に成功（約定番号）

③-B 約定に失敗（-1） ✕

③-C 一度も発注していない（0） ✕

```
  // エグジット
  if(  Ticket_S != 0 && Ticket_S != -1   )
   {
     OrderClose(Ticket_S,1,Ask,10,Blue);
   }

  return(0);
 }
```

【229ページの解説】

①「Ticket_S」の初期値は0です。

②エントリー注文を発注し、「Ticket_S」に約定結果が入ります。

③—A：約定に成功すれば「Ticket_S」には約定番号が入り if(Ticket_S != 0 && Ticket_S != -1)の条件を満たすので { }の中へと進めます。

⇒決済します（エントリーしているため決済します）

③—B：約定に失敗すれば「Ticket_S」には-1が入り if(Ticket_S != 0 && Ticket_S != -1)の条件を満たさないので { }の中へと進めません。

⇒決済しません（エントリーしていないため決済しません）

③—C：そもそもエントリー条件を満たさず一度も発注をされていない場合「Ticket_S」には0が入っており if(Ticket_S != 0 && Ticket_S != -1)の条件を満たさないので { }の中へと進めません。

⇒決済しません（エントリーしていないため決済しません）

　実際に229ページのプログラムをチャートに適用してみましょう。エントリー条件の△△△△には仮に「Open[1] < Close[1]」を入れました。エントリーと同時に決済されているのが確認できます（次ページの上図参照）。スプレッド分だけ決済の矢印は上方に表示されます。

　これで決済はできるのですが、実はこのプログラムだけではまだ十分ではありません。

　実際には、一度決済されて売りポジションがなくなっても、決済条件である「if(Ticket_S != 0 && Ticket_S != -1)」をまだ満たしているので、ずっと決済注文を出し続けてしまいます。ポジションはすでに決済されて持っていないのにもかかわらず決済注文を出すと「決済するべきポジションがありませんよ」とメタトレーダーから決済エラーの通知がきます（次ページの下図参照）。

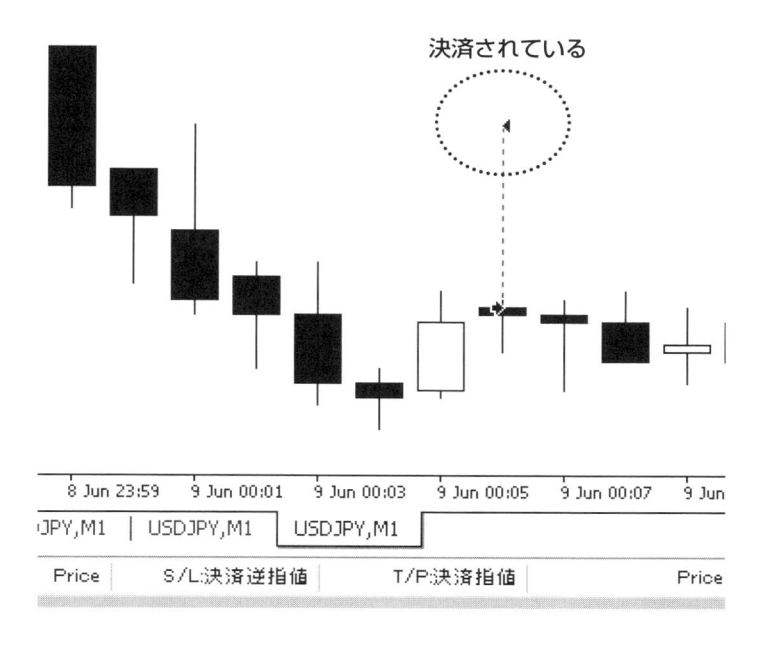

「unknown ticket 4912509 for OrderClose function」
⇒約定番号「4912509」のポジションがないため決済ができません

決済エラーの通知は「ターミナル」の「Experts」に表示されます。
　以上から、決済のプログラムもエントリーと同様に、一度決済したらそれ以降は決済注文を発注しないよう制限する必要があることが分かっていただけたと思います。
　では、どうやって一度決済したことを認識するのでしょうか？
　考え方はエントリーと一緒です。次ページの概念図を見ながら少しずつ解説していきましょう。

◆コラム：決済エラーについて

　決済エラーになるのは手動でトレードしているときも一緒ですね。どのFX会社でもポジションを持っていないのに「決済」ボタンを押せば普通「ポジションがありません」と表示されますね。
　決済エラーが出たからといって実害があるわけではありません（指定したポジション以外のポジションが決済されたり、決済できない代わりに新たにポジションを建ててしまう、といったことはありません）が、無駄な決済注文はする必要もありません。

目標3　OrderClose 関数のもうひとつの役割を知ろう！

　OrderClose 関数は「(　)」の各項目の内容で注文をするという役割があることを確認しました。下図でもう一度、確認しましょう。下図の①です。

　OrderClose 関数にはもうひとつの役割があります。それは、**「出した決済注文が約定したかどうかを把握できる」**というものです。下図の②です。

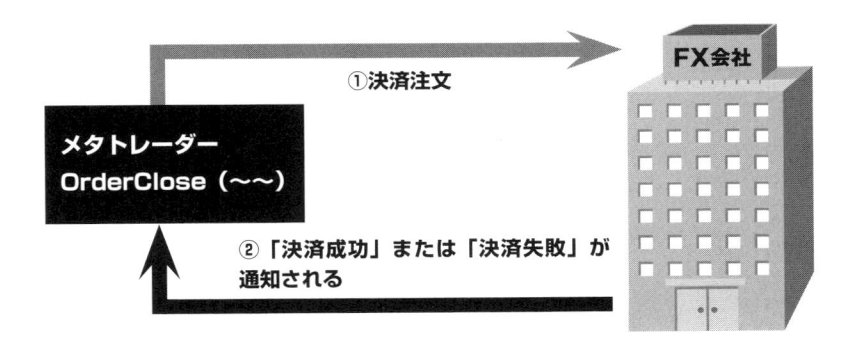

```
                    ①決済注文
    ┌─────────────┐ ──────────────→ ┌──────┐
    │ メタトレーダー  │                │FX会社│
    │OrderClose（～～）│                │      │
    └─────────────┘ ←────────────── │      │
              ②「決済成功」または「決済失敗」が  │      │
                 通知される              └──────┘
```

　OrderSend 関数と同じように、OrderClose 関数でももうひとつの役割を使って決済注文が約定したかどうかを把握し、「約定したらもう決済注文はしない」とプログラミングすることで、何度も決済注文を出してしまう問題を解決するのです。

目標4 決済注文の約定、未約定を把握する！

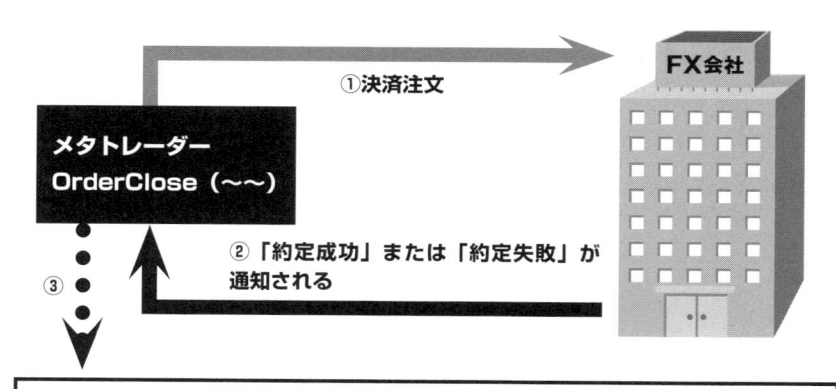

①決済注文

メタトレーダー
OrderClose（〜〜）

②「約定成功」または「約定失敗」が通知される

FX会社

③

約定したら　「OrderClose( )が○になる」　→　決済注文はもうしない
約定しなかったら「OrderClose( )が×になる」　→　再度、決済注文する

　「OrderClose( )」が○になる、×になるとはどういうことでしょうか。次ページで説明します。

　「OrderClose( )が○になる」とは、決済注文が約定し、プログラム的には、FX業者から「1」と通知されることを意味します。

　逆に「OrderClose( )が×になる」とは、決済注文が約定し、プログラム的にはFX業者から「-1」と通知されたことを意味します。フローチャートにすると次ページのようになります。

　このように決済注文の約定の有無は、FX業者より通知され、約定した場合は「1」が、未約定の場合は「-1」が通知されるのです。

　では、その約定の有無を把握するプログラムを見ながら解説していきます。

◆決済注文のフローチャート

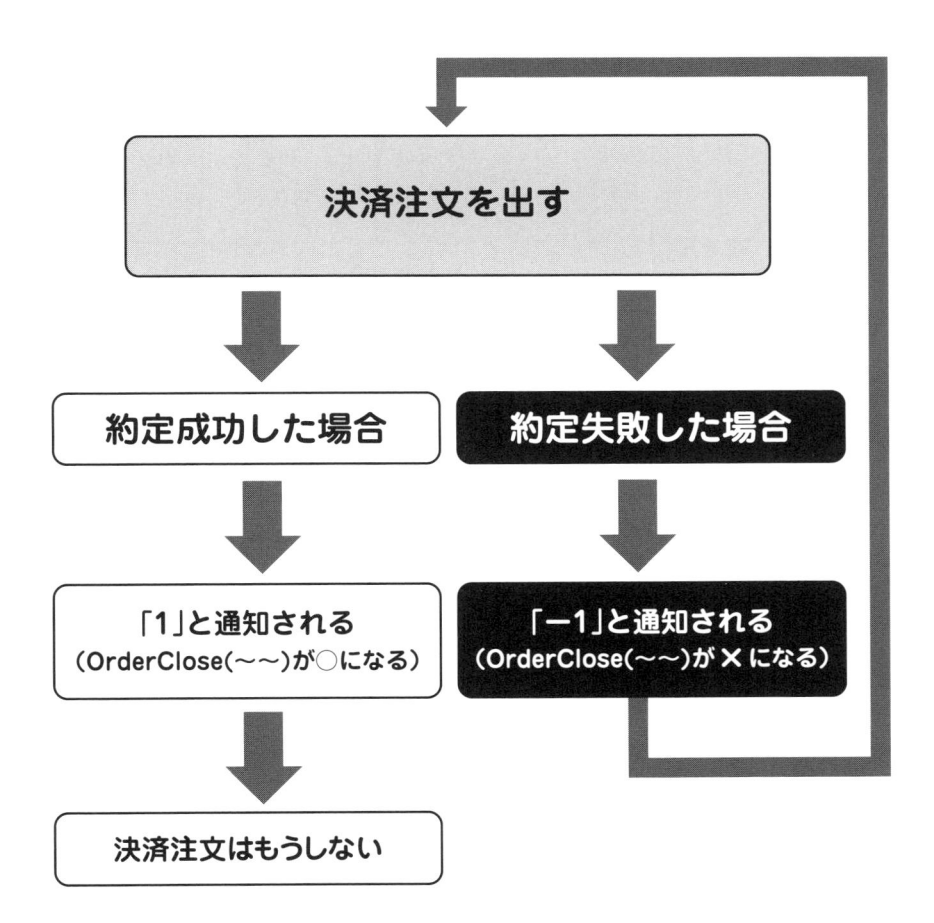

```
           ┌──────────────────────────────┐
           ↓                              │
    ┌─────────────┐                       │
    │ 決済注文を出す │                       │
    └─────────────┘                       │
       ↓         ↓                        │
 ┌──────────┐ ┌──────────┐                │
 │約定成功   │ │約定失敗   │                │
 │した場合   │ │した場合   │                │
 └──────────┘ └──────────┘                │
      ↓            ↓                      │
 ┌──────────┐ ┌────────────────┐          │
 │「1」と通知 │ │「−1」と通知される │──────────┘
 │される     │ │(OrderClose(〜〜)│
 │(OrderClose│ │ が ✕ になる)   │
 │(〜〜)が○  │ └────────────────┘
 │ になる)   │
 └──────────┘
      ↓
 ┌──────────────────┐
 │決済注文はもうしない │
 └──────────────────┘
```

235

エグジット注文の約定結果の受け取り方

以下は、決済注文を行い、その約定結果を FX 業者より受け取るプログラムです。

エントリーをして約定番号を入れている「Ticket_S」も使われていますが、エントリーのプログラムは省略しています。

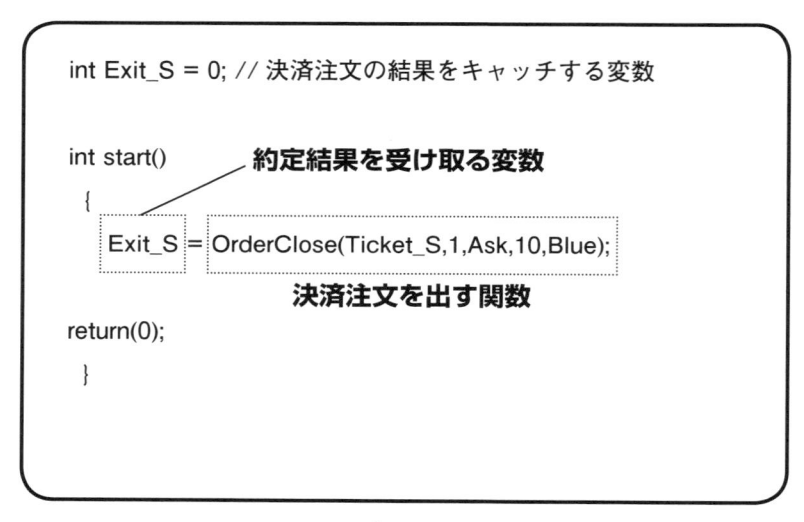

```
int Exit_S = 0; // 決済注文の結果をキャッチする変数

int start()
 {
            約定結果を受ける変数
    Exit_S = OrderClose(Ticket_S,1,Ask,10,Blue);
            決済注文を出す関数
return(0);
 }
```

⬇ 日本語にすると……

整数を入れる「Exit_S」という変数を用意します。最初は「0」と設定します。

メインのプログラムが始まります
 {
    決済注文を出します。約定結果は Exit_S に入れます。

プログラムを終わります
 }

約定結果をキャッチするために変数を用意します。

```
int Exit_S = 0;
```

約定結果は、約定に成功した場合は「1」、失敗した場合は「-1」が通知されますので、どちらにせよ整数です。整数を入れる場合の変数の宣言は int でしたね。初期値は「0」としています。

ここでは「Exit_S」という変数名にしていますが、お好きな名前を付けてかまいません。ただし、分かりやすいものがよいでしょう。ちなみに「Exit_S」は「決済」を表す「Exit」と、売り（Short）を表す「S」を組み合わせて作りました。

```
Exit_S = OrderClose(Ticket_S,1,Ask,10,Blue);
```

OrderClose 関数の前に「Exit_S=」が記述されています。このプログラムでは OrderClose 関数で発注を行い、FX 業者より通知される約定結果を「Exit_S」に入れるようにしています。

約定に成功すれば「Exit_S」には「1」が入り、失敗すれば「-1」が入ります。

◆◆理解度チェック◆◆

問題1
OrderClose関数にはOrderSend関数と違い約定を把握する役割がない、◯か×か？

問題2
OrderClose関数は発注をして約定に成功すると、どんな通知が返ってくるでしょうか？

問題3
OrderClose関数は発注をして約定に失敗すると、どんな通知が返ってくるでしょうか？

問題4（復習問題）
OrderSend関数は発注をして約定に成功すると、どんな通知が返ってくるでしょうか？

問題 1 の解答

×

問題 2 の解答

1

問題 3 の解答

-1

問題4の解答

5010000 などの約定番号

※ 1 ではないことに注意

目標5　決済注文を制限する

以下のプログラムは前回の学習を踏まえ、一度決済注文が約定したらもう決済注文を出さないプログラムです。

```
int Ticket_S = 0; // エントリー注文の結果をキャッチする変数
int Exit_S = 0; // 決済注文の結果をキャッチする変数

int start()
 {
  // エントリー                    【エントリーのプログラム】
  if(    △△△△
      &&( Ticket_S == 0 || Ticket_S == -1 ) )
   {
     Ticket_S = OrderSend(Symbol(), OP_SELL,
                          1,Bid, 0, 0, 0," 必勝 ", 4649, 0, Blue);
   }


  // エグジット                    【エグジットのプログラム】
  if(　Ticket_S != 0 && Ticket_S != -1  )
   {
     Exit_S = OrderClose(Ticket_S,1,Ask,10,Blue);
     if( Exit_S ==1 )         ← 決済注文を制限するために
      {                          新たに追加されたプログラム
        Ticket_S = 0;
      }
   }
  return(0);
 }
```

日本語にすると……

整数を入れる「Ticket_S」という変数を用意します。最初は「0」と設定します。
整数を入れる「Exit_S」という変数を用意します。最初は「0」と設定します。

メインのプログラムが始まります
{
　もし△△△△で
　かつ、売りポジションを持っていない場合、
　{
　　売り注文を出します。約定結果は Ticket_S に入れます。
　}

　もし売りポジションを持っていた場合
　{
　　決済注文を出します。約定結果は Exit_S に入れます。
　　もし決済に成功した場合、
　　{
　　　もう決済注文を出さないように Ticket_S を 0 にします。
　　}
　}
　プログラムを終わります
}

それではエグジット部分のプログラムを詳細に見てみましょう。

```
// エグジット                ④Ticket_Sが0であればエグジット条件を満たさ
                           ないので、もう決済注文も出さない
if(Ticket_S != 0 && Ticket_S != -1 )
 {
        ①決済が成功した場合 Exit_S に1が入る

    Exit_S = OrderClose(Ticket_S,1,Ask,10,Blue);
    if( Exit_S ==1 )
                    ②Exit_Sに1が入っていれば＝決済が成功すれば
     {              ③Ticket_Sを0にする
        Ticket_S = 0;
     }
 }
```

　OrderClose関数で決済を行って約定に成功するとExit_Sには1が入ります。Exit_Sが1であれば、つまり決済の約定に成功したら「Ticket_S」を0にすることで決済注文を制限しています。どうして「Ticket_S」を0にすると再度決済注文を出さないようになるのでしょうか？

　決済の条件を思い出してください。決済の条件はif(Ticket_S != 0 && Ticket_S != -1)、つまり「Ticket_Sが0でもなく1でもない場合」でしたね。つまり「Ticket_S」を0にすることで決済の条件を満たさなくなり、再度決済注文を出さなくなります。

　「Ticket_S」の値がプログラム中でどのように変化しているかを次ページを見てしっかり把握してください。なお、黒枠の中は「Ticket_S」の値を表しています。

```
int Ticket_S = 0; // エントリー注文の結果をキャッチする変数
int Exit_S = 0;   // 決済注文の結果をキャッチする変数

int start()                 ┌─────────┐
 {                          │    0    │ ①
  // エントリー              └─────────┘
  if(    △△△△
     && ( Ticket_S == 0 || Ticket_S == -1 ) )
   {
      Ticket_S = OrderSend(Symbol(), OP_SELL, 1,Bid, 10,
                              0, 0," 必勝 ", 4649, 0, Blue);
   }

                    ┌─────────┐
              ②    │ 約定番号 │
                    └─────────┘
                    ③          ⑦─ A
  // エグジット          ×      ⑦─ B
  if(Ticket_S != 0 && Ticket_S != -1 )
   {
                       ④
      Exit_S = OrderClose(Ticket_S,1,Ask,10,Blue);

    ⑤─ A            ⑤─ B
  ┌──────────┐    ┌──────────┐
  │ 決済に成功 │    │ 決済に失敗 │       ┌─────────┐
  └──────────┘    └──────────┘       │ 約定番号 │
                       ×              └─────────┘
      if( Exit_S ==1 )         ⑥─ B
      {
         Ticket_S = 0;
      }                     ┌─────────┐
                            │    0    │
   }                        └─────────┘
  return(0);                   ⑥─ A
 }
```

【243ページの解説】

①：「Ticket_S」の初期値は 0 です。

②：エントリー注文が約定すると「Ticket_S」には約定番号が入ります。

③：if(Ticket_S != 0 && Ticket_S != -1) の条件を満たすので { } の中へと進めます。

④：決済注文を出します。

⑤－A：決済に成功した場合 Exit_S は 1 になり、if(Exit_S ==1) の条件を満たすので { } の中へと進めます。

⑤－B：決済に失敗した場合、Exit_S は -1 になり、if(Exit_S ==1) の条件を満たさないので { } の中へと進めません。

⑥－A：「Ticket_S」は 0 になります。

⑥－B：「Ticket_S」は約定番号のままです。

⑦－A： if(Ticket_S != 0 && Ticket_S != -1) の条件を満たさないので、{ } の中へと進めません。

⇒もう決済注文は出しません

⑦－B： if(Ticket_S != 0 && Ticket_S != -1) の条件を満たすので、{ } の中へと進めます。

⇒再度決済注文を出します

　以上の話をフローチャートにすると、次ページのようになります。

◆エントリーからエグジットまでの一連の流れ

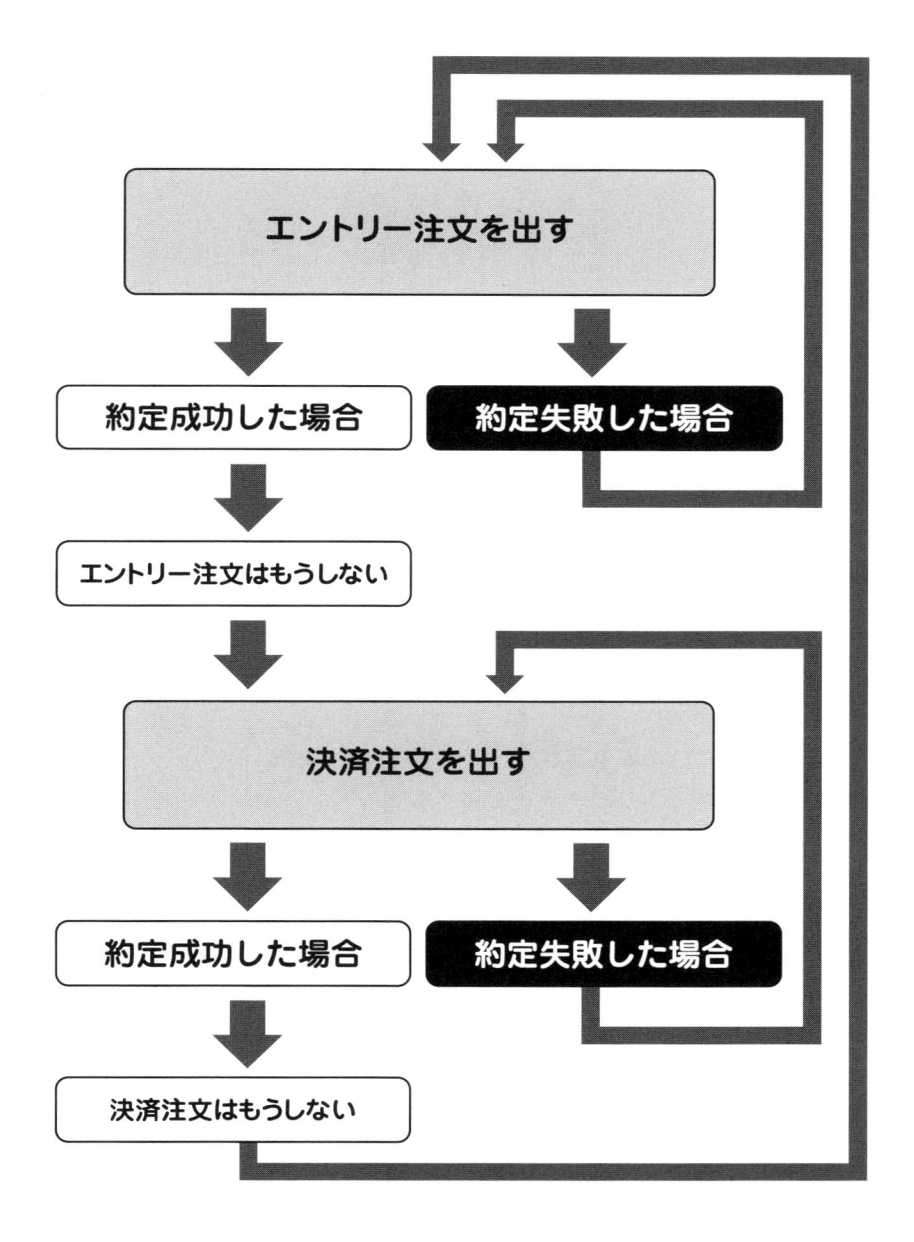

```
          ┌──────────────────────┐
     ┌───▶│   エントリー注文を出す   │◀───┐
     │    └──────────┬───────────┘    │
     │         ┌─────┴─────┐          │
     │         ▼           ▼          │
     │  ┌───────────┐ ┌───────────┐   │
     │  │約定成功した場合│ │約定失敗した場合│───┘
     │  └─────┬─────┘ └───────────┘
     │        ▼
     │  ┌──────────────────┐
     │  │エントリー注文はもうしない│
     │  └─────────┬────────┘
     │            ▼
     │    ┌──────────────────────┐
     │    │    決済注文を出す      │◀───┐
     │    └──────────┬───────────┘    │
     │         ┌─────┴─────┐          │
     │         ▼           ▼          │
     │  ┌───────────┐ ┌───────────┐   │
     │  │約定成功した場合│ │約定失敗した場合│───┘
     │  └─────┬─────┘ └───────────┘
     │        ▼
     │  ┌──────────────────┐
     └──│ 決済注文はもうしない │
        └──────────────────┘
```

目標6　エグジット条件を記述する場所を覚えよう

　ここまで発注を制限するプログラムを学んできましたが、そこにエグジット条件を組み込めばいよいよエグジット if 文が完成します。

　エグジット条件とは「1本前のローソク足が下落線」や「RSI が30以下」などでしたね。

　次ページのプログラムを見てください。エグジット条件は□□□□部分に記述します。

　では実際に「もし1本前のローソク足が下落線（陰線）だったら、エグジットする」を記述してみましょう。エントリーとエグジットのルールをまとめます。

エントリー条件
「もし1本前のローソク足が上昇線（陽線）だったら、売りエントリーする」

エグジット条件
「もし1本前のローソク足が下落線（陰線）だったら、エグジットする」

　それでは、248ページのプログラムを見てください。

```
int Ticket_S = 0; // エントリー注文の結果をキャッチする変数
int Exit_S = 0; // 決済注文の結果をキャッチする変数

int start()
 {
  // エントリー
  if(    △△△△
     &&( Ticket_S == 0 || Ticket_S == -1 ) )
   {
     Ticket_S = OrderSend(Symbol(), OP_SELL, 1,Bid,
                          10, 0, 0," 必勝 ", 4649, 0, Blue);
   }

  // エグジット                    エグジット条件を記述
  if(    □□□□
     && ( Ticket_S != 0 && Ticket_S != -1 )  )
   {
     Exit_S = OrderClose(Ticket_S,1,Ask,10,Blue);
     if( Exit_S ==1 )
      {
        Ticket_S = 0;
      }
   }
  return(0);
 }
```

```
int Ticket_S = 0; // エントリー注文の結果をキャッチする変数
int Exit_S = 0; // 決済注文の結果をキャッチする変数

int start()
 {
  // エントリー
  if(   Open[1] < Close[1]
     &&( Ticket_S == 0 || Ticket_S == -1 ) )
   {
      Ticket_S = OrderSend(Symbol(), OP_SELL, 1,Bid,
                           10, 0, 0," 必勝 ", 4649, 0, Blue);
   }

  // エグジット
  if(   Open[1] > Close[1]
     && ( Ticket_S != 0 && Ticket_S != -1 )  )
   {
      Exit_S = OrderClose(Ticket_S,1,Ask,10,Blue);
      if( Exit_S ==1 )
       {
          Ticket_S = 0;
       }
   }
  return(0);
 }
```

整数を入れる「Ticket_S」という変数を用意します。最初は「0」と設定。
整数を入れる「Exit_S」という変数を用意します。最初は「0」と設定。

メインのプログラムが始まります
｛

　１本前のローソク足が上昇線で
　かつ、売りポジションを持っていない場合 、
　｛
　　　売り注文を出します。約定結果は Ticket_S に入れます。
　｝

　１本前のローソク足が下落線で
　かつ、売りポジションを持っていた場合、
　｛
　　　決済注文を出します。約定結果は Exit_S に入れます。
　　　もし決済に成功した場合
　　｛
　　　　もう決済注文を出さないように Ticket_S を 0 にします。
　　｝
　｝
　プログラムを終わります
｝

チャートで確認します。

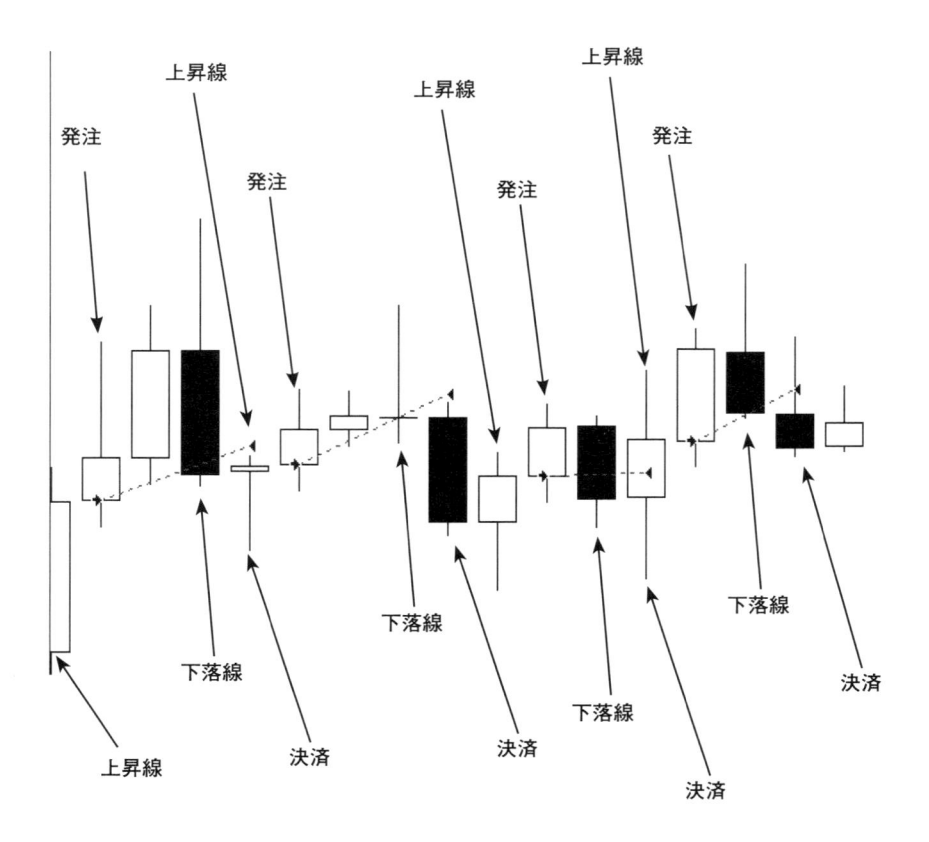

5 定型パターンの最後の仕上げ

エントリー＆エグジットの定型パターンの話もあと少しです。

よく変える項目はパラメーター化しよう

取引ロット数や許容スリッページなどよく変更する項目はパラメーター化すると便利です。パラメーター化してしまえばプログラムを書き換えることなくメタトレーダー上から変更できるからです。

下図はパラメーターの値を変更することができる「パラメーターの入力」画面です。EAをチャートに適用するときに毎回表示されていましたね。EA適用後もチャート上で右クリック→「Expert Advisors」→「Properties」から表示することができます。

取引ロット数、許容スリッページ、コメントをそれぞれ「Lots」「Slip」「Comments」というパラメーターにしてみました。

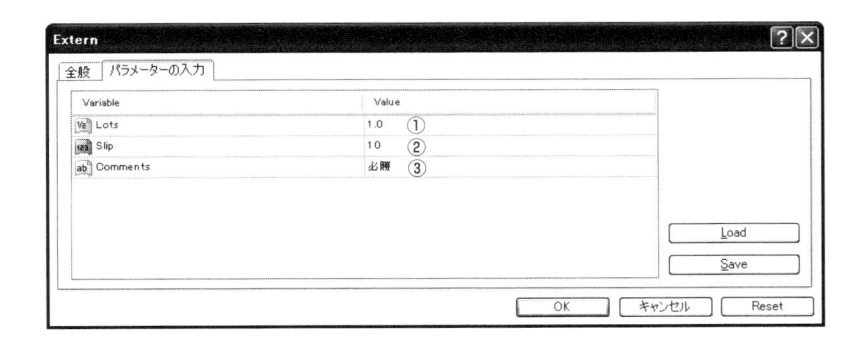

①→取引ロット数
②→許容スリッページ
③→コメント

パラメーター化するのは簡単です。通常の変数の宣言の頭に「extern」と付け加えるだけです。

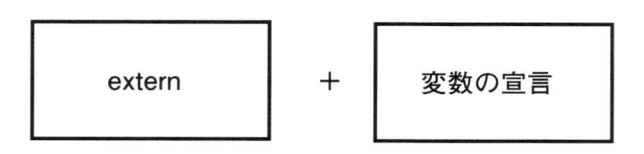

```
extern  +  変数の宣言
```

取引ロット数、許容スリッページ、コメントをパラメーター化するには次のようにプログラムします。

```
extern double Lots = 1.0;  // 取引ロット数
extern int Slip = 10; // 許容スリッページ数
extern string Comments = ""; // コメント
```

取引ロット数は1ロット（10万通貨）などの整数だけでなく、0.1ロット（1万通貨）や0.01ロット（1千通貨）などの小数点を含んだ数値になる可能性があるためdouble型にします。最初の設定を1.0としています。

許容スリッページは整数のみの入力になるのでint型にします。最初の設定を10としています。

コメントは文字列を入力しますのでstring型にします。最初の設定を空欄としています。

宣言の型について忘れてしまった場合はもう一度、125〜127ページを確認しましょう。

パラメーターを宣言したら、それぞれのパラメーターを OrderSend 関数の該当項目に代入するだけです。

```
extern double Lots = 1.0; // 取引ロット数
extern int Slip = 10; // 許容スリッページ数
extern string Comments = ""; // コメント

int start()
 {
OrderSend(Symbol(),OP_SELL,
Lots,Bid,Slip,0,0,Comments,4649,0,Blue);
return(0);
 }
```

　ここまで作成してきたエントリーとエグジットの定型パターンも取引ロット数、許容スリッページ、コメントをパラメーターにしてしまいましょう。パラメーターではありませんが、マジックナンバー（上記の例では 4649）も「#define MAGIC」を使うと変更が楽になりますのでオススメです（次ページを見てください）。

```
// マジックナンバーの定義
#define MAGIC  4649

// パラメーターの設定 //
extern double Lots = 1.0; // 取引ロット数
extern int Slip = 10; // 許容スリッページ数
extern string Comments = ""; // コメント

int Ticket_S = 0; // エントリー注文の結果をキャッチする変数
int Exit_S  = 0; // 決済注文の結果をキャッチする変数

int start()
 {
 // エントリー
 if(    △△△△
     &&( Ticket_S == 0 || Ticket_S == -1 ) )
  {
   Ticket_S=OrderSend(Symbol(),OP_SELL,
                      Lots,Bid,Slip,0,0,Comments,MAGIC,0,Blue);
  }

 // エグジット
 if(    □□□□
     && ( Ticket_S != 0 && Ticket_S != -1 )  )
  {
   Exit_S = OrderClose(Ticket_S,Lots,Ask,Slip,Blue);
   if( Exit_S ==1 )
    {
     Ticket_S = 0;
    }
  }
 return(0);
 }
```

定型パターンの完成

あと2つで、エントリーとエグジットの定型パターンの完成です。
ひとつ目は、これまで「エントリー」のプログラムの後に「エグジット」のプログラムを記述していましたが、これを逆にして「エグジット」のプログラムの後に「エントリー」のプログラムを記述します。

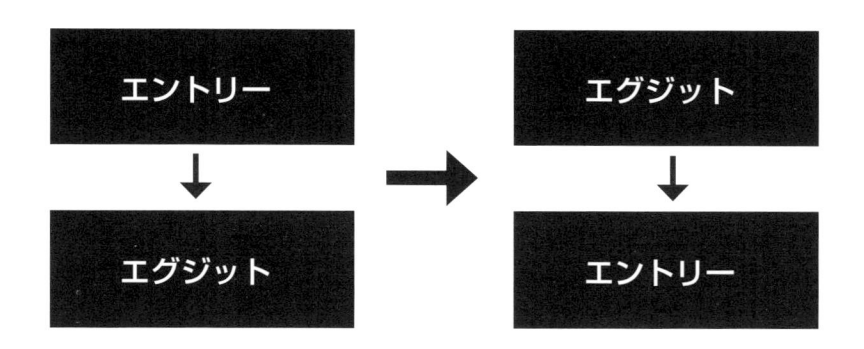

```
エントリー         エグジット
   ↓       →        ↓
エグジット         エントリー
```

理由は参考程度に読んでいただければ構わないのですが、ドテンを行うときに関係してきます。メタトレーダーでドテンをするには、まず「エグジット」をしてから「エントリー」を行います。プログラムは上から下に順番に処理されるので、プログラム上も「エグジット」→「エントリー」の順番で記述したほうが良いのです。

そうすることで条件に合致してから1ティック目で（1回価格が動いたときに）エグジットとエントリー両方行うことができます。

しかし「エントリー」→「エグジット」の順番で記述すると1ティック目ではポジションを持っているためエントリーできません。1ティック目ではエグジットのみ行い、2ティック目でエントリーを行います。つまり1ティック分余計に時間がかかってしまうのです。

またバックテストのときも少々困ったことが起きます。

バックテストについては後ほどお伝えしますが、バックテストの

「Open prices only」という方法ですとひとつのバーに対して1回のみプログラムが動作するようになっています。したがって「エントリー」→「エグジット」の順番で記述すると決済のみ行ってエントリーをしないためドテンとならないのです。

少し難しかったかもしれませんが、つまるところはバックテストの方法によっては正しいバックテスト結果とならなくなってしまうということです。

２つ目は、売りエントリーの定型文に、買いエントリーの定型文を付け加えることです。

買いエントリーの定型パターンは売りエントリーの定型パターンのOrderSend関数とOrderClose関数の項目を書き換えるだけです（258～261ページのプログラム全体図参照）。

注目していただきたいのは、買いエントリーの定型パターンが付け加えられただけでなく、売りエントリーの条件に (Ticket_L == 0 || Ticket_L == -1) が加わったことです。

Ticket_Lは買い注文の約定結果をキャッチする変数です。

(Ticket_S == 0 || Ticket_S == -1) は「売りポジションを持っていない」という意味でしたが、同様に、(Ticket_L == 0 || Ticket_L == -1) は「買いポジションを持っていない」という意味です。

---

if((Ticket_L == 0 || Ticket_L == -1) && (Ticket_S == 0 || Ticket_S == -1))
→ 「もし買いポジションも売りポジションも持っていない場合に」

通常、皆さん両建の取引は行わないですよね？　つまり売りポジションを持っているときに新規買い注文を発注したり、買いポジションを持っているときに新規売り注文は発注しませんね。

(Ticket_L == 0 ‖ Ticket_L == -1) を加えることで、新規の発注は買いポジションも売りポジションも持っていない場合に行うようにします。

これで定型パターンは完成です。最後に 258 〜 261 ページとの日本語と対比しておさらいをしてみましょう。

◆コラム：プログラムの正解はひとつだけではない

プログラムも日本語や英語と同じひとつの言語です。

相手に好意を持っていることを伝える言葉として、「好きです」「愛しています」「ぞっこんです」などと何通りも表現方法があるように、プログラムにおいても、同じ意味でもさまざまな記述方法があります。

ここまでエントリーとエグジットを行うための定型文をご紹介してきましたが、あくまで一例であり、いろいろな記述方法があります。きちんとエントリーとエグジットができていればすべて正解です。

本書では最もベーシックな方法をご紹介しましたが、慣れてくると「注文に失敗した場合の再発注は3回までとしたい」などのようにカスタマイズしたくなってくるかもしれません。そのときはどうぞ自分流に改良してみてください。

プログラム全体図　その1

```
// マジックナンバーの定義
#define MAGIC  4649

// パラメーターの設定 //
extern double Lots = 1.0; // 取引ロット数
extern int Slip = 10; // 許容スリッページ数
extern string Comments = ""; // コメント

// 変数の設定 //
int Ticket_L = 0; // 買い注文の結果をキャッチする変数
int Ticket_S = 0; // 売り注文の結果をキャッチする変数
int Exit_L = 0; // 買いポジションの決済注文の結果をキャッチする変数
int Exit_S = 0; // 売りポジションの決済注文の結果をキャッチする変数



int start()
 {

   // 買いポジションのエグジット
   if(   ■■■■
      && ( Ticket_L != 0 && Ticket_L != -1 ))
    {
      Exit_L = OrderClose(Ticket_L,Lots,Bid,Slip,Red);
      if( Exit_L ==1 ) {Ticket_L = 0;}
    }
```

エグジットを先に持ってくる

260 ページに続く

日本語訳　その1

// マジックナンバーの定義
システム（プログラム）に 4649 と名前を付けました。

// パラメーターの設定 //
取引ロット数をパラメーター化します。最初は 1.0 ロットと設定。
許容スリッページをパラメーター化します。最初は 10 と設定。
注文に付けるコメントをパラメーター化します。最初は空欄にします。

// 変数の設定 //
整数を入れる「Ticket_L」という変数を用意します。最初は「0」と設定。
整数を入れる「Ticket_S」という変数を用意します。最初は「0」と設定。
整数を入れる「Exit _L」という変数を用意します。最初は「0」と設定。
整数を入れる「Exit _S」という変数を用意します。最初は「0」と設定。

メインのプログラムが始まります
{

　// 買いポジションのエグジット
　もし■■■■で、
　かつ、買いポジションを持っている場合、
　{
　　決済注文を出します。約定結果は Exit_L に入れます。
　　もし決済に成功した場合、もう決済注文を出さないように
　　Ticket_L を 0 にします。
　}

261 ページに続く

プログラム全体図　その２

```
// 売りポジションのエグジット
if(    □□□□
   && ( Ticket_S != 0 && Ticket_S != -1 ))
{
   Exit_S = OrderClose(Ticket_S,Lots,Ask,Slip,Blue);
   if( Exit_S ==1 ) {Ticket_S = 0;}
}


// 買いエントリー
if(    ▲▲▲▲
   && ( Ticket_L == 0 || Ticket_L == -1 )
   && ( Ticket_S == 0 || Ticket_S == -1 ))
{
   Ticket_L = OrderSend(Symbol(),OP_BUY,
           Lots,Ask,Slip,0,0,Comments,MAGIC,0,Red);
}


// 売りエントリー
if(    △△△△
   && ( Ticket_S == 0 || Ticket_S == -1 )
   && ( Ticket_L == 0 || Ticket_L == -1 ))
{
  Ticket_S = OrderSend(Symbol(),OP_SELL,
           Lots,Bid,Slip,0,0,Comments,MAGIC,0,Blue);
}

return(0);
}
```

- エグジットを先に持ってくる
- エントリーを後に持ってくる
- エントリーを後に持ってくる

日本語訳　その2

```
// 売りポジションのエグジット
もし□□□□で、
かつ、売りポジションを持っている場合、
{
    決済注文を出します。約定結果は Exit_S に入れます。
    もし決済に成功した場合、もう決済注文を出さないように
    Ticket_S を 0 にします。
}

// 買いエントリー
もし▲▲▲▲で、
かつ、買いポジションを持っていない、
かつ、売りポジションを持っていない 場合、
{
    買い注文を出します。約定結果は Ticket_L に入れます。
}




// 売りエントリー
もし△△△△で、
かつ、売りポジションを持っていない 、
かつ、買いポジションを持っていない 場合、
{
    売り注文を出します。約定結果は Ticket_S に入れます。
}


プログラムを終わります
}
```

第2部
EA作成編

第5章

iCustom関数で
何ができるのか?

1　iCustom 関数とは

　第4章でエントリーとエグジットの定型文が完成しました。
　第5章ではその定型文を使ってEA（自動売買システム）を作成する方法を伝授いたします。作成手順は2ステップです。

```
┌──────────┐     ┌──────────┐     ┌──────────┐
│iCustom関数で│  ＋ │定型文にコピペ│  ＝ │システム完成！│
│ 条件を記述  │     │          │     │          │
└──────────┘     └──────────┘     └──────────┘
```

　条件の記述には iCustom（アイカスタム）関数を使います。その便利さから、私は「魔法の iCustom 関数」と、（ひとりで）呼んでいます。
　「iCustom 関数を制するものはテクニカル指標を制する」と言っても過言ではありません。では一体 iCustom 関数とは何でしょうか？

> **iCustom 関数　=「勝てる」インディケータが見つかる関数**

　どういうことか、実際に見てみましょう。次ページを見てください。
　例えば、チャートを見ていて「RSIが30以下で買いエントリー、70以上で売りエントリーをしたら勝てそう」ということに気づいたとします。
　でも、インディケータでは売買履歴が出ない。本当に勝てるのかどうか確かめようもない——そういうときに役立つのが iCustom 関数なのです。魔法の iCustom 関数を使うとバックテストができるのです。

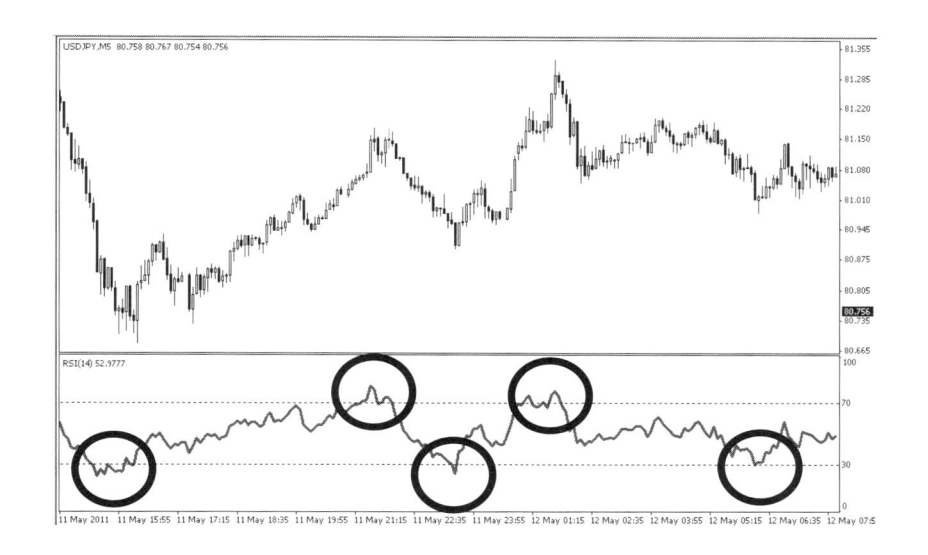

○印で売買したら勝てるのでは？

⬇

でも、インディケータでは売買履歴が出ない

⬇

本当に勝てるかどうか確かめようがない

⬇

iCustom 関数の出番

iCustom 関数を使うと……

「バックテスト」ができる！
勝てるインディケータが分かる

自動売買もできる

さらに、魔法の iCustom 関数を使うと最適化も図れます。例えば、「RSI が 30 以下なら買いエントリー、70 以上なら売りエントリー」が勝てそうだと思っていたのですが、最適化を行ってみると実は「RSI が 25 以下なら買いエントリー、60 以上なら売りエントリー」を行うのが最も総利益が高いことが分かります。このように、iCustom 関数を使えば最適化ができて、自動的にベストなパラメーターを導き出してくれます。

Pass	損益	Total trades	Profit factor	Expected Payoff	Drawdown $	Drawdown %	パラメーターの入力
13	8042.78	43	4.76	187.04	1593.20	3.18	Long_Point=25; Short_Point=60;
7	6030.20	43	3.36	140.24	1665.74	3.18	Long_Point=25; Short_Point=55;
19	5885.67	35	3.28	168.16	1594.68	3.18	Long_Point=25; Short_Point=65;
14	5880.84	77	2.02	76.37	1534.62	3.05	Long_Point=30; Short_Point=50;
1	5768.22	45	3.08	128.18	1777.45	3.21	Long_Point=25; Short_Point=50;
25	4947.97	29	3.12	170.62	1748.04	3.48	Long_Point=25; Short_Point=70;
8	4265.16	81	1.69	52.66	1665.74	3.05	Long_Point=30; Short_Point=55;
31	3688.32	25	2.27	147.53	1631.40	3.09	Long_Point=25; Short_Point=75;
2	3540.78	87	1.52	40.70	1777.45	3.31	Long_Point=30; Short_Point=50;

Strategy Tester Report
RSI_System

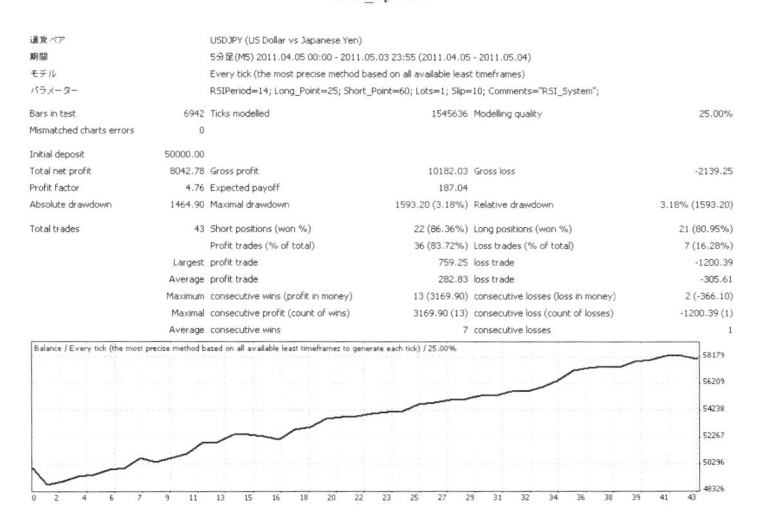

通貨ペア		USDJPY (US Dollar vs Japanese Yen)		
期間		5分足(M5) 2011.04.05 00:00 - 2011.05.03 23:55 (2011.04.05 - 2011.05.04)		
モデル		Every tick (the most precise method based on all available least timeframes)		
パラメーター		RSIPeriod=14; Long_Point=25; Short_Point=60; Lots=1; Slip=10; Comments="RSI_System";		
Bars in test	6942	Ticks modelled	1545636	Modelling quality	25.00%
Mismatched charts errors	0			
Initial deposit	50000.00			
Total net profit	8042.78	Gross profit	10182.03	Gross loss	-2139.25
Profit factor	4.76	Expected payoff	187.04		
Absolute drawdown	1464.90	Maximal drawdown	1593.20 (3.18%)	Relative drawdown	3.18% (1593.20)
Total trades	43	Short positions (won %)	22 (86.36%)	Long positions (won %)	21 (80.95%)
		Profit trades (% of total)	36 (83.72%)	Loss trades (% of total)	7 (16.28%)
		Largest profit trade	759.25	loss trade	-1200.39
		Average profit trade	282.83	loss trade	-305.61
		Maximum consecutive wins (profit in money)	13 (3169.90)	consecutive losses (loss in money)	2 (-366.10)
		Maximal consecutive profit (count of wins)	3169.90 (13)	consecutive loss (count of losses)	-1200.39 (1)
		Average consecutive wins	7	consecutive losses	1

ボリンジャーバンドも

売り
売り
買い
買い

Strategy Tester Report
BollingerBands_System

「バックテスト」ができる！
勝てるインディケータが分かる

自動売買もできる

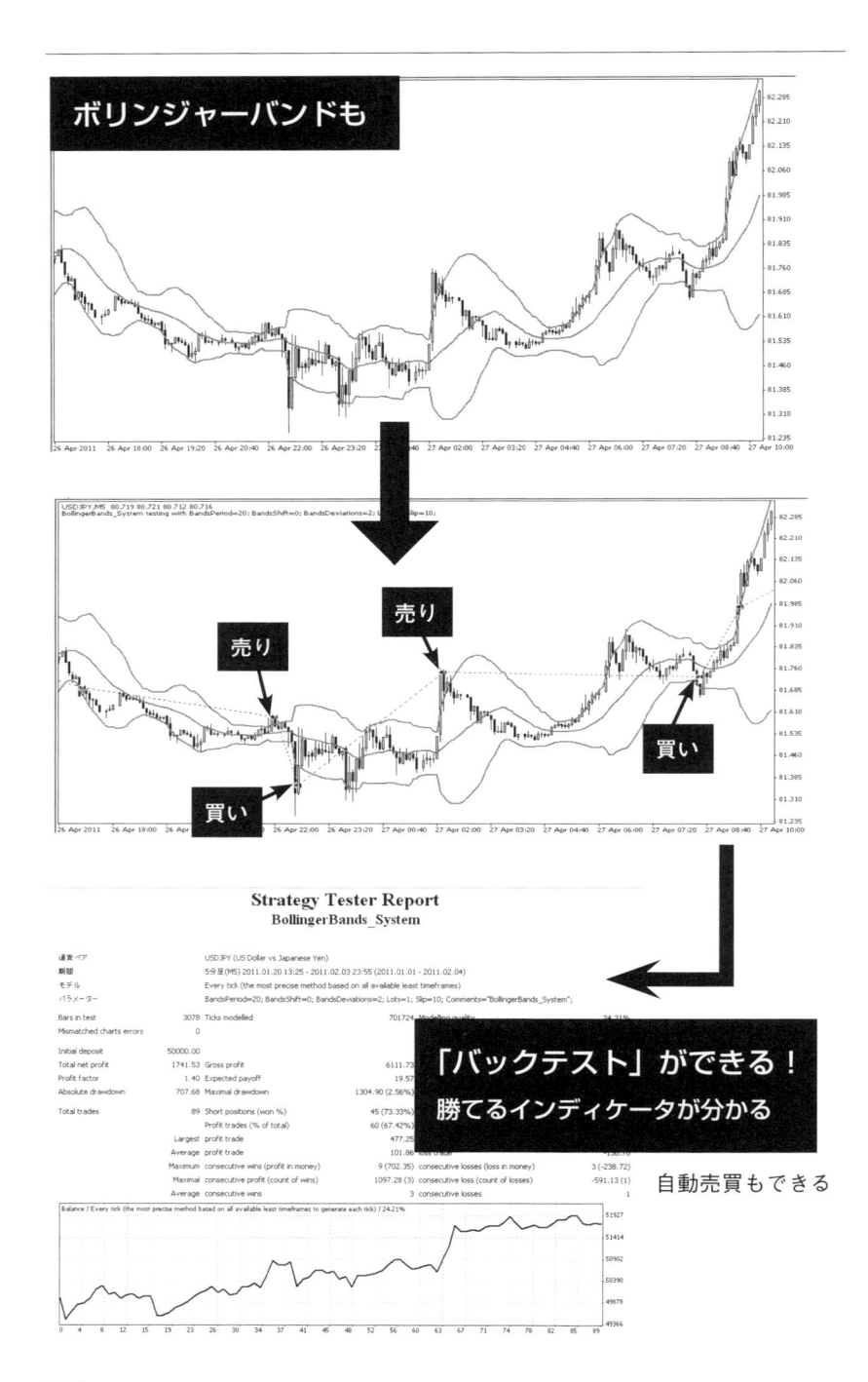

一目均衡表も

買い

買い

売り

Strategy Tester Report
Ichimoku_System

「バックテスト」ができる！
勝てるインディケータが分かる

自動売買もできる

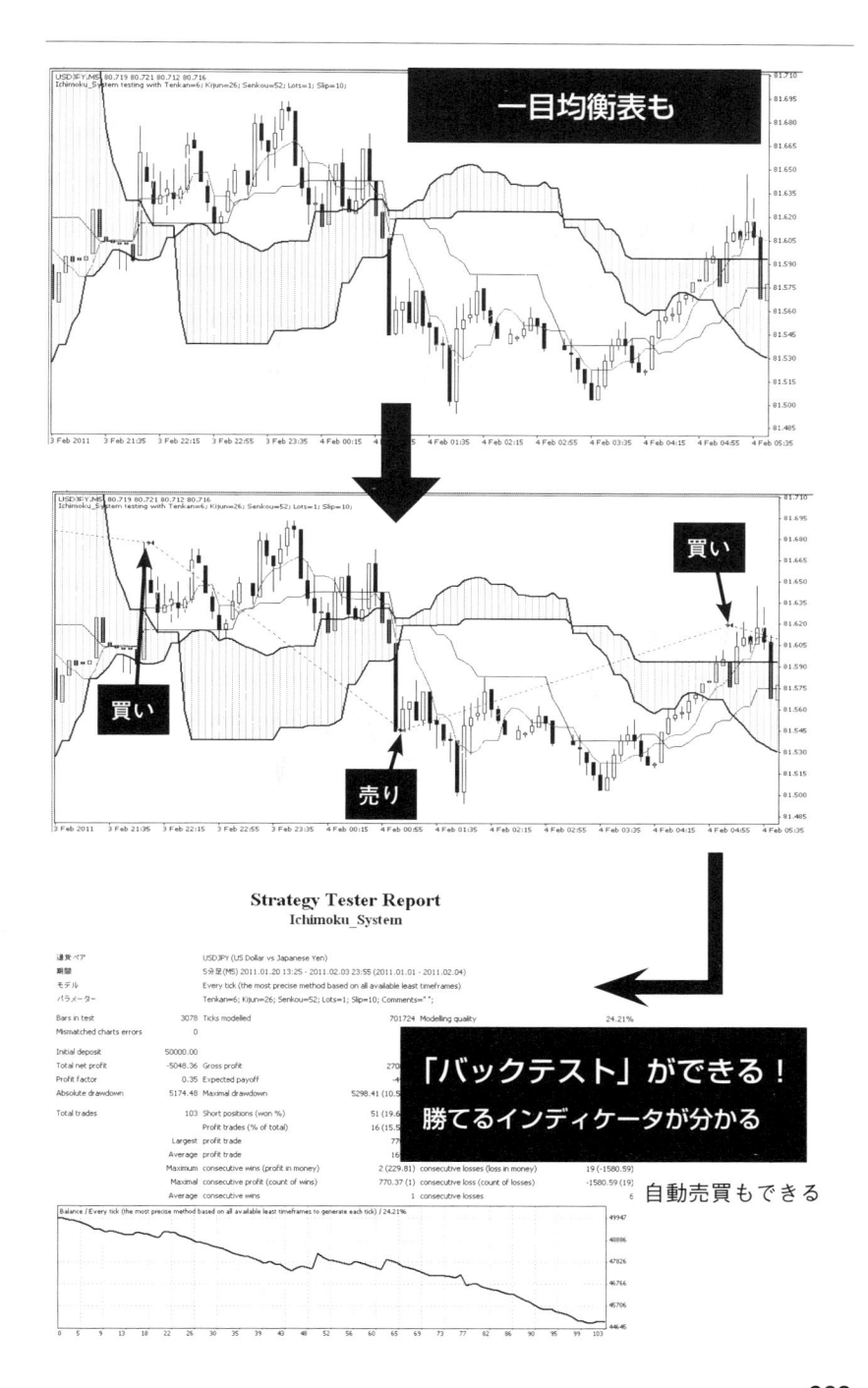

269

このように、iCustom関数はどんなインディケータにも変身できます。さらに、バックテスト・最適化・自動売買も可能にしてくれる、まさしく魔法の関数なのです。
　iCustom関数の使い方を知ってさえいれば、RSI、ボリンジャーバンド、一目均衡表、MACD、移動平均、モメンタムと数限りなくあるテクニカル指標の複雑な計算式をプログラムしなくてもいいのです。

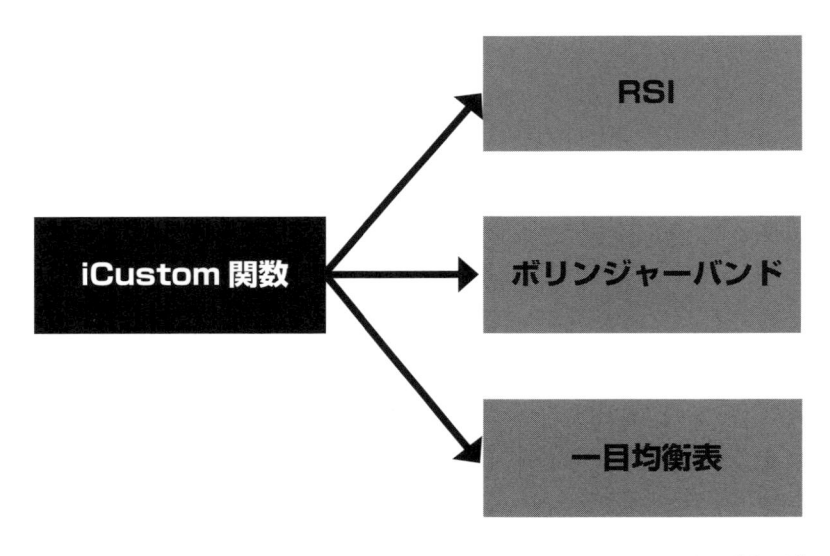

```
                    ┌─────────────┐
                  ┌→│     RSI     │
                  │  └─────────────┘
┌─────────────┐   │  ┌─────────────┐
│ iCustom 関数 │──┼→│ボリンジャーバンド│
└─────────────┘   │  └─────────────┘
                  │  ┌─────────────┐
                  └→│  一目均衡表  │
                    └─────────────┘
                                    **などなど**
```

第2部
EA作成編

第6章

iCustom関数の使い方

1　iCustom 関数の使い方

ここからは、iCustom 関数について詳しくお話しします。

iCustom 関数でインディケータに変身しよう！

267ページのRSIの例では、最適化の結果「RSIが25以下なら買いエントリー、60以上なら売りエントリー」を行うのが最も総利益が高いことが分かりました。しかし、昔の私のようにすぐにトレードを始めないでください。実はあのバックテスト結果はたった直近1カ月間の検証結果でした。もう少し長くして3カ月間でやってみましょう（次ページの上図参照）。どうやら直近1カ月間以外はパッとしていないようです。

しかし、がっかりしないでください。iCustom 関数を使いこなすことで、さまざまなインディケータを売買システムに変身させることが可能となります。

次ページの下図はiCustom 関数を使ってこんな売買システムができますというおまけシステムで、本書の後半でロジックとプログラムをご紹介しますので楽しみにしていてください。

iCustom 関数を使ってインディケータに変身する方法

なぜiCustom 関数を使うのかを知っていただくために、逆に「もしiCustom 関数を使わなかったら」についてお話ししたいと思います。

トレードシグナルやトレードステーションといったほかの自動売買用ソフトなどでプログラムを書いたことがある方は、「iCustom 関数を使わないでもインディケータのプログラムをそのままEA（自動売買プログラム）にコピーすればよいのでは？」と思われたかもしれません。

Strategy Tester Report
RSI_System

通貨ペア	USDJPY (US Dollar vs Japanese Yen)			
期間	5分足(M5) 2011.02.01 00:00 - 2011.05.03 23:55 (2011.02.01 - 2011.05.04)			
モデル	Every tick (the most precise method based on all available least timeframes)			
パラメーター	RSIPeriod=14; Long_Point=25; Short_Point=60; Lots=1; Slip=10; Comments="RSI_System";			
Bars in test	19693	Ticks modelled	5055781	Modeling quality 29.36%
Mismatched charts errors	0			
Initial deposit	50000.00			
Total net profit	5939.29	Gross profit	20914.87	Gross loss -14975.58
Profit factor	1.40	Expected payoff	50.33	
Absolute drawdown	3415.20	Maximal drawdown	6564.83 (12.35%)	Relative drawdown 12.35% (6564.83)
Total trades	118	Short positions (won %)	59 (71.19%)	Long positions (won %) 59 (74.58%)
		Profit trades (% of total)	86 (72.88%)	Loss trades (% of total) 32 (27.12%)
		Largest profit trade	952.65	loss trade -2547.36
		Average profit trade	243.20	loss trade -467.99
		Maximum consecutive wins (profit in money)	13 (3122.43)	consecutive losses (loss in money) 3 (-1141.60)
		Maximal consecutive profit (count of wins)	3122.43 (13)	consecutive loss (count of losses) -2547.36 (1)
		Average consecutive wins	4	consecutive losses 1

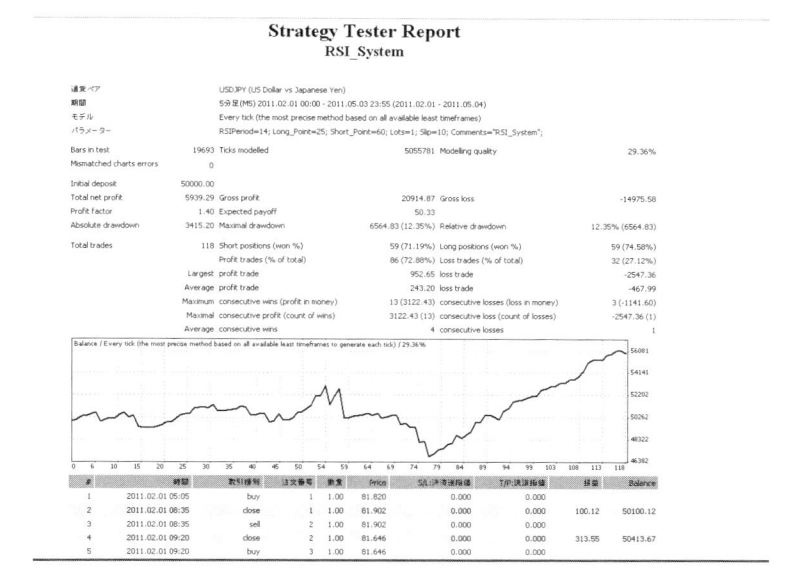

#	時間	取引種別	注文番号	数量	Price	S/L注文価格	T/P決済価格	損益	Balance
1	2011.02.01 05:05	buy	1	1.00	81.820	0.000	0.000		
2	2011.02.01 08:35	close	1	1.00	81.902	0.000	0.000	100.12	50100.12
3	2011.02.01 08:35	sell	2	1.00	81.902	0.000	0.000		
4	2011.02.01 09:20	close	2	1.00	81.646	0.000	0.000	313.55	50413.67
5	2011.02.01 09:20	buy	3	1.00	81.646	0.000	0.000		

Strategy Tester Report
「早起きは5ピップの得」システム

通貨ペア		EURCAD (Euro vs Canadian Dollar)		
期間		5分足(M5) 2007.03.28 08:25 - 2011.06.01 12:05		
モデル		Every tick (the most precise method based on all available least timeframes)		
パラメーター		RSIPeriod=12; Long_Point=30; Short_Point=60; EntryTime=6; ExitTime=10; TP=50; Lots=1; Slip=10; Comments="Hayaoki";		
Bars in test	306785	Ticks modelled	41127164	Modelling quality 24.99%
Mismatched charts errors	0			
Initial deposit	10000.00			
Total net profit	22465.86	Gross profit	39663.71	Gross loss -17197.86
Profit factor	2.31	Expected payoff	30.20	
Absolute drawdown	948.45	Maximal drawdown	1862.30 (17.06%)	Relative drawdown 17.06% (1862.30)
Total trades	744	Short positions (won %)	583 (88.68%)	Long positions (won %) 161 (88.20%)
		Profit trades (% of total)	659 (88.58%)	Loss trades (% of total) 85 (11.42%)
		Largest profit trade	573.96	loss trade -741.20
		Average profit trade	60.19	loss trade -202.33
		Maximum consecutive wins (profit in money)	44 (3995.04)	consecutive losses (loss in money) 3 (-456.28)
		Maximal consecutive profit (count of wins)	3995.04 (44)	consecutive loss (count of losses) -752.71 (2)
		Average consecutive wins	9	consecutive losses 1

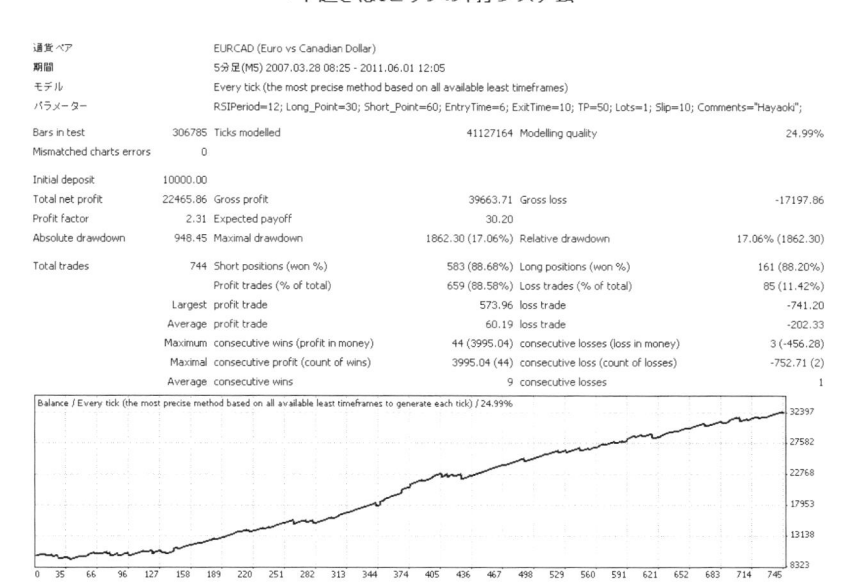

しかし、そうは問屋が卸さないのです。メタトレーダーではインディケータとEAでそもそもプログラムの構造が異なるため、単にコピーしただけでは使えません。下図を見てください。メタトレーダーに標準で入っているインディケータ「RSI」のプログラムを一部抜粋したものです。

```
//+------------------------------------------------------------------+
//|  Relative Strength Index                                         |
//+------------------------------------------------------------------+
int start()
  {
   int     i,counted_bars=IndicatorCounted();
   double rel,negative,positive;
//----
   if(Bars<=RSIPeriod) return(0);
//---- initial zero
   if(counted_bars<1)
      for(i=1;i<=RSIPeriod;i++) RSIBuffer[Bars-i]=0.0;
//----
   i=Bars-RSIPeriod-1;
   if(counted_bars>=RSIPeriod) i=Bars-counted_bars-1;
   while(i>=0)
     {
      double sumn=0.0,sump=0.0;
      if(i==Bars-RSIPeriod-1)
        {
         int k=Bars-2;
         //---- initial accumulation
         while(k>=i)
           {
            rel=Close[k]-Close[k+1];
            if(rel>0) sump+=rel;
            else      sumn-=rel;
            k--;
           }
         positive=sump/RSIPeriod;
         negative=sumn/RSIPeriod;
        }
      else
        {
         //---- smoothed moving average
         rel=Close[i]-Close[i+1];
         if(rel>0) sump=rel;
         else      sumn=-rel;
         positive=(PosBuffer[i+1]*(RSIPeriod-1)+sump)/RSIPeriod;
         negative=(NegBuffer[i+1]*(RSIPeriod-1)+sumn)/RSIPeriod;
        }
      PosBuffer[i]=positive;
      NegBuffer[i]=negative;
      if(negative==0.0) RSIBuffer[i]=0.0;
      else RSIBuffer[i]=100.0-100.0/(1+positive/negative);
      i--;
     }
//----
   return(0);
  }
//+------------------------------------------------------------------+
```

ループ
（同じ作業を繰り返すプログラム）

インディケータ配列
（インディケータを描画させるための変数の集まり）

ここまで学習してきたプログラムとは、だいぶ印象が異なるのではないかと思います。

　インディケータでは、通常はEAでは使わない「インディケータ配列」や「ループ」という難しいプログラムを必ず使います。

　「インディケータ配列」とは、チャートにインディケータを描画するための変数の集まりです。

　「ループ」とは「インディケータ配列」に過去に遡って値を代入するために連続して同じ作業を行うプログラムです。

　どうですか。見ていて嫌になりますよね。私もこの「インディケータ配列」と「ループ」では何度も挫折しかけました。

　iCustom関数を使わないで、このインディケータのプログラムをEAにしようとすれば、どうしてもプログラムの内容を解読する必要が出てきます。当然、「インディケータ配列」や「ループ」も理解しなければなりません。

　さらに、インディケータがどのような計算をしているのかを把握したら、今度はその計算内容をEAで動作するように記述します。それは母国語が異なるために意思疎通のとれないイギリス人（インディケータ）とドイツ人（EA）の間に皆さんが入って、イギリス人が英語で言っていることをドイツ人にドイツ語で説明する感じでしょうか。

　ではiCustom関数を使った場合はどうでしょうか？

　iCustom関数を使えばインディケータのプログラムを解読する必要はありませんので、「インディケータ配列」や「ループ」の知識もいりませんし、そもそもプログラムを見る必要さえありません。それは母国語が異なるために意思疎通のとれないイギリス人とドイツ人が自動翻訳機を通して直接会話できるようになった感じです。

　約90行あるRSIのプログラムがiCustom関数を使えば複雑な計算式を記述することもなく、たった1行で済んでしまいます（次ページ参照）。

まさにプログラム初心者の方がメタトレーダーを使って最短でシステムを作成するための最良のツールだと思います。

```
iCustom(NULL, 0, "RSI",12,0,1);
```

iCustom関数を使うと、274ページの約９０行にわたる長文のプログラムがこの１行に集約されます

目標 1　iCustom 関数の変身現場を目撃しよう！

　iCustom 関数がどんなインディケータ（RSI、MACD、移動平均、ボリンジャーバンドなどなど）にでも変身できるとは具体的にどういうことでしょうか。変身後をまずは見ていただき、簡単にできそうだと思っていただければと思います。

　例えば、RSI に変身するには次のようにプログラムします。

```
iCustom(NULL, 0, "RSI",12,0,1);
```

　これで iCustom 関数が RSI へ変身しました。iCustom 関数は既に RSI になっています。

　iCustom 関数の ( ) の中の項目については後ほど解説しますので、まずは変身済みの iCustom 関数を使ってどのように RSI のシステムを作るのか、流れを見ていきましょう。

　次ページのような条件のシンプルなシステムを作ってみます。RSI の 30 と 70 のラインでドテンを行い、常に買いか売りのポジションを持ちます。

> 買いエントリー：RSI が 30 以下になった場合
> 買いポジションの決済：RSI が 70 以上になった場合
> 売りエントリー：RSI が 70 以上になった場合
> 売りポジションの決済：RSI が 30 以下になった場合

システム作成には、以下の2ステップが必要です。

ステップ1：iCustom 関数で条件を記述する
ステップ2：記述した条件をコピーして、定型文に貼り付ける

それでは、次ページ以降で実際にシステムを作ってみます。

◆コラム：iCustom 関数を知らなかったあの頃

　メタトレーダーを始めたばかりのころ、書籍にもインターネット上にも iCustom 関数に関する情報は皆無といっていい状態で、当然私もその存在を知りませんでした。

　ちょうどその頃、海外のサイトから珍しいインディケータを見つけたのでこれを EA にしたいと思い、3日間徹夜して難解なインディケータの内容をひとつずつ解読して苦労の末やっとの思いで EA に移植した経験があります。

　今思い返すと、iCustom 関数を知っていれば数分で終わる作業でした……。

ステップ1　条件文を記述

買い条件である「もし RSI が 30 以下になった場合」という条件は RSI へ変身した iCustom 関数を使って次のようにプログラムします。

```
if ( iCustom( NULL, 0, "RSI",12,0,1 ) <= 30 )
```

⬇ 日本語にすると……

```
もし RSI が 30 以下の場合
```

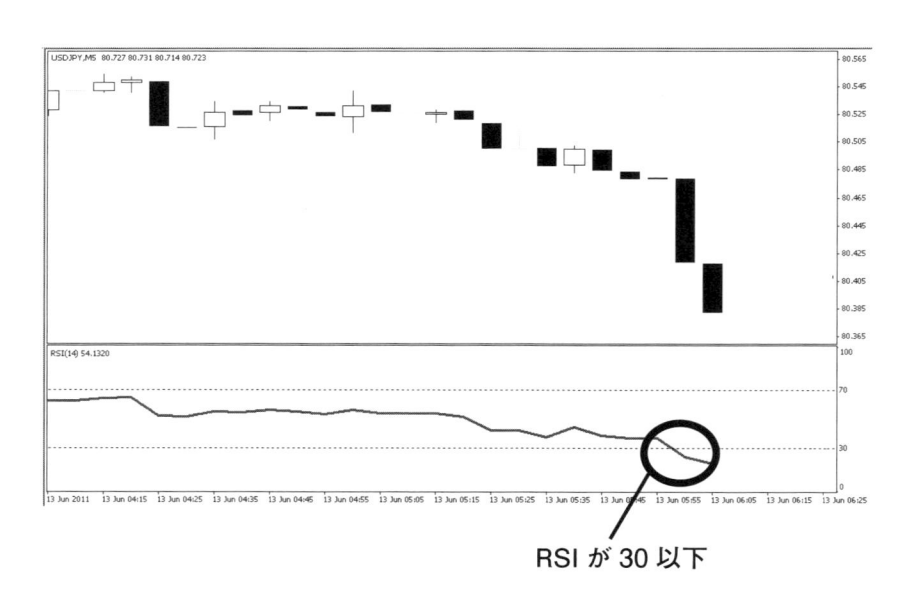

RSI が 30 以下

買いポジションの決済条件である「もしRSIが70以上になった場合」という条件は次のようにプログラムします。

```
if (   iCustom( NULL, 0, "RSI",12,0,1) > = 70  )
```

⬇ 日本語にすると……

```
もし RSI が 70 以上の場合
```

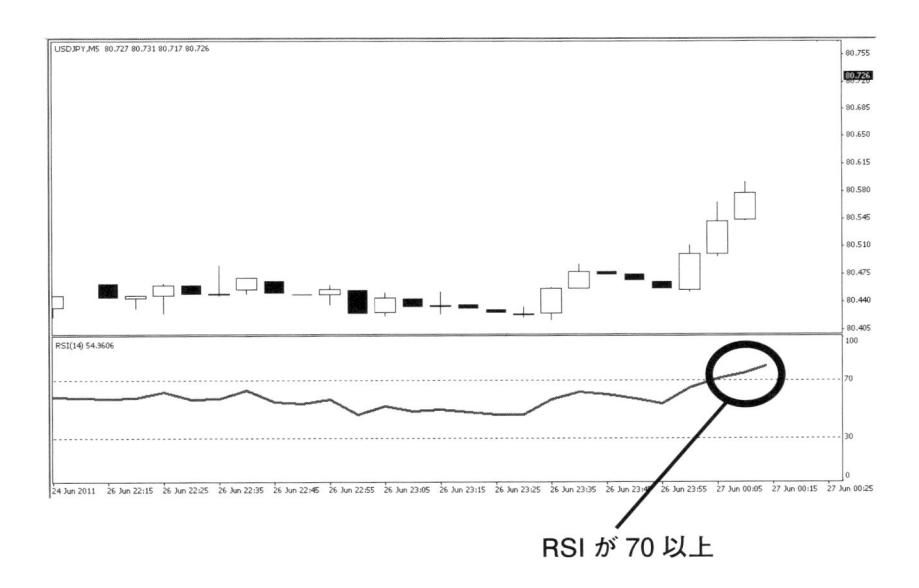

RSI が 70 以上

　売り条件は買いポジションの決済条件と同じになり、売りポジションの決済条件は買い条件と同じになります。
　iCstom関数で条件文を記述したらそれをコピーして、定型文に貼りつけてみます（282ページから285ページ参照。薄字部分は定型文です）。

定型文の開き方は「EAの倉庫」にある「定型文」を右クリックして、「修正」をクリックします。

　定型文が開きます。

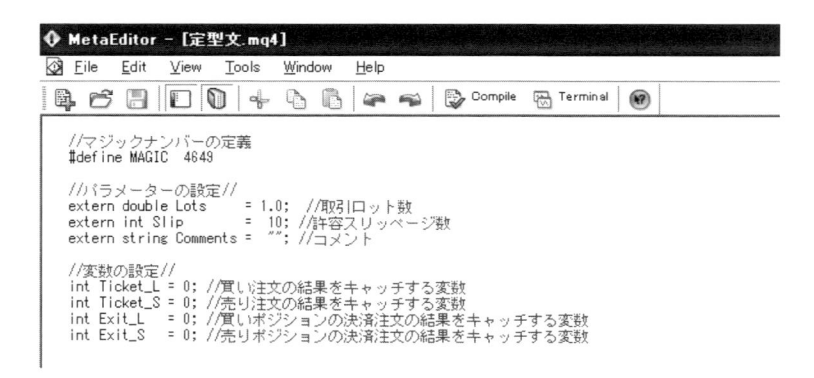

　定型文をコピーして新しいエディターに貼りつけます。
　もしくは、次ページのような方法もあります。

定型文を別名で保存します。「File」から「Save As」をクリックします。

好きな名前を付けて保存します。ここでは「RSI System」と名前を付けました。保存する場所は「experts」フォルダです。

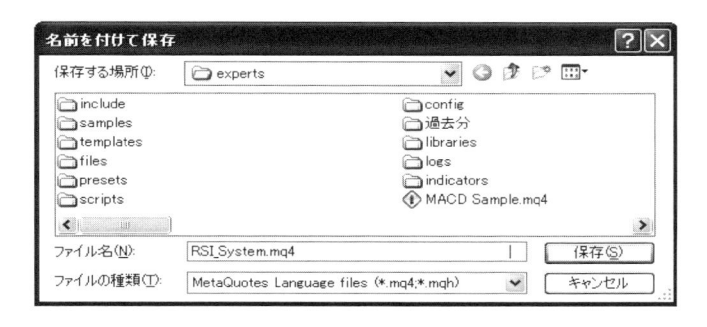

別名で保存、または新しいエディターに定型文をコピペしたら、次に先ほどの条件文を定型文の■■■■や▲▲▲▲に貼り付けます。

ステップ2　定型文に貼り付ける

　先述したように、薄字部分は定型文です。条件をコピーして、貼り付けます。マジックナンバーはシステムの固有の番号に変更します。ここでは 4649 から 2424 に変更しました。

```
// マジックナンバーの定義
#define MAGIC  2424

// パラメーターの設定 //
extern double Lots = 1.0; // 取引ロット数
extern int Slip = 10; // 許容スリッページ数
extern string Comments = ""; // コメント

// 変数の設定 //
int Ticket_L = 0; // 買い注文の結果をキャッチする変数
int Ticket_S = 0; // 売り注文の結果をキャッチする変数
int Exit_L = 0; // 買いポジションの決済注文の結果をキャッチする変数
int Exit_S = 0; // 売りポジションの決済注文の結果をキャッチする変数


int start()
 {

  // 買いポジションのエグジット
  if(    iCustom(NULL,0,"RSI",12,0,1) >= 70
     && ( Ticket_L != 0 && Ticket_L != -1 ))
  {
     Exit_L = OrderClose(Ticket_L,Lots,Bid,Slip,Red);
     if( Exit_L == 1 ) {Ticket_L = 0;}
  }
```

284 ページに続く

// マジックナンバーの定義
システム（プログラム）に **2424** と名前を付けました

// パラメーターの設定 //
取引ロット数をパラメーター化します。最初は 1.0 ロットと設定
許容スリッページをパラメーター化します。最初は 10 と設定。
注文に付けるコメントをパラメーター化します。最初は空欄に設定

// 変数の設定 //
整数を入れる「Ticket_L」という変数を用意します。最初は「0」と設定
整数を入れる「Ticket_S」という変数を用意します。最初は「0」と設定
整数を入れる「Exit_L」という変数を用意します。最初は「0」と設定
整数を入れる「Exit_S」という変数を用意します。最初は「0」と設定

メインのプログラムが始まります
　{

　　// 買いポジションのエグジット
　　もし RSI が 70 以上、
　　かつ、買いポジションを持っている場合、
　　{
　　　決済注文を出します。約定結果は Exit_L に入れます。
　　　もし決済に成功した場合、もう決済注文を出さないように
　　　Ticket_L を 0 にします。
　　}

285 ページに続く

```
// 売りポジションのエグジット
if(   iCustom(NULL,0,"RSI",12,0,1) <= 30
   && ( Ticket_S != 0 && Ticket_S != -1 ))
{
   Exit_S = OrderClose(Ticket_S,Lots,Ask,Slip,Blue);
   if( Exit_S == 1 ) {Ticket_S = 0;}
}


// 買いエントリー
if(   iCustom(NULL,0,"RSI",12,0,1) <= 30
   && ( Ticket_L == 0 || Ticket_L == -1 )
   && ( Ticket_S == 0 || Ticket_S == -1 ))
{
   Ticket_L = OrderSend(Symbol(),OP_BUY,
                    Lots,Ask,Slip,0,0,Comments,MAGIC,0,Red);
}

// 売りエントリー
if(   iCustom(NULL,0,"RSI",12,0,1) >= 70
   && ( Ticket_S == 0 || Ticket_S == -1 )
   && ( Ticket_L == 0 || Ticket_L == -1 ))
{
   Ticket_S = OrderSend(Symbol(),OP_SELL,
                    Lots,Bid,Slip,0,0,Comments,MAGIC,0,Blue);
}

return(0);
}
```

// 売りポジションのエグジット
もし RSI が 30 以下、
かつ、売りポジションを持っている場合、
{
　決済注文を出します。約定結果は Exit_S に入れます。
　もし決済に成功した場合、もう決済注文を出さないように
　Ticket_S を 0 にします。
}

// 買いエントリー
もし RSI が 30 以下、
かつ、買いポジションを持っていない、
かつ、売りポジションを持っていない場合、
{
　買い注文を出します。約定結果は Ticket_L に入れます。
}

// 売りエントリー
もし RSI が 70 以上、
かつ、売りポジションを持っていない、
かつ、買いポジションを持っていない場合、
{
　売り注文を出します。約定結果は Ticket_S に入れます。
}

プログラムを終わります
}

チャート上でシグナルを確認してみます（確認の仕方は397ページ）。

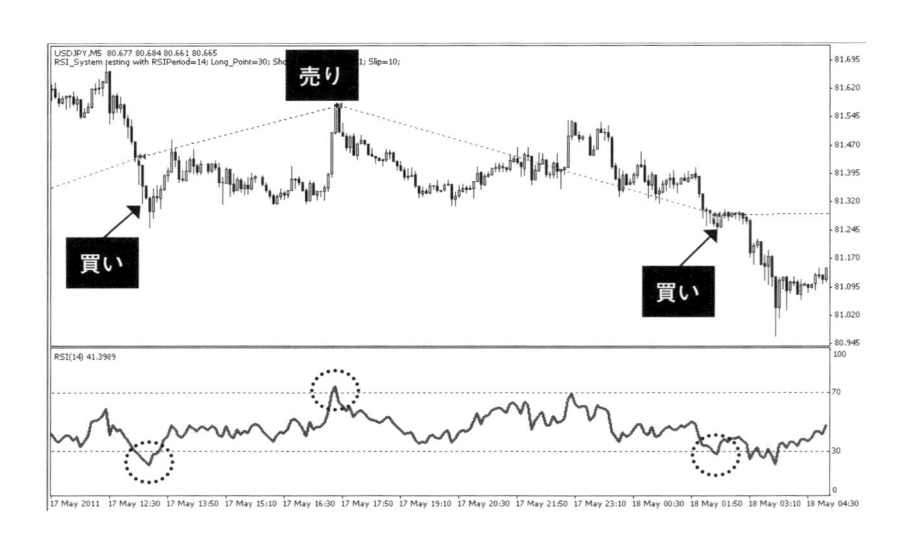

買いエントリー：RSIが30以下になった場合
買いポジションの決済：RSIが70以上になった場合
売りエントリー：RSIが70以上になった場合
売りポジションの決済：RSIが30以下になった場合

目標2　iCustom関数の変身方法を知ろう！

おぼろげながらiCustom関数でシステムが作れそうだなと感じていただけたかと思います。それではiCustom関数の「( )」の中の項目について見ていきます。

「( )」の中の項目では変身したいインディケータの詳細を指定します。6種類の項目を次のような順番で記述します。

---

iCustom（通貨ペア名 , タイムフレーム , インディケータ名 ,
　　　　　パラメーター設定 , ライン番号 , 過去へのシフト数）；

それではひとつひとつ確認していきます。

1) 1番目は通貨ペア名を記述する

インディケータをどの通貨ペアに適用して変身するかを記述します。

記　号	意　味
"USDJPY"	ドル/円
"GBPJPY"	ポンド/円
"NZDJPY"	ニュージーランドドル/円
"EURJPY"	ユーロ/円
"EURCHF"	ユーロ/フラン
"EURUSD"	ユーロ/ドル
NULL	プログラムを適用したチャート上の通貨ペア

例えば RSI に変身する場合、ドル円の RSI に変身するのか、ユーロ円の RSI に変身するのか、通貨ペアを指定します。よく使うのはプログラムを適用したチャート上の通貨ペアを指定する「NULL」です。

同じ意味合いで OrderSend 関数にも出てきました。そのときは「Symbol()」でしたが、ここでは「NULL」とするのが一般的です。ちなみに「NULL」は「ヌル」と呼びます。

「NULL」は「何も示さないもの」という意味で、プログラムを適用したチャート上の通貨ペアが自動で入ります。お薦めは「NULL」です。

iCustom(NULL, 0, "RSI",12,0,1)

2）2番目はタイムフレームを記述する

インディケータをどのタイムフレームに適用して変身するかを記述します。

記 号	意 味
1	1 分足
5	5 分足
15	15 分足
30	30 分足
60	1 時間足
240	4 時間足
1440	日 足
10080	週 足
43200	月 足
0	プログラムを適用したチャート上のタイムフレーム

例えばRSIに変身する場合、5分足のRSIに変身するのか、1時間足のRSIに変身するのか、タイムフレームを指定します。

　タイムフレームはメタトレーダーが対応している9種類になります。

　どうして4時間足が「240」なのかと不思議に思われるかもしれませんが、4時間は240分ですので「240」となり、同様に1日は1440分ですので日足は「1440」となります。週足の「10080」、月足の「43200」も同じ考え方です。

　「0」と記述することで、プログラムを適用したチャート上のタイムフレームになります。

　一方、「15」と記述することでプログラムをどのタイムフレームに適用したとしても、15分足に適用した時のインディケータに変身することができます。お薦めは「0」です。

```
iCustom(NULL, 0, "RSI",12,0,1)
```

3）3番目はインディケータ名を記述する

どのインディケータに変身するかを記述します。

記　号	意　味
"RSI"	「RSI」に変身
"MACD"	「MACD」に変身
"Moving Averages"	「移動平均」に変身

**インディケータは
ここから選択し、
この表記の通りに記述する**

※注意
大文字、小文字も区別する

インディケータ名はインディケータの倉庫、つまり「ナビゲーター」の「Custom Indicators」の中から選択して記述します。スペルを間違えると変身できませんので注意してください。

　インディケータ名が長かったり、複雑なものだったりと正確に記述するのが難しい場合に私がよく使う方法をご紹介します。

　「マイコンピュータ→Cドライブ→Program Files→MetaTrader4→experts→indicators」に行って、該当のインディケータを選択したうえで、「右クリック」→「プロパティ」でファイル名○○○○.mq4（またはex4）の○○○○の部分をコピペします。

　この方法ですと、スペルの間違いがなく確実です。

```
iCustom(NULL, 0, "RSI",12,0,1)
```

4）4番目はパラメーター設定を記述する

インディケータのパラメーターをいくつに設定して変身するのかを指定します。

記　号	意　味
14 （パラメーターが1つのインディケータの場合）	インディケータのパラメーターを 「14」に設定して変身
12,26,9 （パラメーターが3つのインディケータの場合）	インディケータのパラメーターを 上から順に「12,26,9」に設定して変身
余白にする	初期値のパラメーターに設定して変身

例えばRSIに変身する場合、パラメーターをいくつにして変身するのか指定します。

では、RSIにはパラメーターがいくつあったでしょうか？　確認方法は簡単です。

実際にインディケータをチャートに適用させてみてください。表示されたポップアップ画面の「パラメーターの入力」タブにパラメーターが表示されます。RSIには「RSIPeriod」という計算期間を指定するパラメーターがひとつありますね。初期値は「14」になっていると思います（次ページの上図参照）。

4番目の項目はこのパラメーターをいくつに設定して変身したいのか指定します。「12」と入力すれば「RSIPeriod」を12にして「RSI」に変身することができます。

```
iCustom(NULL, 0, "RSI",12,0,1)
```

◆「RSI」の「パラメーターの入力」画面

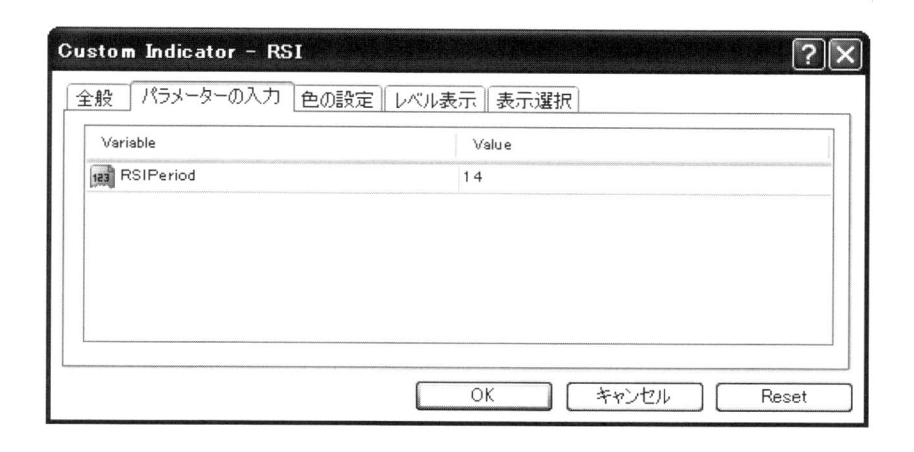

◆「MACD」の「パラメーターの入力」画面

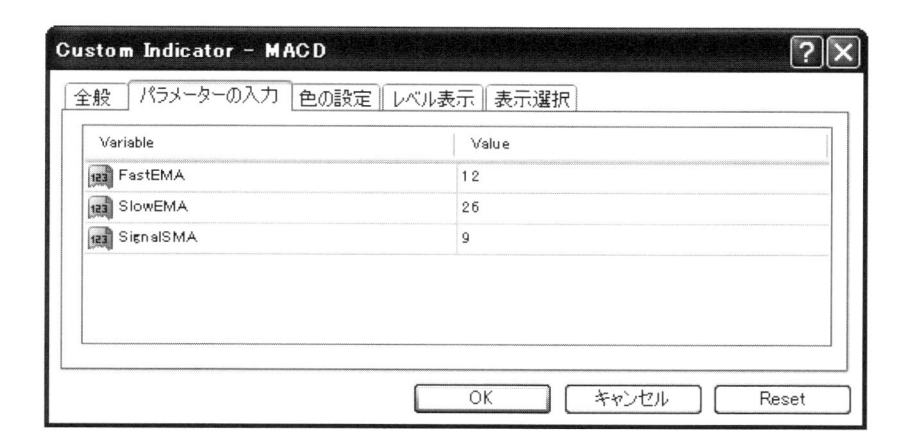

ではパラメーターが複数ある場合はどうしたら良いでしょうか？
例えば「MACD」の場合パラメーターは3つあります。初期値は上から順に「12，26，9」となっていると思います（前ページの下図参照）。
　この場合、3つの数字を順に記述します。パラメーターの設定を上から「20，14，7」にしたい場合は次のようにします。

> iCustom(NULL, 0, "MACD",20,14,7,0,1)

　したがって、この4番目の項目だけは記述する値はひとつだけとは限りません。注意してください。
　また4番目の項目は記述しないで省略することもできます。省略すると初期値のパラメーターとなります。
　MACDの初期値のパラメーターは「12，26，9」でした。つまりiCustom(NULL，0，"MACD"，0,0) と iCustom(NULL，0，"MACD",12,26,9,0,0) は同じ意味になります。
　お勧めの記述方法があるのですが、それについては「自動売買のコツ　その2」でご紹介いたします。

> iCustom(NULL, 0, "MACD",　　　0,1)　　省略可能

5）5番目はライン番号を記述する

どのラインに変身するのかを0～7で指定します。

記　号	意　味
0	0番のラインに変身
1	1番のラインに変身
2	2番のラインに変身
︙	︙
7	7番のラインに変身

　それでは、具体的に、メタトレーダーに標準装備されているBands（ボリンジャーバンド）を使ってご説明します。

　Bandsには「上バンド」「下バンド」「中心バンド」の3つのラインがあります。この項目ではこの3つのラインのうちどのラインに変身するかを指定します（次ページ参照）。

　指定の仕方はライン番号で行います。Bandsの「中心バンド」に変身したい場合はライン番号の項目に「0」、上バンドに変身したい場合は「1」、下バンドに変身したい場合は「2」と記述します。

　1回の変身で一挙に3本のラインに変身することはできません。3本のラインに変身するには3回変身させなければなりません。

....

重要！　ライン番号を知るにはどうするか
....

　各ラインが何番のライン番号になるかは、法則や決まりなどはないため「ちょっとした作業」をして自分で調べなくては分かりません。唯一の決まりごとはライン番号は0～7の最大でも8つのみだという

◆ Bands（ボリンジャーバンド）のライン番号

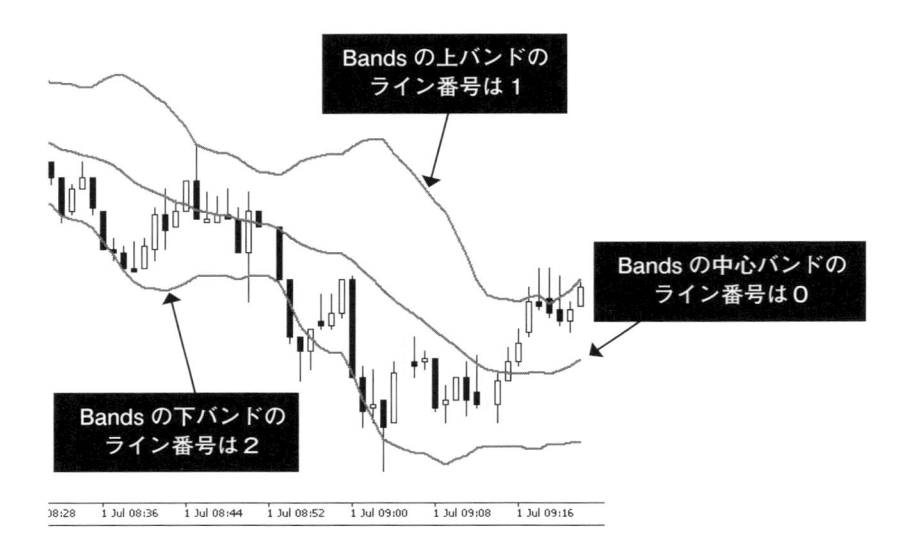

Bands の上バンドの
ライン番号は 1

Bands の中心バンドの
ライン番号は 0

Bands の下バンドの
ライン番号は 2

◆ Bands（ボリンジャーバンド）のライン番号

iCustom(NULL, 0, "Bands", 0, 1)　　Bands の中心バンドに変身

iCustom(NULL, 0, "Bands", 1, 1)　　Bands の上バンドに変身

iCustom(NULL, 0, "Bands", 2, 1)　　Bands の下バンドに変身

ことです。

　なぜ最大で8つかと言いますと、メタトレーダーではひとつのインディケータで最大でも8つのラインまでしか描画できないという制限があるためです。

　メタトレーダーに標準で装備されているインディケータのライン番号については私のほうで調べたものを次ページにまとめました。該当するライン番号を記述することで変身できますので試してみてください。

　繰り返しになりますが、このライン番号はメタトレーダーに標準で入っているインディケータのものです。ライン番号はインディケータの作成者が自由に決めています。したがって、メタトレーダーに標準で入っているRSIのライン番号は「0」ですが、ご自身でほかのウェブサイトからダウンロードしたRSIの場合は「0ではない」こともあり得ますので気をつけてください。

　メタトレーダーに標準で入っているインディケータ以外に変身したい場合については後述いたします。

◆コラム：ライン番号について

　本書ではiCustom関数の5番目の項目を「ライン番号」と表現しましたが、メタトレーダーのプログラミングの世界では「指標バッファのインデックス」や「インディケータ配列のインデックス番号」などと言われています。5番目の項目にはインディケータを作成するときに使わなくてはならない「配列」が関係しているのです。

　インターネットや他書でiCustom関数の5番目の項目が上記のような表現であったら「ああ、ライン番号のことね」と思っていただければ結構です。

メタトレーダーに標準で入っているインディケータのライン番号一覧

Ver4.00 Build402 現在

インディケータ名	メタトレーダー上のライン名	ライン番号
Accelerator		0
Accumulation		0
Alligator	Gator Jaws	0
	Gator Teeth	1
	Gator Lips	2
ATR		0
Awesome		0
Bands	Bands (中心バンド)	0
	Value 2 (上バンド)	1
	Value 3 (下バンド)	2
Bears		0
Bulls		0
CCI		0
Heiken Ashi	Heiken Ashi (高値又は安値)	0
	Value 2 (高値又は安値)	1
	Value 3 (始値)	2
	Value 4 (終値)	3
Ichimoku	Tenkan Sen (転換線)	0
	Kijun Sen (基準線)	1
	Chinkou Span (遅行スパン)	4
	Senkou Span A (先行スパンA)	5
	Senkou Span B (先行スパンB)	6
MACD	MACD	0
	Signal	1
Moving Averages		0
Momentum		0
OsMA		0
Parabolic	注意 (387 ページ参照)	
RSI		0
Stochastic	Sto	0
	Signal	1
ZigZag	注意 (387 ページ参照)	

RSIの話が出てきたのでRSIの場合も見てみましょう。RSIにはラインが1本しかありませんが、ライン番号の項目を省略してよいわけではありません。ラインが1本のインディケータでも必ずライン番号を指定する必要があります。

　前述したようにメタトレーダーに標準で入っている「RSI」は「0」と記述することで変身可能となります。

　正しい番号を記述しないと変身できませんのでご注意ください。

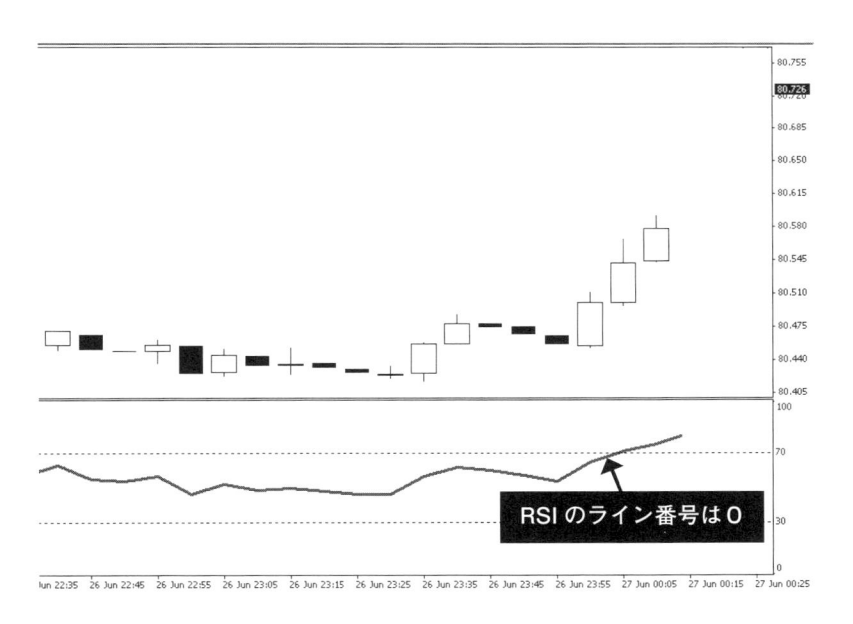

RSIのライン番号は0

iCustom(NULL, 0, "RSI",12,0,1)

6）6番目は過去へのシフト数を記述する

何本前のバーのインディケータに変身するかを指定します。

記号	意味
0	現在のバーの値に変身
1	1本前のバーの値に変身
2	2本前のバーの値に変身

シフト数で覚えておくべきことは、現在のバーを起点として何本前のインディケータに変身するかを指定することです。「1」とすれば1本前のバーのインディケータに、「2」とすれば2本前のバーのインディケータに変身します。

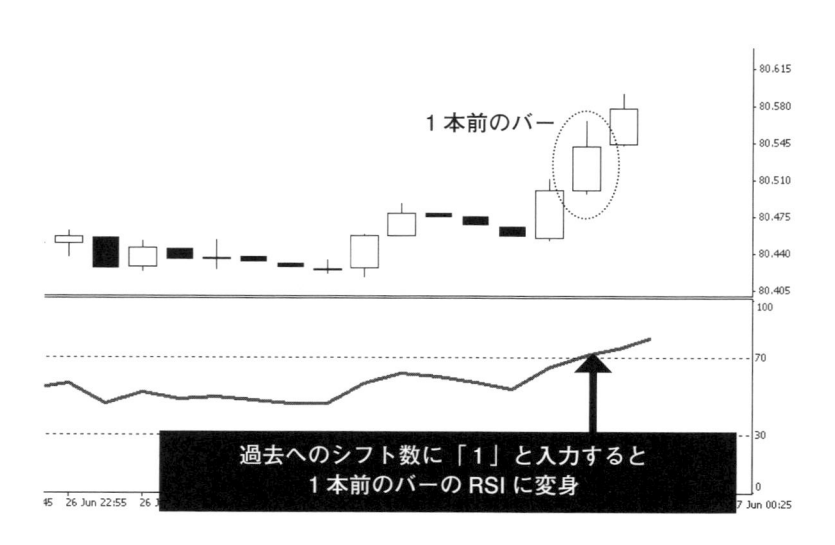

過去へのシフト数に「1」と入力すると
1本前のバーのRSIに変身

iCustom(NULL, 0, "RSI",12,0,1)

iCustom関数の各項目の説明は以上です。

項目がたくさん出てきて大変だなと思われたかもしれません。

しかし6つの項目の中で「通貨ペア名」は「NULL」、「タイムフレーム」は「0」、「過去へのシフト数」は「1」または「2」とほとんどのケースで同じ内容を記述します。

「インディケータ名」は変身したいインディケータ名を入力すればよいのです。

注意が必要なのは残りの「パラメーター設定」と「ライン番号」のみです。この2つの項目だけはiCustom関数を使う前に事前に調べておく必要があります。

それについてはこれから実際にiCustom関数を使って変身していく過程でひとつひとつ解説いたします。

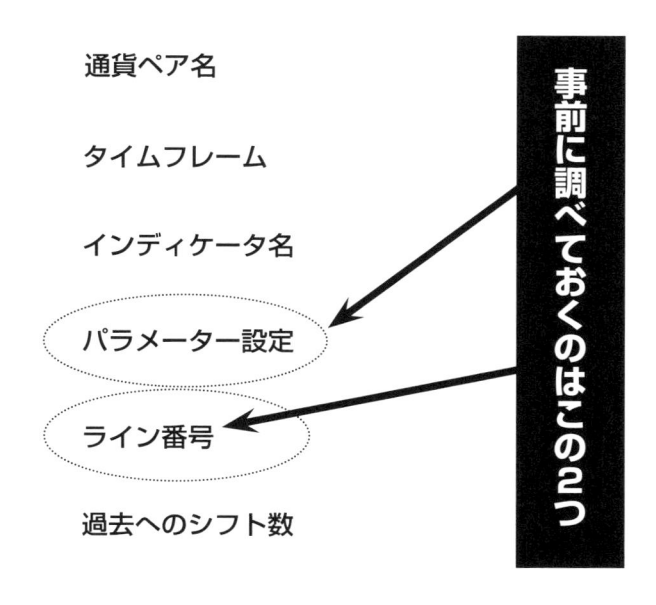

通貨ペア名

タイムフレーム

インディケータ名

（パラメーター設定）

（ライン番号）

過去へのシフト数

事前に調べておくのはこの2つ

目標3　iCustom 関数を使った「条件」の記述方法を知ろう

買い条件である「もし RSI が 30 以下になった場合」という条件は iCustom 関数を使って次のようにプログラムしていました。

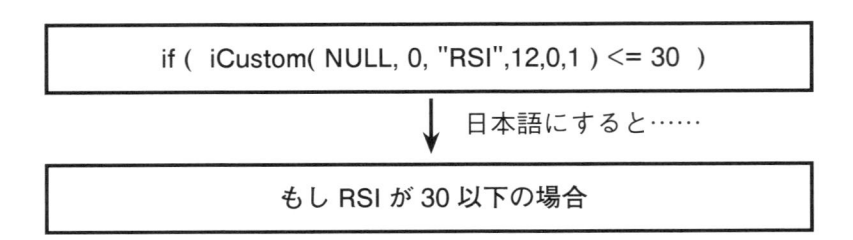

```
if ( iCustom( NULL, 0, "RSI",12,0,1 ) <= 30 )
```

↓ 日本語にすると……

もし RSI が 30 以下の場合

iCustom 関数の最後の項目は「過去へのシフト数」でした。つまり上記のプログラムでは 1 本前のバーの RSI に変身したのです。ここで次の疑問が出てきます。

疑問：なぜ現在のバーの RSI に変身しないのでしょうか？

この疑問に対する答えは以下の通りです。

理由：現在のバーは値が確定していないため

現在のバーはまだ完成していないため、RSI の値も確定したものではなく価格が動くたびに変動します。バーの途中でいったん 30 を下回ってもバーの完成時には 30 を再び上回っていることもあります(次ページの上図参照)。

過去へのシフト数を「0」とすることでバーの途中で RSI が 30 を下回った瞬間にエントリーすることもできます。しかしバックテストのことを考えるとあまりお薦めできません。なぜならば、バックテス

◆現在のバーは価格が動く

現在のバーは
価格が動く

価格が動くと
RSIの値も変わる

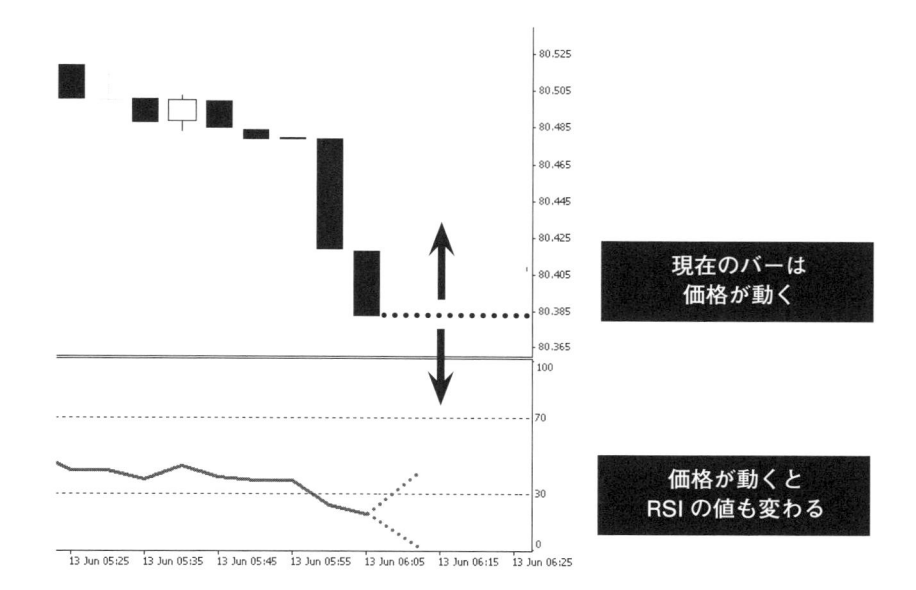

◆システムトレードの典型的な発注のタイミング

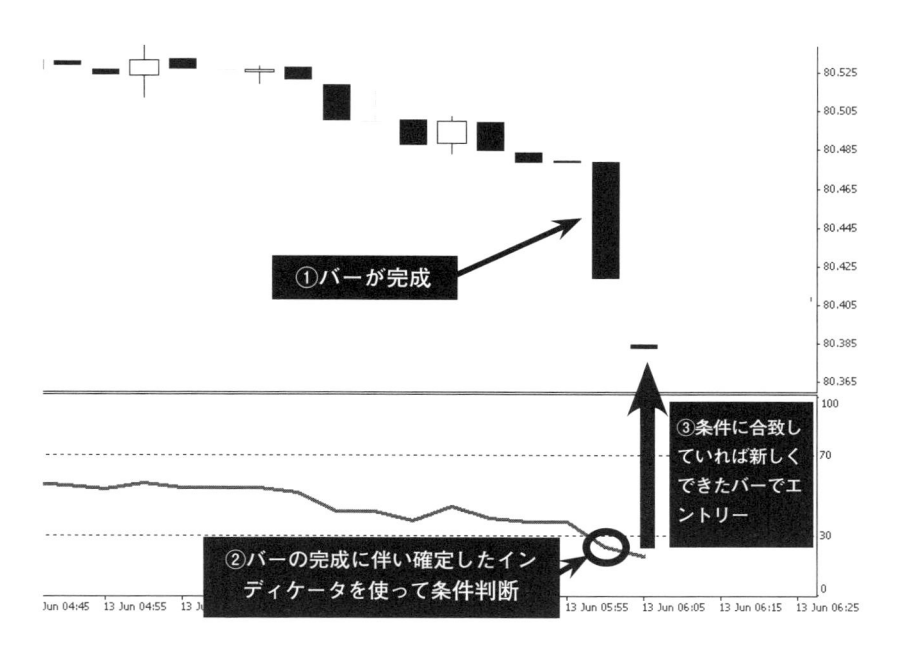

①バーが完成

②バーの完成に伴い確定したインディケータを使って条件判断

③条件に合致していれば新しくできたバーでエントリー

303

トではティックデータ（1分足より細かいヒストリカルデータ）を持っていないため、バーの途中でRSIが30を下回った瞬間をバックテストでは完全に再現できないのです。当然、出てきたバックテスト結果の信ぴょう性も高いとは言えなくなってしまいます。

　したがって、システムトレードではバーが完成してインディケータの値が確定してから条件判断を行い、条件に合致していれば新しくできたバーの初めでエントリーするようにシステムを作るのが一般的です（前ページの下図参照）。そうすることでバックテストとリアルトレードの差異が少なくなるのです。

自動売買のコツ　その1

買い条件である「もしRSIが30以下になった場合」は次のようにプログラムすることで、さらに自動売買を行うのに即した形になります。

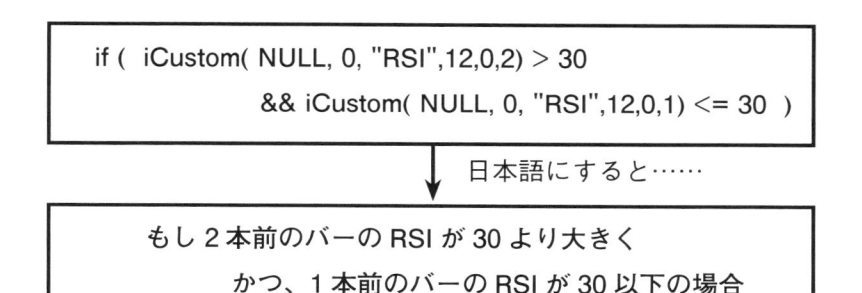

```
if (  iCustom( NULL, 0, "RSI",12,0,2) > 30
        && iCustom( NULL, 0, "RSI",12,0,1) <= 30  )
```

↓ 日本語にすると……

もし2本前のバーのRSIが30より大きく
かつ、1本前のバーのRSIが30以下の場合

なぜ、このように記述する必要があるのでしょうか？　もし「if (iCustom(NULL, 0, "RSI",12,0,1) <= 30)」と記述した場合、下図のように、RSIが30以下である限りずっと条件を満たし続けている状態になります。

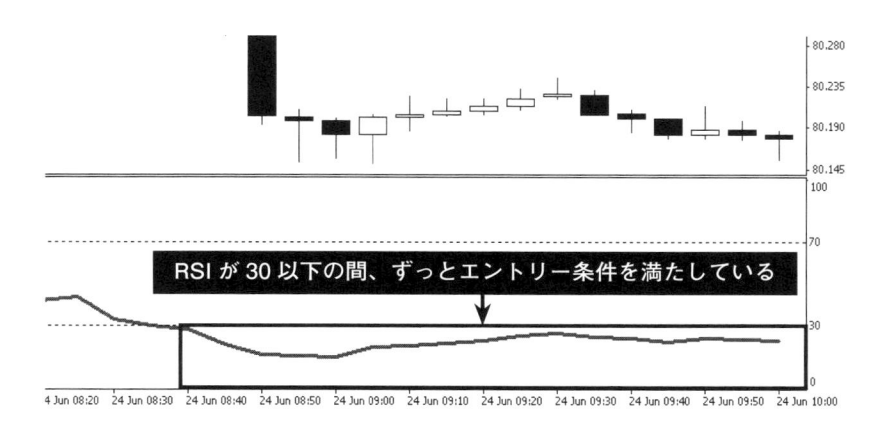

RSIが30以下の間、ずっとエントリー条件を満たしている

例えば、自動売買を始めたときにすでに RSI が 10 になっているケースを想像してください。この場合、自動売買を始めた瞬間にエントリーしてしまいますね。

そこで、冒頭のようにプログラムすると「2 本前のバーの RSI が 30 より大きく、かつ、1 本前のバーの RSI が 30 以下のとき」しかエントリー条件を満たさないため、例え自動売買を開始したときに RSI が 30 以下であっても自動売買の開始と同時にエントリーすることを防ぐことができます。

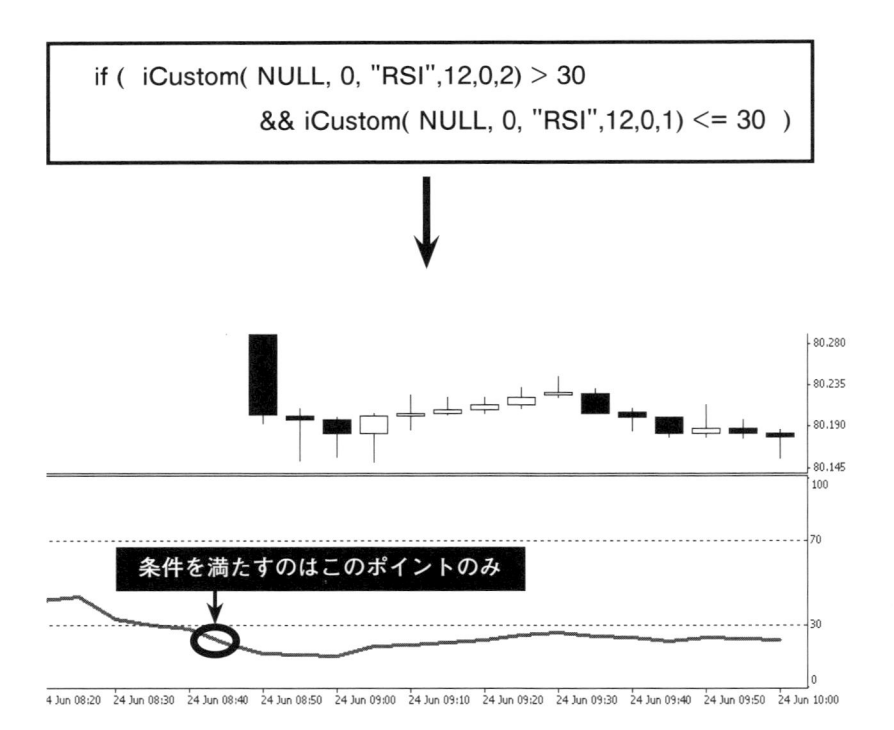

```
if (  iCustom( NULL, 0, "RSI",12,0,2) > 30
          && iCustom( NULL, 0, "RSI",12,0,1) <= 30  )
```

↓

条件を満たすのはこのポイントのみ

「自動売買のコツ　その1」を使わない場合と使った場合を比べてみます。

◆自動売買のコツ その1を使わないと……

　自動売買を始めたときに、すでにRSIが30以下になっていた場合、すぐにエントリーします。

もしここで自動売買を始めるとすぐにエントリーしてしまう

◆自動売買のコツ その1を使うと……

　自動売買を始めたときに、すでにRSIが30以下であってもエントリーしません。次にRSIが30を下回った時点でエントリーします。

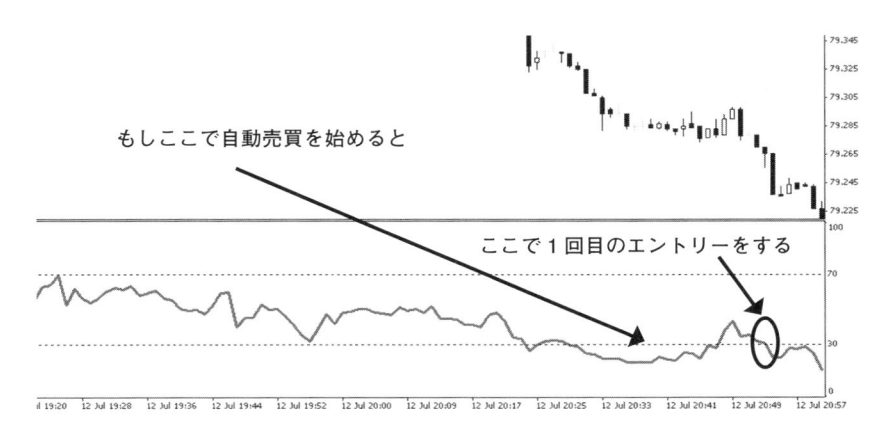

もしここで自動売買を始めると

ここで1回目のエントリーをする

短期移動平均線と長期移動平均線が交差したらエントリーするロジックで比べてみます。

◆自動売買のコツ その1を使わないと……
　自動売買を始めたときに、すでに短期移動平均線が長期移動平均線を上回っていた場合、すぐにエントリーします。

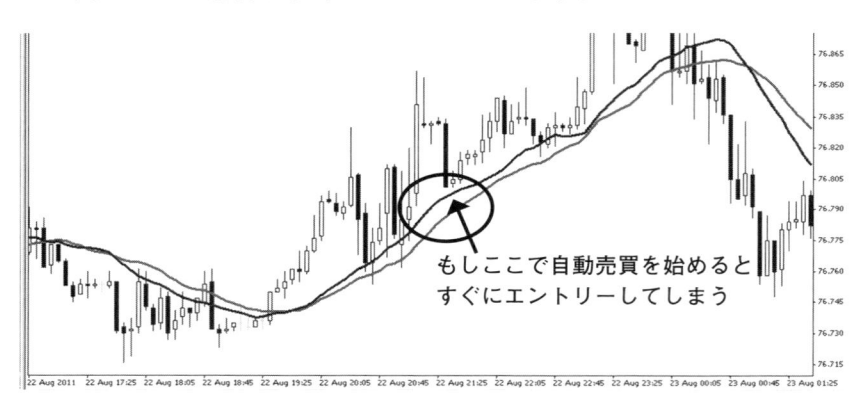

もしここで自動売買を始めるとすぐにエントリーしてしまう

◆自動売買のコツ その1を使うと……
自動売買を始めたときに、すでに短期移動平均線が長期移動平均線を上回っていた場合であってもエントリーしません。クロスしたときに初めてエントリーします。

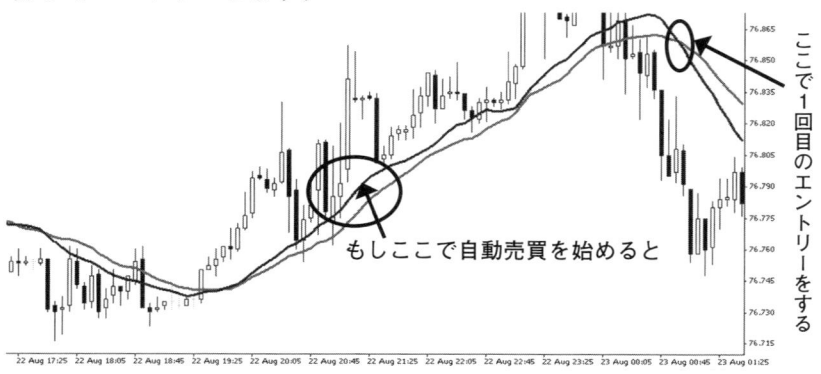

もしここで自動売買を始めると

ここで1回目のエントリーをする

自動売買のコツ　その2

iCustom 関数の**パラメーター設定の項目をパラメーターにする**とメタトレーダー上から変更できて便利です。実際に次のプログラムを見ていただいたほうが分かりやすいと思います。

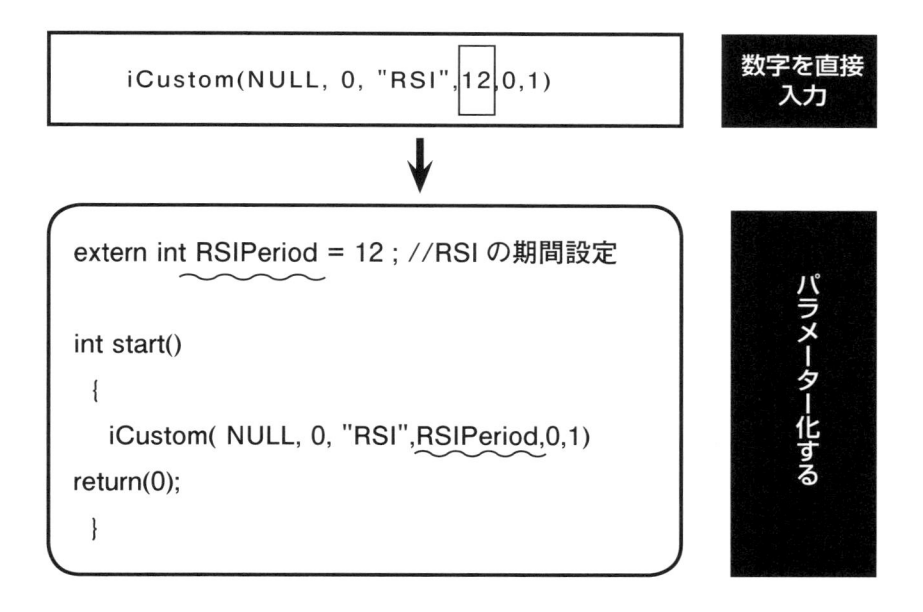

```
iCustom(NULL, 0, "RSI", 12 ,0,1)
```
数字を直接入力

↓

```
extern int RSIPeriod = 12 ; //RSI の期間設定

int start()
 {
   iCustom( NULL, 0, "RSI",RSIPeriod,0,1)
return(0);
 }
```
パラメーター化する

　これで iCustom 関数のパラメーター設定の項目を「パラメーターの入力」タブから変更できるようになります。

　パラメーター名はインディケータのパラメーター名と同じにすると分かりやすいです。例えば RSI であれば「RSIPeriod」でしたね。

　同様に「もし 30 を下回ったら買い」「もし 70 を上回ったら売り」の 30、70 のエントリーポイントもパラメーター化します。

　次ページのプログラムは「もし 30 を下回ったら」の 30 のエントリーポイントをパラメーター化した例です。

　このように、パラメーター化することでプログラムもすっきりします。

```
extern int RSIPeriod = 12 ; //RSI の期間設定
extern int Long_Point = 30; // 買いエントリーするポイント

int start()
 {
  if( iCustom( NULL, 0, "RSI",RSIPeriod,0,2) > Long_Point
    && iCustom( NULL, 0, "RSI",RSIPeriod,0,1) <= Long_Point)

return(0);
 }
```

日本語にすると……

RSI の期間設定を「RSIPeriod」というパラメーターにします。
最初は 12 と設定します。
買いエントリーするポイントを「Long_Point」というパラメーターにします。最初は 30 と設定します。

メインのプログラムが始まります
 {
  もし 2 本前のバーの RSI が Long_Point より大きく
  かつ、1 本前のバーの RSI が Long_Point 以下の場合に

プログラムを終わります
 }

ここで、「こういうコツの話は先にしておいてもらったほうが良かったのに〜」と思われる方もいるかもしれません。しかし、いきなりコツの話をしても、それまでの前提がなければ分かりにくいのも事実なのです。

　例えば、野球をまったくやったことがない少年にボールの投げ方を教えるときを想像してください。いきなりフォークボールやカーブは教えませんよね。まずはボールをまっすぐ投げるようにできることが先決です。ボールをまっすぐに投げられるようになってから、変化球を教える流れが普通ではないかと思います。

　このことと同じように、まずは大前提の話から段階的に紹介していかないとその本質が理解できなくなるため、プログラム的には長いものから紹介しています。例えば、英語で言うならばはじめに「cannot」を習ってから「can't」もわかるというイメージです。

◆コラム：自動売買のコツ　その1について

　「自動売買のコツ　その1」をする意義は自動売買を開始したときだけではありません。

　もし利益確定やロスカットをするシステムを運用した場合、エントリー条件を満たしている状態で利益確定やロスカットを行うと決済すると同時に再度エントリーしてしまいます。

　例えば、RSIが20の状態で買いポジションの利益確定を行うと、RSIが30以下という買いエントリーの条件を満たしているのですぐにエントリーしてしまうのです。コツその1を使えば2本前のバーで30より大きく、1本前のバーで30以下になった場合のみエントリーするので利益確定やロスカットをしてすぐに再エントリーすることを防ぐことができます。

プログラム文　その1

注：薄い文字部分は定型文

```
// マジックナンバーの定義
#define MAGIC  777

// パラメーターの設定 //
extern int RSIPeriod = 12; //RSI の期間設定
extern int Long_Point = 30; // 買いエントリーするポイント
extern int Short_Point = 70; // 売りエントリーするポイント
extern int Long_ExitPoint = 70; // 買いポジションを決済するポイント
extern int Short_ExitPoint = 30; // 売りポジションを決済するポイント

extern double Lots = 1.0;  // 取引ロット数
extern int Slip = 10; // 許容スリッページ数
extern string Comments = ""; // コメント

// 変数の設定 //
int Ticket_L = 0; // 買い注文の結果をキャッチする変数
int Ticket_S = 0; // 売り注文の結果をキャッチする変数
int Exit_L = 0; // 買いポジションの決済注文の結果をキャッチする変数
int Exit_S = 0; // 売りポジションの決済注文の結果をキャッチする変数


int start()
 {

  // 買いポジションのエグジット
  if(   iCustom(NULL,0,"RSI",RSIPeriod,0,2) <  Long_ExitPoint
     && iCustom(NULL,0,"RSI",RSIPeriod,0,1) >= Long_ExitPoint
     && ( Ticket_L != 0 && Ticket_L != -1 ))
   {
     Exit_L = OrderClose(Ticket_L,Lots,Bid,Slip,Red);
     if( Exit_L == 1 ) {Ticket_L = 0;}
   }
```

314 ページに続く

日本語訳　その1

// マジックナンバーの定義
システム（プログラム）に 777 と名前を付けました。

// パラメーターの設定 //
RSI の期間設定を「RSIPeriod」というパラメーターにします。最初は 12 と設定。
買いエントリーするポイントを「Long_Point」というパラメーターにします。
最初は 30 と設定。
売りエントリーするポイントを「Short_Point」というパラメーターにします。
最初は 70 と設定。
買いポジションを決済するポイントを「Long_ExitPoint」というパラメーターにします。最初は 70 と設定。
売りポジションを決済するポイントを「Short_ExitPoint」というパラメーターにします。最初は 30 と設定。

取引ロット数をパラメーター化します。最初は 1.0 ロットと設定。
許容スリッページをパラメーター化します。最初は 10 と設定。
注文に付けるコメントをパラメーター化します。最初は空欄に設定。

// 変数の設定 //
整数を入れる「Ticket_L」という変数を用意します。最初は「0」と設定。
整数を入れる「Ticket_S」という変数を用意します。最初は「0」と設定。
整数を入れる「Exit_L」という変数を用意します。最初は「0」と設定。
整数を入れる「Exit_S」という変数を用意します。最初は「0」と設定。

メインのプログラムが始まります
 {
  // 買いポジションのエグジット
  もし 2 本前のバーの RSIPeriod 期間の RSI が Long_ExitPoint より小さく、
  かつ、1 本前のバーの RSIPeriod 期間の RSI が Long_ExitPoint 以上、
  かつ、買いポジションを持っている場合に
  {
    決済注文を出します。約定結果は Exit_L に入れます。
    もし決済に成功した場合、もう決済注文を出さないように
    Ticket_L を 0 にします。
  }

315 ページに続く

プログラム文　その2

```
    // 売りポジションのエグジット
    if(  iCustom(NULL,0,"RSI",RSIPeriod,0,2) >  Short_ExitPoint
      && iCustom(NULL,0,"RSI",RSIPeriod,0,1) <= Short_ExitPoint
      && ( Ticket_S != 0 && Ticket_S != -1 ))
    {
      Exit_S = OrderClose(Ticket_S,Lots,Ask,Slip,Blue);
      if( Exit_S == 1 ) {Ticket_S = 0;}
    }


    // 買いエントリー
    if(  iCustom(NULL,0,"RSI",RSIPeriod,0,2) >  Long_Point
      && iCustom(NULL,0,"RSI",RSIPeriod,0,1) <= Long_Point
      && ( Ticket_L == 0 || Ticket_L == -1 )
      && ( Ticket_S == 0 || Ticket_S == -1 ))
    {
      Ticket_L = OrderSend(Symbol(),OP_BUY,
                           Lots,Ask,Slip,0,0,Comments,MAGIC,0,Red);
    }

    // 売りエントリー
    if(  iCustom(NULL,0,"RSI",RSIPeriod,0,2) <  Short_Point
      && iCustom(NULL,0,"RSI",RSIPeriod,0,1) >= Short_Point
      && ( Ticket_S == 0 || Ticket_S == -1 )
      && ( Ticket_L == 0 || Ticket_L == -1 ))
    {
      Ticket_S = OrderSend(Symbol(),OP_SELL,
                           Lots,Bid,Slip,0,0,Comments,MAGIC,0,Blue);
    }

    return(0);
}
```

日本語訳　その２

// 売りポジションのエグジット
もし2本前のバーの RSIPeriod 期間の RSI が Short_ExitPoint より大きく、
かつ、1本前のバーの RSIPeriod 期間の RSI が Short_ExitPoint 以下、
かつ、売りポジションを持っている場合、
{
　決済注文を出します。約定結果は Exit_S に入れます。
　もし決済に成功した場合、もう決済注文を出さないように
　Ticket_S を0にします。
}

// 買いエントリー
もし2本前のバーの RSIPeriod 期間の RSI が Long_Point より大きく、
かつ、1本前のバーの RSIPeriod 期間の RSI が Long_Point 以下、
かつ、買いポジションを持っていない、
かつ、売りポジションを持っていない場合、
{
　買い注文を出します。約定結果は Ticket_L に入れます。
}

// 売りエントリー
もし2本前のバーの RSIPeriod 期間の RSI が Short_Point より小さく、
かつ、1本前のバーの RSIPeriod 期間の RSI が Short_Point 以上、
かつ、売りポジションを持っていない、
かつ、買いポジションを持っていない 場合、
{
　売り注文を出します。約定結果は Ticket_S に入れます。
}

プログラムを終わります
}

第2部
EA作成編

第7章

iCustom関数
実践編

1　iCustom関数でインディケータを自動売買システムにしてみよう
ボリンジャーバンド編

　ボリンジャーバンドは「Bands」という名称でメタトレーダーに標準で入っています。ここでは「Bands」に変身して以下のような条件のシステムを作ってみます。

買いエントリー：バー（ローソク足）の終値が下バンドを下回った場合
買いポジションの決済：バーの終値が上バンドを上回った場合
売りエントリー：バーの終値が上バンドを上回った場合
売りポジションの決済：バーの終値が下バンドを下回った場合

---

　iCustom関数を使ってインディケータに変身する前に、2つのことを調べておきます。

①パラメーターの数の確認
　iCustom関数にはパラメーターを記述する項目がありましたね。この項目はパラメーターの数だけ記述する必要がありましたので、事前にいくつのパラメーターがあるか確認しておく必要があります。

---

iCustom（通貨ペア名 , タイムフレーム , インディケータ名 ,
　　　　パラメーター設定 , ライン番号 , 過去へのシフト数）；

確認方法の復習です。パラメーターの数を確認するには、インディケータをチャートに適用させた時に表示されるポップアップ画面の「パラメーターの入力」タブを見るのでしたね。

```
Custom Indicator - Bands                                    [?][X]
[ 全般 | パラメーターの入力 | 色の設定 | 表示選択 ]
  Variable                              Value
  [123] BandsPeriod                     20
  [123] BandsShift                      0
  [1/2] BandsDeviations                 2.0


                              [   OK   ]  [ キャンセル ]  [ Reset ]
```

　3つのパラメーターがあることが確認できました。参考までに3つのパラメーターは次の設定になります。

BandsPeriod：ボリンジャーバンドの期間設定。初期値20。

BandsShift：ボリンジャーバンドを右にシフトする設定。初期値0。
　　　　　　メタトレーダーのボリンジャーバンド独自の設定です。

BandsDeviations：標準偏差の設定。初期値2.0。

---

②ライン番号

　iCustom 関数にはライン番号を記述する項目がありました。これも事前に把握しておく必要があります。

> iCustom（通貨ペア名 , タイムフレーム , インディケータ名 ,
> 　　　　パラメーター設定 , ライン番号 , 過去へのシフト数）；

　メタトレーダーに標準で入っているインディケータに関しては、前述のライン番号一覧を見てください。

インディケータ名	メタトレーダー上のライン名	ライン番号
Bands	Bands（中心バンド）	0
	Value 2（上バンド）	1
	Value 3（下バンド）	2

　上バンドが「1」、下バンドが「2」でした。これで変身の準備が整いました。それでは上バントと下バンドに変身してみましょう（次ページ参照）。

　なお、iCustom 関数のパラメーター設定の項目は、インディケータと同じパラメーター名にしています。

```
// パラメーターの設定 //
extern int BandsPeriod = 20; // ボリンジャーバンドの期間設定
extern int BandsShift = 0; // ボリンジャーバンドを右にシフトする設定
extern double BandsDeviations = 2.0; // 標準偏差の設定

int start()
 {
  // 上バンドに変身
  iCustom( NULL, 0, "Bands",
           BandsPeriod,BandsShift,BandsDeviations,1,1) ;

  // 下バンドに変身
  iCustom( NULL, 0, "Bands",
           BandsPeriod,BandsShift,BandsDeviations,2,1) ;

 return(0);
  }
```

ステップ１　条件文を記述

買い条件である「もしバーの終値が下バンドを下回った場合」という条件は、ボリンジャーバンドへ変身した iCustom 関数を使って次のようにプログラムします。

```
if( iCustom( NULL, 0, "Bands",BandsPeriod,BandsShift,
        BandsDeviations,2,2)  <= Close[2]
    && iCustom( NULL, 0, "Bands",BandsPeriod,BandsShift,
        BandsDeviations,2,1) >Close[1] )
```

↓ 日本語にすると……

もし２本前のバーの下バンドより２本前のバーの終値が高く、
かつ、１本前のバーの下バンドより１本前のバーの終値が低い場合

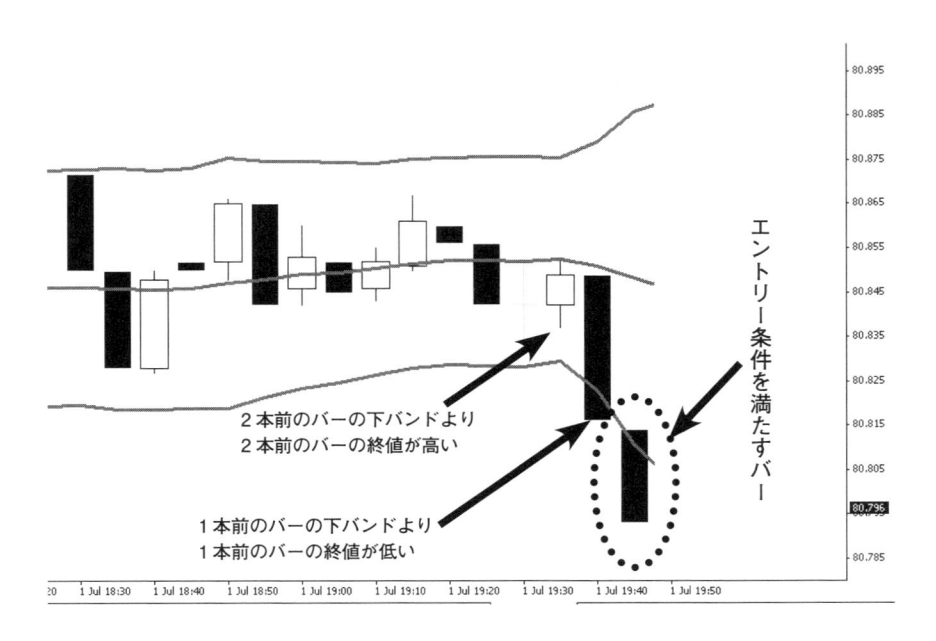

買い決済条件である「もしバー（ローソク足）の終値が上バンドを上回った場合」という条件は、ボリンジャーバンドへ変身したiCustom関数を使って次のようにプログラムします。

```
if( iCustom( NULL, 0, "Bands",BandsPeriod,BandsShift,
        BandsDeviations,1,2)  >= Close[2]
 && iCustom( NULL, 0, "Bands",BandsPeriod,BandsShift,
        BandsDeviations,1,1) < Close[1] )
```

↓ 日本語にすると……

もし2本前のバーの上バンドより2本前のバーの終値が低く、
かつ、1本前のバーの上バンドより1本前のバーの終値が高い場合

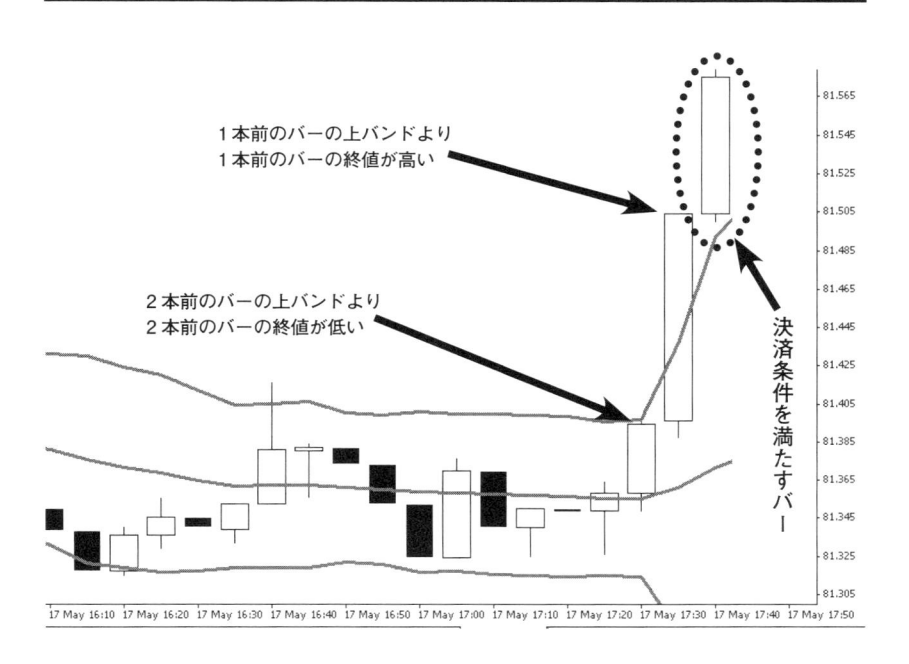

1本前のバーの上バンドより
1本前のバーの終値が高い

2本前のバーの上バンドより
2本前のバーの終値が低い

決済条件を満たすバー

323

ステップ2　定型文に貼りつける　その1　※プログラム文

注：薄い文字部分は定型文

```
// マジックナンバーの定義
#define MAGIC  3986

// パラメーターの設定 //
extern int BandsPeriod = 20; // ボリンジャーバンドの期間設定
extern int BandsShift = 0; // ボリンジャーバンドを右にシフトする設定
extern double BandsDeviations = 2.0; // 標準偏差の設定

extern double Lots = 1.0; // 取引ロット数
extern int Slip = 10; // 許容スリッページ数
extern string Comments = " "; // コメント

// 変数の設定 //
int Ticket_L = 0; // 買い注文の結果をキャッチする変数
int Ticket_S = 0; // 売り注文の結果をキャッチする変数
int Exit_L = 0; // 買いポジションの決済注文の結果をキャッチする変数
int Exit_S = 0; // 売りポジションの決済注文の結果をキャッチする変数


int start()
 {

  // 買いポジションのエグジット
  if(   iCustom(NULL,0,"Bands",BandsPeriod,BandsShift,
                        BandsDeviations,1,2) >= Close[2]
    && iCustom(NULL,0,"Bands",BandsPeriod,BandsShift,
                        BandsDeviations,1,1) < Close[1]
    && ( Ticket_L != 0 && Ticket_L != -1 ))
  {
   Exit_L = OrderClose(Ticket_L,Lots,Bid,Slip,Red);
   if( Exit_L == 1 ) {Ticket_L = 0;}
  }
```

326 ページに続く

ステップ2　定型文に貼りつける　その1　※日本語訳

// マジックナンバーの定義
システム（プログラム）に 3986 と名前を付けました。

// パラメーターの設定 //
ボリンジャーバンドの期間設定を「BandsPeriod」というパラメーターにします。最初は 20 と設定。
ボリンジャーバンドを右にシフトする設定を「BandsShift」というパラメーターにします。最初は 0 と設定。
標準偏差の設定を「BandsDeviations」というパラメーターにします。最初は 2.0 と設定。

取引ロット数をパラメーター化します。最初は 1.0 ロットと設定します。
許容スリッページをパラメーター化します。最初は 10 とします。
注文に付けるコメントをパラメーター化します。最初は空欄にします。

// 変数の設定 //
整数を入れる「Ticket_L」という変数を用意します。最初は「0」と設定。
整数を入れる「Ticket_S」という変数を用意します。最初は「0」と設定。
整数を入れる「Exit_L」という変数を用意します。最初は「0」と設定。
整数を入れる「Exit_S」という変数を用意します。最初は「0」と設定。

メインのプログラムが始まります
 {

 // 買いポジションのエグジット
 もし 2 本前のバーの上バンドより 2 本前のバーの終値が低く、
 かつ、1 本前のバーの上バンドより 1 本前のバーの終値が高い、
 かつ、買いポジションを持っている 場合、
 {
  決済注文を出します。約定結果は Exit_L に入れます。
  もし決済に成功した場合、もう決済注文を出さないように
  Ticket_L を 0 にします。
 }

327 ページに続く

ステップ2　定型文に貼りつける　その2　※プログラム文

```
// 売りポジションのエグジット
  if(  iCustom(NULL,0,"Bands",BandsPeriod,BandsShift,
                              BandsDeviations,2,2) <= Close[2]
    && iCustom(NULL,0,"Bands",BandsPeriod,BandsShift,
                              BandsDeviations,2,1) >  Close[1]
    && ( Ticket_S != 0 && Ticket_S != -1 ))
  {
    Exit_S = OrderClose(Ticket_S,Lots,Ask,Slip,Blue);
    if( Exit_S == 1 ) {Ticket_S = 0;}
  }


// 買いエントリー
  if(  iCustom(NULL,0,"Bands",BandsPeriod,BandsShift,
                              BandsDeviations,2,2) <= Close[2]
    && iCustom(NULL,0,"Bands",BandsPeriod,BandsShift,
                              BandsDeviations,2,1) >  Close[1]
    && ( Ticket_L == 0 || Ticket_L == -1 )
    && ( Ticket_S == 0 || Ticket_S == -1 ))
  {
    Ticket_L = OrderSend(Symbol(),OP_BUY,
                    Lots,Ask,Slip,0,0, Comments,MAGIC,0,Red);
  }

// 売りエントリー
  if(  iCustom(NULL,0,"Bands",BandsPeriod,BandsShift,
                              BandsDeviations,1,2) >= Close[2]
    && iCustom(NULL,0,"Bands",BandsPeriod,BandsShift,
                              BandsDeviations,1,1) <  Close[1]
    && ( Ticket_S == 0 || Ticket_S == -1 )
    && ( Ticket_L == 0 || Ticket_L == -1 ))
  {
    Ticket_S = OrderSend(Symbol(),OP_SELL,
                    Lots,Bid,Slip,0,0,Comments,MAGIC,0,Blue);
  }

  return(0);
}
```

ステップ2　定型文に貼りつける　その2　※日本語訳

// 売りポジションのエグジット
もし2本前のバーの下バンドより2本前のバーの終値が高く、
かつ、1本前のバーの下バンドより1本前のバーの終値が低い、
かつ、売りポジションを持っている場合、
{
　決済注文を出します。約定結果は Exit_S に入れます。
　もし決済に成功した場合、もう決済注文を出さないように
　Ticket_S を0にします。
}

// 買いエントリー
もし2本前のバーの下バンドより2本前のバーの終値が高く、
かつ、1本前のバーの下バンドより1本前のバーの終値が低い、
かつ、買いポジションを持っていない、
かつ、売りポジションを持っていない場合、
{
　買い注文を出します。約定結果は Ticket_L に入れます。
}

// 売りエントリー
もし2本前のバーの上バンドより2本前のバーの終値が低く、
かつ、1本前のバーの上バンドより1本前のバーの終値が高い、
かつ、売りポジションを持っていない、
かつ、買いポジションを持っていない場合、
{
　売り注文を出します。約定結果は Ticket_S に入れます。
}

プログラムを終わります
}

チャート上でシグナルを確認してみます（確認の仕方は 397 ページ）。

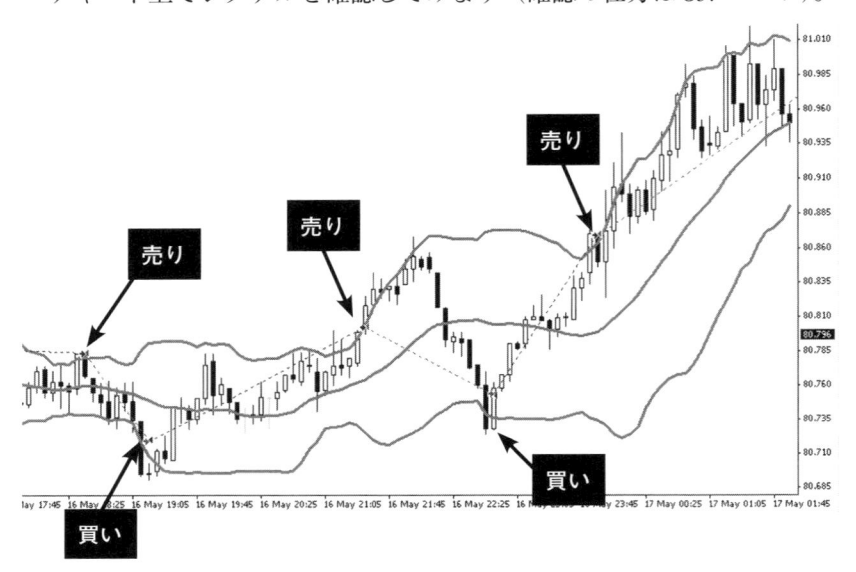

買いエントリー：バーの終値が下バンドを下回った場合

買いポジションの決済：バーの終値が上バンドを上回った場合

売りエントリー：バーの終値が上バンドを上回った場合

売りポジションの決済：バーの終値が下バンドを下回った場合

2 iCustom関数でインディケータを自動売買システムにしてみよう
移動平均線編

　移動平均は「Moving Averages」という名称でメタトレーダーに標準で入っています。「Moving Averages」に変身して、以下のような条件のシステムを作ってみます。

買いエントリー：短期移動平均線が長期移動平均線を上回った場合

買いポジションの決済：短期移動平均線が長期移動平均線を下回った場合

売りエントリー：短期移動平均線が長期移動平均線を下回った場合

売りポジションの決済：短期移動平均線が長期移動平均線を上回った場合

---

　iCustom関数を使う前の2つの事前準備をします。

①パラメーターの数の確認
　3つのパラメーターがあることが確認できました。

Variable	Value
MA_Period	13
MA_Shift	0
MA_Method	0

参考までに3つのパラメーターは次の設定になります。

MA_Period：移動平均の期間設定。初期値13。

MA_Shift：移動平均を右にシフトする設定。初期値0。メタトレーダーの移動平均独自の設定です。

MA_Method：移動平均計算方法の設定。初期値0。※

※単純移動平均＝0　指数移動平均＝1　平滑移動平均＝2　線形加重移動平均＝3

---

②ライン番号

インディケータ名	ライン番号
Moving Averages	0

これで変身の準備が整いました。それでは短期移動平均と長期移動平均に変身してみましょう（次ページ参照）。

プログラムを見てもらうと分かるように、移動平均の期間設定のパラメーターを「Fast_MA_Period（初期値6）」と「Slow_MA_Period（初期値13）」と異なる値を入れています。こうすることで短期移動平均線と長期移動平均線に変身してくれます。

```
// パラメーターの設定 //
extern int Fast_MA_Period = 6; // 短期移動平均線の期間設定
extern int Slow_MA_Period = 13; // 長期移動平均線の期間設定
extern int MA_Shift = 0; // 移動平均を右にシフトする設定
extern int MA_Method = 0;// 移動平均計算方法の設定

int start()
 {

  // 短期移動平均に変身
  iCustom( NULL, 0, " Moving Averages ",
           Fast_MA_Period,MA_Shift, MA_Method,0,1) ;
  // 長期移動平均に変身
  iCustom( NULL, 0, " Moving Averages ",
           Slow_MA_Period,MA_Shift, MA_Method,0,1) ;

return(0);
 }
```

ステップ1　条件文を記述

　買い条件である「短期移動平均線が長期移動平均線を上回った場合」は、移動平均線へ変身したiCustom関数を使って次のようにプログラムします。

```
if(iCustom( NULL, 0, "Moving Averages",Fast_MA_Period,MA_Shift,MA_Method,0,2)
  <= iCustom( NULL, 0, "Moving Averages",Slow_MA_Period,MA_Shift,MA_Method,0,2)
  && iCustom( NULL, 0, "Moving Averages",Fast_MA_Period,MA_Shift,MA_Method,0,1)
  >iCustom( NULL, 0, "Moving Averages",Slow_MA_Period,MA_Shift,MA_Method,0,1) )
```

↓日本語にすると……

もし2本前のバーの短期移動平均線が2本前のバーの長期移動平均線より低い、①
かつ、1本前のバーの短期移動平均線が1本前のバーの長期移動平均線より高い場合 ②

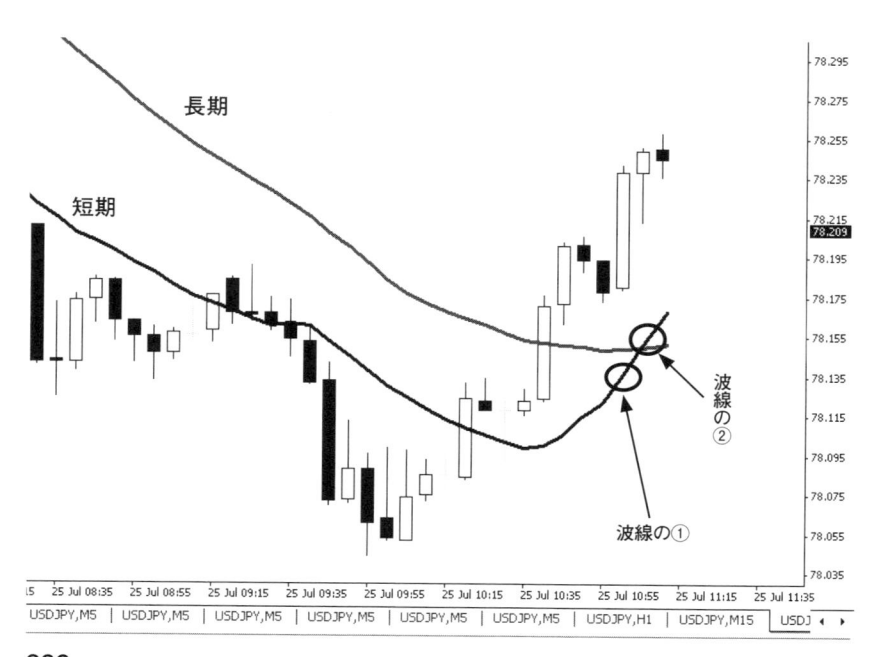

買いポジションの決済条件である「短期移動平均線が長期移動平均線を下回った場合」は、移動平均線へ変身した iCustom 関数を使って次のようにプログラムします。

```
if(iCustom( NULL, 0, "Moving Averages",Fast_MA_Period,MA_Shift,MA_Method,0,2)
  >=iCustom( NULL, 0, "Moving Averages",Slow_MA_Period,MA_Shift,MA_Method,0,2)
  && iCustom( NULL, 0, "Moving Averages",Fast_MA_Period,MA_Shift,MA_Method,0,1)
  < iCustom( NULL, 0, "Moving Averages",Slow_MA_Period,MA_Shift,MA_Method,0,1) )
```

日本語にすると……

もし2本前のバーの短期移動平均線が2本前のバーの長期移動平均線より高い、①
かつ、1本前のバーの短期移動平均線が1本前のバーの長期移動平均線より低い
場合　②

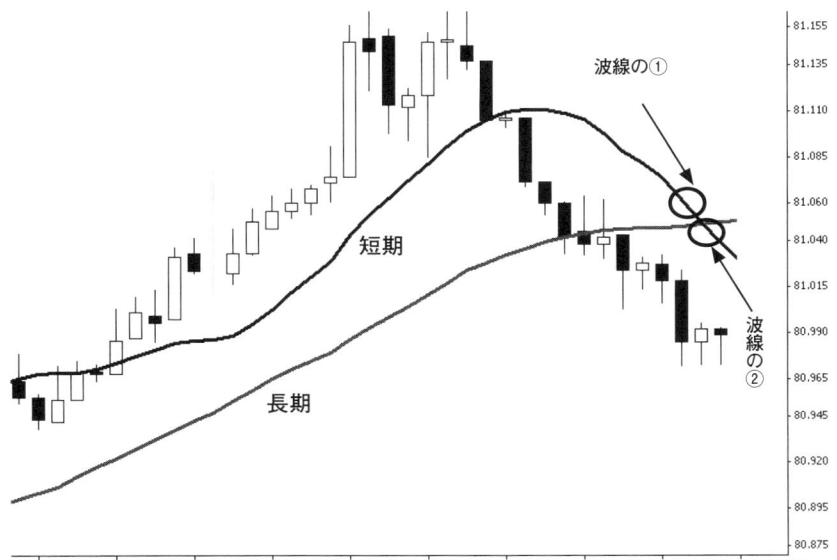

ステップ2　定型文に貼りつける　その1　※プログラム文

注：薄い文字部分は定型文

```
// マジックナンバーの定義
#define MAGIC  5582

// パラメーターの設定 //
extern int Fast_MA_Period = 6; // 短期移動平均線の期間設定
extern int Slow_MA_Period = 13; // 長期移動平均線の期間設定
extern int MA_Shift = 0; // 移動平均を右にシフトする設定
extern int MA_Method = 0;// 移動平均計算方法の設定

extern double Lots = 1.0; // 取引ロット数
extern int Slip = 10; // 許容スリッページ数
extern string Comments = " "; // コメント

// 変数の設定 //
int Ticket_L = 0; // 買い注文の結果をキャッチする変数
int Ticket_S = 0; // 売り注文の結果をキャッチする変数
int Exit_L = 0; // 買いポジションの決済注文の結果をキャッチする変数
int Exit_S = 0;// 売りポジションの決済注文の結果をキャッチする変数
```

336ページに続く

ステップ2　定型文に貼りつける　その1　※日本語訳

// マジックナンバーの定義
システム（プログラム）に 5582 と名前を付けました。

// パラメーターの設定 //
短期移動平均線の期間設定を「Fast_MA_Period」というパラメーターにします。最初は 6 と設定。
長期移動平均線の期間設定を「Slow_MA_Period」というパラメーターにします。最初は 13 と設定。
移動平均を右にシフトする設定を「MA_Shift」というパラメーターにします。最初は 0 と設定。
移動平均計算方法の設定を「MA_Method」というパラメーターにします。最初は 0 と設定。

取引ロット数をパラメーター化します。最初は 1.0 ロットと設定します。
許容スリッページをパラメーター化します。最初は 10 と設定。
注文に付けるコメントをパラメーター化します。最初は空欄に設定。

// 変数の設定 //
整数を入れる「Ticket_L」という変数を用意します。最初は「0」と設定。
整数を入れる「Ticket_S」という変数を用意します。最初は「0」と設定。
整数を入れる「Exit_L」という変数を用意します。最初は「0」と設定。
整数を入れる「Exit_S」という変数を用意します。最初は「0」と設定。

337 ページに続く

ステップ2　定型文に貼りつける　その2　※プログラム文

```
int start()
 {

  // 買いポジションのエグジット
  if(   iCustom(NULL,0,"Moving Averages",
                      Fast_MA_Period,MA_Shift,MA_Method,0,2)
    >= iCustom(NULL,0,"Moving Averages",
                      Slow_MA_Period,MA_Shift,MA_Method,0,2)
   && iCustom(NULL,0,"Moving Averages",
                      Fast_MA_Period,MA_Shift,MA_Method,0,1)
    <  iCustom(NULL,0,"Moving Averages",
                      Slow_MA_Period,MA_Shift,MA_Method,0,1)
   && ( Ticket_L != 0 && Ticket_L != -1 ))
  {
   Exit_L = OrderClose(Ticket_L,Lots,Bid,Slip,Red);
   if( Exit_L == 1 ) {Ticket_L = 0;}
  }

  // 売りポジションのエグジット
  if(   iCustom(NULL,0,"Moving Averages",
                      Fast_MA_Period,MA_Shift,MA_Method,0,2)
    <= iCustom(NULL,0,"Moving Averages",
                      Slow_MA_Period,MA_Shift,MA_Method,0,2)
   && iCustom(NULL,0,"Moving Averages",
                      Fast_MA_Period,MA_Shift,MA_Method,0,1)
    >  iCustom(NULL,0,"Moving Averages",
                      Slow_MA_Period,MA_Shift,MA_Method,0,1)
   && ( Ticket_S != 0 && Ticket_S != -1 ))
  {
   Exit_S = OrderClose(Ticket_S,Lots,Ask,Slip,Blue);
   if( Exit_S == 1 ) {Ticket_S = 0;}
  }
```

338ページに続く

ステップ2　定型文に貼りつける　その2　※日本語訳

メインのプログラムが始まります
{

　// 買いポジションのエグジット
　もし2本前のバーの短期移動平均線が2本前のバーの長期移動平均線より高い、
　かつ、1本前のバーの短期移動平均線が1本前のバーの長期移動平均線より低い、
　かつ、買いポジションを持っている場合、
　{
　　決済注文を出します。約定結果は Exit_L に入れます。
　　もし決済に成功した場合、もう決済注文を出さないように
　　Ticket_L を 0 にします。
　}

　// 売りポジションのエグジット
　もし2本前のバーの短期移動平均線が2本前のバーの長期移動平均線より低い、
　かつ、1本前のバーの短期移動平均線が1本前のバーの長期移動平均線より高い、
　かつ、売りポジションを持っている場合、
　{
　　決済注文を出します。約定結果は Exit_S に入れます。
　　もし決済に成功した場合、もう決済注文を出さないように
　　Ticket_S を 0 にします。
　}

339 ページに続く

ステップ2　定型文に貼りつける　その3　※プログラム文

```
// 買いエントリー
if(   iCustom(NULL,0,"Moving Averages",
                  Fast_MA_Period,MA_Shift,MA_Method,0,2)
   <= iCustom(NULL,0,"Moving Averages",
                  Slow_MA_Period,MA_Shift,MA_Method,0,2)
   && iCustom(NULL,0,"Moving Averages",
                  Fast_MA_Period,MA_Shift,MA_Method,0,1)
   >  iCustom(NULL,0,"Moving Averages",
                  Slow_MA_Period,MA_Shift,MA_Method,0,1)
  && ( Ticket_L == 0 || Ticket_L == -1 )
  && ( Ticket_S == 0 || Ticket_S == -1 ))
 {
   Ticket_L = OrderSend(Symbol(),OP_BUY,
                  Lots,Ask,Slip,0,0,Comments,MAGIC,0,Red);
 }

// 売りエントリー
if(   iCustom(NULL,0,"Moving Averages",
                  Fast_MA_Period,MA_Shift,MA_Method,0,2)
   >= iCustom(NULL,0,"Moving Averages",
                  Slow_MA_Period,MA_Shift,MA_Method,0,2)
   && iCustom(NULL,0,"Moving Averages",
                  Fast_MA_Period,MA_Shift,MA_Method,0,1)
   <  iCustom(NULL,0,"Moving Averages",
                  Slow_MA_Period,MA_Shift,MA_Method,0,1)
  && ( Ticket_S == 0 || Ticket_S == -1 )
  && ( Ticket_L == 0 || Ticket_L == -1 ))
 {
   Ticket_S = OrderSend(Symbol(),OP_SELL,
                  Lots,Bid,Slip,0,0,Comments,MAGIC,0,Blue);
 }

 return(0);
}
```

ステップ2　定型文に貼りつける　その3　※日本語訳

// 買いエントリー
もし2本前のバーの短期移動平均線が2本前のバーの長期移動平均線より低い、
かつ、1本前のバーの短期移動平均線が1本前のバーの長期移動平均線より高い、
かつ、買いポジションを持っていない、
かつ、売りポジションを持っていない場合、
{
　買い注文を出します。約定結果は Ticket_L に入れます。
}

// 売りエントリー
もし2本前のバーの短期移動平均線が2本前のバーの長期移動平均線より高い、
かつ、1本前のバーの短期移動平均線が1本前のバーの長期移動平均線より低い、
かつ、売りポジションを持っていない、
かつ、買いポジションを持っていない場合、
{
　売り注文を出します。約定結果は Ticket_S に入れます。
}

プログラムを終わります
}

チャート上でシグナルを確認してみます（確認の仕方は397ページ）。

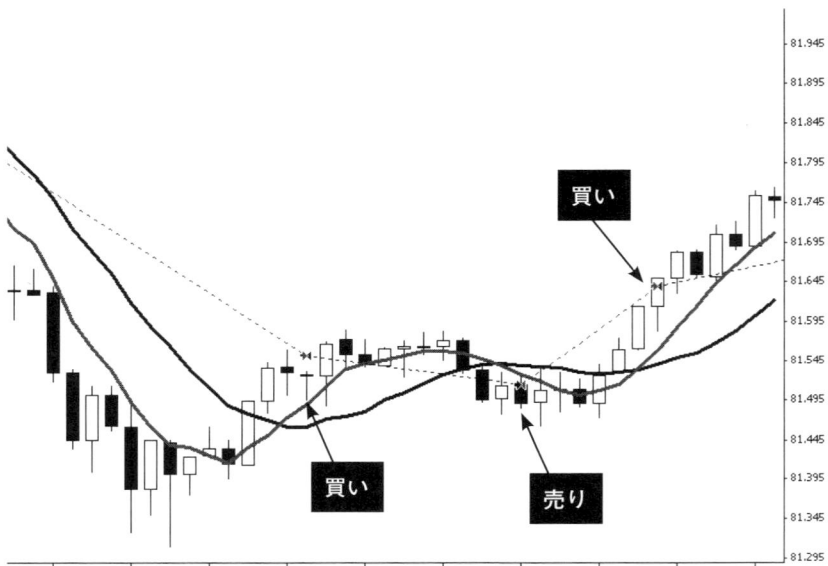

買いエントリー：短期移動平均線が長期移動平均線を上回った場合

買いポジションの決済：短期移動平均線が長期移動平均線を下回った場合

売りエントリー：短期移動平均線が長期移動平均線を下回った場合

売りポジションの決済：短期移動平均線が長期移動平均線を上回った場合

自動売買のコツ　その3

　ウルトラマンであれ仮面ライダーであれセーラームーンであれ、とかく「変身」と名の付くものには独自のポーズや決まった動作があり、すぐに変身とはいきません。
　メタトレーダーも一緒で「変身」するには多少時間がかかります。しかし、移動平均のプログラムでは「買いエントリー」で4回変身し（4回 iCustom 関数を使い）、「買いポジションの決済」でまた4回変身しています。同様に「売りエントリー」「売りポジションの決済」でも行っているので計 16 回も変身を行っているのです。
　もし仮面ライダーが1話で 16 回も変身を繰り返していたらどうでしょう？　敵もお人好しではありません。あの隙だらけの変身ポーズの間に襲いかかってくるでしょう。
　FX も同じで、変身している間に「本来エントリーするポイントとはズレた」ということだけは避けたいものです。
　iCustom 関数で変身するのに内部でどれだけ時間がかかっているのかははっきりとは分かりませんが、プログラムが長くなれば処理に余計に時間がかかることは確かです。
　これは iCustom 関数に限った話ではなく、プログラムはなるべく重複を少なく短く記述するのが基本になります。
　ここで覚えておきたいことが、何度も変身しなくても済む便利な記述方法です。
　前回の移動平均のプログラムを例に、変身回数を最小限にするためには 342 ページと 343 ページのようにプログラムします。文字色の濃い部分が前回のプログラムと変わったところです。

プログラム文

注：薄い文字部分は定型文

```
// マジックナンバーの定義
#define MAGIC  5582

// パラメーターの設定 //
extern int Fast_MA_Period = 6; // 短期移動平均線の期間設定
extern int Slow_MA_Period = 13; // 長期移動平均線の期間設定
extern int MA_Shift = 0; // 移動平均を右にシフトするバー数の設定
extern int MA_Method = 0; // 移動平均方法の設定

extern double Lots = 1.0; // 取引ロット数
extern int Slip = 10; // 許容スリッページ数
extern string Comments = " "; // コメント

// 変数の設定 //
int Ticket_L = 0; // 買い注文の結果をキャッチする変数
int Ticket_S = 0; // 売り注文の結果をキャッチする変数
int Exit_L = 0; // 買いポジションの決済注文の結果をキャッチする変数
int Exit_S = 0; // 売りポジションの決済注文の結果をキャッチする変数

double Fast_MA_2 = 0;
double Slow_MA_2 = 0;
double Fast_MA_1 = 0;
double Slow_MA_1 = 0;

int start()
 {

   Fast_MA_2 = iCustom(NULL,0,"Moving Averages",
                       Fast_MA_Period,MA_Shift,MA_Method,0,2);
   Slow_MA_2 = iCustom(NULL,0,"Moving Averages",
                       Slow_MA_Period,MA_Shift,MA_Method,0,2);
   Fast_MA_1 = iCustom(NULL,0,"Moving Averages",
                       Fast_MA_Period,MA_Shift,MA_Method,0,1);
   Slow_MA_1 = iCustom(NULL,0,"Moving Averages",
                       Slow_MA_Period,MA_Shift,MA_Method,0,1);
```

次ページに続く

プログラム文　続き

```
// 買いポジションのエグジット
if(  Fast_MA_2 >= Slow_MA_2
  && Fast_MA_1 <  Slow_MA_1
  && ( Ticket_L != 0 && Ticket_L != -1 ))
{
   Exit_L = OrderClose(Ticket_L,Lots,Bid,Slip,Red);
   if( Exit_L ==1 ) {Ticket_L = 0;}
}

// 売りポジションのエグジット
if(  Fast_MA_2 <=  Slow_MA_2
  && Fast_MA_1 >  Slow_MA_1
  && ( Ticket_S != 0 && Ticket_S != -1 ))
{
   Exit_S = OrderClose(Ticket_S,Lots,Ask,Slip,Blue);
   if( Exit_S ==1 ) {Ticket_S = 0;}
}


// 買いエントリー
if(  Fast_MA_2 <= Slow_MA_2
  && Fast_MA_1 >  Slow_MA_1
  && ( Ticket_L == 0 || Ticket_L == -1 )
  && ( Ticket_S == 0 || Ticket_S == -1 ))
{
   Ticket_L = OrderSend(Symbol(),OP_BUY,
                        Lots,Ask,Slip,0,0,Comments,MAGIC,0,Red);
}

// 売りエントリー
if(  Fast_MA_2 >= Slow_MA_2
  && Fast_MA_1 <  Slow_MA_1
  && ( Ticket_S == 0 || Ticket_S == -1 )
  && ( Ticket_L == 0 || Ticket_L == -1 ))
{
   Ticket_S = OrderSend(Symbol(),OP_SELL,
                        Lots,Bid,Slip,0,0,Comments,MAGIC,0,Blue);
}

return(0);
}
```

ずいぶんプログラムがすっきりしたと思います。どのように変身の回数を減らしたかと言いますと、iCustom関数で移動平均に変身したら変数の中に入れてしまいます（次ページの上図参照）。

　変身して変数に入れてしまえば、そのあとは変数がインディケータになります。

Fast_MA_2
→　**2本前のバーの短期移動平均線**
Slow_MA_2
→　**2本前のバーの長期移動平均線**
Fast_MA_1
→　**1本前のバーの短期移動平均線**
Slow_MA_1
→　**1本前のバーの長期移動平均線**

　変数は自分で好きに名前を付けて良いですから、分かりやすいよう2本前の短期移動平均線を入れる変数を「Fast_MA_2」とし、2本前の長期移動平均線を入れる変数を「Slow_MA_2」としました。同様に1本前のバーの短期移動平均線を入れる変数が「Fast_MA_1」、1本前のバーの長期移動平均線を入れる変数が「Slow_MA_1」です。

　小数点を含むときに使うdouble型で宣言しているのは、移動平均の値が「80.128」などのように小数点を含んでいるからです。

```
double Fast_MA_2  = 0;
double Slow_MA_2 = 0;
double Fast_MA_1  = 0;
double Slow_MA_1 = 0;
```

```
                          ┌─── 移動平均線に変身して、変数に入れる
                    ▼     │
Fast_MA_2 = iCustom( NULL, 0, "Moving Averages",
                    Fast_MA_Period,MA_Shift,MA_Method,0,2);

                    ▼
Slow_MA_2= iCustom( NULL, 0, "Moving Averages",
                    Slow_MA_Period,MA_Shift,MA_Method,0,2);

                    ▼
Fast_MA_1= iCustom( NULL, 0, "Moving Averages",
                    Fast_MA_Period,MA_Shift,MA_Method,0,1);

                    ▼
Slow_MA_1= iCustom( NULL, 0, "Moving Averages",
                    Slow_MA_Period,MA_Shift,MA_Method,0,1);
```

移動平均線に変身して変数に入れてしまえば、例えば「1本前のバーの短期移動平均線が1本前のバーの長期移動平均線を上回っている場合」は、次のように記述することができます。

```
if(    Fast_MA_1 > Slow_MA_1 )
```

前回は買いエントリー条件を次のようにプログラムしていました。

```
// 買いエントリー
   if(iCustom( NULL, 0, "Moving Averages",Fast_MA_Period,MA_Shift,
           MA_Method,0,2)
      <=iCustom( NULL, 0, "Moving Averages",Slow_MA_Period,MA_Shift,
           MA_Method,0,2)
      && iCustom( NULL, 0, "Moving Averages",Fast_MA_Period,MA_Shift,
           MA_Method,0,1)
      > iCustom( NULL, 0, "Moving Averages",Slow_MA_Period,MA_Shift,
           MA_Method,0,1) )
```

変数を使えばプログラムが見やすくなり、重複して変身することもないため処理スピードも向上します。

```
// 買いエントリー
   if(   Fast_MA_2 <= Slow_MA_2
      && Fast_MA_1 > Slow_MA_1 )
```

16回変身を行っていたものが4回のみになりました。これで変身時間も4分の1ですね。

ちょっと違和感を感じるかもしれませんが、ここは慣れですので現段階ではそういうものなんだなと思っていただければ結構です。

3 iCustom関数でインディケータを自動売買システムにしてみよう
平均足編

　平均足は「Heiken Ashi」という少しおかしな名称でメタトレーダーに標準で入っています。あくまでインディケータとしての扱いであり、そのままチャートに適用すると既存のチャートの上に描画してしまい大変見にくいです。

　そこで既存のチャートの色を背景と同色に設定します。すると、平均足のみ見ることができます。設定は「チャート」→「プロパティ」からできましたね。

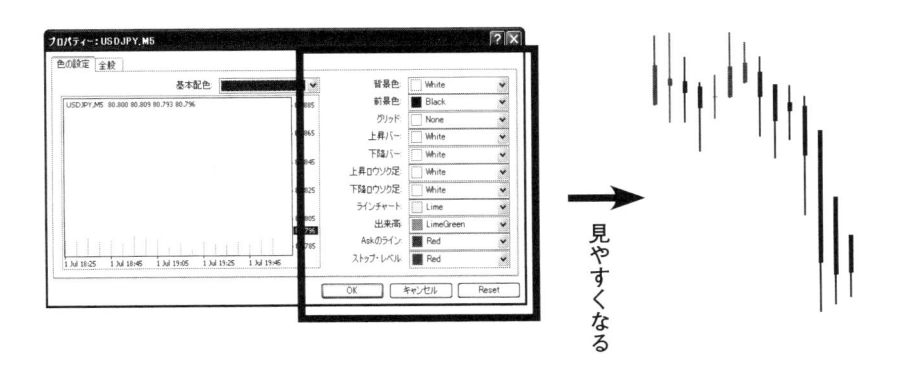

次は「Heiken Ashi」に変身して、以下のような条件のシステムを作ってみます。

買いエントリー：平均足が陰線から陽線に変わった場合
買いポジションの決済：平均足が陽線から陰線に変わった場合
売りエントリー：平均足が陽線から陰線に変わった場合
売りポジションの決済：平均足が陰線から陽線に変わった場合

それでは、iCustom 関数を使う前の 2 つの事前準備をします。

①パラメーターの数の確認

以下を見ていただくと分かるように、4 つのパラメーターがあることが確認できます。

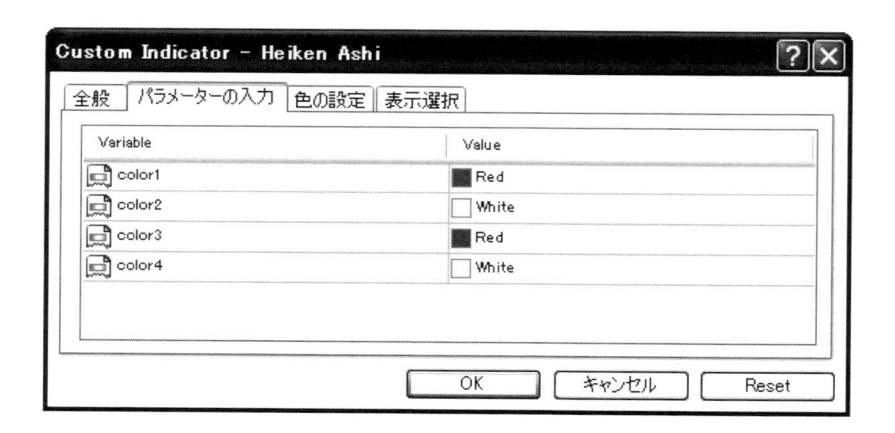

参考までに4つのパラメーターは次の設定になります。

Color1・・・・陰線のヒゲの色の設定
Color2・・・・陽線のヒゲの色の設定
Color3・・・・陰線のボディの色の設定
Color4・・・・陽線のボディの色の設定

---

②ライン番号

インディケータ名	メタトレーダー上のライン名	ライン番号
Heiken Ashi	Heiken Ashi（高値又は安値）	0
	Value 2（高値又は安値）	1
	Value 3（始値）	2
	Value 4（終値）	3

ライン番号は上のようになっています。正確には平均足は「ライン」ではないですが、インディケータの作りとしては「始値」「高値」「安値」「終値」という4つのラインを、1本のバーとして見えるように描画しているとお考えください。

本書では使用しませんが、平均足の「高値」と「安値」に変身する際はライン番号に注意してください。平均足が陽線の時は0が「安値」、1が「高値」になります。一方、平均足が陰線の時は0が「高値」、1が「安値」になります。

さて、これで変身の準備が整いました。

エントリー条件は平均足が陽線か陰線かですので、平均足の始値と

```
double Heiken_Open_2 = 0;
double Heiken_Close_2 = 0;
double Heiken_Open_1 = 0;
double Heiken_Close_1 = 0;

int start()
 {
   //2本前のバーの平均足の始値に変身             省略
   Heiken_Open_2= iCustom( NULL, 0, "Heiken Ashi",2,2);
   //2本前のバーの平均足の終値に変身             省略
   Heiken_Close_2 = iCustom( NULL, 0, "Heiken Ashi",3,2);

   // 1本前のバーの平均足の始値に変身            省略
   Heiken_Open_1= iCustom( NULL, 0, "Heiken Ashi",2,1);
   // 1本前のバーの平均足の終値に変身            省略
   Heiken_Close_1= iCustom( NULL, 0, "Heiken Ashi",3,1);
```

始値と終値に注目

終値が分かれば良いことになります。陽線とは「始値＜終値」、陰線とは「始値＞終値」でしたね。それでは平均足の始値と終値に変身してみます。次ページを見てください。

「Heiken_Open_2」は2本前の平均足の始値、「Heiken_Close_2」は2本前の平均足の終値を入れています。同様に「Heiken_Open_1」「Heiken_Close_1」は1本前のバーの平均足の始値と終値です。

今までと異なるのはiCustom関数のパラメーターの設定項目を省略している点です。

「Heiken Ashi」では4つのパラメーターがありましたが、すべてチャート上の色の設定であり、トレードとは関係ありません。したがって、このパラメーターは省略してしまっても構わないのです。

◆コラム：変身は確実に！

　iCustom関数で平均足に変身する際は"Heiken Ashi"と記述しますが、「Heiken」と「Ashi」の間に半角スペースが空いていることに気をつけてください。インディケータ名を正しく記述しないと、コンパイルエラーにはなりませんが変身はできません。

　インディケータ名を間違えて記述してプログラムをチャートに適用した場合、「ターミナル」の「Experts」に

「Cannot open file 'C:\Program Files\ODL MetaTrader4\experts\indicators\HeikenAshi.ex4'」

などと、該当のインディケータがありませんという意味の表示が出ます。

ステップ1　条件文を記述

買い条件である「もし平均足が陰線から陽線に変わった場合」は平均足へ変身した変数を使って次のようにプログラムします。

```
if( Heiken_Open_2 >= Heiken_Close_2
    && Heiken_Open_1 < Heiken_Close_1 )
```

↓ 日本語にすると……

もし2本前のバーの平均足始値より2本前のバーの平均足終値が低い、
かつ、1本前のバーの平均足始値より1本前のバーの平均足終値が高い場合

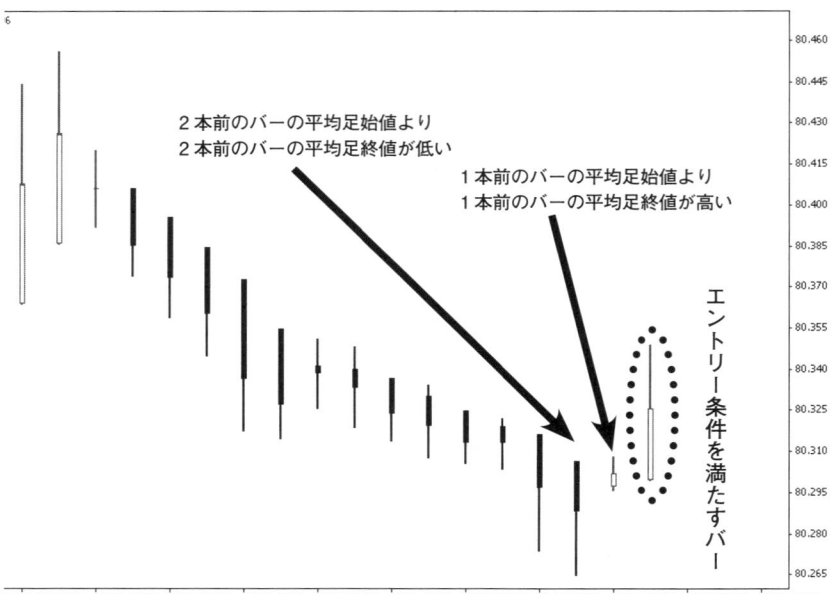

2本前のバーの平均足始値より
2本前のバーの平均足終値が低い

1本前のバーの平均足始値より
1本前のバーの平均足終値が高い

エントリー条件を満たすバー

買いポジションの決済条件である「もし平均足が陽線から陰線に変わった場合」は平均足へ変身した変数を使って次のようにプログラムします。

```
if( Heiken_Open_2 <= Heiken_Close_2
 && Heiken_Open_1 > Heiken_Close_1 )
```

↓ 日本語にすると……

もし2本前のバーの平均足始値より2本前のバーの平均足終値が高い、かつ、1本前のバーの平均足始値より1本前のバーの平均足終値が低い場合

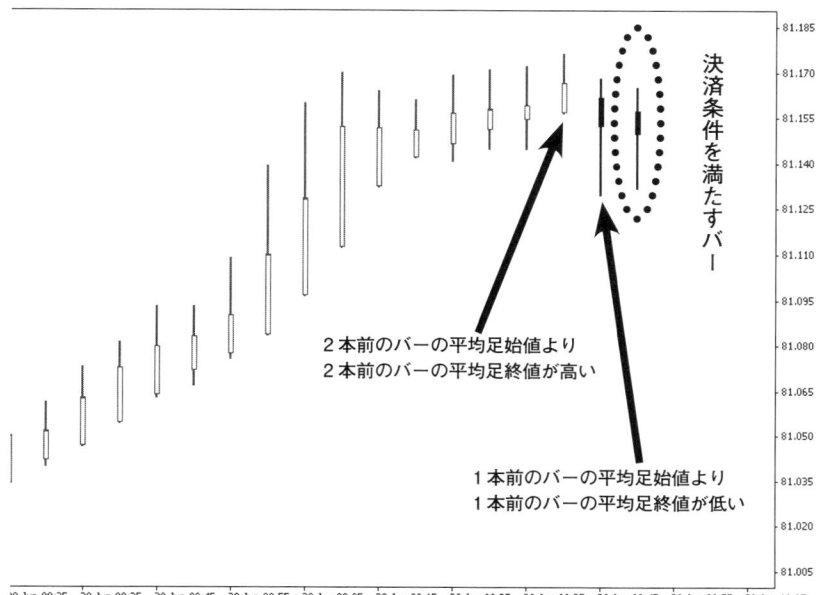

決済条件を満たすバー

2本前のバーの平均足始値より
2本前のバーの平均足終値が高い

1本前のバーの平均足始値より
1本前のバーの平均足終値が低い

ステップ2　定型文に貼りつける　その1　※プログラム文

注：薄い文字部分は定型文

```
// マジックナンバーの定義
#define MAGIC 1192

// パラメーターの設定 //
extern double Lots = 1.0; // 取引ロット数
extern int Slip = 10; // 許容スリッページ数
extern string Comments = " "; // コメント

// 変数の設定 //
int Ticket_L = 0; // 買い注文の結果をキャッチする変数
int Ticket_S = 0; // 売り注文の結果をキャッチする変数
int Exit_L = 0; // 買いポジションの決済注文の結果をキャッチする変数
int Exit_S = 0; // 売りポジションの決済注文の結果をキャッチする変数

double Heiken_Open_2 = 0; /*2本前のバーの平均足の始値に変身した
                            iCustom 関数を代入する変数 */
double Heiken_Close_2 = 0; /*2本前のバーの平均足の終値に変身した
                             iCustom 関数を代入する変数 */
double Heiken_Open_1 = 0; /*1本前のバーの平均足の始値に変身した
                            iCustom 関数を代入する変数 */
double Heiken_Close_1 = 0; /*1本前のバーの平均足の終値に変身した
                             iCustom 関数を代入する変数 */

int start()
 {

   Heiken_Open_2 = iCustom(NULL,0,"Heiken Ashi",2,2);
   Heiken_Close_2 = iCustom(NULL,0,"Heiken Ashi",3,2);
   Heiken_Open_1 = iCustom(NULL,0,"Heiken Ashi",2,1);
   Heiken_Close_1 = iCustom(NULL,0,"Heiken Ashi",3,1);

   // 買いポジションのエグジット
   if(   Heiken_Open_2 <= Heiken_Close_2
      && Heiken_Open_1 >  Heiken_Close_1
      && ( Ticket_L != 0 && Ticket_L != -1 ))
    {
      Exit_L = OrderClose(Ticket_L,Lots,Bid,Slip,Red);
      if( Exit_L ==1 ) {Ticket_L = 0;}
    }
```

356 ページに続く

ステップ2　定型文に貼りつける　その1　※日本語訳

// マジックナンバーの定義
システム（プログラム）に 1192 と名前を付けました。

// パラメーターの設定 //
取引ロット数をパラメーター化します。最初は 1.0 ロットと設定。
許容スリッページをパラメーター化します。最初は 10 と設定。
注文に付けるコメントをパラメーター化します。最初は空欄にします。

// 変数の設定 //
整数を入れる「Ticket_L」という変数を用意します。最初は「0」と設定。
整数を入れる「Ticket_S」という変数を用意します。最初は「0」と設定。
整数を入れる「Exit_L」という変数を用意します。最初は「0」と設定。
整数を入れる「Exit_S」という変数を用意します。最初は「0」と設定。

実数を入れる「Heiken_Open_2」という変数を用意します。最初は「0」と設定。
実数を入れる「Heiken_Close_2」という変数を用意します。最初は「0」と設定。
実数を入れる「Heiken_Open_1」という変数を用意します。最初は「0」と設定。
実数を入れる「Heiken_Close_1」という変数を用意します。最初は「0」と設定。

メインのプログラムが始まります
{

　2本前のバーの平均足の始値に変身して「Heiken_Open_2」に代入
　2本前のバーの平均足の終値に変身して「Heiken_Close_2」に代入
　1本前のバーの平均足の始値に変身して「Heiken_Open_1」に代入
　1本前のバーの平均足の終値に変身して「Heiken_Close_1」に代入

　// 買いポジションのエグジット
　もし2本前のバーの平均足始値より2本前のバーの平均足終値が高い、
　かつ、1本前のバーの平均足始値より1本前のバーの平均足終値が低い、
　かつ、買いポジションを持っている場合、
　{
　　決済注文を出します。約定結果は Exit_L に入れます。
　　もし決済に成功した 場合、もう決済注文を出さないように
　　Ticket_L を 0 にします。
　}

357 ページに続く

ステップ2　定型文に貼りつける　その2　※プログラム文

```
// 売りポジションのエグジット
if(   Heiken_Open_2 >= Heiken_Close_2
   && Heiken_Open_1 <  Heiken_Close_1
   && ( Ticket_S != 0 && Ticket_S != -1 ))
{
   Exit_S = OrderClose(Ticket_S,Lots,Ask,Slip,Blue);
   if( Exit_S ==1 ) {Ticket_S = 0;}
}


// 買いエントリー
if(   Heiken_Open_2 >= Heiken_Close_2
   && Heiken_Open_1 <  Heiken_Close_1
   && ( Ticket_L == 0 || Ticket_L == -1 )
   && ( Ticket_S == 0 || Ticket_S == -1 ))
{
   Ticket_L = OrderSend(Symbol(),OP_BUY,
                          Lots,Ask,Slip,0,0,Comments,MAGIC,0,Red);
}

// 売りエントリー
if(   Heiken_Open_2 <= Heiken_Close_2
   && Heiken_Open_1 >  Heiken_Close_1
   && ( Ticket_S == 0 || Ticket_S == -1 )
   && ( Ticket_L == 0 || Ticket_L == -1 ))
{
   Ticket_S = OrderSend(Symbol(),OP_SELL,
                          Lots,Bid,Slip,0,0,Comments,MAGIC,0,Blue);
}

return(0);
}
```

ステップ2　定型文に貼りつける　その2　※日本語訳

// 売りポジションのエグジット
もし2本前のバーの平均足始値より2本前のバーの平均足終値が低い、
かつ、1本前のバーの平均足始値より1本前のバーの平均足終値が高い、
かつ、売りポジションを持っている 場合、
{
　決済注文を出します。約定結果は Exit_S に入れます。
　もし決済に成功した 場合、もう決済注文を出さないように
　Ticket_S を 0 にします。
}

// 買いエントリー
もし2本前のバーの平均足始値より2本前のバーの平均足終値が低い、
かつ、1本前のバーの平均足始値より1本前のバーの平均足終値が高い、
かつ、買いポジションを持っていない、
かつ、売りポジションを持っていない 場合、
{
　買い注文を出します。約定結果は Ticket_L に入れます。
}

// 売りエントリー
もし2本前のバーの平均足始値より2本前のバーの平均足終値が高い、
かつ、1本前のバーの平均足始値より1本前のバーの平均足終値が低い、
かつ、売りポジションを持っていない、
かつ、買いポジションを持っていない 場合、
{
　売り注文を出します。約定結果は Ticket_S に入れます。
}

プログラムを終わります
}

チャート上でシグナルを確認してみます（確認の仕方は397ページ）。

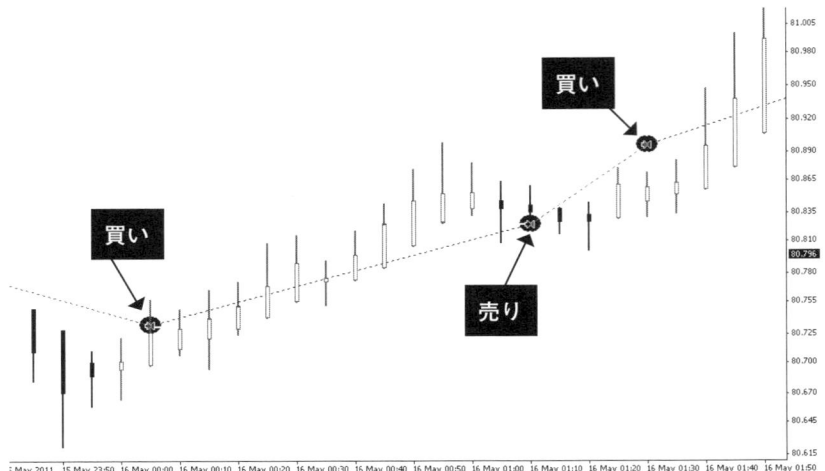

買いエントリー：平均足が陰線から陽線に変わった場合
買いポジションの決済：平均足が陽線から陰線に変わった場合
売りエントリー：平均足が陽線から陰線に変わった場合
売りポジションの決済：平均足が陰線から陽線に変わった場合

4 iCustom 関数でインディケータを自動売買システムにしてみよう
一目均衡表　雲編

　一目均衡表は「Ichimoku」という名称でメタトレーダーに標準で入っています。

　次は「Ichimoku」に変身して以下のような条件のシステムを作ってみます。

買いエントリー：バー（ローソク足）の終値が雲を上回った場合

買いポジションの決済：バーの終値が雲を下回った場合

売りエントリー：バーの終値が雲を下回った場合

売りポジションの決済：バーの終値が雲を上回った場合

　雲とは先行スパン A と先行スパン B の間の領域です。

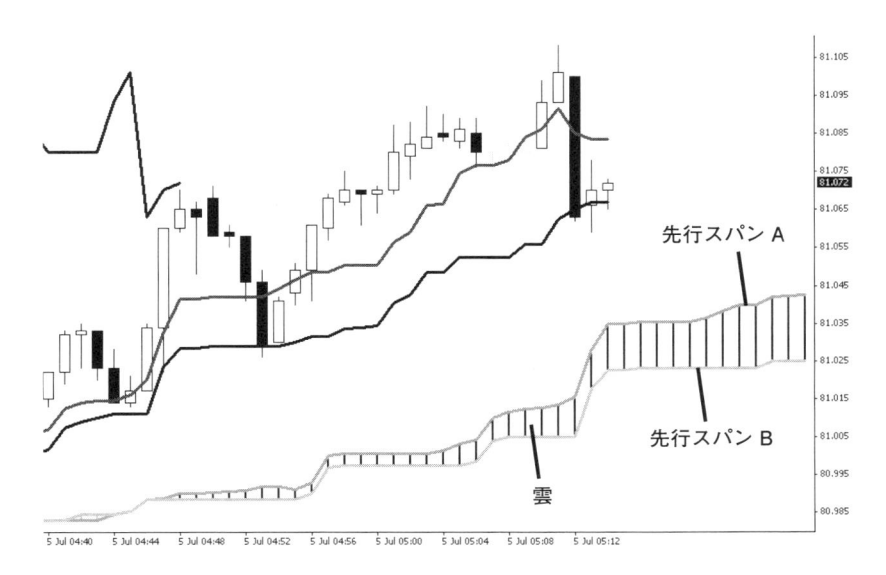

iCustom関数を使う前の2つの事前準備をします。

①パラメーターの数の確認

以下を見ると、3つのパラメーターがあることが確認できます。

```
Custom Indicator - Ichimoku
全般 | パラメーターの入力 | 色の設定 | 表示選択
Variable        Value
Tenkan          9
Kijun           26
Senkou          52
                        OK    キャンセル    Reset
```

Tenkan：転換線の期間設定
Kijun：基準線の期間設定
Senkou：先行線の期間設定

②ライン番号

インディケータ名	メタトレーダー上のライン名	ライン番号
Ichimoku	Tenkan Sen（転換線）	0
	Kijun Sen（基準線）	1
	Chinkou Span（遅行スパン）	4
	Senkou Span A（先行スパン A）	5
	Senkou Span B（先行スパン B）	6

先行スパン A と先行スパン B はそれぞれ「5」と「6」になります。これで変身の準備が整いました。

　エントリー条件は雲（先行スパン A と先行スパン B の間の領域）を使いますので、先行スパン A と先行スパン B に変身すれば良いことになります。それでは先行スパン A と先行スパン B に変身してみます。

```
// パラメーターの設定 //
extern int Tenkan = 6; // 転換線の期間設定
extern int Kijun  = 26; // 基準線の期間設定
extern int Senkou = 52; // 先行線の期間設定

double SenkouA_2 = 0;//2 本前のバーの先行スパン A を代入する変数
double SenkouB_2 = 0;//2 本前のバーの先行スパン B を代入する変数
double SenkouA_1 = 0;//1 本前のバーの先行スパン A を代入する変数
double SenkouB_1 = 0;//1 本前のバーの先行スパン B を代入する変数

int start()
 {
  //2 本前のバーの先行スパン A に変身
  SenkouA_2 = iCustom( NULL, 0, "Ichimoku",Tenkan,Kijun,
                      Senkou,5,2);
  //2 本前のバーの先行スパン B に変身
  SenkouB_2 = iCustom( NULL, 0, "Ichimoku",Tenkan,Kijun,
                      Senkou,6,2);

  //1 本前のバーの先行スパン A に変身
  SenkouA_1 = iCustom( NULL, 0, "Ichimoku",Tenkan,Kijun,
                      Senkou,5,1);
  //1 本前のバーの先行スパン B に変身
  SenkouB_1 = iCustom( NULL, 0, "Ichimoku",Tenkan,Kijun,
                      Senkou,6,1);

return(0);
 }
```

ステップ1　条件文を記述

　買い条件である「バー（ローソク足）の終値が雲を上回った場合」は、一目均衡表の雲へ変身した変数を使って次のようにプログラムします。

```
if(   ( SenkouA_2 >= Close[2] || SenkouB_2 >= Close[2] )
   && SenkouA_1 <  Close[1] && SenkouB_1 < Close[1] )
```

↓ 日本語にすると……

もし2本前のバーの先行スパンAより2本前のバーの終値が低い、もしくは2本前のバーの先行スパンBより2本前のバーの終値が低い、①
かつ、1本前のバーの先行スパンAより1本前のバーの終値が高い、かつ、1本前のバーの先行スパンBより1本前のバーの終値が高い場合 ②

　ローソク足が雲を上回った状態とは2本前のバーが先行スパンAまたはBの少なくとも一方は下にある状態で、かつ、1本前のバーが先行スパンA、Bより上にある状態ですね。

買いポジションの決済条件である「バー（ローソク足）の終値が雲を下回った場合」は一目均衡表の雲へ変身した変数を使って次のようにプログラムします。

---

if(　(SenkouA_2 <= Close[2] || SenkouB_2 <= Close[2])
　　&& SenkouA_1 > Close[1] && SenkouB_1 > Close[1])

↓　日本語にすると……

もし2本前のバーの先行スパンAより2本前のバーの終値が高い、もしくは2本前のバーの先行スパンBより2本前のバーの終値が高い、①
かつ、1本前のバーの先行スパンAより1本前のバーの終値が低い、かつ、1本前のバーの先行スパンBより1本前のバーの終値が低い場合　②

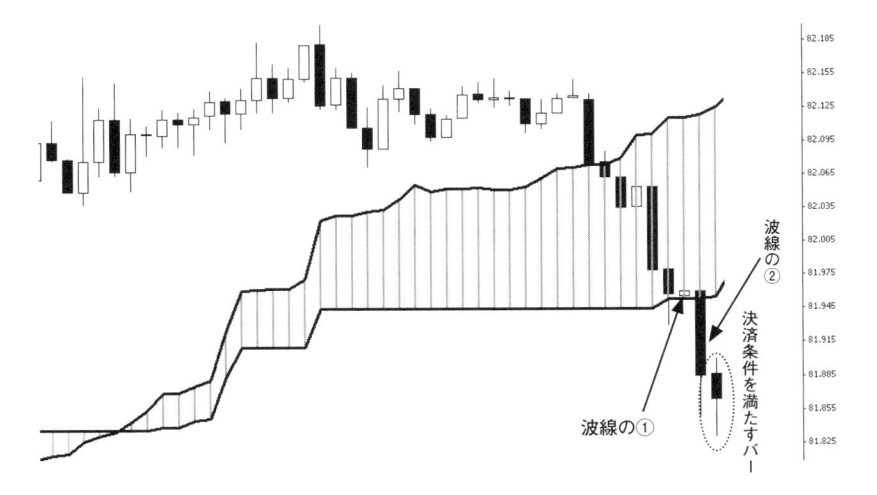

　ローソク足が雲を下回った状態とは2本前のバーが先行スパンAまたはBの少なくとも一方は上にある状態で、かつ、1本前のバーが先行スパンA、Bより下にある状態ですね。

ステップ2　定型文に貼りつける　その1　※プログラム文

注：薄い文字部分は定型文

```
// マジックナンバーの定義
#define MAGIC  1234

// パラメーターの設定 //
extern int Tenkan = 6; // 転換線の期間設定
extern int Kijun = 26; // 基準線の期間設定
extern int Senkou = 52; // 先行線の期間設定

extern double Lots = 1.0; // 取引ロット数
extern int Slip = 10; // 許容スリッページ数
extern string Comments = " "; // コメント

// 変数の設定 //
int Ticket_L = 0; // 買い注文の結果をキャッチする変数
int Ticket_S = 0; // 売り注文の結果をキャッチする変数
int Exit_L = 0; // 買いポジションの決済注文の結果をキャッチする変数
int Exit_S = 0; // 売りポジションの決済注文の結果をキャッチする変数

double SenkouA_2 = 0; /*2本前のバーの先行スパン A に変身した iCustom
                       関数を代入する変数 */
double SenkouB_2 = 0; /*2本前のバーの先行スパン B に変身した iCustom
                       関数を代入する変数 */
double SenkouA_1 = 0; /*1本前のバーの先行スパン A に変身した iCustom
                       関数を代入する変数 */
double SenkouB_1 = 0; /*1本前のバーの先行スパン B に変身した iCustom
                       関数を代入する変数 */

int start()
 {

   SenkouA_2 = iCustom(NULL,0,"Ichimoku",Tenkan,Kijun,Senkou,5,2);
   SenkouB_2 = iCustom(NULL,0,"Ichimoku",Tenkan,Kijun,Senkou,6,2);
   SenkouA_1 = iCustom(NULL,0,"Ichimoku",Tenkan,Kijun,Senkou,5,1);
   SenkouB_1 = iCustom(NULL,0,"Ichimoku",Tenkan,Kijun,Senkou,6,1);
```

366 ページに続く

ステップ2　定型文に貼りつける　その1　※日本語訳

// マジックナンバーの定義
システム（プログラム）に 1234 と名前を付けました。

// パラメーターの設定 //
転換線の期間設定を「Tenkan」というパラメーターにします。最初は 6 と設定。
基準線の期間設定を「Kijun」というパラメーターにします。最初は 26 と設定。
先行線の期間設定を「Senkou」というパラメーターにします。最初は 52 と設定。

取引ロット数をパラメーター化します。最初は 1.0 ロットと設定します。
許容スリッページをパラメーター化します。最初は 10 とします。
注文に付けるコメントをパラメーター化します。最初は空欄にします。

// 変数の設定 //
整数を入れる「Ticket_L」という変数を用意します。最初は「0」と設定。
整数を入れる「Ticket_S」という変数を用意します。最初は「0」と設定。
整数を入れる「Exit_L」という変数を用意します。最初は「0」と設定。
整数を入れる「Exit_S」という変数を用意します。最初は「0」と設定。

実数を入れる「SenkouA_2」という変数を用意します。最初は「0」と設定。
実数を入れる「SenkouB_2」という変数を用意します。最初は「0」と設定。
実数を入れる「SenkouA_1」という変数を用意します。最初は「0」と設定。
実数を入れる「SenkouB_1」という変数を用意します。最初は「0」と設定。

メインのプログラムが始まります
　{

　　2本前のバーの先行スパン A に変身した iCustom 関数を「SenkouA_2」に代入
　　2本前のバーの先行スパン B に変身した iCustom 関数を「SenkouB_2」に代入
　　1本前のバーの先行スパン A に変身した iCustom 関数を「SenkouA_1」に代入
　　1本前のバーの先行スパン B に変身した iCustom 関数を「SenkouB_1」に代入

367 ページに続く

ステップ２　定型文に貼りつける　その２　※プログラム文

```
// 買いポジションのエグジット
if(    ( SenkouA_2 <= Close[2] || SenkouB_2 <= Close[2] )
    && SenkouA_1 > Close[1] && SenkouB_1 > Close[1]
    && ( Ticket_L != 0 && Ticket_L != -1 ))
{
    Exit_L = OrderClose(Ticket_L,Lots,Bid,Slip,Red);
    if( Exit_L == 1 ) {Ticket_L = 0;}
}

// 売りポジションのエグジット
if(    ( SenkouA_2 >= Close[2] || SenkouB_2 >= Close[2] )
    && SenkouA_1 < Close[1] && SenkouB_1 < Close[1]
    && ( Ticket_S != 0 && Ticket_S != -1 ))
{
    Exit_S = OrderClose(Ticket_S,Lots,Ask,Slip,Blue);
    if( Exit_S == 1 ) {Ticket_S = 0;}
}
```

368ページに続く

ステップ2　定型文に貼りつける　その2　※日本語訳

// 買いポジションのエグジット
もし2本前のバーの先行スパンAより2本前のバーの終値が高い、
もしくは2本前のバーの先行スパンBより2本前のバーの終値が高い、
かつ、1本前のバーの先行スパンAより1本前のバーの終値が低い、
かつ、1本前のバーの先行スパンBより1本前のバーの終値が低い、
かつ、買いポジションを持っている場合、

｛
　決済注文を出します。約定結果はExit_Lに入れます。
　もし決済に成功した場合、もう決済注文を出さないように
　Ticket_Lを0にします。
｝

// 売りポジションのエグジット
もし2本前のバーの先行スパンAより2本前のバーの終値が低い、
もしくは2本前のバーの先行スパンBより2本前のバーの終値が低い、
かつ、1本前のバーの先行スパンAより1本前のバーの終値が高い、
かつ、1本前のバーの先行スパンBより1本前のバーの終値が高い、
かつ、売りポジションを持っている場合、
｛
　決済注文を出します。約定結果はExit_Sに入れます。
　もし決済に成功した場合、もう決済注文を出さないように
　Ticket_Sを0にします。
｝

369ページに続く

ステップ2　定型文に貼りつける　その3　※プログラム文

```
// 買いエントリー
if(    ( SenkouA_2 >= Close[2] || SenkouB_2 >= Close[2] )
    && SenkouA_1 < Close[1] && SenkouB_1 < Close[1]
    && ( Ticket_L == 0 || Ticket_L == -1 )
    && ( Ticket_S == 0 || Ticket_S == -1 ))
{
   Ticket_L = OrderSend(Symbol(),OP_BUY,
                                Lots,Ask,Slip,0,0,Comments,MAGIC,0,Red);
}

// 売りエントリー
if(    ( SenkouA_2 <= Close[2] || SenkouB_2 <= Close[2] )
    && SenkouA_1 > Close[1] && SenkouB_1 > Close[1]
    && ( Ticket_S == 0 || Ticket_S == -1 )
    && ( Ticket_L == 0 || Ticket_L == -1 ))
{
   Ticket_S = OrderSend(Symbol(),OP_SELL,
                                Lots,Bid,Slip,0,0,Comments,MAGIC,0,Blue);
}

return(0);
}
```

ステップ２　定型文に貼りつける　その３　※日本語訳

// 買いエントリー
もし２本前のバーの先行スパンＡより２本前のバーの終値が低い、
もしくは２本前のバーの先行スパンＢより２本前のバーの終値が低い、
かつ、１本前のバーの先行スパンＡより１本前のバーの終値が高い、
かつ、１本前のバーの先行スパンＢより１本前のバーの終値が高い、
かつ、買いポジションを持っていない、
かつ、売りポジションを持っていない場合、
{
　　買い注文を出します。約定結果はTicket_Lに入れます。
}

// 売りエントリー
もし２本前のバーの先行スパンＡより２本前のバーの終値が高い、
もしくは２本前のバーの先行スパンＢより２本前のバーの終値が高い、
かつ、１本前のバーの先行スパンＡより１本前のバーの終値が低い、
かつ、１本前のバーの先行スパンＢより１本前のバーの終値が低い、
かつ、売りポジションを持っていない、
かつ、買いポジションを持っていない場合、
{
　　売り注文を出します。約定結果はTicket_Sに入れます。
}

プログラムを終わります
}

チャート上でシグナルを確認してみます（確認の仕方は 397 ページ）。

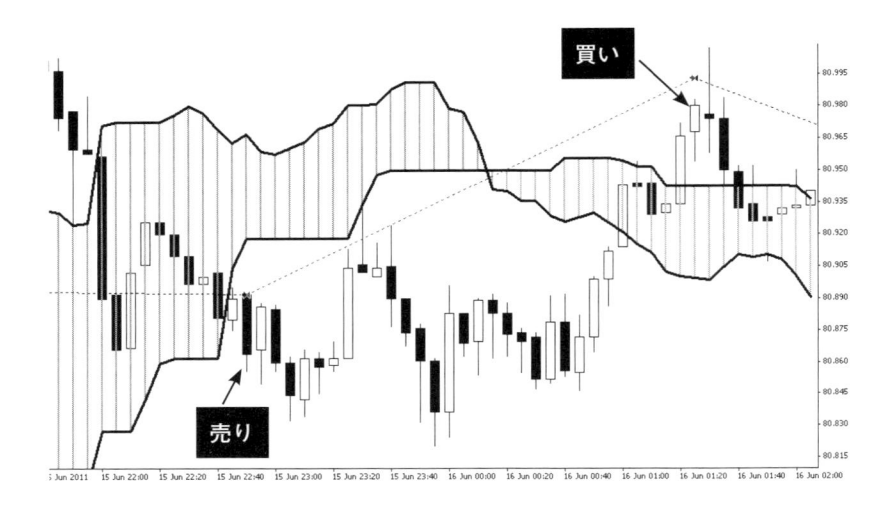

買いエントリー：バーの終値が雲を上回った場合

買いポジションの決済：バーの終値が雲を下回った場合

売りエントリー：バーの終値が雲を下回った場合

売りポジションの決済：バーの終値が雲を上回った場合

| 5 | iCustom関数でインディケータを自動売買システムにしてみよう
一目均衡表　遅行スパン編 |

　一目均衡表の遅行スパンに変身するときは、ちょっと注意が必要ですのでご紹介致します。
　遅行スパンは現在の終値をパラメーターの「Kijun」に入力された数のバー分だけ過去にずらして表示させたものです（パラメーターの「Kijun」が26の場合、現在の終値を26本前のバーに表示）。

「kijun」＝ 26 の場合

遅行スパン　　26 本前

　いつものように1本前や2本前のバーの遅行スパンに変身してもラインはありませんので変身できません。遅行スパンに変身するにはパラメーターの「Kijun」＋1本前および「Kijun」＋2本前のバーの遅行スパンに変身します。
　例えばパラメーターの「Kijun」が26であれば27本前のバーの遅行スパンと28本前の遅行スパンに変身して条件を記述します（26本前でないのは26本前のバーの遅行スパンは現在の終値をずらしたものであり値が確定していないためです）。

したがって、遅行スパンに変身するには次のようにプログラムします。ちなみに遅行スパンのライン番号は「4」です（次ページを見てください）。

　それでは遅行スパンに変身して以下のような条件のシステムを作ってみます。

買いエントリー：遅行スパンがその時点の日足終値を上回った場合
買いポジションの決済：遅行スパンがその時点の日足終値を下回った場合
売りエントリー：遅行スパンがその時点の日足終値を下回った場合
売りポジションの決済：遅行スパンがその時点の日足終値を上回った場合

```
// パラメーターの設定 //
extern int Tenkan = 6; // 転換線の期間設定
extern int Kijun  = 26; // 基準線の期間設定
extern int Senkou = 52; // 先行線の期間設定
double Chikou_2 = 0; /* Kijun+2 本前のバーの遅行スパンに変身した
                        iCustom 関数を代入する変数 */
double Chikou_1 = 0; /* Kijun+1 本前のバーの遅行スパンに変身した
                        iCustom 関数を代入する変数 */

int start()
  {
   // Kijun+2 本前 のバーの遅行スパンに変身
   Chikou_2 =iCustom(NULL, 0, "Ichimoku",
                             Tenkan,Kijun,Senkou,4,Kijun+2);

   // Kijun+1 本前のバーの遅行スパンに変身
   Chikou_1=iCustom(NULL, 0, "Ichimoku",
                             Tenkan,Kijun,Senkou,4,Kijun+1);
return(0);
  }
```

ステップ1　条件文を記述

　買い条件である「遅行スパンがその時点の日足終値を上回った場合」は一目均衡表の遅行スパンへ変身した変数を使って次のようにプログラムします。

```
if(    Chikou_2 <= Close[Kijun+2]
    && Chikou_1 >  Close[Kijun+1] )
```

↓ 日本語にすると……

もし Kijun+2 本前の遅行スパンが Kijun+2 本前の終値より低い　①
かつ、Kijun+1 本前の遅行スパンが Kijun+1 本前の終値より高い場合　②

「kijun」＝ 26 の場合

条件を満たすバー

波線の②

波線の①

買いポジションの決済条件である「遅行スパンがその時点の日足終値を下回った場合」は一目均衡表の遅行スパンへ変身した変数を使って次のようにプログラムします。

```
if(    Chikou_2 >= Close[Kijun+2]
    && Chikou_1 < Close[Kijun+1] )
```

日本語にすると……

もしKijun+2本前の遅行スパンがKijun+2本前の終値より高い　①
かつ、Kijun+1本前の遅行スパンがKijun+1本前の終値より低い場合　②

波線の①

波線の②

条件を満たすバー

「kijun」＝26の場合

ステップ2 定型文に貼りつける その1 ※プログラム文

注：薄い文字部分は定型文

```
// マジックナンバーの定義
#define MAGIC  1919

// パラメーターの設定 //
extern int Tenkan = 6; // 転換線の期間設定
extern int Kijun = 26; // 基準線の期間設定
extern int Senkou = 52; // 先行線の期間設定

extern double Lots = 1.0; // 取引ロット数
extern int Slip = 10; // 許容スリッページ数
extern string Comments = " "; // コメント

// 変数の設定 //
int Ticket_L = 0; // 買い注文の結果をキャッチする変数
int Ticket_S = 0; // 売り注文の結果をキャッチする変数
int Exit_L = 0; // 買いポジションの決済注文の結果をキャッチする変数
int Exit_S = 0; // 売りポジションの決済注文の結果をキャッチする変数

double Chikou_2 = 0; /*Kijun+2 本前のバーの遅行スパンに変身した
                      iCustom 関数を代入する変数 */
double Chikou_1 = 0; /*Kijun+1 本前のバーの遅行スパンに変身した
                      iCustom 関数を代入する変数 */

int start()
 {

  Chikou_2 = iCustom(NULL,0,"Ichimoku",Tenkan,Kijun,Senkou,4,Kijun+2);
  Chikou_1 = iCustom(NULL,0,"Ichimoku",Tenkan,Kijun,Senkou,4,Kijun+1);
```

378 ページに続く

ステップ２　定型文に貼りつける　その１　※日本語訳

// マジックナンバーの定義
システム（プログラム）に 1919 と名前を付けました。

// パラメーターの設定 //
転換線の期間設定を「Tenkan」というパラメーターにします。最初は 6 と設定。
基準線の期間設定を「Kijun」というパラメーターにします。最初は 26 と設定。
先行線の期間設定を「Senkou」というパラメーターにします。最初は 52 と設定。

取引ロット数をパラメーター化します。最初は 1.0 ロットと設定。
許容スリッページをパラメーター化します。最初は 10 と設定。
注文に付けるコメントをパラメーター化します。最初は空欄に設定。

// 変数の設定 //
整数を入れる「Ticket_L」という変数を用意します。最初は「0」と設定。
整数を入れる「Ticket_S」という変数を用意します。最初は「0」と設定。
整数を入れる「Exit_L」という変数を用意します。最初は「0」と設定。
整数を入れる「Exit_S」という変数を用意します。最初は「0」と設定。

実数を入れる「Chikou_2」という変数を用意します。最初は「0」と設定。
実数を入れる「Chikou_1」という変数を用意します。最初は「0」と設定。

メインのプログラムが始まります
　{

　　Kijun+2 本前のバーの遅行スパンに変身した iCustom 関数を
　　「Chikou_2」 に代入
　　Kijun+1 本前のバーの遅行スパンに変身した iCustom 関数を
　　「Chikou_1」 に代入

379 ページに続く

ステップ２　定型文に貼りつける　その２　※プログラム文

```
// 買いポジションのエグジット
if(    Chikou_2 >= Close[Kijun+2]
    && Chikou_1 <  Close[Kijun+1]
    && ( Ticket_L != 0 && Ticket_L != -1 ))
{
    Exit_L = OrderClose(Ticket_L,Lots,Bid,Slip,Red);
    if( Exit_L == 1 ) {Ticket_L = 0;}
}

// 売りポジションのエグジット
if(    Chikou_2 <= Close[Kijun+2]
    && Chikou_1 >  Close[Kijun+1]
    && ( Ticket_S != 0 && Ticket_S != -1 ))
{
    Exit_S = OrderClose(Ticket_S,Lots,Ask,Slip,Blue);
    if( Exit_S == 1 ) {Ticket_S = 0;}
}
```

380ページに続く

ステップ2　定型文に貼りつける　その2　※日本語訳

```
// 買いポジションのエグジット
もし Kijun+2 本前の遅行スパンが Kijun+2 本前の終値より高い、
かつ、Kijun+1 本前の遅行スパンが Kijun+1 本前の終値より低い、
かつ、買いポジションを持っている場合、
{
   決済注文を出します。約定結果は Exit_L に入れます。
   もし決済に成功した 場合、もう決済注文を出さないように
   Ticket_L を 0 にします。
}

// 売りポジションのエグジット
もし Kijun+2 本前の遅行スパンが Kijun+2 本前の終値より低い、
かつ、Kijun+1 本前の遅行スパンが Kijun+1 本前の終値より高い、
かつ、売りポジションを持っている 場合、
{
   決済注文を出します。約定結果は Exit_S に入れます。
   もし決済に成功した 場合、もう決済注文を出さないように
   Ticket_S を 0 にします。
}
```

381 ページに続く

ステップ２　定型文に貼りつける　その３　※プログラム文

```
// 買いエントリー
if(    Chikou_2 <= Close[Kijun+2]
   && Chikou_1 >  Close[Kijun+1]
   && ( Ticket_L == 0 || Ticket_L == -1 )
   && ( Ticket_S == 0 || Ticket_S == -1 ))
 {
   Ticket_L = OrderSend(Symbol(),OP_BUY,
                        Lots,Ask,Slip,0,0,Comments,MAGIC,0,Red);
 }

// 売りエントリー
if(    Chikou_2 >= Close[Kijun+2]
   && Chikou_1 <  Close[Kijun+1]
   && ( Ticket_S == 0 || Ticket_S == -1 )
   && ( Ticket_L == 0 || Ticket_L == -1 ))
 {
   Ticket_S = OrderSend(Symbol(),OP_SELL,
                        Lots,Bid,Slip,0,0,Comments,MAGIC,0,Blue);
 }

 return(0);
}
```

ステップ2　定型文に貼りつける　その3　※日本語訳

// 買いエントリー
もし Kijun+2 本前の遅行スパンが Kijun+2 本前の終値より低い、
かつ、Kijun+1 本前の遅行スパンが Kijun+1 本前の終値より高い、
かつ、買いポジションを持っていない、
かつ、売りポジションを持っていない場合、
{
　　買い注文を出します。約定結果は Ticket_L に入れます。
}

// 売りエントリー
もし Kijun+2 本前の遅行スパンが Kijun+2 本前の終値より高い、
かつ、Kijun+1 本前の遅行スパンが Kijun+1 本前の終値より低い、
かつ、売りポジションを持っていない 、
かつ、買いポジションを持っていない場合、
{
　　売り注文を出します。約定結果は Ticket_S に入れます。
}

プログラムを終わります
}

チャート上でシグナルを確認してみます（確認の仕方は397ページ）。

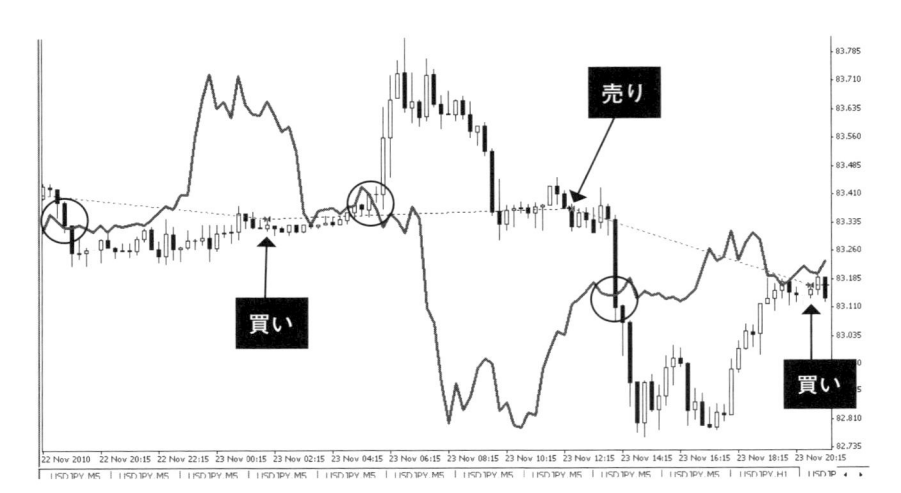

買いエントリー：遅行スパンがその時点の日足終値を上回った場合

買いポジションの決済：遅行スパンがその時点の日足終値を下回った場合

売りエントリー：遅行スパンがその時点の日足終値を下回った場合

売りポジションの決済：遅行スパンがその時点の日足終値を上回った場合

6 外部から入手したインディケータに変身する方法

　メタトレーダーで使えるインディケータは初めから装備されているものだけではありません。自分でプログラムをしてオリジナルのインディケータを作成することもできますし、外部サイトから気に入ったインディケータを見つけてきて使うこともできるのです。

好きなインディケータを見つけて自分のメタトレーダーに取り込む

メタトレーダーのコミュニティサイト

インターネット上のメタトレーダーのコミュニティやフォーラムでは世界中のメタトレーダー愛好者によって開発されたインディケータが公開されており、その多くはフリーでダウンロードができて自分のメタトレーダーに取り込んで使うことができるのです。よく知られたベーシックなものから開発者独自のユニークなものまで非常にたくさんあります。既存のものとはまた違った視点で開発された優秀なインディケータを発掘してトレードできるのも、メタトレーダーの醍醐味です。

　本書ではここまでメタトレーダーに標準で入っているインディケータの中からiCustom関数を使った変身事例をご紹介してきましたが、外部から入手したインディケータであっても変身可能です。またそれがソースコードの中身が見ることができない「ex4ファイル」であっても問題ありません。

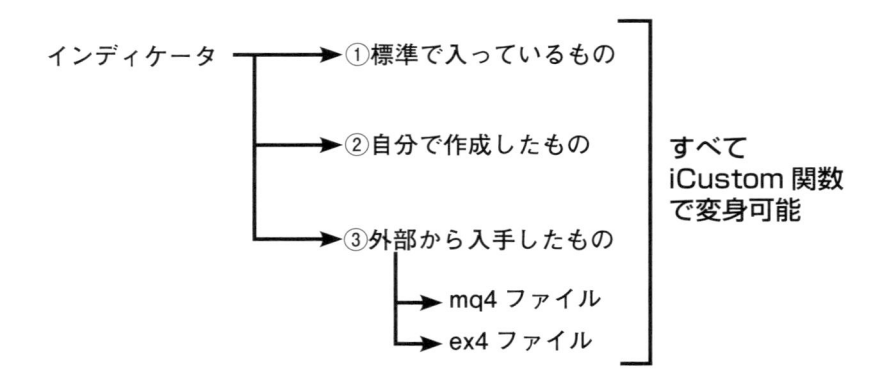

```
インディケータ ─┬─▶ ①標準で入っているもの      ┐
                │                                │
                ├─▶ ②自分で作成したもの         │ すべて
                │                                │ iCustom関数
                └─▶ ③外部から入手したもの       │ で変身可能
                      ├─▶ mq4ファイル           │
                      └─▶ ex4ファイル           ┘
```

　しかし、前述の通り変身するにはライン番号を把握する必要がありました。メタトレーダーに標準で入っているものについては、本書でライン番号一覧をまとめていますが、皆さんが外部サイトから独自にインディケータを入手した場合は、ご自身で「ちょっとした作業」を行ってライン番号を調べていただく必要があります。

しかし、本書ではプログラムの超入門書として、まずは基本的なシステムの構築方法をマスターしてほしいとの趣旨から、この「ちょっとした作業」については扱いません。その代わりではないのですが、West Village Investment（ウエストビレッジインベストメント）のサイトにて、メタトレーダーに入っているもの以外の代表的なインディケータをダウンロードできるようにしました。またそれらのライン番号一覧も公開していますので、ご自身でライン番号を調べることなくインディケータに変身可能です。

WestVillage Investment　のホームページ

URL：http://www.wvi.jp/　または　| wvi | 検索 |

トップページ右上の「シストレラボ」をクリックします。

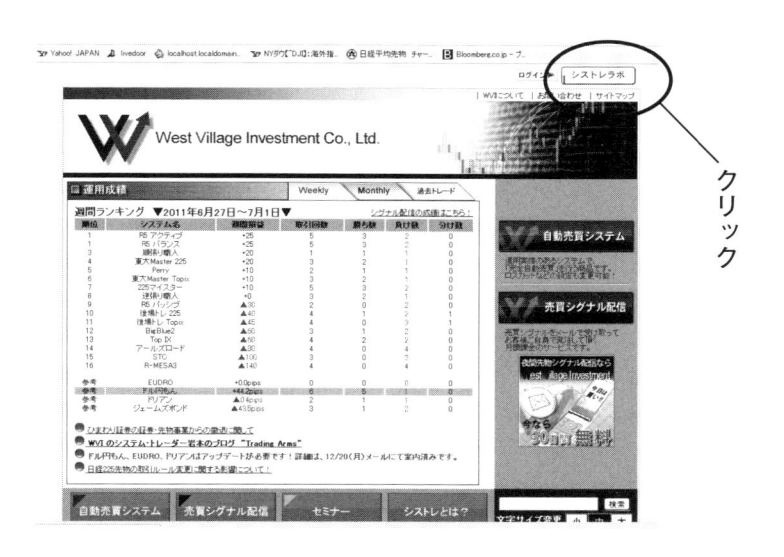

「WVIスタッフのシストレ汗だく日記」をクリックします。

「メタトレーダーのインディケータとライン番号」をクリックしますと、インディケータがダウンロードできるページにいきます。

月に1回程度アップデートしていきますので訪れてみてください（インディケータの保存場所については59ページを参照）。

iCustom 関数の留意点

メタトレーダーに標準で入っているインディケータの中に iCustom 関数で変身困難なものが 2 つあります。

・Parabolic

メタトレーダーのバージョンを表す「Version4.00 Build402」は現在、パラボリック Sar を描画するインディケータ「Parabolic」にバグがあるようです。Parabolic をチャートに適用すると、過去のチャートについては正しく描画できているものの、適用以後のリアルタイムのチャートについては一直線のドットが表示されてしまい正しく描画できません。

したがって iCustom 関数を使っても正しいパラボリックに変身できません。

正しいパラボリックについては、先ほどご紹介したウエストビレッジインベストメントのフォーラムからダウンロードできますのでご利用ください。

・ZigZag

ZigZag はチャート上の天井と底をラインで結んでいくインディケータです。

しかし、どこが天井や底になるかはリアルタイムでは分かりません。天井、底は過去のチャートを振り返った時にあそこが天井だった、または底だったと分かるもので、ZigZag も決してリアルタイムで天底を描画していくわけではありません。

通常のインディケータであれば現在以外のバーは値が確定していますが、ZigZag はいつ天底が確定するのかが分からず大変変身しづらいインディケータです。

ZigZagは一般的なテクニカル指標とは異なる特殊なインディケータであるため、基本的に変身は難しいと考えていただいて構いません。

> **◆コラム：ダウンロードしたEAを実戦で使えるものにするには**
>
> **1）スプレッドについて**
> 　スプレッドとはAsk（買値）とBid（売値）の差です。FXではこのスプレッドが投資家のコスト（手数料）のひとつになります。
> 　例えば、ドル円の12時ちょうどの買値が100.030で売値が100.000の場合、スプレッドは0.03円（3pips）です。メタトレーダーのバックテストはスタートボタンを押した瞬間のスプレッドが自動で損益に反映されます。
> 　つまり、スタートボタンを押した瞬間のスプレッドが0.025円（2.5pips）で、収益が0.1円（10pips）だとしたら、スプレッドの0.025円（2.5pips）を控除した0.075円（7.5pips）がバックテストの結果として表示されます。
> 　バックテスト時のスプレッドの確認方法は396ページを参照。
>
> **2）使えるEAにするには……**
> 　本書ではEAの作成方法をできるだけわかりやすく解説するため、「RSIが30以下になったら買い、70以上になったら売り」や「短期移動平均線が長期移動平均線を上回ったら買い、下回ったら売り」などのように基本的な売買ルールで紹介しました。しかし、本書の設定のままでバックテストを

行った場合、スプレッドを控除した資産曲線は右肩下がりになるケースもあります。

　その場合、実際にチャートで売買ポイントを確認して、例えば「もう少し早めにエントリーしたい」などのイメージを持ってパラメーターを変更したり、15分足を30分足に変更したり、同じ売買ルールでも通貨ペアを変更したり、インディケータの組み合わせを変更したりなど、改良を加えてみてください。実戦で使う前にはデモトレードも行ってくださいね。

第3部 まとめ編

第8章

EAが完成したら

1 EAが完成したらすべきこと

EAが完成したらすべきことがあります。それはバックテスト（検証）です。

自分のトレードアイデアが機能するかどうかを試さずにEAを使うことは目隠しをして運転するようなものです。事故に遭わないためにも、バックテストは必ず行ってください。

バックテストの方法

「テスター」ウィンドウを表示させます。

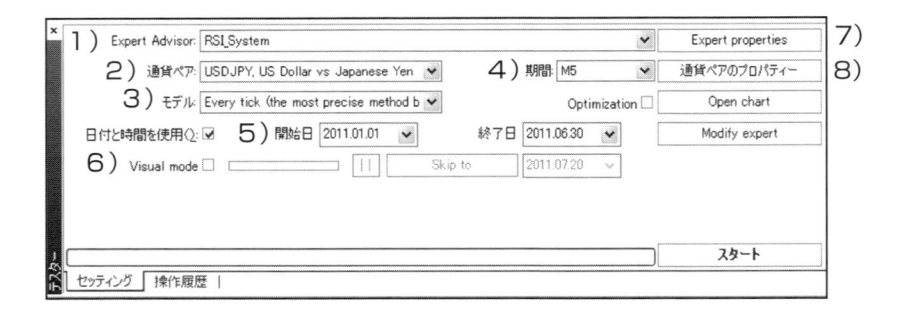

1）自動売買プログラムを選択

EAの倉庫にあるプログラムから選択します。

2）通貨ペアを選択

取扱通貨ペアから選択します。

3）バックテストモデルを選択

バックテストモデルは次の3つから選択します。

① Open prices only
② Control points
③ Every tick

各モデルの特徴は次のとおりです。

① Open prices only

スピード	早い	正確性	低い

選択したタイムフレームのデータのみを利用します。

例えば1時間足を選択した場合は、1時間足の4本値と出来高のみを使ってバックテストします。バーの形成途中の価格変動は考慮されないので、バーの途中でのエントリーやエグジットをするシステムのバックテストには向いていません。ただし、4本値のみを使って指標の計算や条件判断を行うシステムであれば、正確なバックテストが可能です。

3つのモデルの中で最も早くバックテストできるモデルです。

② Control points

スピード	中	正確性	中

選択したタイムフレームよりもひとつ短いタイムフレームも利用します。例えば1時間足を選択した場合は、30分足のデータも利用します。

ひとつ短いタイムフレームを利用することによって、バーの形成途

中の価格変動もある程度推定しながらバックテストをします。

バックテストの精度や所要時間は「Open prices only」と「Every tick」の中間に位置します。

③ Every tick

| スピード | 遅い | | 正確性 | 高い |

保有しているヒストリカルデータの中で、最も短いタイムフレームを利用します。

最も短いタイムフレームは1分足ですが、通常、メタトレーダーが保存している1分足データはごく短い期間に限られています。したがって1分足が利用できる期間は1分足を利用し、1分足のない期間は5分足を利用し、5分足のない期間は15分足を利用するというように、保有しているデータを総動員します。

バーの形成途中の価格変動を3つのモデルの中で最も正確に再現してバックテストをします。バーの途中でエントリーやエグジットを行うシステムであれば、このモデルを使うのが適しています。

しかし、たとえ全期間で1分足を利用したとしてもバーの形成途中の価格変動を完全に再現できるわけではありません。ですから、ごくわずかな価格の動きをとらえてトレードをするような繊細なシステムの場合、バックテスト結果に注意する必要があります。

また、モデルの違いは単に利用するデータの違いだけではありません。プログラムがいつ動作するのかについても異なってきます。

「Open prices only」ではバーが完成したときに1回だけプログラムが動作します。

対して「Every tick」では、仮想的ですがティックごと（価格が動くたび）にプログラムが動作します。

ここで連続発注の恐怖を思い出してください。誤って発注の制限をし忘れて連続発注をしてしまうようなプログラムになっていた場合、ティックごとにプログラムが動作する「Every tick」では実運用と同じようにバックテストでも連続発注をします。

　対して「Open prices only」ですと、1本のバーに対して1回しかプログラムが反応しないため、連続発注はしません。

　何が言いたいのかと言いますと、「Every tick」でバックテストをすると、パフォーマンスだけではなくプログラムの動作もよりリアルトレードに近いため、プログラムのミスにも気づきやすいのです。

　PCのスペックやバックテストをする期間によってはかなりの時間を要しますが、お勧めは「Every tick」です。

4）タイムフレームを選択

　メタトレーダーが対応しているタイムフレームから選択します。

5）バックテスト期間を選択

　「日付と時間を使用」にチェックを入れると、バックテスト期間を指定できます。チェックを入れない場合、メタトレーダーに保存されているヒストリカルデータの全期間でバックテストします。

6）任意で「Visual mode」にチェック

　「Visual mode」にチェックを入れると、リアルタイムで売買を行っているかのように、視覚的に再現したバックテストを行います。

7）パラメーターの値を設定

　「Value」に各パラメーターの値を入力します。

　復習です。プログラム上で「extern」を付けて宣言されたものは「パラメーターの入力」タブにて変更することができました。

左のチェックボックスと右の「スタート」「ステップ」「ストップ」は最適化のときに使用する項目ですので、ここでは気にしなくて結構です。

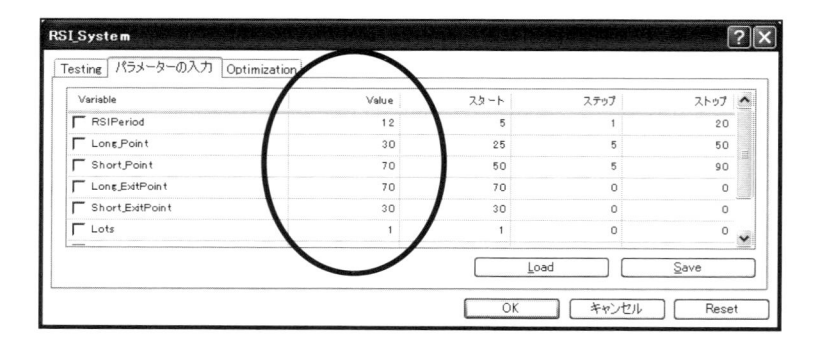

8）バックテストを行う設定を確認

着目するべきは「Spread」です。メタトレーダーではバックテストを行うとその時点のスプレッドが加味されてパフォーマンスが算出されます。具体的には一番上の「Spread」の値がバックテストに適用されるスプレッドになります。ポイント単位で表示されています。

スプレッドが変動する業者の場合は注意が必要です。同じ売買システムであってもバックテストをする時点のスプレッドが異なれば、パフォーマンス結果も異なることを頭に入れておいてください。

売買ポイントが正しいか確認しよう！

バックテストをしたらまず「Open chart」をクリックします。

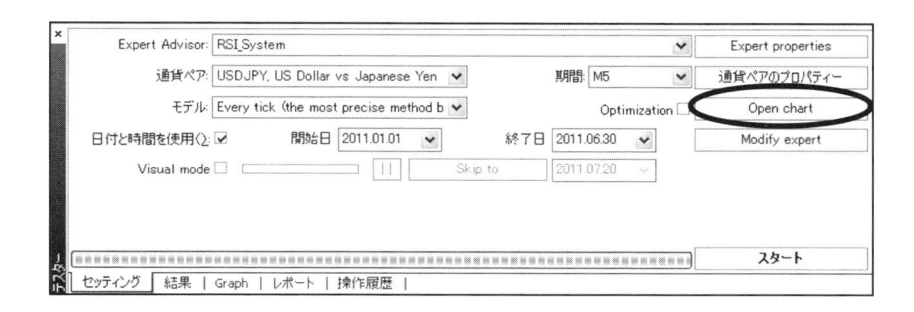

チャート上に売買ポイントとiCustom関数で使用したインディケータが表示されます。売買ポイントとインディケータを見比べて、意図したポイントでトレードをしているか確認します。

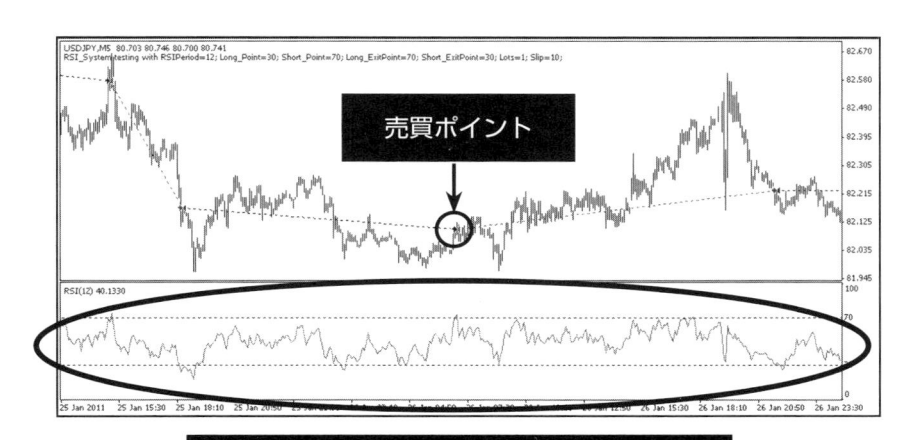

パフォーマンスレポートの見方

売買ポイントが正しいことを確認できたら、パフォーマンスを確認します。

●「結果」タブ

トレード履歴が表示されます。

#	時間	取引種別	注文番号	数量	Price	S/L決済逆指値	T/P決済指値	損益	Balance
1	2011.02.01 05:05	buy	1	1.00	81.821				
2	2011.02.01 15:05	close	1	1.00	81.897			92.80	50092.80
3	2011.02.01 15:05	sell	2	1.00	81.897				
4	2011.02.03 17:05	close	2	1.00	81.464			531.43	50624.23
5	2011.02.03 17:05	buy	3	1.00	81.464				
6	2011.02.04 17:25	close	3	1.00	82.344			1068.59	51692.93
7	2011.02.04 17:25	sell	4	1.00	82.344				
8	2011.02.08 05:25	close	4	1.00	82.240			126.42	51819.34
9	2011.02.08 05:25	buy	5	1.00	82.240				
10	2011.02.08 19:50	close	5	1.00	82.323			100.82	51920.16
11	2011.02.08 19:50	sell	6	1.00	82.323				
12	2011.02.09 15:05	close	6	1.00	82.327			-4.88	51915.28
13	2011.02.09 15:05	buy	7	1.00	82.327				

セッティング | 結果 | Graph | レポート | 操作履歴

●取引種別

- buy → 買い
- sell → 売り
- close → 決済
- t/p → 利益確定 (Ordersend関数の「利益確定」の項目を使って利益確定したときのみ)
- s/l → ロスカット (Ordersend関数の「ロスカット」の項目を使ってロスカットしたときのみ)
- modify → 注文変更

● 「Graph」タブ

資産曲線が表示されます。

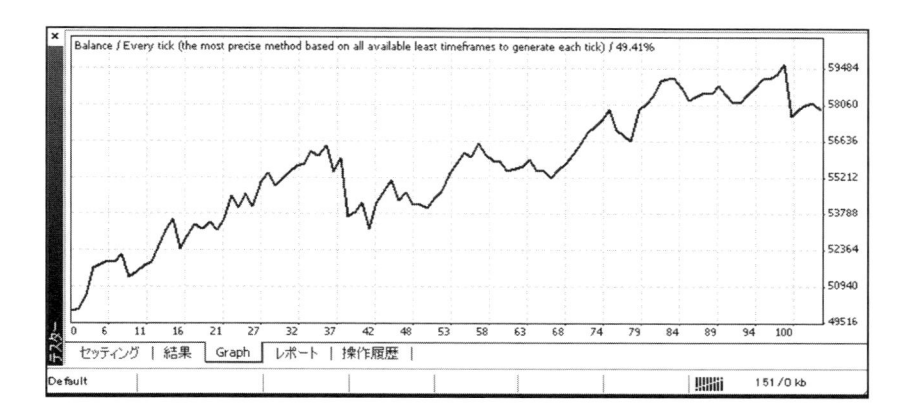

● 「レポート」タブ

パフォーマンスの詳細が表示されます。それぞれの意味については次ページに表を掲載しました。

●レポートタブ　続き

Bars in test	テストをしたバーの数
Ticks modelled	テストで利用したティック数
Modelling quality	テストで利用したティックの割合
Initial deposit	初期投資額
Total net profit	総損益(総収益-総損失)
Gross profit	総収益
Gross loss	総損失
Profit factor	プロフィット・ファクター(総収益/総損失)
Expected payoff	期待損益(総損益/トレード回数)
Absolute drawdown	初期投資額からのドローダウン
Maximal drawdown	最大ドローダウン
Relative drawdown	最大ドローダウン比率
Total trades	トレード回数
Short positions (won %)	売りトレード数(勝率)
Long positions (won %)	買いトレード数(勝率)
Profit trades (% of total)	勝ちトレード数(比率)
Loss trades (% of total)	負けトレード数(比率)
Largest profit trade	1トレードでの最大収益
Largest loss trade	1トレードでの最大損失
Average profit trade	勝ちトレードの平均収益
Average loss trade	負けトレードの平均損失
Maximum consecutive wins (profit in money)	最大連続勝ちトレード数(収益)
Maximum consecutive losses (loss in money)	最大連続負けトレード数(損失)
Maximum consecutive profit (count of wins)	最大連続収益(勝ちトレード数)
Maximum consecutive loss (count of losses)	最大連続損失(負けトレード数)
Average consecutive wins	平均連続勝ちトレード数
Average consecutive losses	平均連続負けトレード数

●「操作履歴」タブ

EAの動作履歴がログとして残ります。

もしバックテストをしてもトレード履歴も資産曲線も表示されなかった場合には、何らかのエラーが発生したことによって、バックテストができていない可能性があります。そのときは「操作履歴」にエラー番号が表示されます。

代表的なものをご紹介します。

「OrderSend error 131」
正しくない発注ロット数です。例えば1ロットから対応している業

401

者にもかかわらず、0.1ロットの発注をしていることなどが考えられます。また0.1ロットから対応している場合であっても、バックテストだけは1ロットからとなっている業者もあります。

　このエラーが表示されたときは、発注ロット数を変更して再度チャレンジしてみてください。

最適化の方法

　最適化とはその名のとおり、総損益や最大ドローダウンがベストとなる最適なパラメーターを見つけることです。

　システムトレードを始めて最適化を知ったときは、「ベストなパラメーターさえ分かれば、これでもう勝てるじゃないか！」と興奮したものでした。

　しかし気をつけてください。ここで分かるのはあくまで「過去の相場」に対してベストなパラメーターであって、これから将来にわたってもベストであるかはまったく分からないのです。

　私もたくさんのパラメーターを細かく最適化して、絶妙な塩梅のパラメーターに仕上げてシステムを作って運用しましたが、その後の結果は惨憺たるものでした。

　最近では最適化は、パラメーターを変えてもパフォーマンスが大きく変わらないかを確認するためのツールとして使っています。パラメーターが少し変わっただけでパフォーマンスが大きく異なってしまうと、システムの安定性は心もとないですからね。

１）「Expert properties」をクリック

２）最適化を行うパラメーターにチェック

「スタート」「ステップ」「ストップ」に数値を入力してください。

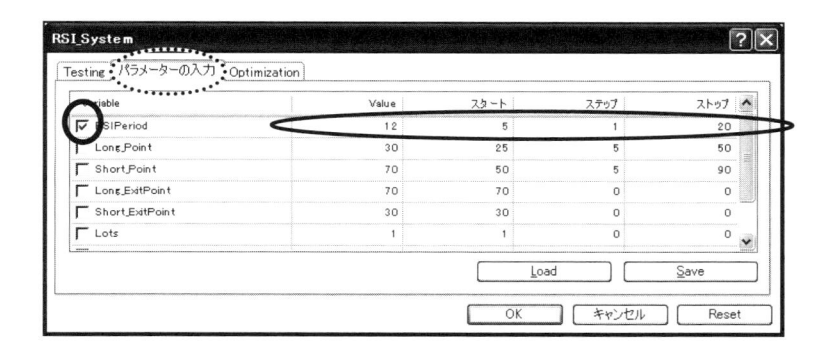

「スタート」……初期値
「ステップ」……変化幅
「ストップ」……最終値

　例えば上図ですと、「RSIPeriod」のパラメーターを5から20まで1刻みで変化させる設定になります。

403

3)「Optimization」(=最適化) にチェック

「スタート」ボタンをクリックしてください。

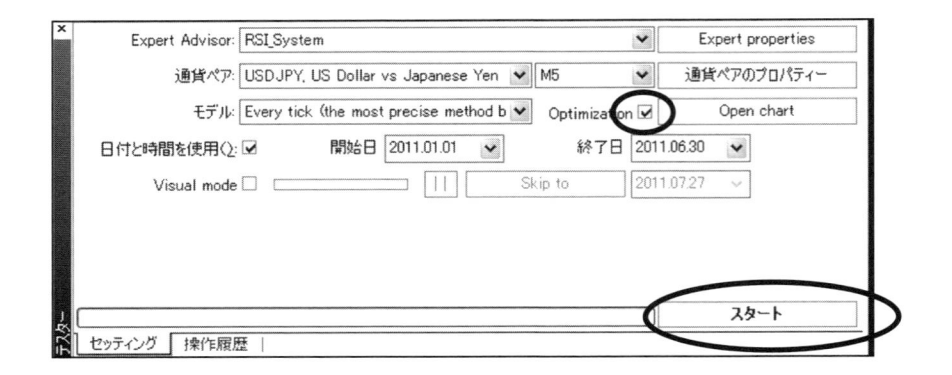

4)「Optimization Results」にパラメーターを変化させたときのパフォーマンスが表示

「損益」「Profit factor」などの項目をクリックすることで昇順、降順に並べ替えることが可能です。

ただし、「Optimization Results」上で右クリックすると表示される「Skip Useless Results」にチェックを入れていると損益がマイナスのものについては表示されません。損益がマイナスのものも表示させる

場合はチェックを外したうえでもう一度最適化をしてください。

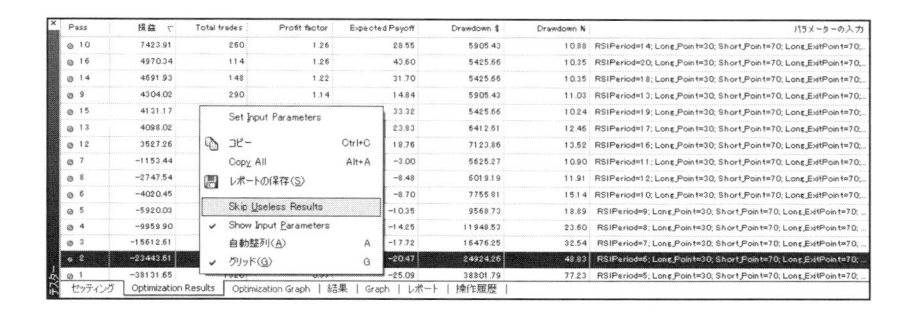

5）「Optimization Graph」

それぞれのパラメーターでトレードした場合に、最終的な資産残高がいくらになったかをグラフで表示したものです。

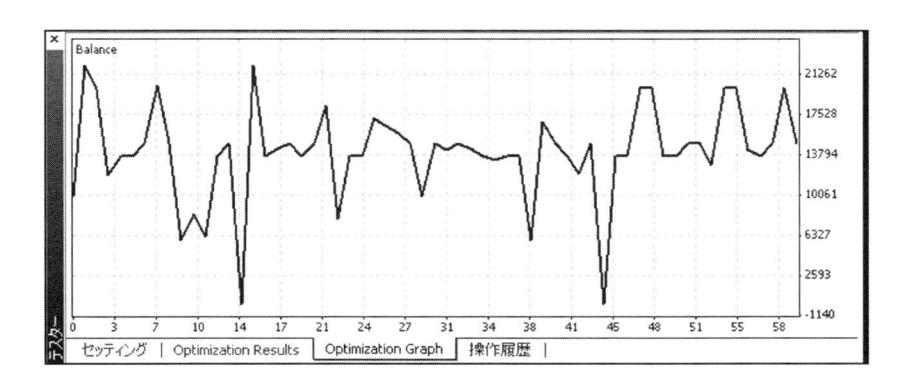

自動売買の方法

自分でシステムを作成して、初めて自動売買を始めたときのあの高揚感は今でも忘れられません。自分にも作成できたという喜びと、人類のテクノロジーはここまできたのかという驚きと、これで毎月いくら入ってくるはずだという皮算用など、いろいろな感情が入り交じり興奮したのを思い出します。

「初めて跳び箱を跳べた日」「初めて彼女ができた日」「初めてバイクを買った日」など、人にはさまざまな記憶に残る「初めて」があると思います。きっと「初めて自動売買をした日」もその1日になるのではないでしょうか。

それでは自動売買のやり方について解説します。基本的には、PrintをするためにEAをチャートに設定したときとやり方は一緒です。重複するところもありますが、復習と思ってもう一度確認してみてください。

1）EAの倉庫から自動売買をしたいプログラムを選択

EAの倉庫の中から、自動売買したいプログラムを選択します。このときダブルクリックします。

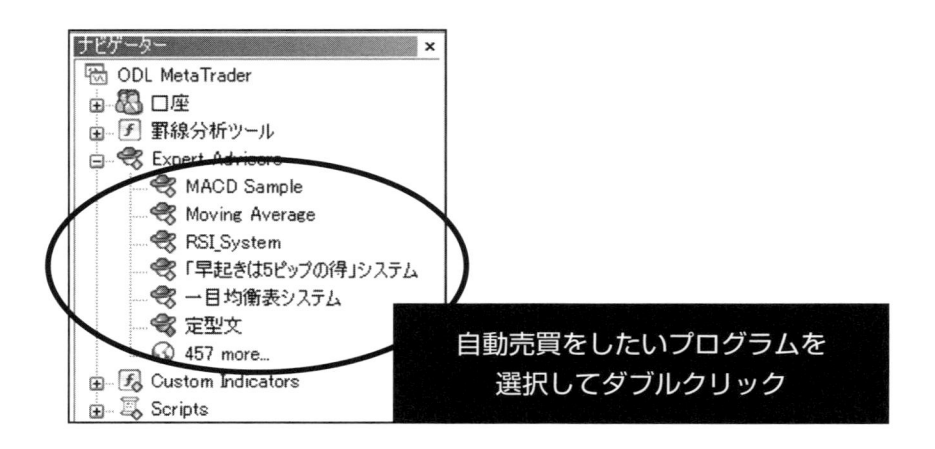

2)「全般」タブで EA の設定

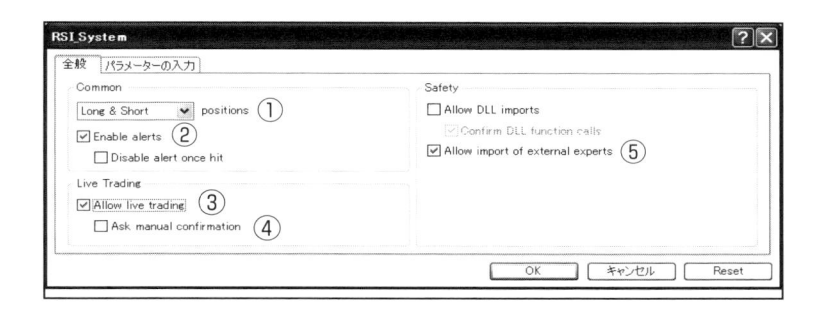

① 「positions」
　「Long&Short」……………… 買いエントリー、売りエントリー両方
　「Only Long」………………… 買いエントリーのみ
　「Only Short」………………… 売りエントリーのみ

② 「Enable alerts」
　本書のプログラムでは関係ないので、どちらでもかまいません。

③ 「Allow live trading」
　チェックを入れると EA の売買を許可します。

④ 「Ask manual confirmation」
　チェックを入れると EA で売買を行うたびに確認の画面が表示されます。完全自動売買を行うにはチェックを外します。

⑤ 「Allow DLL imports」
　「Allow import of external experts」
　外部の DLL を呼び出したりするときなどにチェックが必要です。本書のプログラムでは関係ないので、どちらでもかまいません。

3)「パラメーターの入力」タブでパラメーターの値を設定

作成したEA（本書で言うと、ダウンロードしたEA）のパラメーターを変更したい場合は、ここで好きな数値を入れます。「OK」をクリックするとチャートにEAが適用されます。

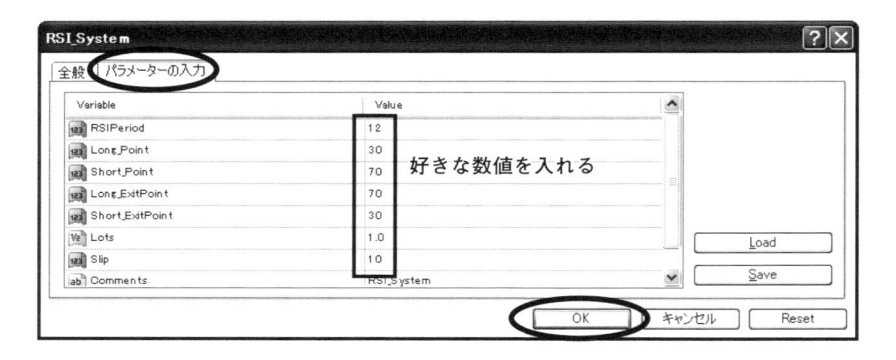

ツールバーにある「Expert Advisors」がオンになっていることを確認してください。

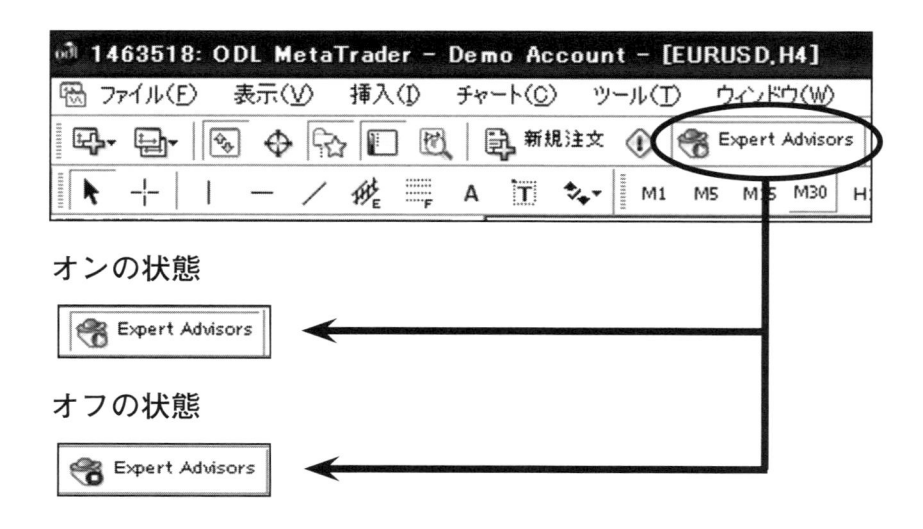

オンの状態

オフの状態

4)プログラムの動作確認！

プログラムをチャートに適用すると、チャート右上にマーク（下記参照）が表示されます。このマークの表示によってプログラムが現在どういう状況にあるかを確認できます。

ニッコリマーク

Print ☺ 1.47050 ➡ プログラムは動作しています

ダンマリマーク

Print ☹ 1.47050 ➡ プログラムは動作していますが
トレードが許可されていません

ポップアップ画面の「Allow live trading」にチェックが入っていないようです。

バツマーク

Print ✖ 1.47050 ➡ プログラムは動作していません

ツールバーにある「Expert Advisors」がオンになっているかを確認してください。

5）インディケータをチャートに表示させよう

　ＥＡだけではインディケータはチャートに描画されません。

　チャートにインディケータを表示させる方法を、RSI を適用する例で確認します。

　「ナビゲーター」の「Custom Indicators」の左にある「＋」をクリックし、「RSI」をダブルクリックします。下図でダブルクリックするインディケータの場所を確認します。

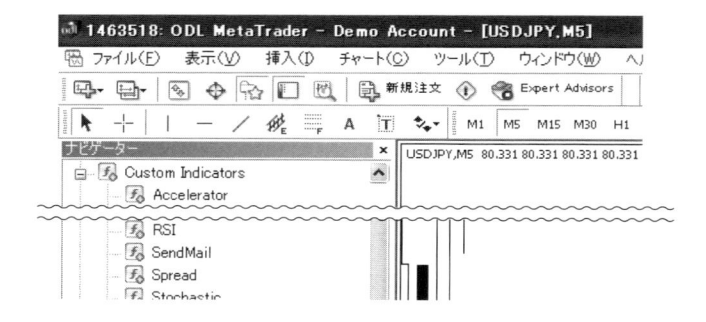

　チャートに RSI のインディケータが適用できました。下図で確認します。

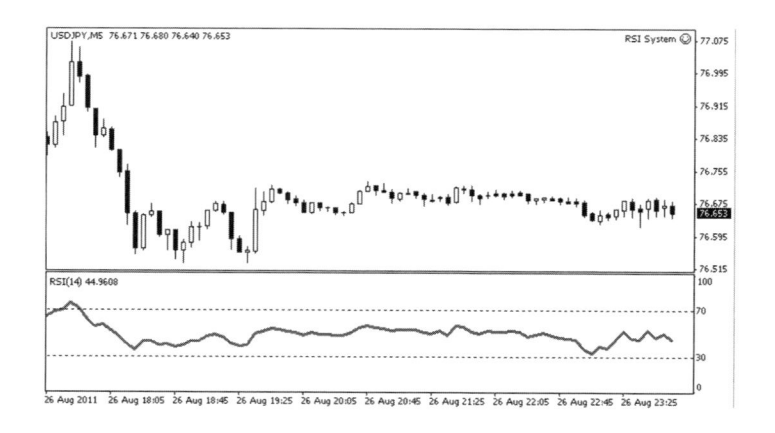

第 3 部
まとめ編

第 9 章

EAが完成した
あなたへのプレゼント

1 おまけシステム

　第2部の第6章の冒頭で出てきた iCustom 関数で作成したおまけシステムをご紹介します。
　「早起きは5ピップの得」システムといいます。売買ルールは非常にシンプルです。

```
エントリー   早朝6時00分から6時59分までの間に……
             RSIが30を下回ったら買い
             RSIが60を上回ったら売り
エグジット   10時00分になったら決済
利益確定     5ピップ
```

ショートエントリーの例

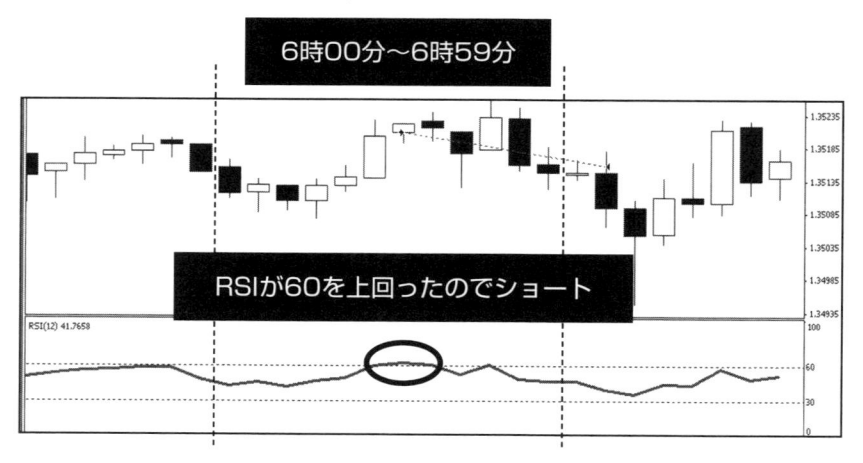

6時00分〜6時59分

RSIが60を上回ったのでショート

　RSI の計算は5分足で12本バーとし、取引通貨は EUR/CAD（ユーロ／カナダドル）です。

バックテスト結果

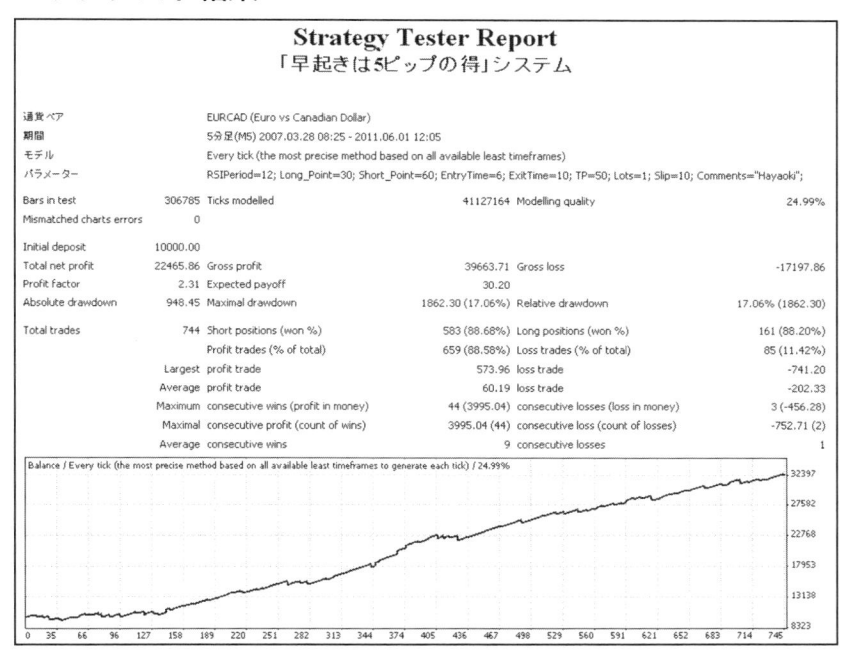

Strategy Tester Report
「早起きは5ピップの得」システム

通貨ペア	EURCAD (Euro vs Canadian Dollar)		
期間	5分足(M5) 2007.03.28 08:25 - 2011.06.01 12:05		
モデル	Every tick (the most precise method based on all available least timeframes)		
パラメーター	RSIPeriod=12; Long_Point=30; Short_Point=60; EntryTime=6; ExitTime=10; TP=50; Lots=1; Slip=10; Comments="Hayaoki";		
Bars in test	306785	Ticks modelled	41127164	Modelling quality	24.99%
Mismatched charts errors	0		
Initial deposit	10000.00		
Total net profit	22465.86	Gross profit	39663.71	Gross loss	-17197.86
Profit factor	2.31	Expected payoff	30.20		
Absolute drawdown	948.45	Maximal drawdown	1862.30 (17.06%)	Relative drawdown	17.06% (1862.30)
Total trades	744	Short positions (won %)	583 (88.68%)	Long positions (won %)	161 (88.20%)
		Profit trades (% of total)	659 (88.58%)	Loss trades (% of total)	85 (11.42%)
		Largest profit trade	573.96	loss trade	-741.20
		Average profit trade	60.19	loss trade	-202.33
		Maximum consecutive wins (profit in money)	44 (3995.04)	consecutive losses (loss in money)	3 (-456.28)
		Maximal consecutive profit (count of wins)	3995.04 (44)	consecutive loss (count of losses)	-752.71 (2)
		Average consecutive wins		consecutive losses	1

メタトレーダーのプログラムの話からは逸れますが、なぜこの売買ルールが機能しているのか考えてみました。

あくまで推察なのですが、早朝6時から7時は「ニューヨーク市場」がすでに終わり、「東京市場」はまだ始まっていない状態です。為替の3大市場である「東京市場」「ロンドン市場」「ニューヨーク市場」のどこにも属していない空白の1時間というわけです。

為替3大市場の取引時間の目安

	日本時間																						
	6	7	8	9	10	11	12	13	14	15	16	17	18	19	20	21	22	23	0	1	2	3	4	5
東京			■	■	■	■	■	■	■	■														
ロンドン										■	■	■	■	■	■	■	■	■	■					
ニューヨーク															■	■	■	■	■	■	■	■	■	■

つまりこの時間帯は1日の中でも最も取引参加者が少なく、ほかの時間帯に比べてボラティリティもあまり高くありません。
　ボラティリティが高くないということは一定のレンジを行ったり来たりしているということです。つまり上昇したら（RSIが60以上になったら）その後下落することが多く、下落したら（RSIが30以下になったら）その後上昇することが多いと考えられるのです。
　動きが少ない時間帯なのでエントリーしてもわずか5ピップで利益確定をします。10時まで利益確定にいたらなかった場合は決済をしてしまいます。10時以降は東京市場が本格的に始まりトレンドが出てくると考えられるためその前に決済をしてしまうのです。

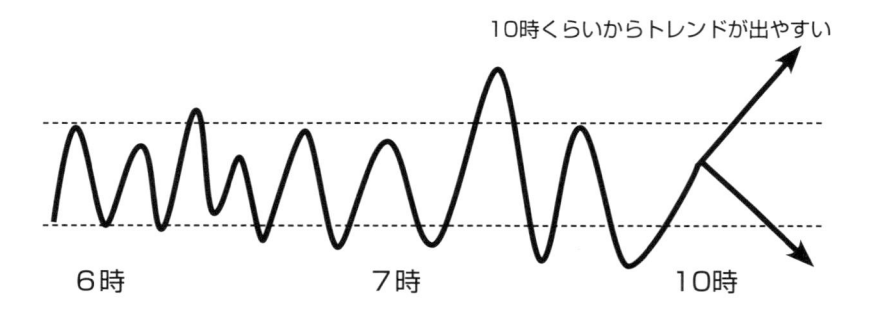

10時くらいからトレンドが出やすい

6時　　　　　　7時　　　　　　10時

　ひとつ注意していただきたいのは、あくまでこのシステムはプログラム学習の題材として使うだけであって、このトレードをお勧めしているわけではないということです。
　利益確定が5ピップという細かい動きをとらえようとしているので業者のスプレッドの違いがパフォーマンスにも大きな影響を与えてしまう繊細なシステムです。
　また取引も薄い時間帯なので、マーケットの傾向も変わりやすいのではないかと思っています。したがってここではこのシステムで「早朝のマーケットにはこんな傾向があるんだな」ぐらいに感じてもらえればと思います。

iCustom 関数を使って RSI のシステムはすでに作成しました。そこにさらにエントリー時間の条件を加えます。

「もし早朝 6 時 00 分から 6 時 59 分までの間に」をプログラムすると次のようになります。

```
if(  Hour() == 6  )
```

時間を表すには Hour 関数を使います。

「Hour」は現在「■時●●分」の「■時」を表す関数になります。例えば現在 6 時 20 分であれば「Hour」は「6」になります。18 時 52 分であれば「18」になります。

「6 時 00 分から 6 時 59 分までの間に」というのは「6 時台」ですので「 Hour() == 6 」と記述することができます。

なお Hour 関数は現在の「時」を知る非常にシンプルな関数なので「( )」の中の項目は記述する必要はありません。単純に「 Hour() 」と記述すればOKです。Hour 関数のように「( )」中に何も記述する必要がない関数もありますので、覚えておいてください。

ご参考までに、「分」を知るには Minute 関数を使用します。「Minute」は現在「■時●●分」の「●●分」を表す関数になります。現在 6 時 20 分であれば「Minute」は「20」になります。例えば「もし 6 時 20 分だったら」をプログラムすると次のようになります。

```
if(  Hour() == 6 && Minute() == 20  )
```

415

iCustom 関数を RSI へ変身させるには次のようにプログラムします。

```
// パラメーターの設定 //
extern int RSIPeriod = 12; //RSI の期間設定
double RSI_1 = 0; //RSI を代入する変数

int start()
  {
    //RSI に変身
    RSI_1 = iCustom(NULL,0,"RSI",RSIPeriod,0,1);

return(0);
  }
```

ステップ1　条件文を記述

時間の条件と RSI の条件を組み合わせて、買い条件である「早朝6時00分から6時59分までの間に RSI が30を下回ったら」は次のようになります。

```
if(  Hour() == 6 && RSI_1 <= 30  )
```

もし早朝6時00分から6時59分までの間、かつ、RSI が30以下 の場合

6時00分〜6時59分

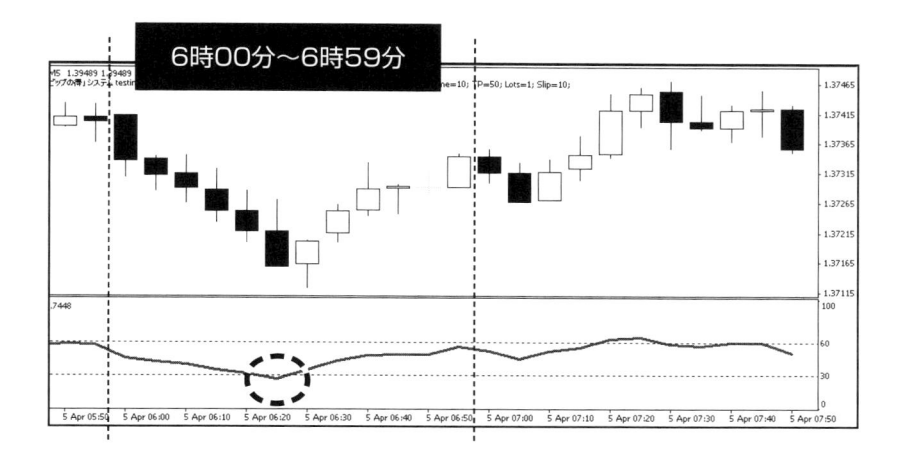

　このシステムでは「RSIが30を下回ったら」のプログラムは今までのように「2本前のバーが30よりも大きく、1本前のバーが30以下」とは記述せず、単に「1本前のバーが30以下」とだけしました。理由は、6時00分になった段階でRSIが30以下であればすぐに買いエントリーしたいためです。

　利益確定と同時に再エントリーしてしまう可能性もありますが、買いポジションで利益確定をしたということは上昇したということですので、すでにRSIが30を上回っていることが多く、利益確定と同時に再エントリーする可能性はそんなに高くないと判断しました。

　買いエントリーの決済条件は「10時00分になったら」でしたね。次のようになります。

```
if(  Hour() == 10  )
```

もし10時台の場合

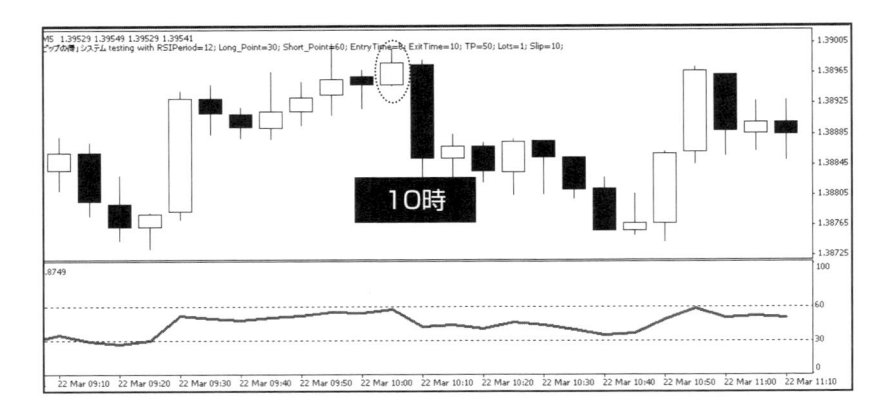

「10時00分」は「Hour() == 10 && Minute() == 0」では？　とひょっとしたら思われたでしょうか。もちろんそれも正解です。

しかし「Hour() == 10 && Minute() == 0」と記述すると、ひとつだけ心配なことがあります。

「Hour() ==10 && Minute == 0」とは10時00分00秒～59秒の1分間を表しています。万が一この1分間に価格がまったく動かなかった場合、プログラムは動作しません。したがって決済もできません。

1分間価格が動かないということはほとんどないと思いますが、まったくないとも言い切れません。心配性の私は気になってしまいます。

一方「Hour() == 10」と記述すれば10時00分～59分の1時間を表しますので1時間で1回でも価格が動けば決済できるので安心なのです。

利益確定の記述の仕方については後述しますので、まずエントリーとエグジットの条件を定型文に貼り付けてみます。

◆コラム：自動売買中にメタトレーダーが落ちたとき

　エントリーやエグジット、条件文の記述の仕方によって対処方法が変わってきます。ここでは本書でご紹介した定型文とiCustom関数を使って自動売買を行っていたときに、メタトレーダーが落ちてしまった場合についてお話ししたいと思います。

　まずポジションを持っていない状態で落ちてしまった場合は簡単です。基本的にそのまま再起動して自動売買を再開すればOKです。

　ポジションを持っている状態で落ちてしまった場合は、注意が必要です。再起動して、たとえその後に決済条件に合致したとしても、残念ながらポジションの決済は自動では行ってくれません。その理由はメタトレーダーを再起動した時点で約定番号が入っていた「Ticket_L」や「Ticket_S」のプログラムが初期化されて「0」になってしまうためです。したがって決済は手動で行う必要があります。

　また単に「1本前のRSIが30以下なら買いエントリー」などと、「自動売買のコツ　その1」を使わないで条件文を記述している場合も気をつけてください。再起動した時点でRSIが30以下であれば、すでにポジションを持っていたとしても再起動した瞬間に再度エントリーしてしまいます。

　もちろんメタトレーダーを落とさないようにするのがベストです。しかし、「もし落ちてしまった場合に再起動をすると自分のプログラムがどのように動作するか」をあらかじめ把握しておけば、慌てずに適切な対処ができるはずです。

ステップ2　定型文に貼りつける　その1　※プログラム文

注：薄い文字部分は定型文

```
// マジックナンバーの定義
#define MAGIC  1192

// パラメーターの設定 //
extern int RSIPeriod= 12; //RSIの期間
extern int Long_Point= 30; // 買いエントリーポイント
extern int Short_Point= 60; // 売りエントリーポイント
extern int EntryTime= 6; // エントリー時間
extern int ExitTime = 10; // エグジット時間

extern double Lots= 1.0;// 取引ロット数
extern int Slip = 10; // 許容スリッページ数
extern string Comments = "Hayaoki";// コメント

// 変数の設定 //
int Ticket_L = 0; // 買い注文の結果をキャッチする変数
int Ticket_S = 0; // 売り注文の結果をキャッチする変数
int Exit_L  = 0; // 買いポジションの決済注文の結果をキャッチする変数
int Exit_S  = 0; // 売りポジションの決済注文の結果をキャッチする変数

double RSI_1 = 0;//RSIを代入する変数

int start()
 {

  RSI_1 = iCustom(NULL,0,"RSI",RSIPeriod,0,1);

  // 買いポジションのエグジット
  if(   Hour() == ExitTime
     && ( Ticket_L != 0 && Ticket_L != -1 ) )
   {
     Exit_L = OrderClose(Ticket_L,Lots,Bid,Slip,Red);
     if( Exit_L ==1 ) {Ticket_L = 0;}
   }
```

422ページに続く

ステップ2　定型文に貼りつける　その1　※日本語訳

// マジックナンバーの定義
システム（プログラム）に 1192 と名前を付けました。

// パラメーターの設定 //
RSI の期間設定を「RSIPeriod」というパラメーターにします。最初は 12 と設定。
買いエントリーするポイントを「Long_Point」というパラメーターにします。
最初は 30 と設定。
売りエントリーするポイントを「Short_Point」というパラメーターにします。
最初は 60 と設定。
エントリーする時間を「EntryTime」というパラメーターにします。最初は 6 と設定。
決済する時間を「ExitTime 」というパラメーターにします。最初は 10 と設定。

取引ロット数をパラメーター化します。最初は 1.0 ロットと設定。
許容スリッページをパラメーター化します。最初は 10 と設定。
注文に付けるコメントをパラメーター化します。最初は" Hayaoki"にします。

// 変数の設定 //
整数を入れる「Ticket_L」という変数を用意します。最初は「0」と設定。
整数を入れる「Ticket_S」という変数を用意します。最初は「0」と設定。
整数を入れる「Exit_L」という変数を用意します。最初は「0」と設定。
整数を入れる「Exit_S」という変数を用意します。最初は「0」と設定。

実数を入れる「RSI_1」という変数を用意します。最初は「0」と設定。

メインのプログラムが始まります
{

　1 本前のバーの RSI に変身して「RSI_1」に代入

　// 買いポジションのエグジット
　もし時間が「ExitTime」で、
　かつ、買いポジションを持っている場合に
　{
　　決済注文を出します。約定結果は Exit_L に入れます。
　　決済に成功した場合、もう決済注文を出さないように
　　Ticket_L を 0 にします。
　}

423 ページに続く

ステップ２　定型文に貼りつける　その２　※プログラム文

```
// 売りポジションのエグジット
if(   Hour() == ExitTime
   && ( Ticket_S != 0 && Ticket_S != -1 ) )
{
   Exit_S = OrderClose(Ticket_S,Lots,Ask,Slip,Blue);
   if( Exit_S ==1 ) {Ticket_S = 0;}
}


// 買いエントリー
if(   Hour() == EntryTime
   && RSI_1<= Long_Point
   && ( Ticket_L == 0 || Ticket_L == -1 )
   && ( Ticket_S == 0 || Ticket_S == -1 ))
{
  Ticket_L = OrderSend(Symbol(),OP_BUY,
                       Lots,Ask,Slip,0,0,Comments,MAGIC,0,Red);
}

// 売りエントリー
if(   Hour() == EntryTime
   && RSI_1 >= Short_Point
   && ( Ticket_S == 0 || Ticket_S == -1 )
   && ( Ticket_L == 0 || Ticket_L == -1 ))
{
   Ticket_S = OrderSend(Symbol(),OP_SELL,
                        Lots,Bid,Slip,0,0,Comments,MAGIC,0,Blue);
}

return(0);
}
```

ステップ2　定型文に貼りつける　その2　※日本語訳

// 売りポジションのエグジット
もし時間が「ExitTime」で、
かつ、売りポジションを持っている場合、
{
　決済注文を出します。約定結果は Exit_S に入れます。
　決済に成功した場合、もう決済注文を出さないように
　Ticket_S を 0 にします。
}

// 買いエントリー
もし時間が「EntryTime」で、
かつ、1本前のバーの RSI が Long_Point 以下、
かつ、買いポジションを持っていない、
かつ、売りポジションを持っていない場合、
{
　買い注文を出します。約定結果は Ticket_L に入れます。
}

// 売りエントリー
もし時間が「EntryTime」で、
かつ、1本前のバーの RSI が Short_Point 以上、
かつ、売りポジションを持っていない、
かつ、買いポジションを持っていない場合、
{
　売り注文を出します。約定結果は Ticket_S に入れます。
}

プログラムを終わります
}

次の項目を自由に変更できるようにパラメーター化しています。

自由に設定できる項目	パラメーター名
RSIの期間 →	RSIPeriod（初期値「12」）
買いを行うRSIのポイント →	Long_Point（初期値「30」）
売りを行うRSIのポイント →	Short_Point（初期値「60」）
エントリー時間 →	EntryTime（初期値「6」）
決済時間 →	ExitTime（初期値「10」）

　エントリー時間、決済時間をパラメーター化したのには理由があります。

　それは、メタトレーダーのチャートの時間表示が必ずしも日本時間とはかぎらないためです。メタトレーダーの時間はFX業者のサーバー時間となっており、ロンドン時間になっているFX業者もありますし、ニューヨーク時間になっているFX業者もあります。

　「早起きは5ピップの得」システムは朝6時にエントリーし、10時に決済しますが、それはあくまで日本時間です。日本時間表示ではないメタトレーダーでトレードを行う場合は「EntryTime」と「ExitTime」のパラメーターで調整する必要があります。

　調整の仕方は簡単です。気配値表示ウィンドウにはサーバー時間が表示されています（次ページ参照）。

通貨ペア	Bid	Ask
EURUSD	1.44106	1.44132
USDCHF	0.85285	0.85320
GBPUSD	1.64610	1.64638
USDJPY	81.256	81.280
GBPAUD	1.53479	1.53516
GBPCHF	1.40389	1.40462
GBPJPY	133.759	133.802
EURCHF	1.22908	1.22945
EURGBP	0.87532	0.87559
EURJPY	117.100	117.131
USDZAR	6.80260	6.81241
ZARJPY	11.91600	11.96300
EURTRY	2.2959	2.2993
USDTRY	1.59269	1.59512
TRYJPY	50.834	51.099
AUDJPY	87.139	87.172

気配値表示時刻: 03:10:45

　このFX業者のサーバー時間は現在3時10分となっています。仮に現在の日本時間が0時10分であれば、このFX業者の時間表示は日本時間＋3時間ということになります。したがって日本時間6時にはこのFX業者は9時です。よって「EntryTime」のパラメーターには「9」と入力します。

　同様に決済時間も＋3時間して、「ExitTime」には「13」と入力します。夏季に夏時間を採用しているFX業者の場合、日本時間の6時や10時に該当するサーバー時間が、夏時間のときと冬時間のときで異なることに注意してください。

利益確定をつけていない段階でのパフォーマンスになります。

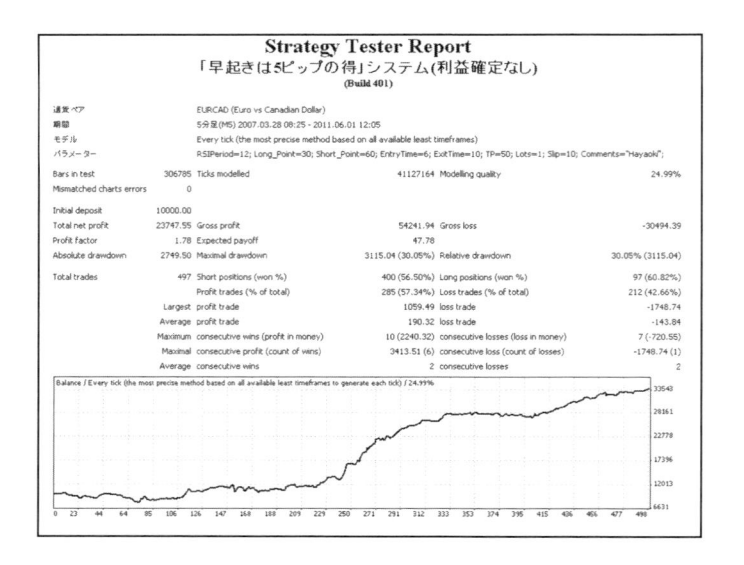

```
Strategy Tester Report
「早起きは5ピップの得」システム(利益確定なし)
(Build 401)

通貨ペア           EURCAD (Euro vs Canadian Dollar)
期間              5分足(M5) 2007.03.28 08:25 - 2011.06.01 12:05
モデル             Every tick (the most precise method based on all available least timeframes)
パラメーター         RSIPeriod=12; Long_Point=30; Short_Point=60; EntryTime=6; ExitTime=10; TP=50; Lots=1; Slip=10; Comments="Hayaoki";

Bars in test              306785   Ticks modelled                41127164   Modelling quality              24.99%
Mismatched charts errors       0
Initial deposit         10000.00
Total net profit        23747.55   Gross profit                  54241.94   Gross loss                  -30494.39
Profit factor               1.78   Expected payoff                  47.78
Absolute drawdown       2749.50    Maximal drawdown         3115.04 (30.05%)  Relative drawdown      30.05% (3115.04)
Total trades                 497   Short positions (won %)      400 (56.50%)  Long positions (won %)     97 (60.82%)
                                   Profit trades (% of total)   285 (57.34%)  Loss trades (% of total)  212 (42.66%)
                                   Largest profit trade            1059.49    loss trade                  -1748.74
                                   Average profit trade              190.32   loss trade                   -143.84
                                   Maximum consecutive wins (profit in money)  10 (2240.32)  consecutive losses (loss in money)  7 (-720.55)
                                   Maximal consecutive profit (count of wins)   3413.51 (6)  consecutive loss (count of losses)  -1748.74 (1)
                                   Average consecutive wins                           2  consecutive losses
```

利益確定をつけない結果、総損益がだらだらと上昇しているのは、やはりこの早朝のマーケットにトレンドが出ていないことを物語っています。もしエントリーした方向にトレンドが出ていれば、利益確定をせずに保有していたほうが総損益は高くなるはずだからです。逆にエントリーした方向とは逆にトレンドが出ていれば総損益はマイナスになるはずです。

それでは次から利益確定をつけてみましょう。

前述のとおり、利益確定は OrderSend 関数の「( )」の中の項目で指定することもできましたが、業者によってその項目に対応していないケースもありますので、本書では使用しません。

利益確定のプログラムもエグジット if 文を使います。条件部分に「●●円の利益が生じたら」と記述すればよいのです。

利益確定注文

```
if (   ●●円以上の利益が生じたら   )
{
  決済する；
}
```

ここでは分かりやすくするため EUR/CAD ではなく馴染みのある USD/JPY で考えましょう。

次のプログラムは買いポジションを0.5円で利益確定するものです。

```
OrderSelect(Ticket_L, SELECT_BY_TICKET);

if(   OrderOpenPrice() + 0.5 <=  Bid
   && ( Ticket_L != 0 && Ticket_L != -1 ) )
{
  Exit_L = OrderClose(Ticket_L,Lots,Bid,Slip,Red);
  if( Exit_L ==1 ) {Ticket_L = 0;}
}
```

⬇ 日本語にすると……

保有中の買いポジションを選択する。
もし 0.5 円以上の利益が生じている、
かつ、買いポジションを持っている場合、
決済注文を出します。約定結果は Exit_L に入れます。
決済に成功した場合、
もう決済注文を出さないように Ticket_L を 0 にします。

それではプログラムをひとつひとつ見ていきましょう。冒頭に見たことのない記述がありますね。

> OrderSelect(Ticket_L, SELECT_BY_TICKET);

これは OrderSelect 関数といいます。「ポジションを選択する」関数です。「ポジションを選択」すれば、そのポジションのエントリー価格やエントリーした時間など、さまざまな情報を知ることができるのです。ここではポジションのエントリー価格を知るために使用しています。

なぜ利益確定をするのにエントリー価格が必要になるのでしょうか？

それは、エントリー価格と現在の価格が分かれば現在の含み損益が分かるからです。

例えば0.5円の含み益で利益確定をするのであれば、現在価格がエントリー価格よりも0.5円以上上昇していたら決済をします（買いポジションの場合）。

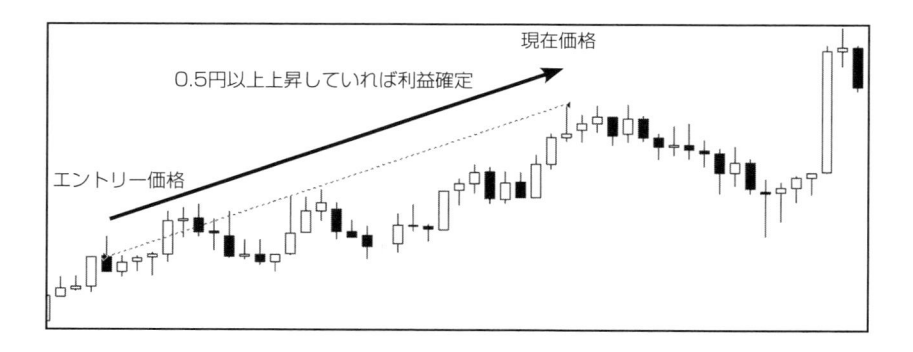

日本語を使って利益確定の条件を記述すると次のようになります。

if(エントリー価格 + 0.5 <= 現在価格)

プログラムにするとこうなります。

if(OrderOpenPrice() + 0.5 <= Bid)

現在価格は買いポジションを決済するので「Bid」を使います。売りポジションを決済するときは「Ask」を使います。なお、「OrderOpenPrice()」については後述します。

それでは次から OrderSelect 関数の「( )」の中の項目を見てみましょう。

OrderSelect 関数の「( )」中の各項目を知ろう！

ポジションを選択する場合には OrderSelect 関数を使用します。OrderSend 関数と同様に（ ）の中の各項目を「コンマ (,)」で区切ります。OrderSelect 関数の項目は 2 種類あります。

OrderSelect（約定番号 , 選択方法）

それでは、次ページ以降で各項目を見てみましょう。

● 1番目は約定番号を記述します

　選択したいポジションの約定番号を指定します。指定の方法はエントリー時に通知される約定番号で行います。これまで見てきたプログラムでは、買いポジションでは「Ticket_L」に約定番号を入れ、売りポジションでは「Ticket_S」に約定番号を入れていましたので、ここの項目には「Ticket_L」や「Ticket_S」と記述します。当然約定番号を入れている変数名が異なる場合はその変数名を記述してください。

記　号	意　味
Ticket_L	Ticket_Lに入っている約定番号のポジションを選択する
Ticket_S	Ticket_Sに入っている約定番号のポジションを選択する

● 2番目は選択方法を記述します

　ポジションの指定方法は2種類あり、この項目でどちらの方法で指定を行うかの選択をします。本書では約定番号で行うのでこの項目は「SELECT_BY_TICKET」で結構です。

記　号	意　味
SELECT_BY_TICKET	約定番号で指定する

ポジションを選択したらさまざまな情報が取れます。エントリー価格を取得するには OrderOpenPrice() という関数を使います。

```
OrderSelect(Ticket_L, SELECT_BY_TICKET);
OrderOpenPrice();
```

これで「OrderOpenPrice()」はエントリー価格になっています。

せっかくですので、本書では使用しませんが、そのほかどのようなポジション情報が取得できるか、主要なものをご紹介します。

関　数	内　容
OrderSymbol( )	注文の通貨ペア種類を取得する
OrderType( )	注文の種類を取得する
OrderLots( )	注文のロット数を取得する
OrderOpenTime( )	注文が約定した時間を取得する
OrderComment( )	注文のコメントを取得する
OrderMagicNumber( )	注文のマジックナンバーを取得する
OrderSwap( )	注文のスワップを取得する
OrderCommission( )	注文の手数料を取得する

話を戻します。「早起きは5ピップの得」システムに利益確定のプログラムを貼り付けると 432 〜 437 ページのようになります。

プログラム その1

注：薄い文字部分は既出プログラムです

```
// マジックナンバーの定義
#define MAGIC  1192

// パラメーターの設定 //
extern int RSIPeriod= 12; //RSI の期間
extern int Long_Point= 30; // 買いエントリーポイント
extern int Short_Point= 60; // 売りエントリーポイント
extern int EntryTime= 6;  // エントリー時間
extern int ExitTime = 10; // エグジット時間
extern int TP = 50;  // 利益確定ポイント数

extern double Lots= 1.0;// 取引ロット数
extern int Slip= 10; // 許容スリッページ数
extern string Comments= "Hayaoki";// コメント

// 変数の設定 //
int Ticket_L = 0; // 買い注文の結果をキャッチする変数
int Ticket_S = 0; // 売り注文の結果をキャッチする変数
int Exit_L  = 0; // 買いポジションの決済注文の結果をキャッチする変数
int Exit_S  = 0; // 売りポジションの決済注文の結果をキャッチする変数

double RSI_1 = 0;//RSI を代入する変数

int start()
 {
  // 買いポジションの利益確定
  OrderSelect(Ticket_L, SELECT_BY_TICKET);

  if(   OrderOpenPrice() + TP * Point <=  Bid
     && ( Ticket_L != 0 && Ticket_L != -1 ) )
   {
     Exit_L = OrderClose(Ticket_L,Lots,Bid,Slip,Red);
     if( Exit_L ==1 ) {Ticket_L = 0;}
   }
```

434 ページに続く

日本語訳 その1

// マジックナンバーの定義
システム（プログラム）に 1192 と名前を付けました。

// パラメーターの設定 //
RSI の期間設定を「RSIPeriod」というパラメーターにします。最初は 12 と設定。
買いエントリーするポイントを「Long_Point」というパラメーターにします。最初は 30 と設定。
売りエントリーするポイントを「Short_Point」というパラメーターにします。最初は 60 と設定。
エントリーする時間を「EntryTime」というパラメーターにします。最初は 6 と設定。
決済する時間を「ExitTime」というパラメーターにします。最初は 10 と設定。
利益確定ポイント数を「TP」というパラメーターにします。最初は 50 と設定。

取引ロット数をパラメーター化します。最初は 1.0 ロットと設定。
許容スリッページをパラメーター化します。最初は 10 とします。
注文に付けるコメントをパラメーター化します。最初は" Hayaoki"にします。

// 変数の設定 //
整数を入れる「Ticket_L」という変数を用意します。最初は「0」と設定。
整数を入れる「Ticket_S」という変数を用意します。最初は「0」と設定。
整数を入れる「Exit_L」という変数を用意します。最初は「0」と設定。
整数を入れる「Exit_S」という変数を用意します。最初は「0」と設定。

実数を入れる「RSI_1」という変数を用意します。最初は「0」と設定します。

メインのプログラムが始まります
{

　// 買いポジションの利益確定
　保有中の 買いポジションを選択します。
　もし TP ポイント以上の利益が生じている、
　かつ、買いポジションを持っている場合、
　{
　　決済注文を出します。約定結果は Exit_L に入れます。
　　もし決済に成功した場合、もう決済注文を出さないように
　　Ticket_L を 0 にします。
　}

435 ページに続く

プログラム　その2

```
// 売りポジションの利益確定
OrderSelect(Ticket_S, SELECT_BY_TICKET);

if(   OrderOpenPrice() - TP * Point >=  Ask
   && ( Ticket_S != 0 && Ticket_S != -1 ) )
 {
   Exit_S = OrderClose(Ticket_S,Lots,Ask,Slip,Blue);
   if( Exit_S ==1 ) {Ticket_S = 0;}
 }

RSI_1 = iCustom(NULL,0,"RSI",RSIPeriod,0,1);


// 買いポジションのエグジット
if(   Hour() == ExitTime
   && ( Ticket_L != 0 && Ticket_L != -1 ) )
 {
   Exit_L = OrderClose(Ticket_L,Lots,Bid,Slip,Red);
   if( Exit_L ==1 ) {Ticket_L = 0;}
 }

// 売りポジションのエグジット
if(   Hour() == ExitTime
   && ( Ticket_S != 0 && Ticket_S != -1 ) )
 {
   Exit_S = OrderClose(Ticket_S,Lots,Ask,Slip,Blue);
   if( Exit_S ==1 ) {Ticket_S = 0;}
 }
```

436ページに続く

日本語訳　その２

// 売りポジションの利益確定
保有中の 売りポジションを選択します。

もし TP ポイント以上の利益が生じている、
かつ、売りポジションを持っている場合、
{
　　決済注文を出します。約定結果は Exit_S に入れます。
　　もし決済に成功した場合、もう決済注文を出さないように
　　Ticket_S を 0 にします。
}

1 本前のバーの RSI に変身して「RSI_1」に代入

// 買いポジションのエグジット
もし時間が「ExitTime」で、
かつ、買いポジションを持っている場合、
{
　　決済注文を出します。約定結果は Exit_L に入れます。
　　決済に成功した場合、もう決済注文を出さないように
　　Ticket_L を 0 にします。
}

// 売りポジションのエグジット
もし時間が「ExitTime」で、
かつ、売りポジションを持っている場合、
{
　　決済注文を出します。約定結果は Exit_S に入れます。
　　もし決済に成功した場合、もう決済注文を出さないように
　　Ticket_S を 0 にします。
}

437 ページに続く

プログラム　その３

```
// 買いエントリー
if(   Hour() == EntryTime
   && RSI_1 <= Long_Point
   && ( Ticket_L == 0 || Ticket_L == -1 )
   && ( Ticket_S == 0 || Ticket_S == -1 ))
 {
   Ticket_L = OrderSend(Symbol(),OP_BUY,
                        Lots,Ask,Slip,0,0,Comments,MAGIC,0,Red);
 }

// 売りエントリー
if(   Hour() == EntryTime
   && RSI_1 >= Short_Point
   && ( Ticket_S == 0 || Ticket_S == -1 )
   && ( Ticket_L == 0 || Ticket_L == -1 ))
 {
   Ticket_S = OrderSend(Symbol(),OP_SELL,
                        Lots,Bid,Slip,0,0,Comments,MAGIC,0,Blue);
 }

 return(0);
}
```

日本語訳　その３

// 買いエントリー
もし時間が「EntryTime」で、
かつ、1本前のバーの RSI が Long_Point 以下、
かつ、買いポジションを持っていない、
かつ、売りポジションを持っていない場合、
{
　　買い注文を出します。約定結果は Ticket_L に入れます。
}

// 売りエントリー
もし時間が「EntryTime」で、
かつ、1本前のバーの RSI が Short_Point 以上、
かつ、売りポジションを持っていない、
かつ、買いポジションを持っていない場合、
{
　　売り注文を出します。約定結果は Ticket_S に入れます。
}

プログラムを終わります
}

利益確定の値はTP（Take Profitの略です）という名前のパラメーターにしました。ポイント単位で入力します。

　初期値は50となっていますが、5ピップの利益確定をするためにはEURCAD下5桁表示業者では「50」で結構ですが、下4桁表示業者ですと「5」になります。

　TPの後ろに「*Point」と記述することでポイント単位にすることができます。これは決まりごとなので覚えてしまいましょう。

　以上で、「早起きは5ピップの得」システムの完成です。

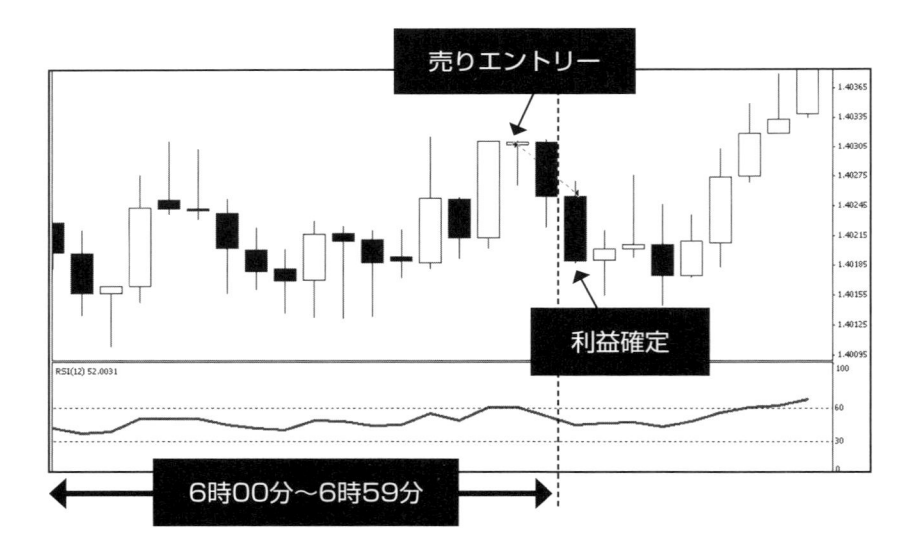

なお、本書では使用しませんでしたが、ロスカットも利益確定と同様の考え方でできます。ご参考までにご紹介いたします。なお、ロスカットのパラメータ化については、511〜512ページで補足説明しております。興味のある方は目を通してみてください。

エグジット if 文を使ったロスカット注文

```
if (   ●●円以上の損失が生じたら   )
{
決済する;
}
```

　次のプログラムは買いポジションを 0.8 円でロスカットします。

```
OrderSelect(Ticket_L, SELECT_BY_TICKET);

if(   OrderOpenPrice() - 0.8 >=  Bid
   && ( Ticket_L != 0 && Ticket_L != -1 ) )
{
   Exit_L = OrderClose(Ticket_L,Lots,Bid,Slip,Red);
   if( Exit_L ==1 ) {Ticket_L = 0;}
}
```

日本語にすると……

保有中の買いポジションを選択する。

もし 0.8 円以上の損失が生じている、
かつ、買いポジションを持っている場合、
決済注文を出します。約定結果は Exit_L に入れます。
決済に成功した場合、
もう決済注文を出さないように Ticket_L を 0 にします。

2 メタトレーダーで便利ツールを使いこなそう① 〜マネーマネジメント編〜

　読者の皆様がダウンロードできる、マネーマネジメント用の便利ツール「Leverage.mq4」について紹介します。「Leverage.mq4」を使えば、以下のようなことも可能になります。

●口座残高の増減によって取引ロット数も増減させたい
●マネーマネジメントをしたい
●レバレッジ規制にかかる目安のロット数を知りたい

Leverage.mq4
指定したレバレッジでの取引ロット数を表示する

　システムトレードでは売買ロジックばかりに焦点が当たりがちです。しかし実際トレードを続けていくと取引数量をどう変化させていくか、いわゆる「マネーマネジメント」がパフォーマンスに大きく影響することに気づくでしょう。
　マネーマネジメントは自身の性格が色濃く出るような気がします。以前の私は、勝つと強気になってどんどん取引数量を増やしたくなり、一方で負けると俄然弱気になり、取引数量を極端に減らしてしまうタイプでした。
　口座資金の増減に合わせて取引数量も増減させるという方法自体は間違ってはいないと思いますが、勝つと必要以上に取引数量が大きくなったり、負けると必要以上に取引数量が小さくなったりとまるで一貫性がなく、結果パフォーマンスのブレが非常に大きかったように思います。
　このように、売買ロジックが明確に決まっていて、ルールどおりに

トレードをしていても、マネーマネジメントの部分は感情のおもむくままに決めているなどということもありがちです。

システムトレードに限った話ではありませんが、マネーマネジメントは非常に重要になってきますので、事前に明確なルールを決めておいたほうがよいでしょう。

マネーマネジメントは奥が深く、方法もたくさん存在します。ここではもっともシンプルなマネーマネジメントの手法である、レバレッジによる取引数量の計算方法とそのインディケータをご紹介します。

レバレッジによる取引数量の計算は簡単です。

仮に投資資金を100万円持っていたとします。そこでレバレッジ10倍で運用するのであれば、投資資金の10倍、つまり1000万円までの取引が可能になります。

ドル円をトレードするとして、そのときの為替レートが1ドル100円だとしたら、「1000万円÷100円」で10万ドルの取引が可能となるわけです。仮にトレードがうまくいって投資資金が200万円まで増えていれば、同じレバレッジ10倍であっても2000万円までの取引が可能になり、結果1ドル100円と変わらなければ20万ドルまでの取引ができます。

一方、トレードがうまくいかず50万円まで投資資金が目減りしてしまった場合は、5万ドルまでの取引しかできなくなります。

このように、レバレッジの考え方を使えば投資資金に対して常に一定のレバレッジで取引が可能となります。

利用方法

取引をする通貨ペアの、お好きなタイムフレームのチャートに適用してください。

「パラメーターの入力」タブ

「Leverage」に希望のレバレッジの倍率を入力します。

チャート左上に取引ロット数が表示されます。

チャート左上画面

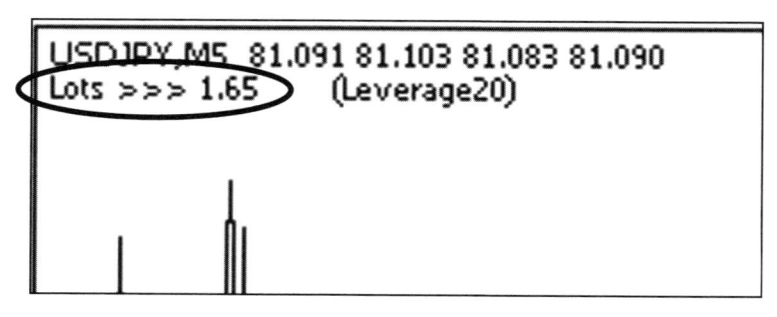

Lots >>>　●　(Leverage ▲)

レバレッジ▲倍の時の取引ロット数が●の数字です。

使用上の注意点

■最小ロット、最大ロットへの対応

　業者によって取引可能な最小ロット数と最大ロット数が決められている場合があります。

　計算されたロット数が最小ロット数以下だった場合は最小ロット数に、最大ロット数以上であった場合は最大ロット数が表示されます。

■四捨五入はご自身のルールで

　取引単位は業者によって異なりますので、実際に取引する数量の最終判断はご自身でしてください。

　例えば、指定されたレバレッジで計算された取引ロット数が1.5と表示されていても、お使いの業者の発注単位は1ロットである場合があります。そのときは2ロットまたは1ロットにして発注する必要があります。切り上げるか切り下げるかは各自のリスク許容度に依存する部分ですので「Leverage」インディケータでは取引単位への四捨五入はせずにそのまま表示しています。

■インディケータを外してもチャート上に表示が残ります

　インディケータをチャートから外しても、チャート上にはそのまま表示が残ります。

　表示を消すためにはいったんチャートを削除して、新しいチャートを開いてください。

3 メタトレーダーで便利ツールを使いこなそう②
〜約定メール編〜

約定したかどうかをメールで知らせる「SendMail.mq4」について紹介します。「SendMail.mq4」を使うと、以下のようなことも可能になります。

● 自動売買の約定通知をメールで受け取りたい
● 外出中でも損益をリアルタイムで知りたい
● 裁量トレードの指値や逆指値注文が約定した瞬間を知りたい

SendMail.mq4
約定したら指定したアドレスへ通知メールを送信

メールの形式

■件名
「Long Entry」、「Short Entry」、「Long Exit 」、「Short Exit 」
買いエントリーの場合、件名は Long Entry
売りエントリーの場合、件名は Short Entry
買いエグジットの場合、件名は Long Exit
売りエグジットの場合、件名は Short Exit

■本文
種別:「買いエントリー」「売りエントリー」「買い決済」「売り決済」
通貨ペア:USDJPY など

約定価格 または 損益（※）：90.84 または 15000.00 (JPY) など
コメント：OrderSend 関数の ( ) の中のコメントの項目
※エントリーの場合は約定価格、決済の場合は損益になります

本文例1
種別：買いエントリー
通貨ペア：USDJPY
約定価格：90.84
コメント：RSI_System

本文例2
種別：買い決済
通貨ペア：USDJPY
損益：15000.00 (JPY)
コメント：RSI_System

メール送信プログラムの概略

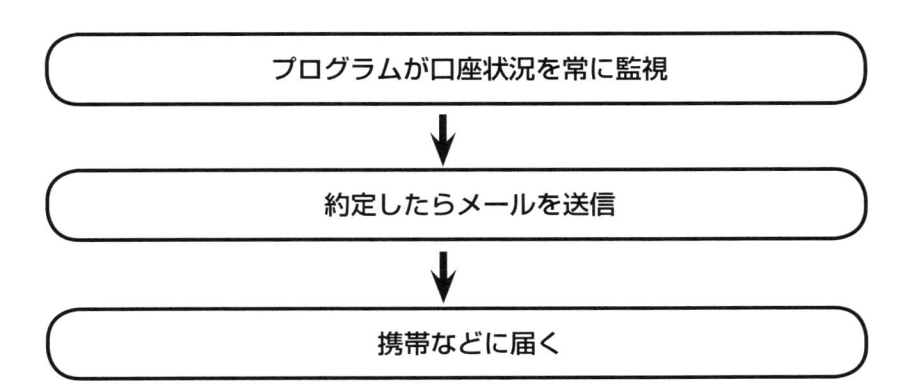

プログラムが口座状況を常に監視
↓
約定したらメールを送信
↓
携帯などに届く

利用方法

利用方法は以下の通りです。

1）チャートを開いて「SendMail」を適用

通貨ペア、タイムフレームはどれでもかまいませんし、EA を適用しているチャートでも適用していないチャートでもかまいません。

2）「パラメーターの入力」タブ

「Japanese」パラメーターを「true」または「false」にします。

> ◆コラム：「Japanese」パラメーターとは？
>
> メールを受信する側の仕様や設定によっては、メタトレーダーからの日本語のメールが文字化けすることがあります。
>
> そのときは、「Japanese」を「false」にしますと、英語表記で送信しますので文字化けを防ぐことができます。
>
> 初期設定では「true」になっていますが、万が一文字化けするときには「false」にしてお使いください。

これでプログラムがチャートに適用されました。ただし、これだけではまだメールは送信されません。さらにメールの送信先などの設定をする必要がありますので、その設定もご紹介します。

3）ツールバーから「ツール」→「オプション」をクリック

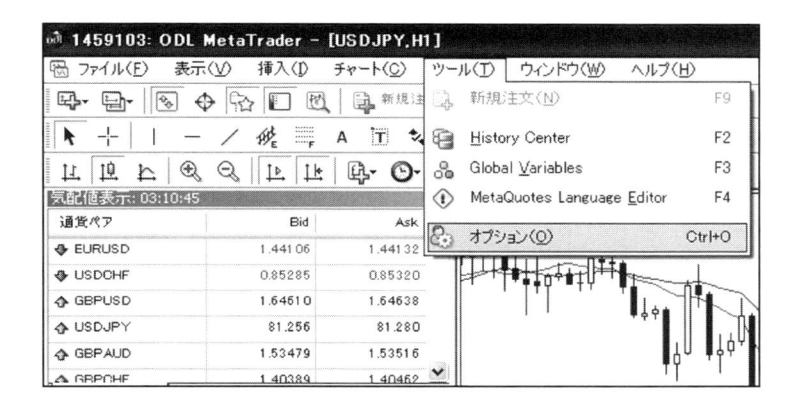

4）「E-メール」タブを選択し、「有効にする」のチェックボックスをオンにし、必要事項を記入

メタトレーダーからメール送信するためには、どのメールサーバーを使い、どこに送信するかの設定が必要になります。

447

ご自身でお使いのメールサーバーがある場合は、サーバー情報を漏れなく入力してください。
　なんのことだかさっぱり分かりません、という方は送信メールサーバーにYahoo!メールを利用する方法をご利用ください。
　Yahoo!メールはフリー（無料）で簡単に作れますので、まずは登録してみましょう。すでにYahoo!メールをお使いの方も、既存のものとは別に新規でご登録することをおすすめします。

Yahoo!メールの登録ページ

```
http://promo.mail.yahoo.co.jp/
または    [ Yahooメール | 検索 ]
```

Yahoo! メールを使った場合

以下の○印を確認したうえで、①〜⑤に必要事項を入力します

① SMTP サーバー

「smtp.mail.yahoo.co.jp:587」と入力。

② SMTP ログイン ID

ご自身の Yahoo! ID を入力。

③ SMTP パスワード

Yahoo! Japan にログインするときのご自身で設定したパスワードを入力。

④発信元

ご自身の Yahoo! メールのメールアドレスを入力。

⑤送信先

約定通知を受け取りたいメールアドレスを入力（※自分の携帯や PC のメールアドレスなど）。

⑥「Test」ボタンをクリックして、テストメールが送信されるか確認

先ほど設定した「送信先」に、

件名：Test message
本文：This is a test message

というメールが届きましたでしょうか。

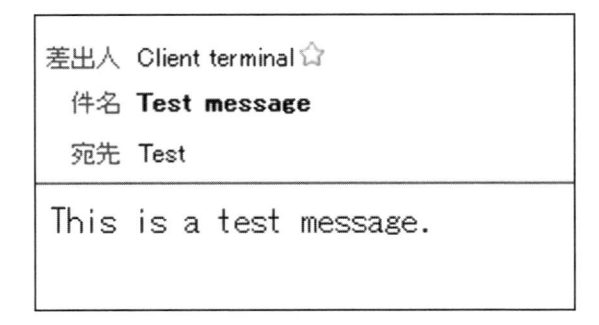

届けば完了となりますが、もし届かない場合は「ターミナル」ウィンドウ→「操作履歴」を見てみます。

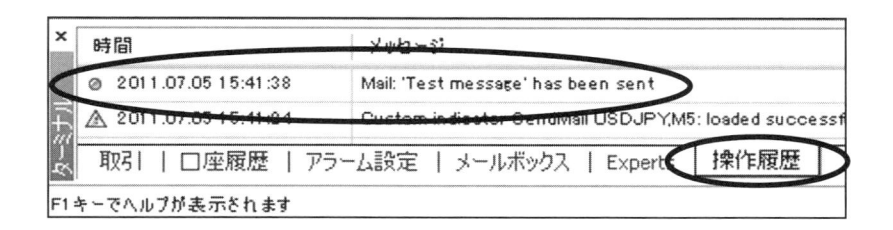

時間	メッセージ
2011.07.05 15:41:38	Mail: 'Test message' has been sent
2011.07.05 15:41:34	Custom indicator GerroMail USDJPY,M5: loaded successf

取引 ｜ 口座履歴 ｜ アラーム設定 ｜ メールボックス ｜ Expert ｜ 操作履歴
F1キーでヘルプが表示されます

「Mail: 'Test message' has been sent」と表示されている場合

　正常にメールが送信されたことになります。したがって、メールが届かない原因は受け取り側にある可能性が高いです。「迷惑メール」に分類されていないか、携帯端末であればパソコンからのメールを受信拒否する設定になっていないかなどを確認してください。

「Mail: 'Test message' failed」や「Mail: login to smtp.mail.yahoo.co.jp:587 failed」などと表示されている場合

　この場合、メールが送信されていません。もう一度「Eメール」タブの入力情報に間違いがないかを確認してください。
　入力し直した場合は、メタトレーダーを再起動したうえで再度「Test」ボタンをクリックしてください。再起動をしないと、新しい設定が反映されない場合があります。
　また「発信元」で入力したYahoo!メールにログインして、「メールオプション」(ベータ版は「メールの設定」)にて「POPアクセスとメール転送」をクリックします。そこで「ブラウザアクセスとPOPアク

セス」にチェックが入っているか確認してください。

当該箇所にチェックが入っていない場合、メールは送信されません。

再度メタトレーダーの「Test」ボタンをクリックして、テストメールが届けば設定は完了です。

次回以降の口座内のすべてのエントリーおよびエグジットに対して、設定したアドレスにメールを送信します。

使用上の注意点

■常に最新のトレード結果を表示してください。

　本プログラムの決済メールは「ターミナル」の「口座履歴」の情報を参照し、決済が行われたかどうかを判断しております。正しいメール送信を行うためには、常に最新のトレード結果を表示させるようにしてください。

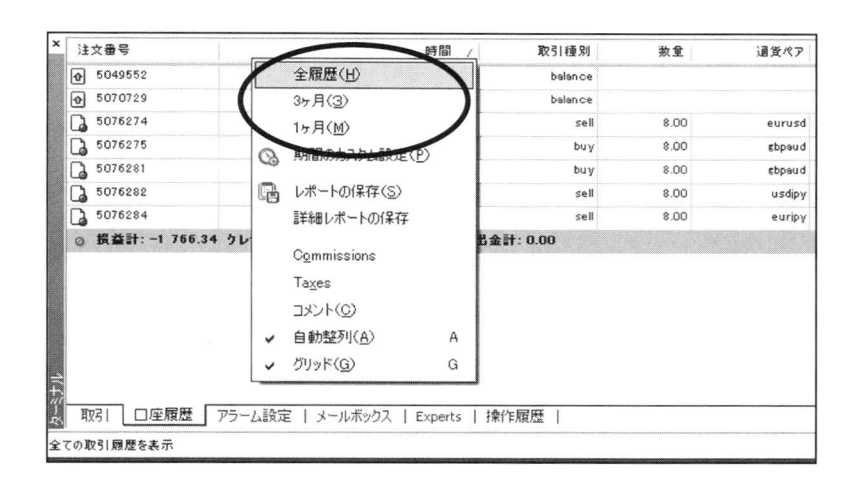

　具体的には「ターミナル」の「口座履歴」の期間は「全履歴」「3カ月」「1カ月」のいずれかをご使用ください。

　「期間のカスタム設定」を使用してしまいますと、期間の設定によっては決済メールが送信されないことや、過去の決済ポジションにおきましても決済メールが送信される可能性がありますのでご注意ください。

　「期間のカスタム設定」を利用されるときは、本プログラムをチャートから外したうえで行ってください。

■ティックが動いたタイミングで送信します

　プログラムは適用している通貨のティックが動くたびに（価格が動くたびに）動作します。

　例えばUSDJPYにプログラムを適用している場合、USDJPYの価格が動くたびにプログラムが動作し、口座の動きを参照して新たな約定があるかないかの判断をしています。

　したがって、適用しているチャートのティックが動いていないごく短時間にエントリーとエグジットを繰り返した場合、口座のポジションの増減を正しく把握できないためメールが送信されないことがあります。ご了承ください。

■使えなくなったらすみません

　以前利用できたフリーメールでも、フリーメールの仕様の変更によって利用できなくなるケースがありました。

　Yahoo!メールにつきましても、仕様の変更によってメールの送信ができなくなる可能性がありますので、ご了承ください。

4 メタトレーダーで便利ツールを使いこなそう③ 〜NYボックス編〜

はやりのNYボックス（後述）を表示するためのツールが「NY_BOX.mq4」です。これを使うと、以下のことが可能になります。

● NY（ニューヨーク）ボックスをチャートに表示したい
● 最高値・最安値をサポートやレジスタンスとして使いたい
● ブレイクアウト戦略が好きだ

> NY_BOX.mq4
> 指定時間の最高値・最安値をラインで表示

このインディケータは指定された時間帯の最高値・最安値を描画するインディケータです。

例えば、NYボックスのラインを引くこともできます。ちなみに、NYボックスとは日本時間14時〜21時（米国夏時間時13時〜20時）の最高値・最安値のラインです。

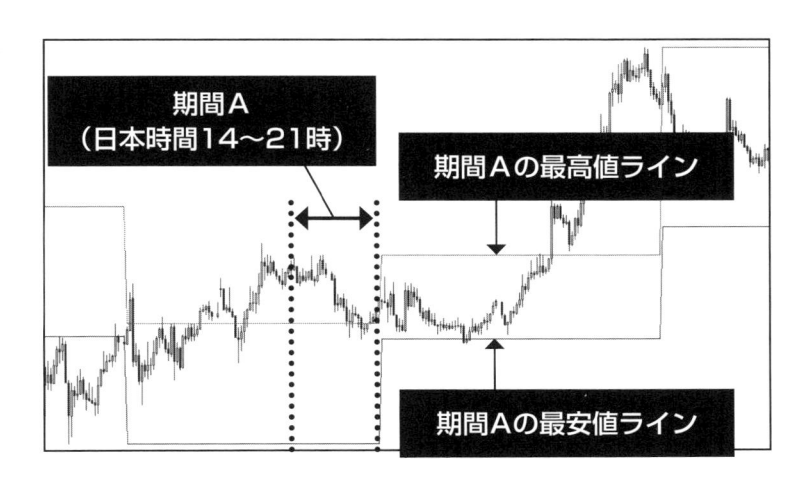

最高値・最安値はチャートを見ればすぐに目に入り、誰しもが意識する「節目」となるポイントだと思います。

　チャートを見ていると直近の最高値・最安値がサポートになっていたり、レジスタンスになっていたりすることがあり、そのポイントをブレイクするとトレンドが出てくることも多い気がします。

利用方法

　お好きな通貨ペアで、1時間足以下のチャートに適用させてください。

「パラメーターの入力」タブ

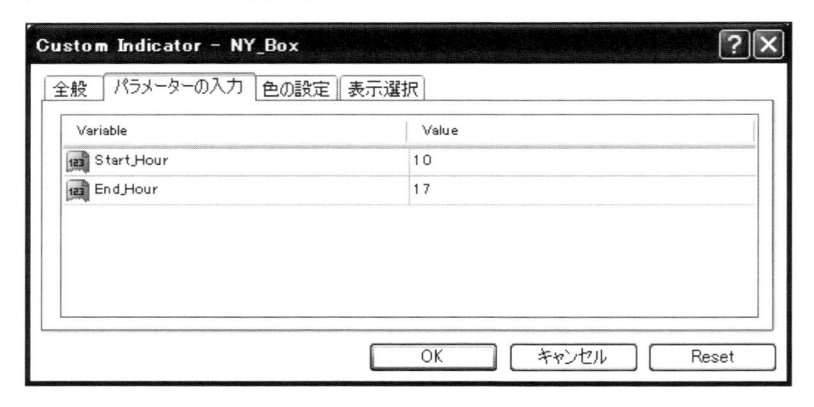

Variable	Value
Start_Hour	10
End_Hour	17

「Start_Hour」「End_Hour」

　メタトレーダーのサーバー時間で 0 〜 23 を入力します。例えば 10 時 00 分から 17 時 00 分までの最高値・最安値を描画したい場合「Start_Hour」に「10」、「End_Hour」に「17」と入力します。17 時 00 分以降に描画していきます。

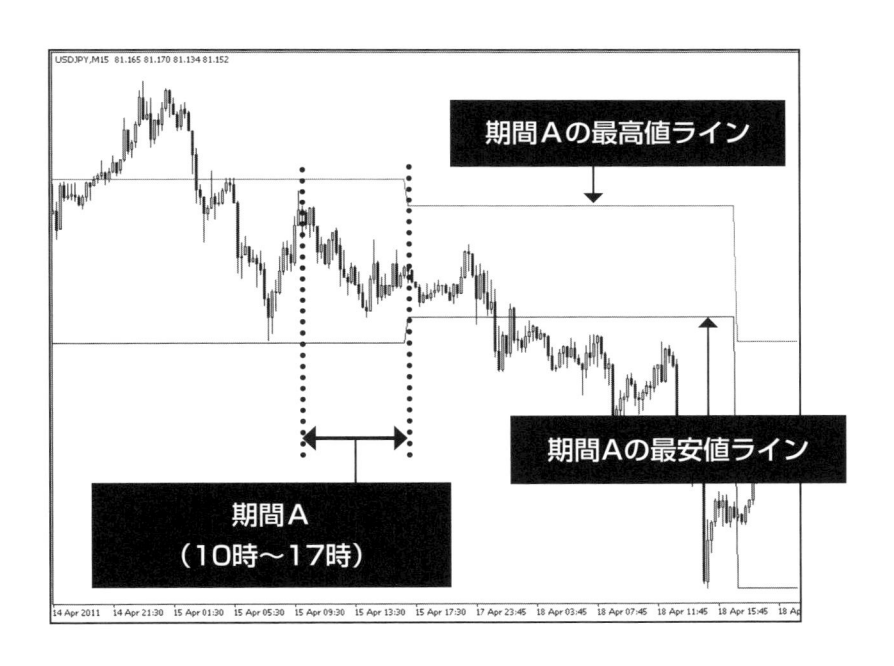

「Start_Hour」と「End_Hour」に同じ時間を入力すると、24時間の最高値・最安値を描画していきます。

　例えば「Start_Hour」が「10」、「End_Hour」が「10」の場合、10時00分から翌10時00分までの最高値・最安値を、翌10時00分以降に描画していきます。

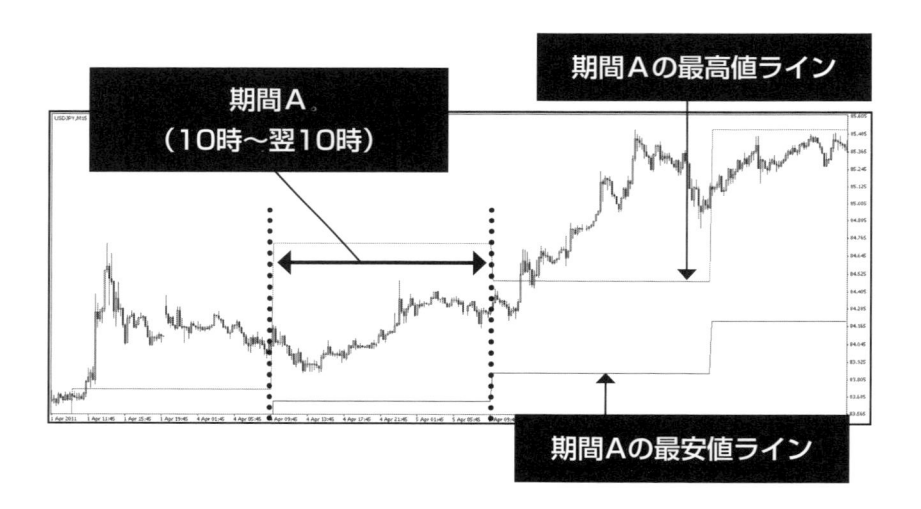

（図：期間A（10時～翌10時）、期間Aの最高値ライン、期間Aの最安値ライン）

特別付録　その１
～複数条件のＥＡ作成について～

1 iCustom関数でインディケータを自動売買システムにしてみよう
複数条件の記述方法について

　これまでひとつの売買条件でエントリーやエグジットを行ってきました。 ひとつの売買条件とは、例えばボリンジャーバンドだけを使って「終値が下バンドを下回った場合、買いエントリーする」などです。

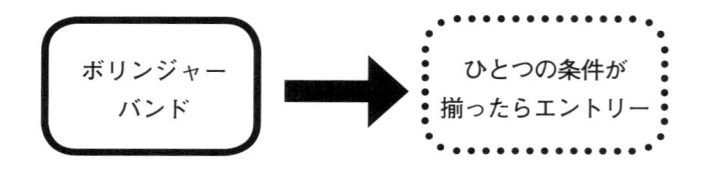

```
┌─────────┐         ┌・・・・・・・・・・┐
│ ボリンジャー │   ➡    ：ひとつの条件が   ：
│  バンド   │         ：揃ったらエントリー ：
└─────────┘         └・・・・・・・・・・┘
```

　特別付録では、複数の売買条件でトレードする場合についてご紹介したいと思います。
　複数の売買条件とは、例えばボリンジャーバンドとRSIを使って「終値が下バンドを下回る、かつRSIが30以下の場合、買いエントリー」などです。

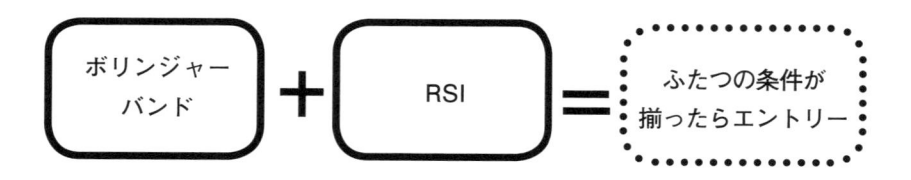

```
┌─────────┐     ┌─────┐     ┌・・・・・・・・・・┐
│ ボリンジャー │  ＋  │ RSI │  ＝  ：ふたつの条件が   ：
│  バンド   │     │     │     ：揃ったらエントリー ：
└─────────┘     └─────┘     └・・・・・・・・・・┘
```

　ボリンジャーバンドだけが買いのサインを出しているときよりも、ボリンジャーバンドもRSIも買いのサインを出しているほうが勝てるような気がします。実際はどうなのでしょうか？
　真実については、実際にシステムを作成してバックテストをして、自分の目で確認してみてください。

インディケータの組み合わせは無数にあります。複数の売買条件を使ったシステムが作成できれば、相性が良いインディケータの組み合わせを見つけることもできます。

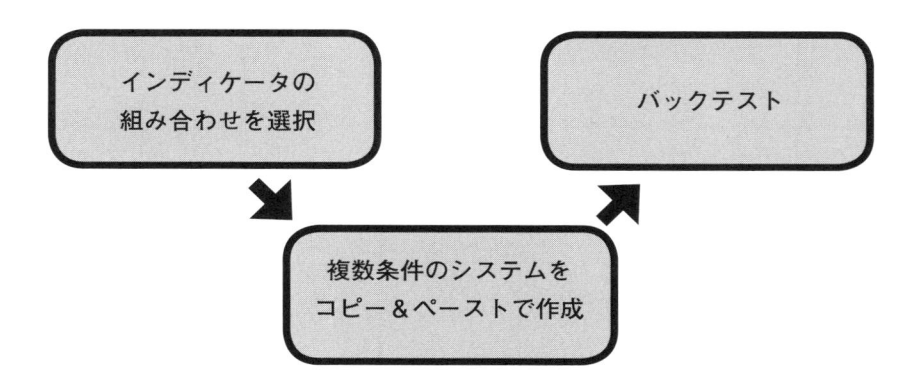

```
[インディケータの組み合わせを選択]
          ↓
[複数条件のシステムをコピー&ペーストで作成]
          ↓
[バックテスト]
```

ここまで読み進めてこられたのであれば、複数条件のプログラムも難しくはありません。売買条件がひとつのときと複数のときでプログラムがどう違ってくるのか、下記のイメージを見てください。「単」はひとつの売買条件のイメージ、「複」は複数の売買条件のイメージです。

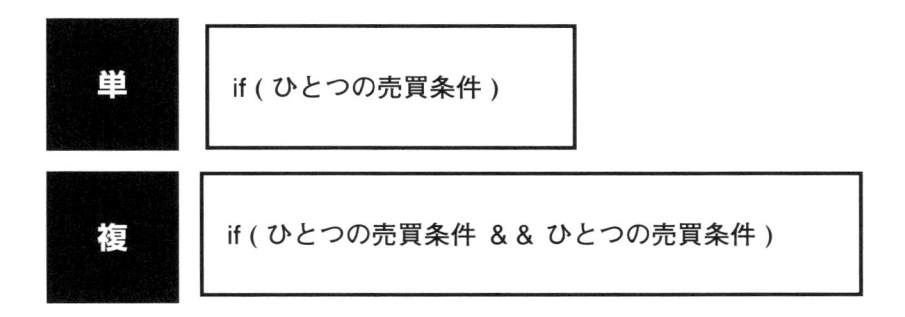

| 単 | if (ひとつの売買条件) |
| 複 | if (ひとつの売買条件 && ひとつの売買条件) |

ひとつの売買条件の時は「if ( )」の中にひとつの売買条件を記述していました。複数の売買条件では、ひとつひとつの売買条件を「&&」でつなげてあげればOKです。

2 iCustom関数でインディケータを自動売買システムにしてみよう
ボリンジャーバンドと RSI 編

　具体的な例として、前述のボリンジャーバンドとRSIを使った複数条件のシステムを作ってみます。

買いエントリー：
バーの終値が下バンドを下回る、かつ、RSIが30以下の場合

買いポジションの決済：
バーの終値が上バンドを上回る、かつ、RSIが70以上の場合

売りエントリー：
バーの終値が上バンドを上回る、かつ、RSIが70以上の場合

売りポジションの決済：
バーの終値が下バンドを下回る、かつ、RSIが30以下の場合

条件が複数になったときの
プログラムの具体的な作り方とは？

買いエントリーで説明！

条件1：バーの終値が下バンドを下回る
条件2：RSIが30以下

条件1 終値が下バンドを下回っている
条件2 RSIが30以下

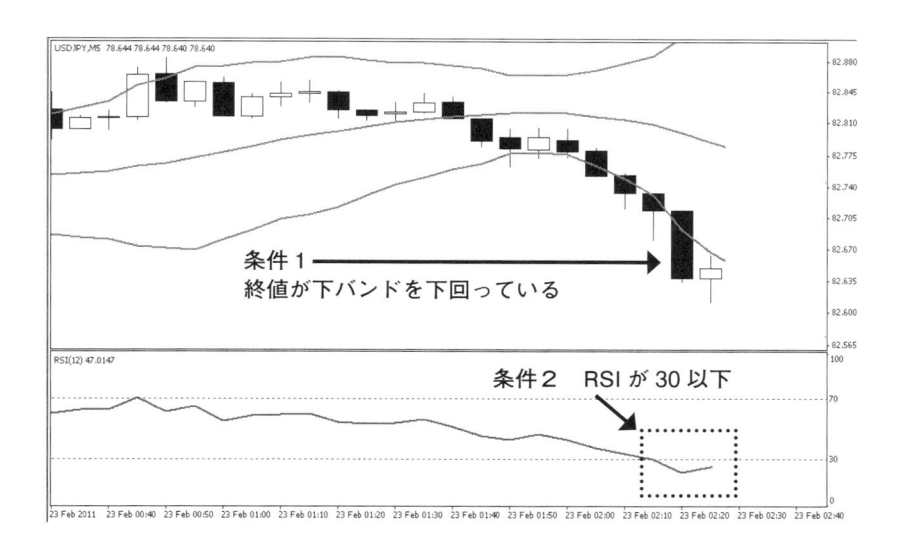

　それでは先ほどイメージとしてお伝えした2つの条件を単純に「&&」でくっつけてみます。引き続き、買いエントリーを例として解説します。

単純に２つの条件を「＆＆」でくっつけると……

【買いエントリー条件】
条件１：バーの終値が下バンドを下回る
条件２：RSIが30以下

⬇

if (　　BB_Lower_1 > Close[1]
　　&& RSI_1 <= 30)

⬇

１本前のバーの下バンドより１本前のバーの終値が低い……条件１
かつ、１本前のバーのRSIが30以下………………………条件２

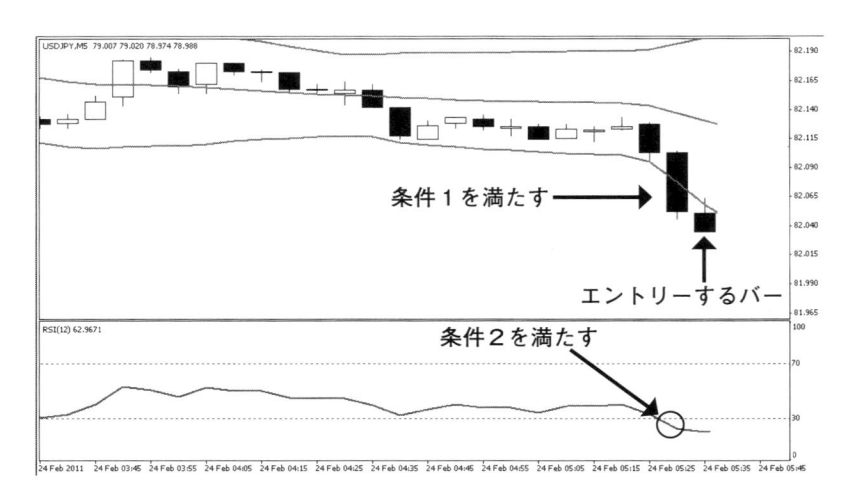

※iCustom関数で変身して、１本前のバーの下バンドを「BB_Lower_1」、RSIを「RSI_1」としています。なおこのあとで登場する１本前のバーの上バンドを「BB_Upper_1」、２本前のバーの上バンド、下バンド、RSIをそれぞれ「BB_Upper_2」「BB_Lower_2」「RSI_2」としています。

単純に「&&」でくっつけることで、ボリンジャーバンドと RSI の 2 つの条件を満たしたときにエントリーすることができます。

■複数の売買条件に自動売買のコツを取り入れる方法

単純に && でくっつけるだけでも構いませんが、「自動売買のコツ その 1」を追加するとさらに実践的なプログラムになります。

> **自動売買のコツ　その 1 とは？**
>
> 　305 〜 308 ページでは、「2 本前のバーでは条件を満たさず、かつ、1 本前のバーで条件を満たしたときだけエントリーするように制限する」という話をしました。そうすることで条件を満たし続けていても連続してエントリーすることを防ぐことができましたね。
> 　この自動売買のコツは複数の売買条件のときでも使えます。

復習です。「自動売買のコツ　その 1」は次ページのように記述していました。

◆「自動売買のコツ　その1」の復習（RSIの例）

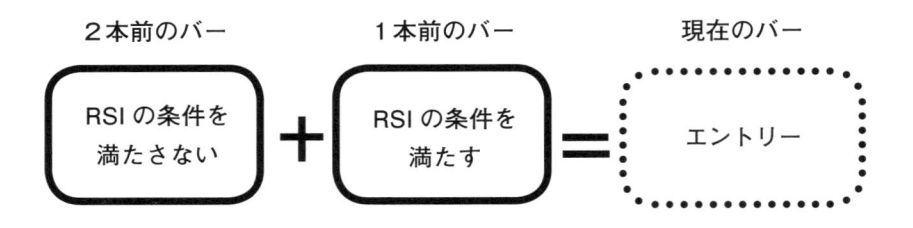

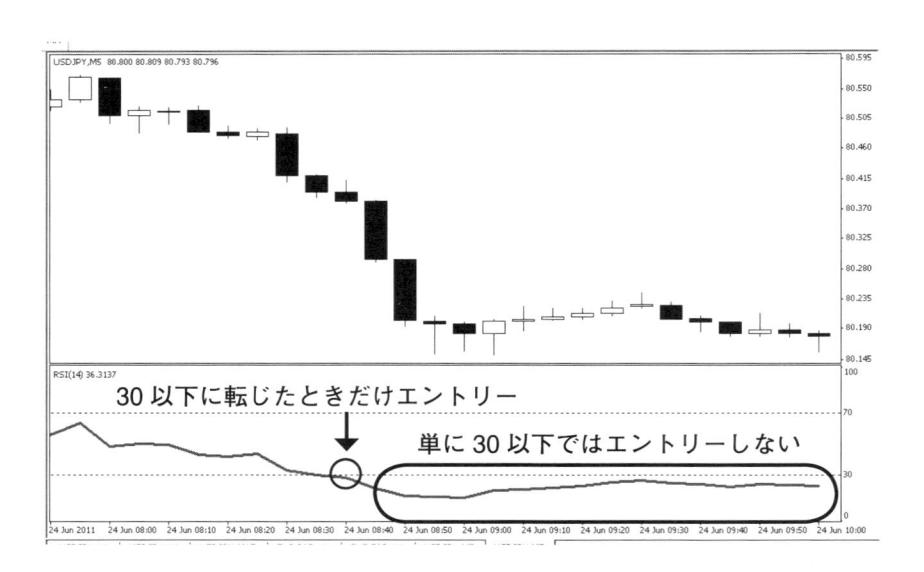

```
2本前のバー            1本前のバー              現在のバー

┌─────────┐         ┌─────────┐          ┌─────────┐
│ RSIの条件を │    ＋   │ RSIの条件を │    ＝   │  エントリー  │
│ 満たさない  │         │  満たす   │          │          │
└─────────┘         └─────────┘          └─────────┘
```

30以下に転じたときだけエントリー

単に30以下ではエントリーしない

　では、複数の売買条件の場合はどのように「自動売買のコツ　その1」を記述したらよいでしょうか？　売買条件が2つのときで考えてみます。まずは単純に2つの売買条件をくっつけてみます。

◆単純に2つの売買条件をくっつけてみる

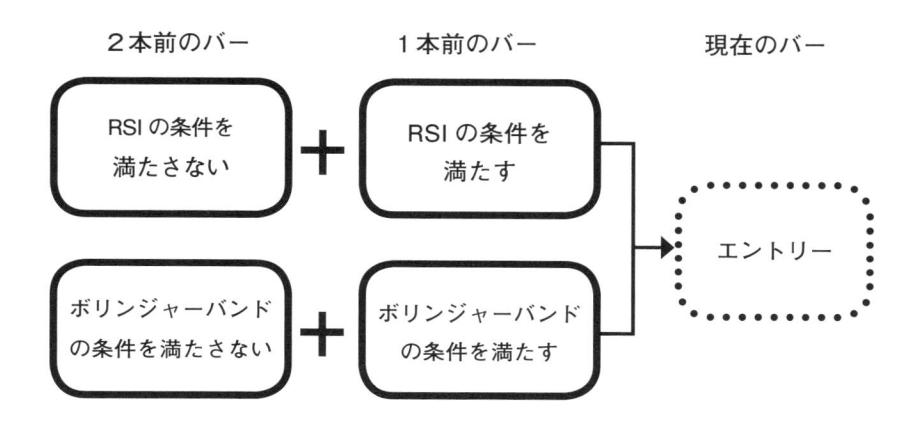

```
  2本前のバー            1本前のバー           現在のバー

┌──────────┐      ┌──────────┐
│ RSIの条件を │  ＋  │ RSIの条件を │
│ 満たさない  │      │   満たす    │
└──────────┘      └──────────┘
                                          ┌ ─ ─ ─ ─ ┐
                                      →   │ エントリー │
                                          └ ─ ─ ─ ─ ┘
┌──────────┐      ┌──────────┐
│ボリンジャーバンド│  ＋  │ボリンジャーバンド│
│の条件を満たさない│      │ の条件を満たす │
└──────────┘      └──────────┘
```

　仮に上図のようにプログラムした場合に、どのタイミングでエントリーするのか考えてみましょう。頭の中でイメージできましたか？

？
少し考えてみてください

答えは下記のタイミングです。ここではケース①とします。

ケース①

ボリンジャーバンドと RSI が同じタイミングで条件を満たしたとき

すなわち、2本前のバーではボリンジャーバンドも RSI も条件を満たしていない状態でしたが、1本前のバーでボリンジャーバンドも RSI も条件を満たしたケースです。

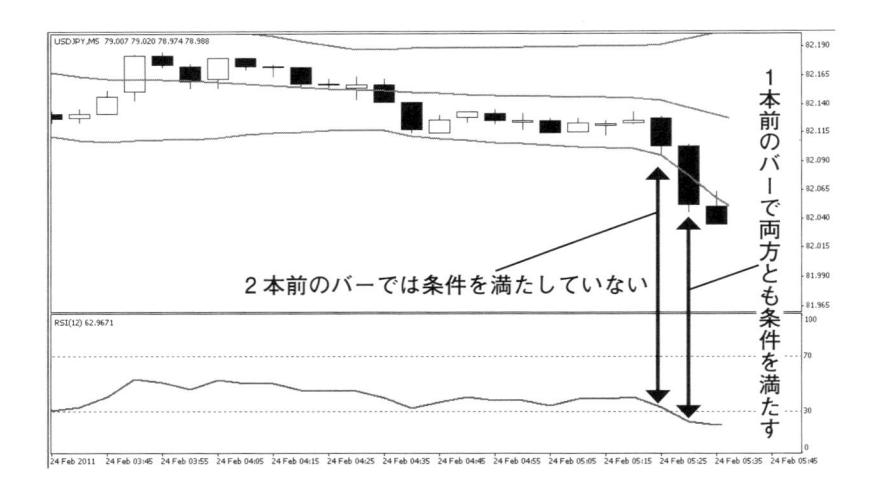

したがって、単純に2つの売買条件を && でくっつけると、2つのインディケータが同じタイミングで条件を満たしたときだけエントリーすることになります。

しかし、2つの売買条件を満たすパターンはケース①だけではありません。ケース②とケース③のパターンもあります。

ケース②
ボリンジャーバンドが先に条件を満たし、RSI が後から条件を満たしたとき

　買いエントリーの例で言えば、まずバーの終値が下バンドを下回り（ボリンジャーバンドが先に条件を満たし）、その後に RSI が 30 以下になります（RSI が後から条件を満たす）。

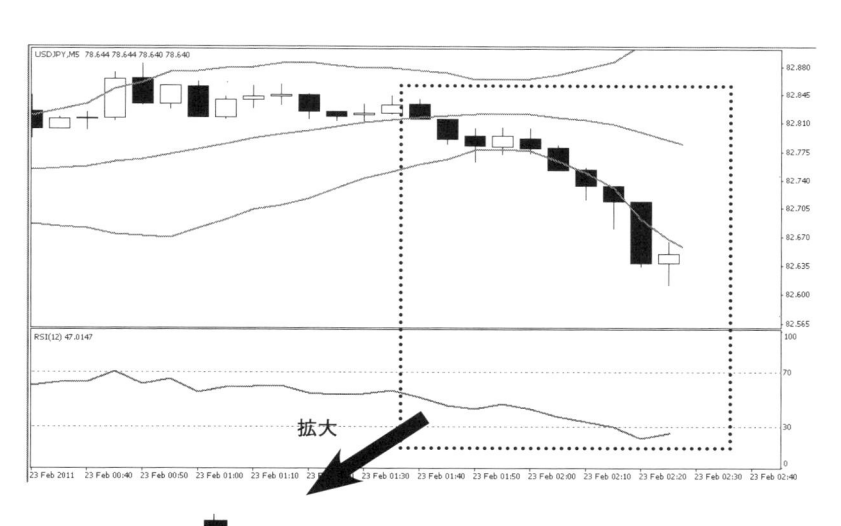

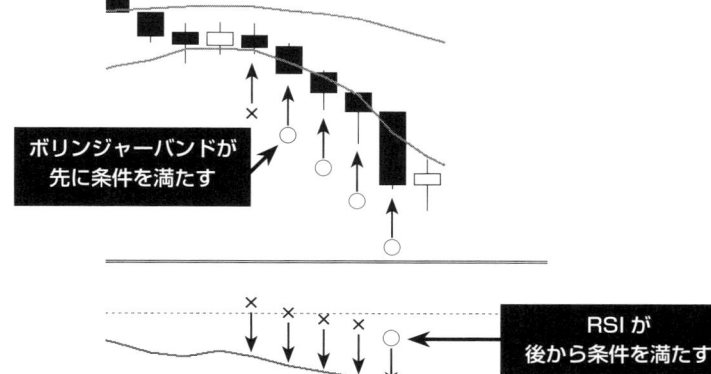

> ケース③
> RSIが先に条件を満たし、ボリンジャーバンドが後から条件を満たしたとき

　買いエントリーの例で言えば、まずRSIが30以下になり（RSIが先に条件を満たし）、その後にバーの終値が下バンドを下回ります（ボリンジャーバンドが後から条件を満たす）。

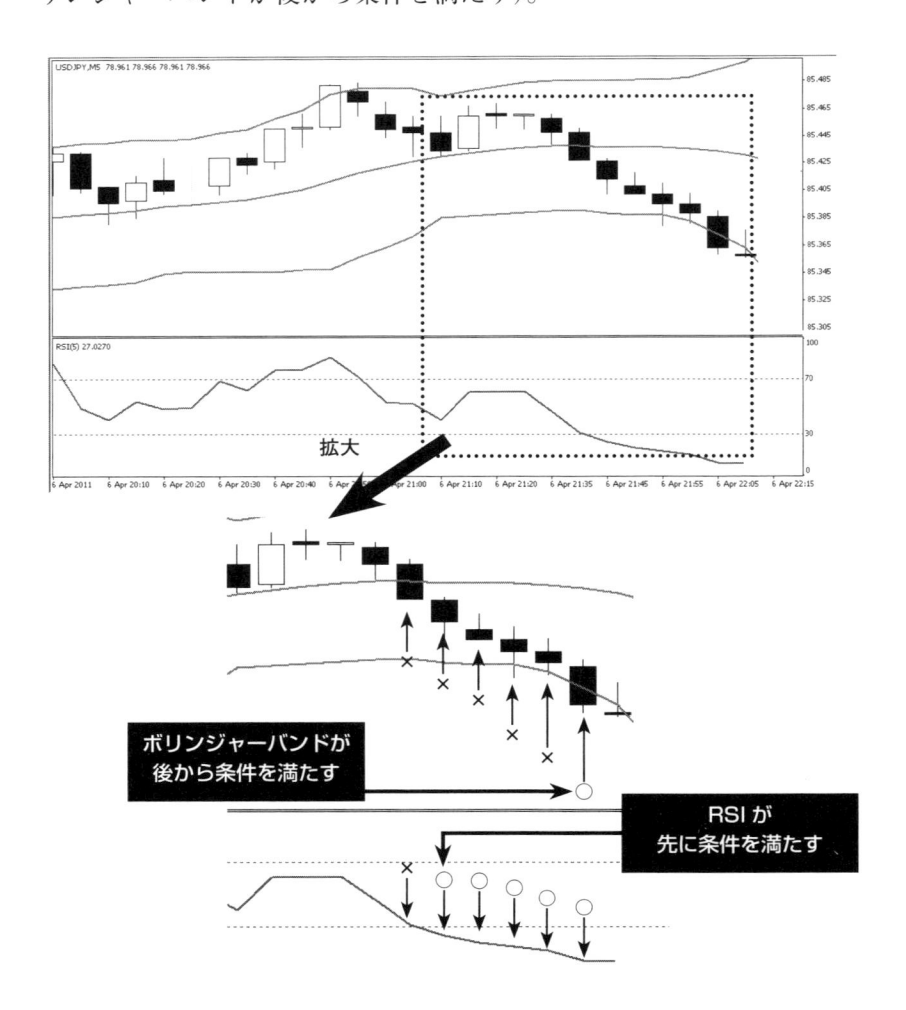

頭の中でイメージできていたでしょうか。

ここまでで分かるように、2つの売買条件を満たすタイミングの全パターンは以下のようになります。

■ボリンジャーバンドと RSI が同じタイミング（同じバー）で条件を満たす（ケース①）

■ボリンジャーバンドと RSI が異なるタイミングで条件を満たす

    → ボリンジャーバンドが先に条件を満たし、
       RSI が後から条件を満たす（ケース②）

    → RSI が先に条件を満たし、
       ボリンジャーバンドが後から条件を満たす（ケース③）

■ケース①のみエントリーしたい場合

ケース①のみプログラムします。単純に複数の条件を && でくっつければ OK です。

■全パターンでエントリーしたい場合

ケース②、ケース③をプログラムします。次ページからの「自動売買のコツ　その4」を使います。

なお、ケース②およびケース③のプログラムで全パターンのエントリーが網羅できるため、ケース①は記述する必要がありません。

自動売買のコツ　その4

複数の売買条件に「自動売買のコツ　その1」(305ページでご紹介)を記述するコツです。

> **最後にエントリー条件を満たしたインディケータに注目**

◆ 2つの売買条件での例

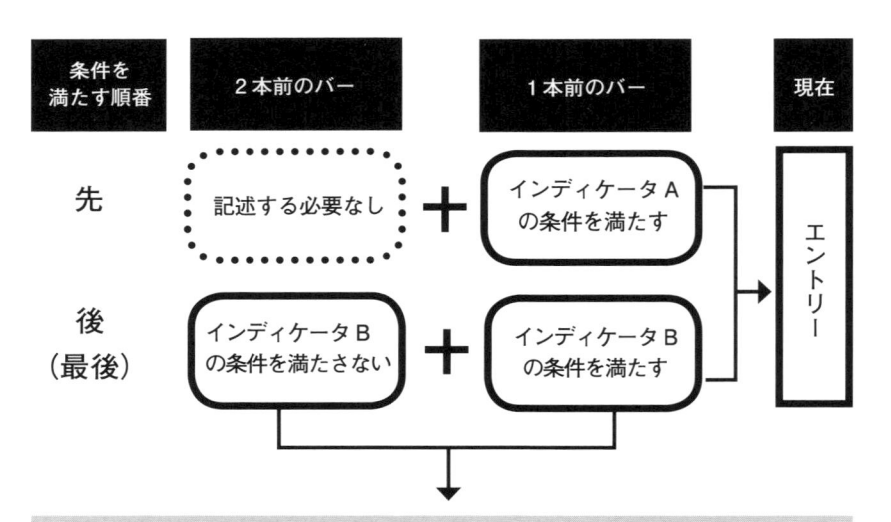

条件を満たす順番	2本前のバー	1本前のバー	現在
先	記述する必要なし	インディケータAの条件を満たす	エントリー
後（最後）	インディケータBの条件を満たさない	インディケータBの条件を満たす	

↓

最後にエントリー条件を満たしたインディケータのみ（この場合はインディケータB）、2本前のバーに「エントリー条件を満たさない」というプログラムを記述し、1本前のバーには「エントリー条件を満たす」というプログラムを記述する

◆3つの売買条件での例

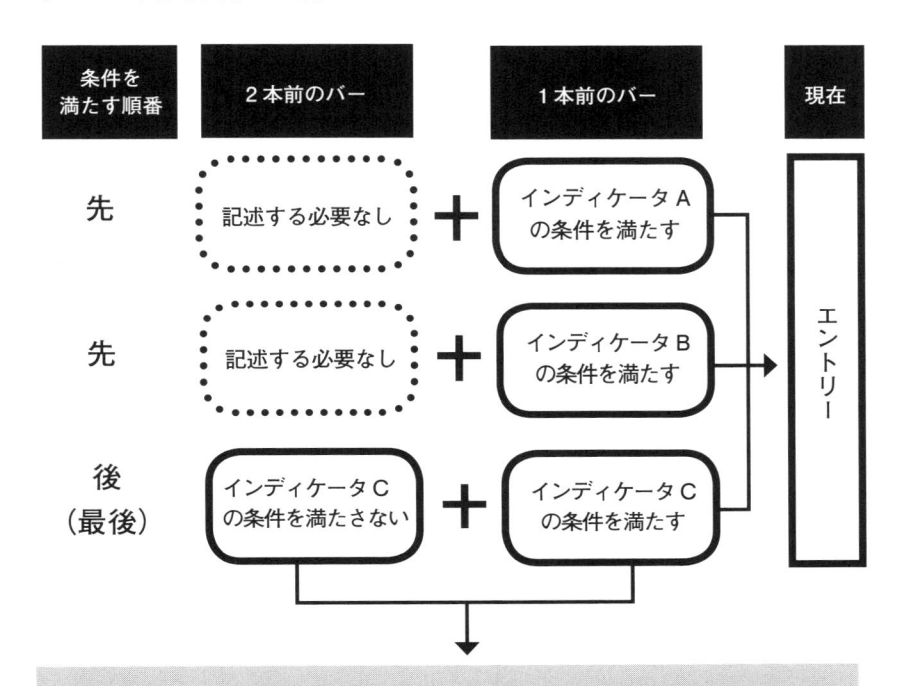

条件を満たす順番	2本前のバー		1本前のバー	現在
先	記述する必要なし	＋	インディケータAの条件を満たす	エントリー
先	記述する必要なし	＋	インディケータBの条件を満たす	エントリー
後（最後）	インディケータCの条件を満たさない	＋	インディケータCの条件を満たす	

> **最後にエントリー条件を満たしたインディケータのみ（この場合はインディケータC）、2本前のバーに「エントリー条件を満たさない」というプログラムを記述し、1本前のバーには「エントリー条件を満たす」というプログラムを記述する**

　それでは、実際に「自動売買のコツ　その4」をケース②、ケース③に当てはめてみます。474ページから477ページを見てください。

【ケース②を「自動売買のコツ　その4」に当てはめた場合】
ボリンジャーバンドが先に条件を満たし、RSI が後から条件を満たしたとき

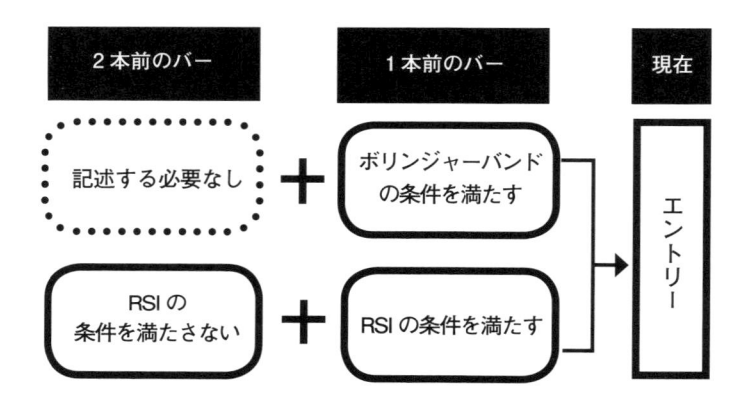

```
2本前のバー          1本前のバー          現在

記述する必要なし  +  ボリンジャーバンド
                      の条件を満たす      エ
                                          ン
                                          ト
RSIの              +  RSIの条件を満たす   リ
条件を満たさない                           ー
```

　RSI が後から（最後に）条件を満たしているので、RSI については2本前と1本前のバーの2つの条件を記述します。プログラム化すると、以下の通りです。

```
if (    BB_Lower_1 > Close[1]
    && RSI_2 > 30 && RSI_1 <= 30 )
```

↓ 日本語にすると……

1本前のバーの終値が1本前のボリンジャーバンドの下バンドよりも低く、かつ、2本前のバーのRSIが30より大きく、1本前のバーのRSIが30以下の場合

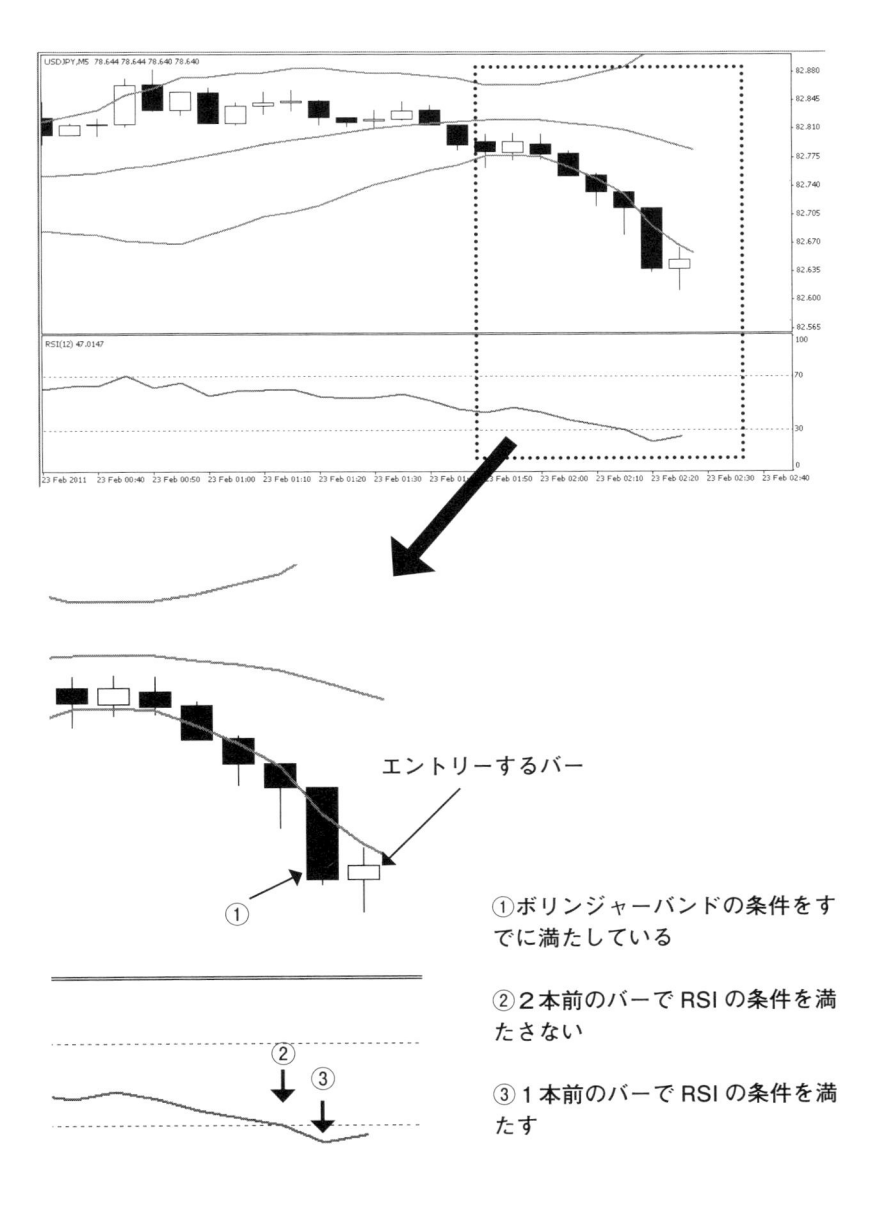

エントリーするバー

① ボリンジャーバンドの条件をすでに満たしている

② 2本前のバーでRSIの条件を満たさない

③ 1本前のバーでRSIの条件を満たす

【ケース③を「自動売買のコツ　その4」に当てはめた場合】
RSI が先に条件を満たし、ボリンジャーバンドが後から条件を満たしたとき

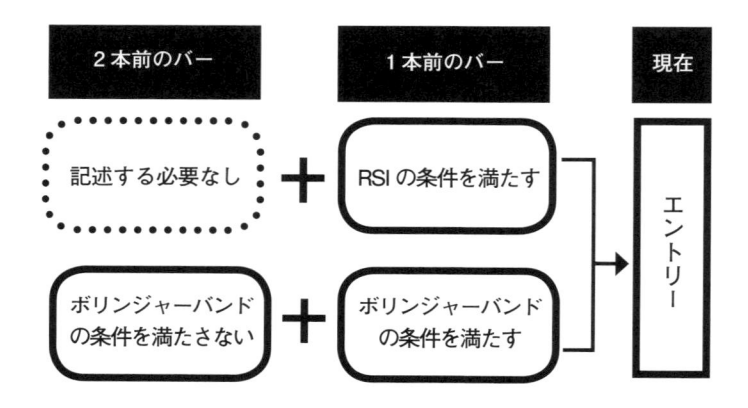

```
         2本前のバー              1本前のバー              現在

     ┌・・・・・・・・・┐         ┌─────────┐
     : 記述する必要なし :   ＋    │ RSIの条件を満たす │  ┐
     └・・・・・・・・・┘         └─────────┘  │
                                              ├─→ エントリー
     ┌─────────┐         ┌─────────┐  │
     │ ボリンジャーバンド │   ＋    │ ボリンジャーバンド │  ┘
     │ の条件を満たさない │         │ の条件を満たす   │
     └─────────┘         └─────────┘
```

　ボリンジャーバンドが後から（最後に）条件を満たしているので、ボリンジャーバンドについては2本前と1本前のバーの2つの条件を記述します。プログラム化すると、以下の通りです。

```
if (    BB_Lower_2 <= Close[2] && BB_Lower_1 > Close[1]
   && RSI_1 <= 30)
```

↓ 日本語にすると……

2本前のバーの終値が2本前のボリンジャーバンドの下バンドよりも高く、かつ、1本前のバーの終値が1本前のボリンジャーバンドの下バンドよりも低く、かつ、1本前のRSIが30以下の場合

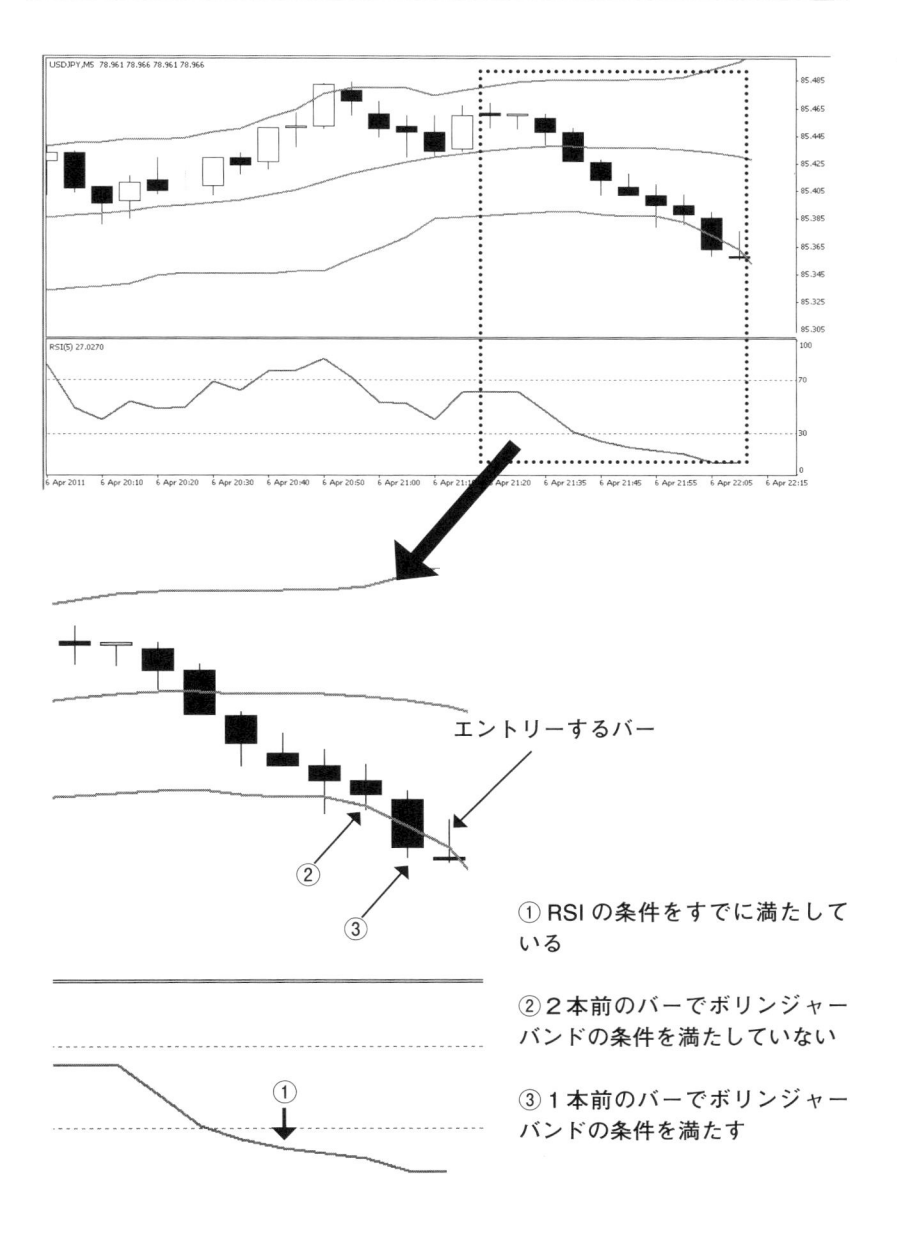

エントリーするバー

① RSIの条件をすでに満たしている

② 2本前のバーでボリンジャーバンドの条件を満たしていない

③ 1本前のバーでボリンジャーバンドの条件を満たす

両方のケース（ケース②およびケース③）でエントリーするため、2つのプログラムを「もしくは」を意味する「||」でつなげます。

```
if (   ( BB_Lower_1 > Close[1]
   && RSI_2 > 30 && RSI_1 <= 30)
 ||( BB_Lower_2 <= Close[2] && BB_Lower_1 > Close[1]
   &&  RSI_1 <= 30 ) )
```

↓ 日本語にすると……

もし1本前のバーの下バンドより1本前のバーの終値が低い、
かつ、2本前のバーのRSIが30より大きい、
かつ、2本前のバーのRSIが30以下、
もしくは
2本前のバーの下バンドより2本前のバーの終値が高い、
かつ、1本前のバーの下バンドより1本前のバーの終値が低い、
かつ、1本前のバーのRSIが30以下、

　これで買い条件のプログラムが完成です。売り条件も同様の手順で記述できますので説明は省略します。記述したら定型文に貼り付けます。

◆コラム:「思い悩まずとにかく実行」が上達への近道！

　自動売買のコツを使った複数条件の記述方法は少し難しいと感じられたかもしれません。今回に限らずプログラムでどう記述すればよいのかよく分からないときの対処方法です。

当てずっぽうでも実際に記述してみる

　プログラムは「Try and Error」です。実際に記述してみてPrintをしたり、バックテストやデモトレードをして自分の記述したプログラムがどのような動きをしているのかを「Print文では目で見て、その後デモトレードで実感」して確認してみてください。

当てずっぽうでもプログラムする
　　⇒　**Print文やバックテストで確認する**
　　　⇒　**プログラムを修正する**

　これを繰り返します。頭の中だけではなかなかプログラムは考えられません。とりあえず実際に記述してみて、間違いがあれば修正をするというように試行錯誤をしながら完成度を上げていくのがシステム完成への早道です。
　プログラムは1回目で100％正しく書けている必要はありません。間違っていたら何度でも修正すれば良いのです。そのためのPrintやデモトレードです。リアルトレードは、Printやデモトレードを十分に行ってプログラムが正しいことを確認してから実行してください。

プログラム文 その1

注：薄い文字部分は定型文

```
// マジックナンバーの定義
#define MAGIC  1835

// パラメーターの設定 //
extern int BandsPeriod = 20; // ボリンジャーバンドの期間設定
extern int BandsShift = 0; // ボリンジャーバンドを右にシフトする設定
extern double BandsDeviations = 2.0;// 標準偏差の設定
extern int RSIPeriod = 12; //RSI の期間設定

extern double Lots = 1.0; // 取引ロット数
extern int Slip = 10; // 許容スリッページ数
extern string Comments = " "; // コメント

// 変数の設定 //
int Ticket_L = 0; // 買い注文の結果をキャッチする変数
int Ticket_S = 0; // 売り注文の結果をキャッチする変数
int Exit_L = 0; // 買いポジションの決済注文の結果をキャッチする変数
int Exit_S = 0; // 売りポジションの決済注文の結果をキャッチする変数

double BB_Upper_2 = 0; /*2 本前のバーの上バンドに変身した iCustom 関数
を代入する変数 */
double BB_Lower_2 = 0; /*2 本前のバーの下バンドに変身した iCustom 関数
を代入する変数 */
double BB_Upper_1 = 0; /*1 本前のバーの上バンドに変身した iCustom 関数
を代入する変数 */
double BB_Lower_1 = 0; /*1 本前のバーの下バンドに変身した iCustom 関数
を代入する変数 */
double RSI_2 = 0; /*2 本前のバーの RSI に変身した iCustom 関数を代入する
変数 */
double RSI_1 = 0; /*1 本前のバーの RSI に変身した iCustom 関数を代入する
変数 */
```

482 ページに続く

日本語訳　その1

// マジックナンバーの定義
システム（プログラム）に 1835 と名前を付けました。

// パラメーターの設定 //
ボリンジャーバンドの期間設定を「BandsPeriod」というパラメーターにします。最初は 20 と設定。
ボリンジャーバンドを右にシフトする設定を「BandsShift」というパラメーターにします。最初は 0 と設定。
標準偏差の設定を「BandsDeviations」というパラメーターにします。最初は 2.0 と設定。
RSI の期間設定を「RSIPeriod」というパラメーターにします。最初は 12 と設定。

取引ロット数をパラメーター化します。最初は 1.0 ロットと設定します。
許容スリッページをパラメーター化します。最初は 10 とします。
注文に付けるコメントをパラメーター化します。最初は空欄にします。

// 変数の設定 //
整数を入れる「Ticket_L」という変数を用意します。最初は「0」と設定。
整数を入れる「Ticket_S」という変数を用意します。最初は「0」と設定。
整数を入れる「Exit _L」という変数を用意します。最初は「0」と設定。
整数を入れる「Exit _S」という変数を用意します。最初は「0」と設定。

実数を入れる「BB_Upper_2」という変数を用意します。最初は「0」と設定。
実数を入れる「BB_Lower_2」という変数を用意します。最初は「0」と設定。
実数を入れる「BB_Upper_1」という変数を用意します。最初は「0」と設定。
実数を入れる「BB_Lower_1」という変数を用意します。最初は「0」と設定。
実数を入れる「RSI_2」という変数を用意します。最初は「0」と設定。
実数を入れる「RSI_1」という変数を用意します。最初は「0」と設定。

483 ページに続く

プログラム文　その2

```
int start()
 {

  BB_Upper_2 = iCustom(NULL,0,"Bands",BandsPeriod,
                                    BandsShift,BandsDeviations,1,2);
  BB_Lower_2 = iCustom(NULL,0,"Bands",BandsPeriod,
                                    BandsShift,BandsDeviations,2,2);
  BB_Upper_1 = iCustom(NULL,0,"Bands",BandsPeriod,
                                    BandsShift,BandsDeviations,1,1);
  BB_Lower_1 = iCustom(NULL,0,"Bands",BandsPeriod,
                                    BandsShift,BandsDeviations,2,1);

  RSI_2 = iCustom(NULL,0,"RSI",RSIPeriod,0,2);
  RSI_1 = iCustom(NULL,0,"RSI",RSIPeriod,0,1);


  // 買いポジションのエグジット
  if(   ( BB_Upper_1 < Close[1]
     && RSI_2 < 70 && RSI_1 >= 70 )
   || (   BB_Upper_2 >= Close[2] && BB_Upper_1 < Close[1]
     && RSI_1 >= 70)
     && ( Ticket_L != 0 && Ticket_L != -1 ))
   {
     Exit_L = OrderClose(Ticket_L,Lots,Bid,Slip,Red);
     if( Exit_L == 1 ) {Ticket_L = 0;}
   }

  // 売りポジションのエグジット
  if(   ( BB_Lower_1 > Close[1]
     && RSI_2 > 30 && RSI_1 <= 30 )
   || (   BB_Lower_2 <= Close[2] && BB_Lower_1 > Close[1]
     && RSI_1 <= 30)
     && ( Ticket_S != 0 && Ticket_S != -1 ))
   {
     Exit_S = OrderClose(Ticket_S,Lots,Ask,Slip,Blue);
     if( Exit_S == 1 ) {Ticket_S = 0;}
   }
```

484 ページに続く

日本語訳　その２

メインのプログラムが始まります
{

2本前のバーの上バンドに変身して「BB_Upper_2」に代入
2本前のバーの下バンドに変身して「BB_Lower_2」に代入
1本前のバーの上バンドに変身して「BB_Upper_1」に代入
1本前のバーの下バンドに変身して「BB_Lower_1」に代入

2本前のバーの RSI に変身して「RSI_2」に代入
1本前のバーの RSI に変身して「RSI_1」に代入

// 買いポジションのエグジット
もし1本前のバーの上バンドより1本前のバーの終値が高い、
かつ、2本前のバーの RSI が 70 より低く、かつ、1本前のバーの RSI が 70 以上、
もしくは
2本前のバーの上バンドより2本前のバーの終値が低い、
かつ、1本前のバーの上バンドより1本前のバーの終値が高い、
かつ、1本前のバーの RSI が 70 以上、
かつ、買いポジションを持っている場合、
{
決済注文を出します。約定結果は Exit_L に入れます。
もし決済に成功した場合は、もう決済注文を出さないように
Ticket_L を 0 にします。
}

// 売りポジションのエグジット
もし1本前のバーの下バンドより1本前のバーの終値が低い、
かつ、2本前のバーの RSI が 30 より高くかつ1本前のバーの RSI が 30 以下、
もしくは
2本前のバーの下バンドより2本前のバーの終値が高い、
かつ、1本前のバーの下バンドより1本前のバーの終値が低い、
かつ、1本前のバーの RSI が 30 以下、
かつ、売りポジションを持っている場合、
{
決済注文を出します。約定結果は Exit_S に入れます。
もし決済に成功した場合は、もう決済注文を出さないように
Ticket_S を 0 にします。
}

485 ページに続く

プログラム文 その3

```
   // 買いエントリー
   if(   ( BB_Lower_1 > Close[1]
      && RSI_2 > 30 && RSI_1 <= 30 )
    || (   BB_Lower_2 <= Close[2] && BB_Lower_1 > Close[1]
      && RSI_1 <= 30)
      && ( Ticket_L == 0 || Ticket_L == -1 )
      && ( Ticket_S == 0 || Ticket_S == -1 ))
   {
     Ticket_L = OrderSend(Symbol(),OP_BUY,
                                 Lots,Ask,Slip,0,0,Comments,MAGIC,0,Red);
   }

   // 売りエントリー
   if(   ( BB_Upper_1 < Close[1]
      && RSI_2 < 70 && RSI_1 >= 70 )
    || (   BB_Upper_2 >= Close[2] && BB_Upper_1 < Close[1]
      && RSI_1 >= 70)
      && ( Ticket_S == 0 || Ticket_S == -1 )
      && ( Ticket_L == 0 || Ticket_L == -1 ))
   {
     Ticket_S = OrderSend(Symbol(),OP_SELL,
                                 Lots,Bid,Slip,0,0,Comments,MAGIC,0,Blue);
   }

  return(0);
  }
```

日本語訳　その3

// 買いエントリー
もし1本前のバーの下バンドより1本前のバーの終値が低い、
かつ、2本前のバーのRSIが30より高く、
かつ、1本前のバーのRSIが30以下、
もしくは、
2本前のバーの下バンドより2本前のバーの終値が高い、
かつ、1本前のバーの下バンドより1本前のバーの終値が低い、
かつ、1本前のバーのRSIが30以下、
かつ、買いポジションを持っていない、
かつ、売りポジションを持っていない場合、
{
買い注文を出します。約定結果はTicket_Lに入れます。
}

// 売りエントリー
もし1本前のバーの上バンドより1本前のバーの終値が高い、
かつ、2本前のバーのRSIが70より低く、
かつ、1本前のバーのRSIが70以上、
もしくは、
2本前のバーの上バンドより2本前のバーの終値が低い、
かつ、1本前のバーの上バンドより1本前のバーの終値が高い、
かつ、1本前のバーのRSIが70以上、
かつ、売りポジションを持っていない、
かつ、買いポジションを持っていない場合、
{
売り注文を出します。約定結果はTicket_Sに入れます。
}

プログラムを終わります
}

チャート上でシグナルを確認してみます。

買いエントリー：バーの終値が下バンドを下回る、かつ RSI が 30 以下の場合

買いポジションの決済：バーの終値が上バンドを上回る、かつ RSI が 70 以上の場合

売りエントリー：バーの終値が上バンドを上回る、かつ RSI が 70 以上の場合

売りポジションの決済：バーの終値が下バンドを下回る、かつ RSI が 30 以下の場合

3 iCustom 関数でインディケータを自動売買システムにしてみよう
移動平均線と RSI 編

移動平均線と RSI を使って以下の複数条件のシステムを作ってみます。

買いエントリー：
短期移動平均線が長期移動平均線を上回っている、かつ RSI が 30 以下の場合
買いポジションの決済：
短期移動平均線が長期移動平均線を下回った場合
売りエントリー：
短期移動平均線が長期移動平均線を下回っている、かつ RSI が 70 以上の場合
売りポジションの決済：
短期移動平均線が長期移動平均線を上回った場合

↓

①短期移動平均線が長期移動平均線の上＝上昇トレンド
② RSI が 30 以下＝売られ過ぎ

上昇トレンドの押し目を狙う戦略

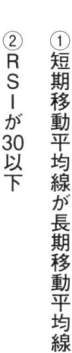

① 短期移動平均線が長期移動平均線の上
② RSI が 30 以下

短期移動平均線
長期移動平均線
押し目買い

移動平均線とRSIの条件の満たし方は下記の3つのケースがあります。

■移動平均線とRSIが同じタイミング（同じバー）で条件を満たす（ケース①）

■移動平均線とRSIが異なるタイミングで条件を満たす

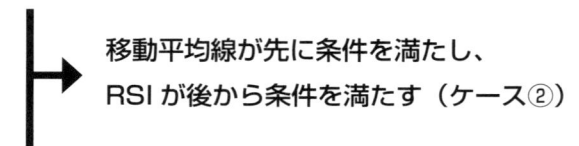

　　┗→　移動平均線が先に条件を満たし、
　　　　RSIが後から条件を満たす（ケース②）

　　┗→　RSIが先に条件を満たし、
　　　　移動平均線が後から条件を満たす（ケース③）

　しかし上昇トレンド中の押し目を狙う戦略ではケース②のみプログラムすればOKです。なぜケース②のみで良いのか、各ケースの状況を確認してみましょう。

(ケース①)

　短期移動平均線が長期移動平均線を上回るのと、RSIが30以下になるのが同じときです。
→上昇トレンド中の押し目とは言えません

> ケース②

　短期移動平均線が長期移動平均線を上回っている状態で、RSIが30以下に転じたときです。
→上昇トレンド中の押し目です

> ケース③

　RSIが30以下の状態で、短期移動平均線が長期移動平均線を上回ったときです。
→上昇トレンド中の押し目とは言えません

　したがって、ケース②を「自動売買のコツ　その4」に当てはめてみます。次ページ以降を見てください。

ケース②
移動平均線が先に条件を満たし、RSI が後から条件を満たしたとき

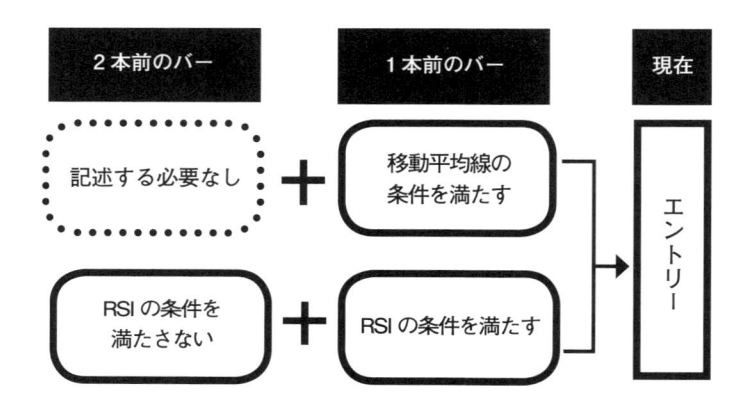

- 2本前のバー：記述する必要なし ＋ 1本前のバー：移動平均線の条件を満たす → エントリー
- 2本前のバー：RSI の条件を満たさない ＋ 1本前のバー：RSI の条件を満たす → エントリー

　RSI が後から（最後に）条件を満たしているので、2本前と1本前のバーの2つの条件の記述をする。

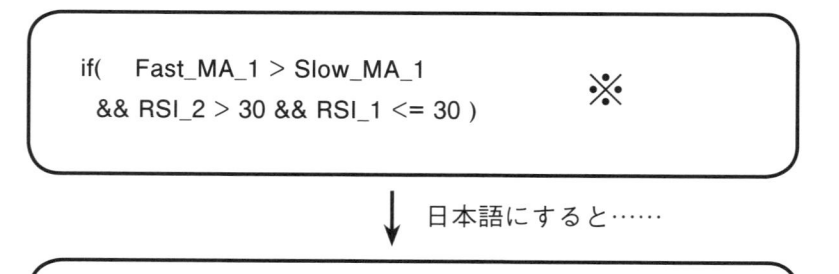

```
if(   Fast_MA_1 > Slow_MA_1
 && RSI_2 > 30 && RSI_1 <= 30 )
```
※

↓ 日本語にすると……

1本前のバーの短期移動平均線が長期移動平均線の上で、2本前のRSIが30よりも上、かつ、2本前のRSIが30以下の場合

※
1本前のバーの短期移動平均：Fast_MA_1
1本前のバーの長期移動平均：Slow_MA_1
2本前のバーの RSI：RSI_2
1本前のバーの RSI：RSI_1

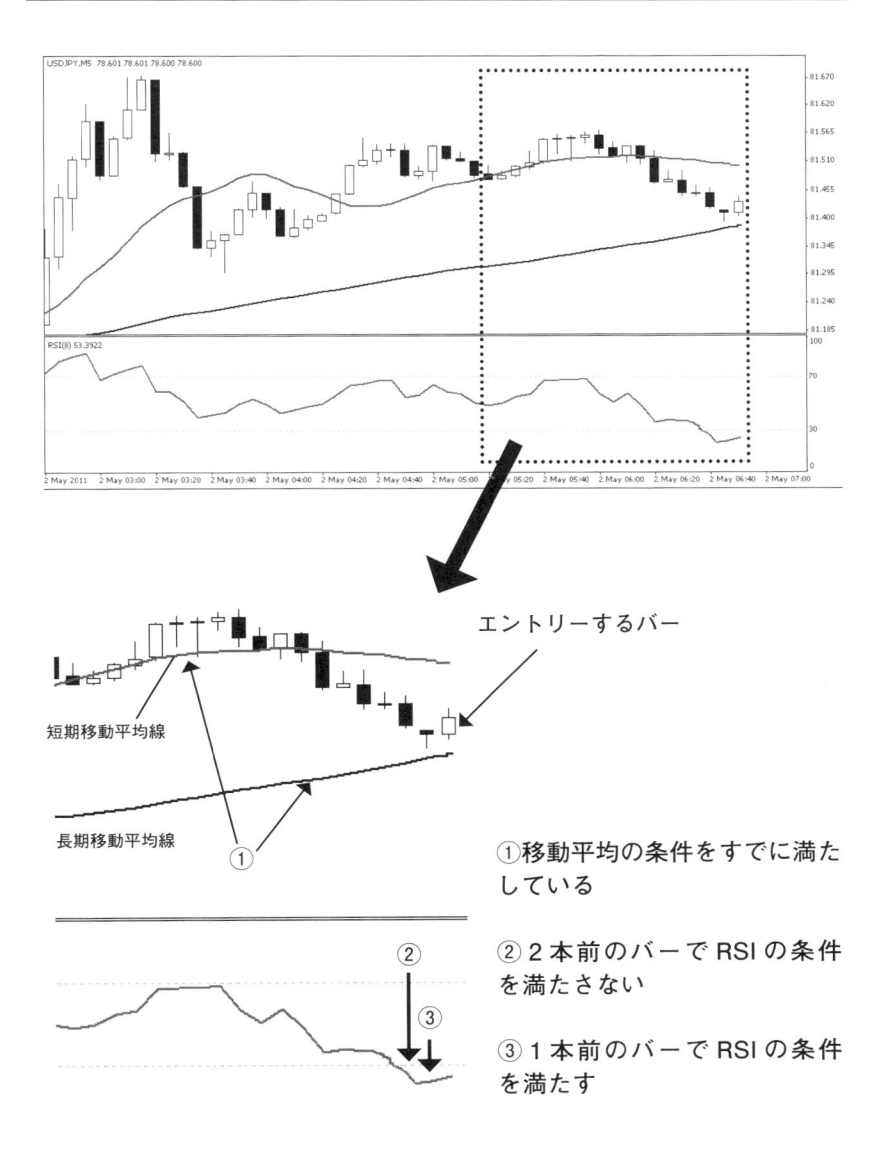

短期移動平均線

長期移動平均線

エントリーするバー

① 移動平均の条件をすでに満たしている

② 2本前のバーでRSIの条件を満たさない

③ 1本前のバーでRSIの条件を満たす

　これで買い条件のプログラムが完成です。売り条件も同様の手順で記述できますので説明は省略します。記述したら定型文に貼り付けます。

プログラム文　その1

注：薄い文字部分は定型文

```
// マジックナンバーの定義
#define MAGIC  007

// パラメーターの設定 //
extern int Fast_MA_Period = 15;// 短期移動平均線の期間設定
extern int Slow_MA_Period = 75;// 長期移動平均線の期間設定
extern int MA_Shift = 0; // 移動平均を右にシフトする設定
extern int MA_Method = 0; // 移動平均方法の設定
extern int RSIPeriod = 6; //RSI の期間設定

extern double Lots = 1.0; // 取引ロット数
extern int Slip = 10; // 許容スリッページ数
extern string Comments = " "; // コメント

// 変数の設定 //
int Ticket_L = 0; // 買い注文の結果をキャッチする変数
int Ticket_S = 0; // 売り注文の結果をキャッチする変数
int Exit_L = 0; // 買いポジションの決済注文の結果をキャッチする変数
int Exit_S = 0; // 売りポジションの決済注文の結果をキャッチする変数

double Fast_MA_2= 0; /*2 本前のバーの短期移動平均線に変身した iCustom 関数を代入する変数 */
double Slow_MA_2= 0; /*2 本前のバーの長期移動平均線に変身した iCustom 関数を代入する変数 */
double Fast_MA_1= 0; /*1 本前のバーの短期移動平均線に変身した iCustom 関数を代入する変数 */
double Slow_MA_1= 0; /*1 本前のバーの長期移動平均線に変身した iCustom 関数を代入する変数 */

double RSI_2= 0; //2 本前のバーの RSI に変身した iCustom 関数を代入する変数
double RSI_1= 0; //1 本前のバーの RSI に変身した iCustom 関数を代入する変数
```

494 ページに続く

日本語訳　その1

// マジックナンバーの定義
システム（プログラム）に 007 と名前を付けました。

// パラメーターの設定 //
短期移動平均線の期間設定を「Fast_MA_Period」というパラメーターにします。最初は 15 と設定します。
長期移動平均線の期間設定を「Slow_MA_Period」というパラメーターにします。最初は 75 と設定します。
移動平均を右にシフトする設定を「MA_Shift」というパラメーターにします。最初は 0 と設定します。
移動平均方法の設定を「MA_Method」というパラメーターにします。最初は 0 と設定します。
RSI の期間設定を「RSIPeriod」というパラメーターにします。最初は 6 と設定します。

取引ロット数をパラメーター化します。最初は 1.0 ロットと設定します。
許容スリッページをパラメーター化します。最初は 10 とします。
注文に付けるコメントをパラメーター化します。最初は空欄にします。

// 変数の設定 //
整数を入れる「Ticket_L」という変数を用意します。最初は「0」と設定。
整数を入れる「Ticket_S」という変数を用意します。最初は「0」と設定。
整数を入れる「Exit_L」という変数を用意します。最初は「0」と設定。
整数を入れる「Exit_S」という変数を用意します。最初は「0」と設定。

実数を入れる「Fast_MA_2」という変数を用意します。最初は「0」と設定。
実数を入れる「Slow_MA_2」という変数を用意します。最初は「0」と設定。
実数を入れる「Fast_MA_1」という変数を用意します。最初は「0」と設定。
実数を入れる「Slow_MA_1」という変数を用意します。最初は「0」と設定。

実数を入れる「RSI_2」という変数を用意します。最初は「0」と設定。
実数を入れる「RSI_1」という変数を用意します。最初は「0」と設定。

495 ページに続く

プログラム文 その2

```
int start()
 {

   Fast_MA_2= iCustom(NULL,0,"Moving Averages",
                            Fast_MA_Period,MA_Shift,MA_Method,0,2);
   Slow_MA_2 = iCustom(NULL,0,"Moving Averages",
                            Slow_MA_Period,MA_Shift,MA_Method,0,2);
   Fast_MA_1= iCustom(NULL,0,"Moving Averages",
                            Fast_MA_Period,MA_Shift,MA_Method,0,1);
   Slow_MA_1 = iCustom(NULL,0,"Moving Averages",
                            Slow_MA_Period,MA_Shift,MA_Method,0,1);

   RSI_2 = iCustom(NULL,0,"RSI",RSIPeriod,0,2);
   RSI_1 = iCustom(NULL,0,"RSI",RSIPeriod,0,1);


   // 買いポジションのエグジット
   if(  Fast_MA_2 >= Slow_MA_2
     && Fast_MA_1 <  Slow_MA_1
     && ( Ticket_L != 0 && Ticket_L != -1 ))
   {
     Exit_L = OrderClose(Ticket_L,Lots,Bid,Slip,Red);
     if( Exit_L ==1 ) {Ticket_L = 0;}
   }

   // 売りポジションのエグジット
   if(  Fast_MA_2 <= Slow_MA_2
     && Fast_MA_1 >  Slow_MA_1
     && ( Ticket_S != 0 && Ticket_S != -1 ))
   {
     Exit_S = OrderClose(Ticket_S,Lots,Ask,Slip,Blue);
     if( Exit_S ==1 ) {Ticket_S = 0;}
   }
```

496 ページに続く

日本語訳 その2

メインのプログラムが始まります
{

　2本前のバーの短期移動平均線に変身して「Fast_MA_2」に代入
　2本前のバーの長期移動平均線に変身して「Slow_MA_2」に代入
　1本前のバーの短期移動平均線に変身して「Fast_MA_1」に代入
　1本前のバーの長期移動平均線に変身して「Slow_MA_1」に代入

　2本前のバーの RSI に変身して「RSI_2」に代入
　1本前のバーの RSI に変身して「RSI_1」に代入

　// 買いポジションのエグジット
　もし2本前のバーの短期移動平均線が2本前のバーの長期移動平均線より高い、
　かつ、1本前のバーの短期移動平均線が1本前のバーの長期移動平均線より低い、
　かつ、買いポジションを持っている 場合、
　{
　決済注文を出します。約定結果は Exit_L に入れます。
　もし決済に成功した 場合、もう決済注文を出さないように
　Ticket_L を 0 にします。
　}

　// 売りポジションのエグジット
　もし2本前のバーの短期移動平均線が2本前のバーの長期移動平均線より低い、
　かつ、1本前のバーの短期移動平均線が1本前のバーの長期移動平均線より高い、
　かつ、売りポジションを持っている場合、
　{
　決済注文を出します。約定結果は Exit_S に入れます。
　もし決済に成功した場合、もう決済注文を出さないように
　Ticket_S を 0 にします。
　}

497 ページに続く

プログラム文　その3

```
// 買いエントリー
if(    Fast_MA_1 > Slow_MA_1
   && RSI_2 > 30 && RSI_1 <= 30
   && ( Ticket_L == 0 || Ticket_L == -1 )
   && ( Ticket_S == 0 || Ticket_S == -1 ))
 {
   Ticket_L = OrderSend(Symbol(),OP_BUY,
                                 Lots,Ask,Slip,0,0,Comments,MAGIC,0,Red);
 }

// 売りエントリー
if(    Fast_MA_1 < Slow_MA_1
   && RSI_2 < 70 && RSI_1 >= 70
   && ( Ticket_S == 0 || Ticket_S == -1 )
   && ( Ticket_L == 0 || Ticket_L == -1 ))
 {
   Ticket_S = OrderSend(Symbol(),OP_SELL,
                                 Lots,Bid,Slip,0,0,Comments,MAGIC,0,Blue);
 }

 return(0);
}
```

日本語訳 その3

// 買いエントリー
もし1本前のバーの短期移動平均線が1本前のバーの長期移動平均線より高い、
かつ、2本前のバーの RSI が 30 より大きい、
かつ、1本前のバーの RSI が 30 以下、
かつ、買いポジションを持っていない、
かつ、売りポジションを持っていない場合、
{
　買い注文を出します。約定結果は Ticket_L に入れます。
}

// 売りエントリー
もし1本前のバーの短期移動平均線が1本前のバーの長期移動平均線より低い、
かつ、2本前のバーの RSI が 70 より小さい、
かつ、1本前のバーの RSI が 70 以上、
かつ、買いポジションを持っていない、
かつ、売りポジションを持っていない場合、
{
　売り注文を出します。約定結果は Ticket_S に入れます。
}

プログラムを終わります
}

チャート上でシグナルを確認してみます。

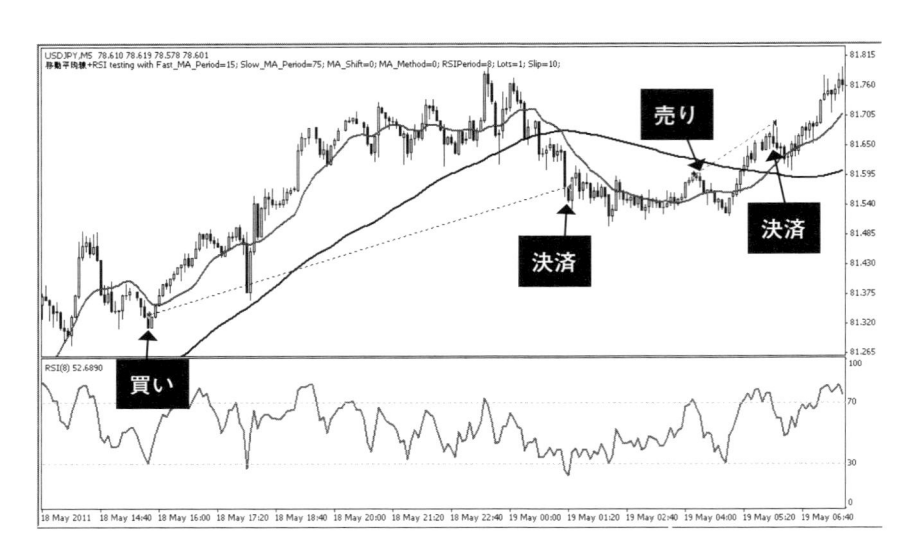

買いエントリー：
短期移動平均線が長期移動平均線を上回っている、かつRSIが30以下の場合
買いポジションの決済：
短期移動平均線が長期移動平均線を下回った場合
売りエントリー：
短期移動平均線が長期移動平均線を下回っている、かつRSIが70以上の場合
売りポジションの決済：
短期移動平均線が長期移動平均線を上回った場合

特別付録　その２
～よくあるコンパイルエラー～

今から数年前、初めて自分の売買ルールをプログラムしたときのことです。試行錯誤を繰り返しながらも、あとはコンパイルするだけというところまできました。達成感と期待と不安とが入り交じって固唾を飲みながらコンパイルボタンを押すと、エラーが23個も出てきて気が遠くなったことを思い出します。このときの精神的ショックは大きかったです。

　そのときは知らなかったのですが、コンパイルエラーがたくさん出てきてもそれほど心配することはありません。実はエラーの数と間違いの数は必ずしも一致しないのです。なぜならプログラムは一箇所違うとプログラム全体のバランスが崩れるため、コンピューターがたくさんエラーがあるように認識してしまうことがあるのです。（本当にたくさん間違えているケースもありますが……）

　エラーを1箇所を修正したら一気にほかのエラーがなくなった、といううれしいこともよくあります。

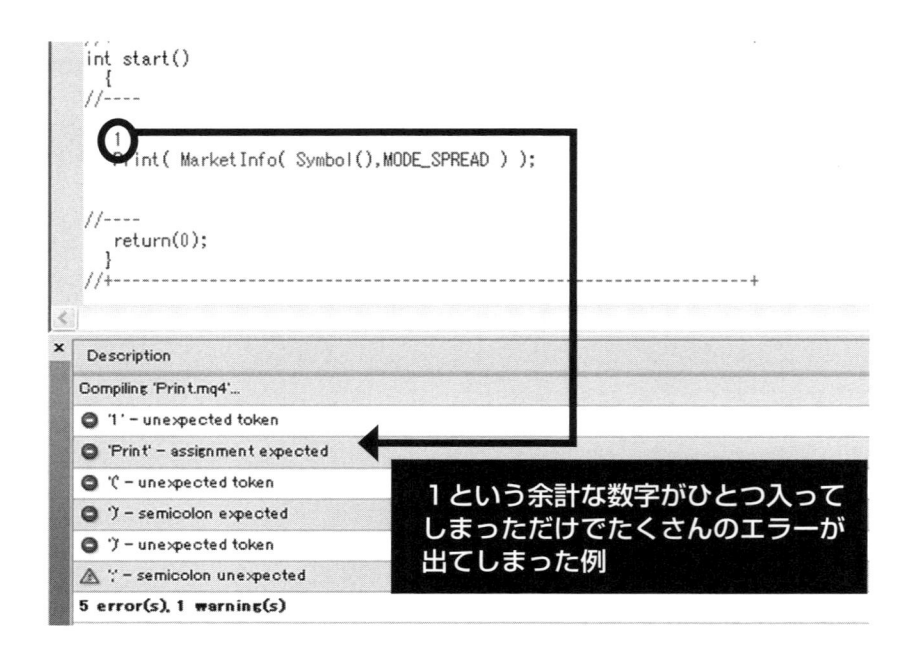

```
int start()
  {
//----
  ①
  Print( MarketInfo( Symbol(),MODE_SPREAD ) );

//----
   return(0);
  }
//+------------------------------------------------+
```

Description
Compiling 'Print.mq4'...
● '1' – unexpected token
● 'Print' – assignment expected
● '(' – unexpected token
● ')' – semicolon expected
● ')' – unexpected token
⚠ ';' – semicolon unexpected
5 error(s), 1 warning(s)

1という余計な数字がひとつ入ってしまっただけでたくさんのエラーが出てしまった例

そこで、この特別付録２では「よくあるコンパイルエラーとその対処法」についてお話ししようと思います。

ひとつだけ注意点です。コンパイルによって指摘されたエラー内容は外れていることもあるので、もし該当の記述間違いや記述漏れが見つからないようでしたら別の種類のエラーも疑うようにしてください。

チェックすべき 10 項目

1)「semicolon expected」

直訳すると「セミコロンが要求される」という意味です。この表示が出たときにはセミコロン「;」を書き忘れている可能性があります。

```
Print( " プログラムなんて簡単だ " );
```

2)「unbalansed left parenthesis」

直訳すると「カッコの左側がアンバランス」という意味です。この表示が出たときには後ろの半角括弧「)」を書き忘れている可能性があります。

```
Print( " プログラムなんて簡単だ " );
```

なお「unbalansed right parenthesis」の場合は頭の半角括弧「(」を書き忘れている可能性があります。

```
Print( "プログラムなんて簡単だ");
```

3)「double quotes needed」

直訳すると「ダブルコーテーションが必要」という意味です。ダブルコーテーション「""」の前後どちらかを書き忘れている可能性があります。

```
Print( "プログラムなんて簡単だ" );
```

4)「parameter expected」

直訳すると「パラメーターが要求される」という意味です。例えば、OrderSend関数などの項目をコンマ「,」で区切ることを書き忘れている可能性があります。

```
OrderSend(Symbol() ,OP_SELL, 1,Bid, 10, 0, 0," 必勝 ", 4649, 0, Red);
```

5)「ending bracket '}' expected」

　直訳すると「終わりの括弧（｝）が要求される」という意味です。「{」に対する「}」を書き忘れている可能性があります。

```
if ( Open[1] < Close[1] )
{
OrderSend(Symbol(), OP_SELL, 1,Bid, 10, 0, 0,"必勝", 4649, 0, Red);
}
```

6)「an operator expected」

　直訳すると「演算子が要求される」という意味です。「+」や「-」を書き忘れている可能性があります。

```
a=1;
b=2;
c=a ＋ b;
```

7)「assignment expected」

直訳すると「代入が要求される」という意味です。右辺を左辺に代入する「＝」を書き忘れている可能性があります。

```
a ＝ 1;
b ＝ 2;
c ＝ a+b;
```

8)「illegal assignment used」

直訳すると「正しくない代入の使用」という意味です。「＝＝」と書くべきところを「＝」と記述している可能性があります。

「＝＝」は「等しい」という意味で、「＝」は「代入する」という意味です。特に if 文の半角カッコの中で間違いやすいです。

```
if( a ＝ ＝ 3 )
{
  Print( a );
}
```

9)「unexpected token」

直訳すると「予期しないトークン」という意味です。正しくは「!=」のところを「=!」と書いてしまったり、「>=」のところを「=>」と書いてしまっているなど、等号や不等号を間違えてと記述している可

能性があります。

```
if( a != 3 )
{
  Print( a );
}
```

10）「variable not defined」

直訳すると「変数が宣言されていません」という意味です。宣言していない変数を使用している可能性があります。

```
int a = 0;
int start()

  {
   a=1;
   Print( a );

   return(0);
  }
```

なお、全角で記述している場合や全角でスペースを開けているときも「variable not defined」のエラーになります。見た目では分かりにくいので最も発見しにくいコンパイルエラーといえます。

全角の文字やスペースを見つける方法は、コンパイルエラーとなっている指定行前後を範囲選択（ハイライト）してみることです。文字化けしたり、通常見えない文字が浮かび上がったりすれば、それが全角文字やスペースです。

◆全角の「)」を範囲選択（ハイライト）した例

```
Print("プログラムなんて簡単だ");

Print("プログラムなんて簡単だ" );
```

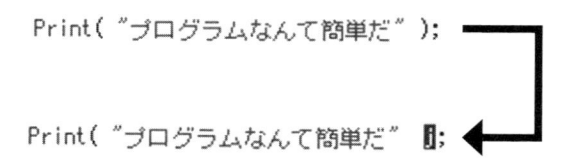

◆全角のスペース部分を範囲選択（ハイライト）した例

```
Print("プログラムなんて簡単だ");

   Print("プログラムなんて簡単だ");
```

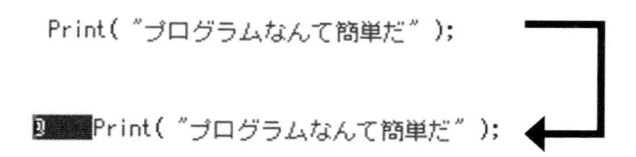

おさらい&補足

■ EA 作成から自動売買を行うまでの流れ

① iCustom 関数を使って条件文を記述

②条件文を定型文の所定の場所にコピペ

③コンパイルする

④メタトレーダー上の EA の倉庫にプログラムが表示される

⑤作成したプログラムをダブルクリック

⑥ポップアップ画面が表示される
　┣→「全般」タブで「Allow live trading」にチェックを入れる
　┗→「パラメーターの入力」タブでパラメーターを任意に変更する

⑦チャート右上の表示がニッコリマークになっていれば自動売買 ON 状態！

⑧インディケータをチャートに適用すると売買ポイントを確認できて便利

■定型文を新しいメタエディターにコピペするときの注意

　ワードやエクセルの「新規作成」は白紙の状態から始まりますが、メタエディターの場合は初めから少し記述がありましたね。

　定型文を新しいメタエディターにコピペするときは、初めから記述してあるプログラムをすべて削除し、白紙の状態にしてから行ってください。

①新規メタエディターを開く

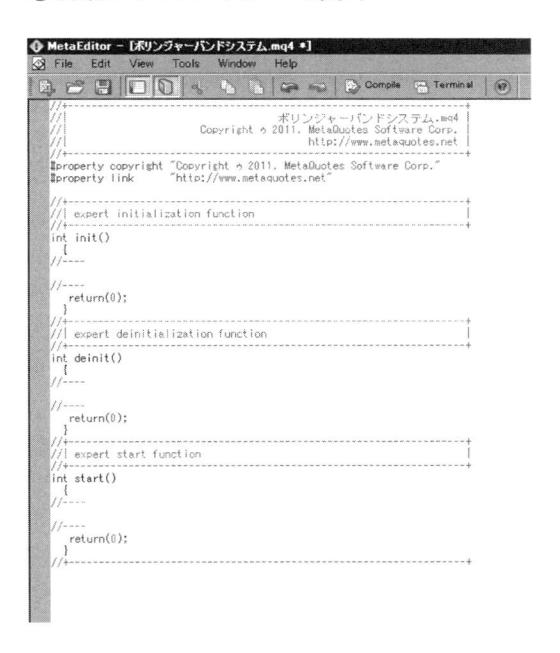

```
//+------------------------------------------------------------------+
//|                                          ボリンジャーバンドシステム.mq4 |
//|                        Copyright © 2011, MetaQuotes Software Corp. |
//|                                        http://www.metaquotes.net |
//+------------------------------------------------------------------+
#property copyright "Copyright © 2011, MetaQuotes Software Corp."
#property link      "http://www.metaquotes.net"

//+------------------------------------------------------------------+
//| expert initialization function                                   |
//+------------------------------------------------------------------+
int init()
  {
//----
   
//----
   return(0);
  }
//+------------------------------------------------------------------+
//| expert deinitialization function                                 |
//+------------------------------------------------------------------+
int deinit()
  {
//----
   
//----
   return(0);
  }
//+------------------------------------------------------------------+
//| expert start function                                            |
//+------------------------------------------------------------------+
int start()
  {
//----
   
//----
   return(0);
  }
//+------------------------------------------------------------------+
```

②最初から書かれているプログラムを削除し、白紙にする

③白紙にしたところに定型文や EA をコピペする

■利益確定&ロスカットの手順

　システムに利益確定やロスカットを付けたい人のための補足説明です（先述のとおり OrderSend 関数の利益確定やロスカットの設定は業者により対応していない場合があるため、本書では使用いたしませんでした）。

ステップ1　パラメータの宣言
　パラメーター（変数）の宣言をします（記述する場所は 432 ページ参照）。下記の例は、利益確定ポイントを「TP」、ロスカットポイントを「LC」というパラメーターにしました。

extern int TP = 50;　// 利益確定ポイント数
extern int LC = 50;　// ロスカットポイント数

ステップ2　利益確定のプログラム文をコピペ
　利益確定のプログラム文を「早起きは5ピップの得」システムからコピーします。貼り付ける場所は 432 ページ参照。

ステップ3　利益確定のプログラム文をコピペ後、ロスカット文に変更
　利益確定のプログラム文をもう一度、貼り付けます。この利益確定のプログラム文をロスカット文に変更します。注意（変更）すべきはグレー枠の箇所です。なお、利益確定とロスカットを付けたプログラム全文（ボリンジャーバンドベース）は以下のサイトに掲載します。

　http://www.wvi.jp/forum225/ の「WVI スタッフのシストレ汗だく日記」

　ご質問は **forum@wvi.jp** まで。お問い合わせの多いご質問は、上記の URL 上で回答させていただきます。

```
// 買いポジションの利益確定
OrderSelect(Ticket_L, SELECT_BY_TICKET);

if(   OrderOpenPrice() + TP * Point <=  Bid
   && ( Ticket_L != 0 && Ticket_L != -1 ) )
{
  Exit_L = OrderClose(Ticket_L,Lots,Bid,Slip,Red);
  if( Exit_L ==1 ) {Ticket_L = 0;}
}

// 売りポジションの利益確定
OrderSelect(Ticket_S, SELECT_BY_TICKET);

if(   OrderOpenPrice() - TP * Point >=  Ask
   && ( Ticket_S != 0 && Ticket_S != -1 ) )
{
  Exit_S = OrderClose(Ticket_S,Lots,Ask,Slip,Blue);
  if( Exit_S ==1 ) {Ticket_S = 0;}
}

// 買いポジションのロスカット
OrderSelect(Ticket_L, SELECT_BY_TICKET);

if(   OrderOpenPrice() - LC * Point >=  Bid
   && ( Ticket_L != 0 && Ticket_L != -1 ) )
{
  Exit_L = OrderClose(Ticket_L,Lots,Bid,Slip,Red);
  if( Exit_L ==1 ) {Ticket_L = 0;}
}

// 売りポジションのロスカット
OrderSelect(Ticket_S, SELECT_BY_TICKET);

if(   OrderOpenPrice() + LC * Point <=  Ask
   && ( Ticket_S != 0 && Ticket_S != -1 ) )
{
  Exit_S = OrderClose(Ticket_S,Lots,Ask,Slip,Blue);
  if( Exit_S ==1 ) {Ticket_S = 0;}
}
```

ステップ2 (買い/売り利益確定部分)

ステップ3 (買い/売りロスカット部分)

おわりに

　メタトレーダーは無料であるにもかかわらず、チャート機能を含む多機能が搭載されている自動売買ソフトです。
　自動売買を行わない方にとっても、さまざまなインディケータをご自身の好きなパラメーターでチャートに描画することができたり、バックテスト（検証）ができたりと、非常に汎用性の高いフリーソフトだと思います。

　さまざまなことができるフリーソフトですが、本書が目指したのはメタトレーダーにしかない独自の関数であるiCustom関数を用いて、テクニカル分析指標を最速でEAに変身させ、最小限の努力と知識で売買システムを構築できるということです。

　私も毎日、メタトレーダーを使って自動売買しています。まさに、良き相棒です。そんな相棒であるメタトレーダーの書籍を出版する機会を与えてくださったパンローリング株式会社の後藤康徳社長に深く感謝申し上げます。

　パソコンもプログラムも不慣れであったからこそ、自分なりに表現できる本が書けるのではないかという思いと、文章で表現するのが好きだという思いから本書はスタートしました。ところが、いざ文章を書いてみると、伝えたいことを書くというのは想像よりはるかに大変な作業でした。
　この文章はきちんと伝わるのだろうかと、書いては切り捨て、書いては切り捨ての連続で、紆余曲折を経て何とか執筆したつたない原稿をこうして1冊の本にまとめることができましたのも編集の磯崎さ

ん、高倉さんのおかげです。自分なりのささやかなこだわりに徹夜で編集していただいたこともありました。本当にありがとうございました。

　最後に貴重なお金で本書を買っていただき、貴重な時間を使い本書を読んでいただいた読者の皆様に感謝申し上げます。本書が今後のトレードの一助となれば幸いです。

■著者プロフィール
ウエストビレッジインベストメント株式会社　島崎トーソン

メタトレーダーが日本に登場する 27 年前の 1981 年に、埼玉県で生まれる。大学在学中に世界を放浪したため、大学を 8 年で卒業。2011 年より West Village Investment 株式会社に入社。現在、独自の FX のシステムを開発し、"親友"である MT4 で自動売買を行い、トレード力を磨く。機関投資家へシステムをレンタルするまで成長する予定である。夢は旅人投資家。著書に『たす FX』（パンローリング）がある。

■監修者プロフィール
ウエストビレッジインベストメント株式会社　西村貴郁

投資顧問会社 West Village Investment 代表取締役社長。米国トレードステーション証券公認資格イージーランゲージスペシャリスト。著書に『トレードステーション入門』、DVD に『InteractiveBrokers 証券 攻略マニュアル』『見てさわってわかる！トレードシグナル入門』『Yes! Easy! 簡単プログラミング シリーズ【デイトレード編】【中級・応用編】【入門編】』など多数。

West Village Investment 株式会社
http://www.wvi.jp/
info@wvi.jp

シストレラボ
http://www.wvi.jp/forum225/
forum@wvi.jp

```
2011年10月5日    初版第 1 刷発行       2017年12月1日    第 5 刷発行
2012年 7 月 1 日      第 2 刷発行        2019年 3 月 1 日    第 6 刷発行
2013年 7 月 2 日      第 3 刷発行        2021年 4 月 1 日    第 7 刷発行
2016年 4 月 1 日      第 4 刷発行
```

iCustom（アイカスタム）で変幻自在のメタトレーダー
―― EA をコピペで作る方法

著　　者	ウエストビレッジインベストメント株式会社　島崎トーソン
監修者	ウエストビレッジインベストメント株式会社　西村貴郁
発行者	後藤康徳
発行所	パンローリング株式会社
	〒 160-0023　東京都新宿区西新宿 7-9-18-6F
	TEL 03-5386-7391　FAX 03-5386-7393
	http://www.panrolling.com/
	E-mail　info@panrolling.com
装　　丁	パンローリング装丁室
組　　版	パンローリング制作室
印刷・製本	株式会社シナノ

ISBN978-4-7759-9107-7

落丁・乱丁本はお取り替えします。
また、本書の全部、または一部を複写・複製・転訳載、および磁気・光記録媒体に入力することなどは、著作権法上の例外を除き禁じられています。

本文　©West Village Investment Co.,Ltd. Toson Shimazaki 2011 Printed in Japan

【免責事項】
※本書およびサンプルプログラムに基づく行為の結果発生した障害、損失などについて著者および出版社は一切の責任を負いません。
※本書に記載されている URL などは予告なく変更される場合があります。
※本書に記載されている会社名、製品名は、それぞれ各社の商標および登録商標です。
※ MetaTrader 4 Client Terminal は、MetaQuotes Software Corp. 社の開発したソフトウェアです。
※ Windows® は米国 Microsoft Corporation の米国およびその他の国における登録商標または商標です。

メタトレーダーを使いこなせ

たすFX 「脱・受け売り」のトレード戦略
著者：島崎トーソン

定価 本体 2,000 円+税　ISBN:9784775991145

一般的な指標をそのまま使っても勝てない。メタトレーダーでプログラミングができるようになったあとに必要になる、勝つための独自のアイデアの見つけ方が分かる！

DVD メタトレーダーとアイカスタムはじめの一歩
著者：西村貴郁

定価 本体 2,000 円+税　ISBN:9784775963616

本書の監修者がiCustomの基本的な使い方を解説したセミナー。購入者にはオリジナルの自動売買システム「ＲＳＩマルチタイムフレーム」無料プレゼント。

FXメタトレーダー入門 最先端システムトレードソフト使いこなし術
著者：豊嶋久道

定価 本体 2,800 円+税　ISBN:9784775990636

独自のテクニカル指標をプログラムして表示し、しかも売買システムの構築・検証や自動売買ができる「MT4」導入に最適の一冊！メタトレーダーブームの火付け役。

FXメタトレーダー実践プログラミング 高機能システムトレードソフト超活用術
講師：豊嶋久道

定価 本体 2,800 円+税　ISBN:9784775990902

「ただプログラムが分かる」レベルから「自分の思ったとおりのプログラムが作れる」レベルになるためにプログラム言語「MQL4」の習得が必要だ。本書で効率よく学びMT4を自在に操ろう。

バカラ村

国際テクニカルアナリスト連盟 認定テクニカルアナリスト。得意通貨ペアはドル円やユーロドル等のドルストレート全般である。デイトレードを基本としているが、豊富な知識と経験に裏打ちされた鋭い分析をもとに、スイングトレードやスキャルピングなどを柔軟に使い分ける。1日12時間を超える相場の勉強から培った、毎月コンスタントに利益を獲得するそのアプローチには、個人投資家のみならず多くのマーケット関係者が注目している。

DVD バカラ村式 FX短期トレードテクニック 勝率を高める相関性

定価 本体3,800円+税　ISBN:9784775965047

普遍的に使えるトレードの考え方!

実際に行ったトレードを題材にしています。良いトレードだけでなく、悪かったトレードも挙げて、何を考え、何を材料に、どうしてエントリーしたのか、どうしてイグジットしたのかを話します。

テクニカル分析という内容だけではなく、実際に行ったトレードということで、見ていただいた方の収益に直結すれば嬉しく思います。また、金融市場全体として、資金の流れが他の市場にも影響を受けることから、相関性についても述べます。相関性を利用することで、勝率が上がりやすくなります。

DVD バカラ村式 FX短期トレードテクニック 勝ち組1割の考え方
定価 本体3,800円+税　ISBN:9784775964897

どの価格がエントリーに最適かをチャートから読み取り、ストップはそれを越えたところにすればよい。そんなポイントをどう読み取るのかをチャートを使って説明する。

DVD 15時からのFX
定価 本体3,800円+税　ISBN:9784775963296

「ボリンジャーバンド」と「フォーメーション分析」を使ったデイトレード・スイングトレードの手法について、多くの実践例や動くチャートをもとに詳しく解説。

DVD 15時からのFX実践編
定価 本体3,800円+税　ISBN:9784775963692

トレード効果を最大化するデイトレード術実践編。勝率を高めるパターンの組み合わせ、他の市場参加者の損切りポイントを狙ったトレード方法などを解説。

DVD バカラ村式 FX短期トレードテクニック 相場が教えてくれる3つの勝ちパターン
定価 本体3,800円+税　ISBN:9784775964613

受講者全員が成功体験できた幻のセミナーが遂に映像化。勝っている人は自分自身の勝てるパターンを持っている。簡単だけど、勝つために必要なこと。

DVD バカラ村式 FX短期トレードテクニック 相場は相場に聞け
定価 本体3,800円+税　ISBN:9784775964071

講師が専業トレーダーとして、日々のトレードから培ったスキルを大公開!「明確なエントリーが分からない」・「売買ルールが確立できない」・「エントリー直後から含み損ばかり膨らむ」などのお悩みを解決!

アンディ

専業トレーダーとして生計を立てる。運営するブログ「アンディのFXブログ」で、日々のFXトレードに関する売買手法を執筆。東京時間で一目均衡表やもぐら叩きと名付けた手法で多くの投資家を魅了する。営業マン時代、日本で一番と二番の仕手筋（投資家）から大口注文を受けるなど、その確かな投資眼には定評がある。メディア取材も多く、「週刊SPA!」「YenSPA」（扶桑社）、「ダイヤモンドZAi」などで紹介されている。

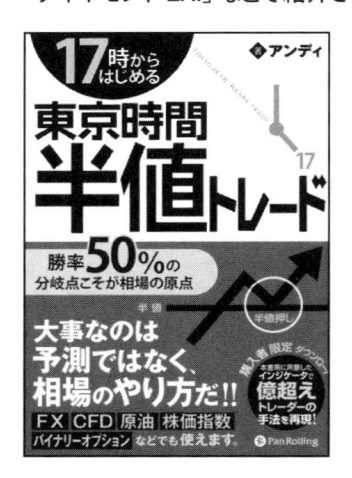

17時からはじめる 東京時間半値トレード

定価 本体2,800円+税　ISBN:9784775991169

**さまざまメディアに登場している
有名トレーダー、アンディ氏の初著書！**
「半値」に注目した、シンプルで、かつ論理的な手法をあますことなく紹介！ さらに、原稿執筆時に生まれた、（執筆時の）神がかり的な手法も公開！
予測があたってもうまくポジションが作れなければ、良い結果を残すことは難しい。

目次
- 第1章　「半値」とは何か
- 第2章　半値トレードでのポジションの作り方
- 第3章　半値トレード 鉄板パターン集
- 第4章　半値トレード 売買日誌
- 第5章　半値トレード 理解度テス

DVD アンディのもぐらトレード 正しい根拠に基づく罫線売買術
定価 本体4,800円+税　ISBN:9784775963654

相場で勝つにはどうしたらいいのか？ どのような状況でポジションを持つのか？ 高い情報商材を買い相場を学んでも勝てるようにはならない。「正しい根拠のある売買」はやっただけ蓄積されるのだ。

DVD アンディの半値トレードの極意 半値パズルと時間パズル
定価 本体4,800円+税　ISBN:9784775963913

神がかり的な売買が誰でもできる！ 初心者から実践者まで成果のある半値トレード。秘技世界初公開の半値パズルと時間パズル。半値パズルに時間パズルを入れるとこれから相場が上がるのか下がるのか誰にでも明確。

勝てない原因はトレード手法ではなかった
FXで勝つための資金管理の技術

伊藤彰洋、鹿子木健【著】

定価 本体1,800円+税　ISBN:9784775991701

損失を最小化し、利益を最大化するための行動理論

どんなに素晴らしい手法でも、根底に資金管理がなければ、いずれは崩れ去ります。逆に「これでは勝てないな」と感じていたような手法が、資金管理によって輝き始め、地味でも確実に利益をもたらしてくれるツールに変身することもよくあります。要するに、手法を生かすも殺すも資金管理次第なのです。資金管理の学びは、私たちを裏切りません。資金管理を学ぶということは、トレードで勝つ方法を学ぶということでもあるのです。「聖杯」のような絶対に勝てる手法はこの世に存在しませんが、あえて言うなら資金管理こそ聖杯です。この機会に、資金管理という技術を究めてはいかがでしょうか？

勝てない原因はトレード手法ではなかった
ボリンジャーバンドを使った、すぐに真似できる
2つのトレード奥義を伝授
FXで成功するための「勝ちパターン」理論

鹿子木健, 伊藤彰洋【著】

定価 本体1,800円+税　ISBN:9784775991749

私たちは、勝ちパターン（勝ち方）を学ばなければならない！

世の中に、手法を教えてくれる人はたくさんいます。また、書籍も多々あります。トレードの技術を学ぶという意味においては、"それら"から役立つ情報を手に入れることは確かにできます。しかし、先述したように、手法だけでは足りないのもまた事実です。現状を把握して、手法を使う条件が揃っているかを確認すること、最高の出口（利益確定）と最悪の出口（損切り）を設定すること、そのあとでエントリー＆エグジットという行動に出ること。この流れに沿ってトレードするのが勝ちパターン、つまり、勝ち方です。

IQ162のMENSA会員が教える
FX自動売買の基礎と実践

Trader Kaibe【著】

定価 本体2,000円+税　ISBN:9784775991770

先行き不透明な時代の到来

本書が世に誕生した2021年、新型コロナウィルスの影響を受け、世の中が大きく変わろうとしています。ただ、「変化」は決して悪いことではありません。大切なのは、変わってきていることを察知し、その流れにうまく乗ることです。「本業に勤しむだけでは"安心して生きてはいけない時代"がやってくるかもしれない」というピンチを逆手にとって、チャンスに変換してしまうことなのです。ならば、私たちに求められることは、「本業とは別の財布（収入源）を持つこと」でしょう。「別の財布」という意味では、いろいろなものが考えられますが、特別な資格などなく、誰にでも始められるという意味で、やはり「投資（資産運用）」は欠かせないところです。今まで「投資」というものに興味は持っていたものの、行動に移すことができなかった人にとっては、"真剣に考える"ための良い機会になるはずです。

「0pipsを狙うなら、どのルールが良いのか」を徹底検証！
出口から考えるFX

角田和将【著】

定価 本体2,800円+税　ISBN:9784775991640

最小限の検証時間で勝ちトレードを最大限に増やすための実験レポート

今回、検証を通してわかったことがあります。本書で取り上げたルールにはすべて、通貨ペア、時間足の組み合わせに対して、何かしらの勝てる組み合わせがあったのです（組み合せの詳細は本書にて）。同じトレードルールでも、通貨ペアや時間軸によって、成績が大きく変わります。どんなルールにも勝てる可能性は秘められている、ということです。ルールが悪いのではないのです。相場の状況に合わせてルールを使い分けていかないから勝てないのです。この重要性がわかっただけでも、すごいことなのです。私たちトレーダーが真にやらなければいけないのは、勝てないからといってルールを変えようとすることではありません。ルールの特徴を踏まえたうえで、今の相場に合うルールを採用することなのです。